Klaus Douglass

Gottes Liebe feiern

Aufbruch zum neuen Gottesdienst

Edition „Kirche für morgen"
Gemeinde natürlich entwickeln

Hinweis für Leiter und Teilnehmer von Gemeindegruppen:

Dieses Handbuch ist – wie alle Publikationen der Edition „Kirche für morgen" – so konzipiert, daß es sich besonders gut für die Arbeit in Gruppen eignet. Deshalb gibt es für den Einsatz in Gruppen Staffelpreise: Einzelpreis DM/Sfr. 29,80; ab 10 Büchern DM/Sfr. 27,80; ab 20 Büchern DM/Sfr. 26,80; ab 50 Büchern DM/Sfr. 24,80. Außerdem ist ein Leiterhandbuch in Vorbereitung, das Sie bei Abnahme von 10 oder mehr Büchern kostenlos dazu erhalten (Einzelpreis DM/Sfr. 34,80). Wenn Sie sich in Ihrer Gruppe mit dem Thema beschäftigen wollen, beachten Sie bitte die Angaben am Ende des Buches.

Deutsche Ausgabe:
ISBN 3-928093-06-1 (C & P Verlag, Emmelsbüll)

Schweizer Ausgabe:
ISBN 3-906644-53-9 (Koinonia-Verlag, Rothrist)

Titelgestaltung: Heidenreich Kommunikationsdesign, Haltern
Druck: Schönbach, Erzhausen

Inhalt

Auf der Suche nach menschenfreundlichen Gottesdiensten

Vorwort

Vor einiger Zeit bot ich eine Fortbildung für Prediger zum Thema „Menschenfreundliche Gottesdienste" an. Ich war überrascht, wie gereizt einige Leute auf dieses Motto reagierten: „Ist", so wurde mir entgegengehalten, „Menschenfreundlichkeit denn wirklich ein geeignetes Kriterium für Gottesdienste? Ist nicht die Frage viel wichtiger, daß unsere Gottesdienste *Gott* wohlgefällig sind?"

Ich bin immer wieder über diese Gegenfrage erstaunt. Bis heute vermag ich zwischen den beiden Aspekten der Gottwohlgefälligkeit und der Menschenfreundlichkeit keinen Widerspruch zu entdecken. Wird unser Gott in der Bibel denn nicht als durch und durch *menschenfreundlicher* Gott vorgestellt? Und muß daher ein Gottesdienst, der Gott wohlgefällig ist, nicht auch dem Kriterium der Menschenfreundlichkeit Rechnung tragen?

„Den ‚neuen Gottesdienst' wird es nur geben, wenn die gesamte Gemeinde sich auf den Weg macht."

Menschen-unfreundliche Gottesdienste?

Aber noch ein anderes Problem ergab sich, als ich jene Fortbildung anbot. Es gab Leute, die meldeten sich nicht an, weil sie – sagen wir es offen – ein wenig beleidigt waren. „Das Thema ist so formuliert, als seien unsere Gottesdienste menschen*un*freundlich", schrieb mir jemand. Ich gebe zu, daß ich das von einer Großzahl unserer Gottesdienste denke. Das braucht niemand persönlich zu nehmen, ich halte es vielmehr für ein *strukturelles* Problem. Sobald eine Kirche alt genug ist, um Traditionen auszubilden, neigt sie dazu, der Vergangenheit mehr die Treue zu halten als der Gegenwart. Um das „heilige Erbe" Martin Luthers, John Wesleys oder wessen auch immer zu bewahren, nimmt man billigend in Kauf, den Anschluß an die Menschen von heute zu verlieren. Und dabei ist man oft noch der Meinung, mit einer solchen Vorgehensweise würde man Gott in besonderer Weise ehren.

Mein eigener Hintergrund

Ich selbst bin Lutheraner. In unsere Gemeinde in einem Vorort von Frankfurt kommen Hunderte von Menschen. Einer der Schlüssel dazu sind lebendige Gottesdienste. Mir ist in den letzten Jahren ungezählte Male vorgeworfen worden, ich biedere mich in der Gestaltung unserer Gottesdienste dem Zeitgeist an. Doch der Zeitgeist ist mir ziemlich egal. Was mich interessiert, sind die *Menschen* von heute, und meine Leidenschaft liegt darin, ihnen das Evangelium von Jesus Christus in einer Weise nahezubringen, die sie verstehen können, die an ihr Lebensgefühl anknüpft und die sie die Liebe Gottes erfahren läßt. Genau das war meiner Auffassung nach auch das Anliegen Martin Luthers und anderer Reformatoren. Sie wollten keine Tradition begründen, sondern die Kirche, was ihre *Botschaft* anbetrifft, auf die Höhe der Heiligen Schrift, was die *Formen* anbetrifft, aber auf die Höhe der damaligen Zeit bringen.

Wie Traditionen zustandekommen

Alle großen Traditionen der Kirche haben einmal als Neuerungen angefangen. Diese Neuerungen wurden – meist gegen den erbitterten Widerstand dessen, was vorher als heilige Tradition galt – eingeführt, weil sie hilfreich waren für die Menschen ihrer Zeit. Sie halfen ihnen, ihre Andacht konzentrierter zu verrichten, Gott ganzheitlicher zu erleben,

Gottes Liebe besser zu verstehen usw. Es waren zumeist ganz praktische Erwägungen, die am Anfang dieser Traditionen standen. Doch die Menschen erhoben diese aus Nützlichkeitserwägungen heraus geborenen Praktiken dann oft zu vermeintlichen Gottesgeboten. Damit wurden sie festgeschrieben und selbst dann noch beibehalten, als sie ihren ursprünglichen Sinn mehr und mehr verloren und kaum jemand sie noch verstand. Das ist wie bei der Geschichte von der Katze des Gurus:

Die Katze des Gurus

Jeden Abend, wenn sich der Guru zur Andacht niederließ, pflegte die Ashram-Katze herumzustreunen und die Beter abzulenken. Also ließ er die Katze während des Abendgottesdienstes draußen vor der Tür anbinden.
Nach dem Tode des Gurus wurde die Katze auch weiterhin während des Abendgottesdienstes angebunden. Und als die Katze schließlich starb, wurde eine andere Katze zum Ashram gebracht, so daß man sie ordnungsgemäß während des Abendgottesdienstes anbinden konnte.
Jahrhunderte später schrieben die Schüler des Gurus gelehrige Abhandlungen darüber, welch wichtige Rolle eine Katze in jedem ordentlich gestalteten Kult spiele.
Wer sich vor der Katze nicht verbeugte, galt fortan als Sünder. Und wer immer es wagte, die Bedeutung der Katze für die rechte Anbetung in Frage zu stellen, wurde als Ketzer verbrannt.

Die „Katzen" losbinden

Ziel dieses Buches ist es, jene „Katzen" loszubinden, die das Christentum im Laufe der Zeit im Umfeld des christlichen Gottesdienstes angebunden und zu „heiligen Katzen" erklärt hat. Ich bin nicht prinzipiell gegen Tradition. Viele Traditionen sind mir – das werden Sie diesem Buch entnehmen – sehr lieb und teuer geworden. Tradition kann ein sehr, sehr hilfreiches Instrument sein, das Rad nicht immer wieder neu erfinden zu müssen. Die Tradition gibt uns wichtige Stichworte vor, die wir selbst vielleicht vergessen hätten und wirkt insofern auch als Korrektiv zu unserer eigenen begrenzten Sicht der Dinge.
Tradition *an sich* ist aber nichts, wovor sich der Christ zu verneigen hätte. Tradition ist ein *Hilfsmittel,* nicht mehr und nicht weniger. Wir müssen uns fragen, weshalb sie entstanden ist, welchen Sinn sie transportiert, *und ob sie das immer noch tut.* Kriterium der Tradition ist nicht, ob sie alt und ehrwürdig ist, sondern ob sie ihren ursprünglichen Sinn erfüllt. Und wenn die Katze am Ashram Menschen in ihrer Andacht nicht mehr fördert, ja sie vielleicht sogar daran *hindert,* in den Gottesdienst zu kommen, dann ist es Zeit, die Katze loszubinden und sich etwas Neues auszudenken.

Wer dient eigentlich wem?

Wir reden in diesem Buch über den christlichen Gottesdienst. Gottes-Dienst: Haben Sie schon einmal darüber nachgedacht, wer hier eigentlich wem dient? *Dient Gott uns oder dienen wir Gott?* Das Wort läßt ja beide Möglichkeiten offen.
In der Praxis ist diese Frage schon längst entschieden: Selbstverständlich haben wir Menschen *Gott* zu dienen! Wie anders ist es zu erklären, daß Tausende von Menschen sich Sonntag für Sonntag aus dem Bett schälen (anstatt auszuschlafen und im Kreise der Familie erst einmal gemütlich zu frühstücken), und sich auf den Weg zu einer Veranstaltung machen, bei der sie bisweilen auf harten Bänken sitzen und einer Musik zuhören, die sich heute kaum noch jemand als CD ins Regal legt? Den Ablauf dieser Veranstaltung können nur die wenigsten dieser Gottes-Diener nachvollziehen, und die Fragen, die dort verhandelt werden, gehen oft genug an ihrer Lebenssituation vorbei. Sie gehen aber trotzdem hin, denn Gottes-Dienst, so kann man ihren ernsten, pflichtfrommen Mienen ablesen, ist Christenpflicht, es ist ein Opfer, das wir für Gott zu bringen haben. Scheinbar möchte er es so.

Pflichtgefühl statt Freude

Doch immer weniger Leute sind bereit, dieses Opfer zu bringen. Tatsache ist, daß in vielen Kirchen neben einigen Konfirmanden oft nur noch diejenigen kommen, die mit dem gottesdienstlichen Ablauf von früh auf vertraut gemacht worden sind und die sich auch sprachlich und musikalisch von dem Gottesdienst angesprochen fühlen (und das sind in der Regel eher ältere Menschen, und auch von denen erschreckend wenig). Oder es kommen Menschen, bei denen diese Voraussetzungen zwar nicht gegeben sind, deren Pflichtgefühl aber entsprechend ausgeprägt ist und die bereit sind, für Gott dieses Opfer zu bringen.

Gottesdienst muß Spaß machen

Was wäre aber, wenn Gottesdienst seinem Wesen nach gar nicht unser Dienst für *Gott,* sondern vielmeh Gottes Dienst an uns wäre? *Was wäre, wenn Gott uns am Sonntag dienen möchte, damit wir ihm, nachdem wir derart „aufgetankt" haben, an den anderen sechs Tagen der Woche besser dienen können?* Dann wären wir vielleicht seit Jahren einem Mißverständnis aufgesessen. Dann hätten wir *Gott* gedient, wo Gott *uns* dienen wollte. Zwar wird jeder Pastor sagen, daß der Gottesdienst immer auch ein Dienst Gottes am Menschen sei. Doch entscheidend ist nicht, was der Pastor theologisch von seinem Gottesdienst behauptet, sondern wie es der Gottesdienstbesucher erlebt. Der Dienst Gottes am Menschen darf nicht nur in den Gottesdienst hineingeheimnist werden, sondern er muß auch als solcher erfahrbar gemacht werden! Ich sage es ganz offen:

> *Gottesdienst muß Spaß machen. Er muß Menschen gelassener, liebevoller, lebenstüchtiger und fröhlicher machen. Gottesdienst muß Lust zum Glauben machen.*

Das eigentliche Ärgernis

Dies aber geschieht am besten so, daß unsere Gottesdienste von einer Atmosphäre geprägt sind, in der sich die Liebe Gottes widerspiegelt. Mag sein, daß sich Menschen an dieser Liebe stoßen. Das können wir nicht ändern. Menschen werden sich über die Botschaft von der ans Kreuz gehenden Liebe Gottes ärgern, solange es das Christentum gibt. Das ist ein *inhaltliches* Ärgernis, das wir weder vermeiden können noch vermeiden dürfen.

Was wir aber sehr wohl vermeiden können und auch vermeiden *müssen,* ist, daß der Großteil der Menschen unsere Gottesdienste überhaupt nicht mehr versteht, und daß die Leute über die von uns gemachten *Formen* stolpern. Nie und nimmer dürfen sie sich daran stoßen, daß wir die Liebe Gottes zwar ständig im Munde führen, daß aber in der Art und Weise, wie wir unseren Gott feiern, von dieser Liebe wenig zu spüren ist.

Der Aufbau des Buches

Dieses Buch führt Sie in seinem ersten Teil zunächst ganz allgemein in die Problematik ein, warum in unzähligen Gemeinden immer weniger Menschen in die Kirche gehen. Eine wichtige Antwort lautet: Sie verstehen unsere Gottesdienste nicht. Wir werden uns in die Rolle eines unbedarften Konfirmanden versetzen, der zum ersten mal einen Gottesdienst besucht und dabei nur „Bahnhof" versteht. Ich werde in diesem Buch eine Fülle von Vorschlägen machen, wie man den Gottesdienst anders gestalten kann, aber zunächst einmal werde ich liebevoll versuchen, den Konfirmanden Rudi – und damit auch die Leser dieses Buches – in einem „Crashkurs" mit dem Aufbau und den wichtigsten Elementen des traditionellen Gottesdienstes vertraut zu machen.

Egal, ob Sie Landes- oder Freikirchler sind, ob Sie Ihre Gottesdienste in einer liturgisch gebundenen oder „freierer" Form feiern sollten: Eine Beschäftigung mit den Grundelementen des traditionellen evangelischen Gottesdienstes kann für jeden lohnend sein – auch und gerade für Gemeinden, die ihre Gottesdienste auf sehr „untraditionelle" Weise feiern. Für das weitere Verständnis des Buches ist dieser Teil aber nicht unbedingt notwendig.

Der methodische Dreischritt

Das Schwergewicht dieses Buches liegt auf dem zweiten Teil. Er geht zehn Elemente, die für den christlichen Gottesdienst von zentraler Bedeutung sind, Stück für Stück durch, und zwar jeweils nach dem Dreischritt *Verstehen – Nachvollziehen – Gestalten:*

Der erste Schritt: Verstehen

Zunächst geht es darum, die einzelnen Bestandteile des christlichen Gottesdienstes jeweils zu *verstehen.* Es ist schon viel gewonnen, wenn man in einem Gottesdienst überhaupt schon mal gedanklich nachvollziehen kann: Was passiert hier gerade? Welchen Sinn hat dieses Element im gottesdienstlichen Ablauf? Worauf zielt es in meinem Leben?

Landeskirchlern mute ich hierbei zu, sich mit Fragen auseinanderzusetzen, die von der Verbreitung her einen eher freikirchlichen „Sitz im

Leben" (zum Beispiel Prophetie oder Lobpreis) haben und umgekehrt (zum Beispiel Schuld- oder Glaubensbekenntnis). Mein Wunsch wäre es, wenn beide voneinander lernen könnten. Nur so können wir Einseitigkeiten und Verkürzungen in unserer kirchlichen Praxis überwinden. Der erste Teil jedes Kapitels beinhaltet also eine kurze theologische Einführung in das jeweilige gottesdienstliche Element. Insofern ist „Gottes Liebe feiern" ein echtes *Kopfbuch.* Aber dabei bleibt es nicht:

Der zweite Schritt: Nachvollziehen

Das ganze Leben des Christen soll ein Gottesdienst sein. Das, was wir am Sonntagmorgen feiern, ist nur der Höhepunkt und die Zuspitzung dessen, was sich unter der Woche in zahllosen Einzelzügen im Leben des Christen widerspiegelt. Darum kommt nach dem Verstehen das *Nachvollziehen:* In diesem Teil finden Sie Übungen und Gesprächsanstöße, die Ihnen helfen sollen, das jeweilige gottesdienstliche Element in Ihrem eigenen Leben zu verankern. Die Übungen sollen Ihnen zu einem Verständnis des gottesdienstlichen Ablaufes verhelfen, das über das bloß intellektuelle Verstehen weit hinausgeht.
Die meisten Übungen kann man für sich alleine praktizieren. Die Erfahrung aber zeigt, daß es hilfreicher ist, sie zusammen mit anderen (etwa in Hauskreisen oder Mitarbeitergruppen) durchzugehen. Ziel ist es, daß wir als Einzelne und als Gruppen die jeweiligen Elemente des Gottesdienstes bewußter und innerlicher erleben und als Bereicherung für unser Leben erfahren. Der zweite Teil jedes Kapitels zielt auf Veränderungen in unserem Leben bzw. auf das Erarbeiten neuer Gewohnheiten. Insofern ist „Gottes Liebe feiern" ein echtes *Lebenspraxisbuch.*

Der dritte Schritt: Gestalten

Der dritte Schritt – *Gestalten* – schließlich zielt auf das Umsetzen der neu gewonnenen Erkenntnisse in unseren Gottesdiensten und Gemeinden. Teils finden Sie hier sehr praktische Tips, wie Sie Änderungen in Ihren Gottesdienst einführen können, teils hole ich weiter aus und sage Ihnen, was sich im Vorfeld des Gottesdienstes *in Ihrer Gemeinde insgesamt* ändern sollte und mache Ihnen hierzu einige konkrete Vorschläge.
Ich bin fest davon überzeugt, daß auch die Gottesdienste des nächsten Jahrtausends keine völlig neuen Elemente mit sich bringen, sondern im wesentlichen die alten, seit biblischen Zeiten bewährten Bestandteile aufweisen werden. Freilich müssen sie durch zeitgemäße Modifikationen, Akzentsetzungen und Änderungen neu erfahrbar gemacht werden. Der dritte Teil jedes Kapitels hilft Ihnen, hier die richtigen Schritte zu tun bzw. in Ihrer Gemeinde die nötigen Voraussetzungen zu schaffen. Insofern ist „Gottes Liebe feiern" ein echtes *Gemeindeaufbaubuch.*

Gottes Liebe feiern – eine Kunst

Ähnlich wie bei den persönlichen Übungen werden Sie mit dem einen Ratschlag mehr und mit dem anderen weniger anfangen können. Das ist okay so. Ich kenne Ihre gemeindliche Situation nicht. Suchen Sie sich aus meinem Buch das aus, was für Ihre Gemeinde jetzt dran sein könnte. Den Rest lassen Sie getrost zunächst beiseite. Und stören Sie sich nicht an dem manchmal etwas „rezeptartigen" Charakter meiner Vorschläge. Ob wir es lernen, Computer zu programmieren, Bilder zu malen oder ein Instrument zu spielen – jede Kunst muß in mühsamen Einzelschritten erlernt werden. Das gilt auch für die Kunst, Gottes Liebe zu feiern. Sobald Sie es zu einer gewissen Kunstfertigkeit gebracht haben, relativieren sich die Einzelschritte von selber.

Natürlich gibt es oft mehrere Wege, um ein und dieselbe Kunst zu erlernen. Der hier in diesem Buch beschriebene ist nur einer von vielen Möglichkeiten. Wenn Sie einen für sich besseren kennen, ist das gut so. Mir geht es nicht um die hier beschriebenen Wege, sondern um das gemeinsame Ziel: Daß wir – jeder auf seine Art – Gott in einer Weise feiern, die menschenfreundlich ist und Ihm die Ehre gibt.

Nicht nur für Pastoren

Unter meinen Lesern und Leserinnen werden sicherlich viele sein, die direkten Einfluß auf das gottesdienstliche Geschehen in ihrer Gemeinde haben. Ich denke beispielsweise an Pastoren (man nehme mir bitte nicht übel, daß ich die weiblichen Formen dieser Worte in diesem Buch der Kürze halber weglasse) oder auch sogenannte „Laienprediger", an Kirchenvorsteher oder auch an Mitarbeiter eines Gottesdienstteams und andere, die zumindest „das Ohr" ihrer Pastoren haben. Dabei ist mir sehr wichtig: *Dieses Buch ist nicht in erster Linie für Pastoren bestimmt!*

Vielleicht verwundert Sie das. „Gottesdienst", das scheint ja eigentlich ein klassisches Thema für Pastoren zu sein. Doch wenn unsere Gottesdienste wirklich menschenfreundlich werden sollen, so eine Grundthese dieses Buches, wird dies nur dann gelingen, wenn der gottesdienstliche Prozeß mehr und mehr von der Gemeinde getragen wird. Den „neuen Gottesdienst", von dem dieses Buch redet, wird es nur geben, wenn die *Gemeinden* aufbrechen und sich auf den Weg machen. Darum wendet sich das Buch in erster Linie an Nicht-Pastoren. Viele Dinge, die in diesem Buch stehen, weiß Ihr Pastor schon längst. Dieses Buch ist – wie alle „Kirche-für-morgen"-Bücher – in erster Linie für die engagierten Christen in den Gemeinden geschrieben.

Die Rolle des Pastors

Auf der anderen Seite wird man bei der Frage nach der Gestaltung und Veränderung unserer Gottesdienste mehr als in den anderen „Kirche-für-morgen"-Büchern den Pastor ansprechen müssen. Wenn er nicht „mitzieht", wenn er die Veränderung nicht will, dann wird sich auf diesem Gebiet kaum etwas tun. Dann bleibt der Gemeinde nur die Möglichkeit, sich darum zu mühen, die einzelnen Elemente des Gottesdienstes besser zu verstehen und nachzuvollziehen. Auch dazu kann dieses Buch helfen. Viel menschenfreundlicher werden die Gottesdienste dadurch allerdings nicht. Und gewonnen werden auf diese Weise auch nur solche, die ohnehin schon hochgradig motiviert sind.

Am besten entfaltet sich das Buch daher, wenn sich beide – der Pastor und engagierte Gemeindeglieder – gemeinsam damit auf den Weg machen.

Teil 1

Warum viele Gottesdienste die Menschen nicht erreichen

In diesem Kapitel versetzen wir uns in die Lage eines unbedarften Konfirmanden, der sich plötzlich damit konfrontiert sieht, ein Jahr lang den Gottesdienst besuchen zu müssen. Wir fragen uns: Wird er nach seiner Konfirmation den Gottesdienst weiterbesuchen, oder wird er es ähnlich machen wie seine Eltern? Sie finden in diesem Kapitel mehrere konkrete Vorschläge, wie Sie die Qualität Ihres Gottesdienstes wirkungsvoll überprüfen können, sowie einige erste Ansätze zur Therapie. Am Ende dieses Teils gebe ich Ihnen eine kurze Einführung in den traditionellen evangelischen Gottesdienst. Bevor Sie diese Form ablehnen oder verändern, sollten Sie wenigstens wissen, was damit einst beabsichtigt war. Und wer weiß: Vielleicht entdecken Sie ja in diesem „Crashkurs Liturgik", daß in dem herkömmlichen Gottesdienst mehr Schätze verborgen lagen, als Sie bisher ahnten.

Teil 1: Einführung

Wie Menschen unsere Gottesdienste erleben

„So wie Rudi fühlen sich unzählige Menschen, wenn sie unsere Gottesdienste besuchen."

Rudi R. geht zur Kirche

Seufzend rollt sich Rudi aus dem Bett, um in seine Jeans und seine Turnschuhe zu steigen. Wehmütig denkt er an seine unbeschwerte Kinderzeit zurück, als er sonntags noch ausschlafen durfte. Doch jetzt ist er vierzehn und seit neustem Konfirmand. Und Konfirmandenzeit, das heißt: ein Jahr lang Kirchzwang. Seine Mutter kommt ihm im Morgenmantel entgegen. „Jeans und Turnschuhe? – Du bist ja wohl verrückt", ruft sie. „Zieh dir gefälligst etwas Angemessenes an, wenn du in die Kirche gehst!" „Woher willst du denn wissen, was man in der Kirche trägt? Du gehst doch nie hin!", fragt Rudi. „Wirst schon sehen warum", sagt seine Mutter und schmiert sich noch einen Toast.
So kommt Rudi in der Kirche an: Gekämmt und geschniegelt, in Kleidern, in denen er sich nicht wohl fühlt. Ein älterer Herr mit strengem Blick drückt ihm ein dickes rotes Buch in die Hand. Es ist kurz vor 10 Uhr. „Hoffentlich kriege ich noch einen guten Platz", denkt Rudi, denn er kennt die Kirche nur von Weihnachten her. Und da mußte man immer schon eine halbe Stunde früher kommen, um noch etwas sehen zu können. Erstaunt reibt er sich die Augen: Was ist das denn? Geht seine Uhr falsch? Gerade mal zwanzig, fünfundzwanzig Leute sitzen dort in den Bänken verteilt.
„Allein unter Frauen", denkt Rudi. Doch irgendwie hatte er sich unter diesem Filmtitel immer etwas anderes vorgestellt. Er steuert auf die nächstgelegene Bank zu und setzt sich direkt neben eine ältere Dame, die ihn ganz indigniert ansieht. Rudi merkt: „Da habe ich wohl etwas falsch gemacht." Kein Mensch setzt sich in der Kirche neben jemand anderen, sondern man verteilt sich in scheinbar größtmöglichem Abstand. Die Bank, auf der er sitzt, entpuppt sich als noch härter als sein Holzstuhl in der Schule, und da gehört schon einiges dazu.
Rudi schaut sich im Raum um: Vorne sind Kerzen auf einem Tisch aufgestellt, Blumen stehen davor, ein Kreuz hängt darüber – alles sehr feierlich. Die Orgel fängt an zu spielen. Der Pastor, den er aus dem Konfirmandenunterricht kennt, kommt herein – in schwarzer Verkleidung. Das kennt Rudi bereits aus dem Weihnachtsgottesdienst. „Steht ihm überhaupt nicht", denkt Rudi. „Aber wahrscheinlich ist die Farbe Schwarz für den Gottesdienst von wichtiger symbolischer Bedeutung." Der Pastor begrüßt die Gemeinde „recht herzlich" (Rudi wird später lernen, daß das kein Ausdruck von Enthusiasmus ist, sondern daß der Pastor das jeden Sonntag mit den gleichen Worten tut), um ihr dann mit nicht mehr ganz so lächelndem Gesicht mitzuteilen, daß die Kollekte im vergangenen Gottesdienst 64 Mark und 75 Pfennige betragen habe. „Aha", denkt Rudi, „die wesentlichen Dinge kommen hier scheinbar zuerst."

„Wir wollen beten", sagt der Pastor. – Rudi will überhaupt nicht beten, aber da alle aufstehen und die Hände zusammenlegen, macht er es ihnen einfach nach. Nur eines macht er nicht nach: Er schließt die Augen nicht, sondern beobachtet die Besucher ganz genau. Genau genug, um zu merken, daß Beten eine tiefernste, geradezu traurige Sache ist. Dann setzen sie sich wieder und fangen an zu singen. Bis auf Rudi, der sich im Stimmbruch befindet. Doch der Rest der Gemeinde scheinbar auch, denn was da an Gesang aufkommt, ist ziemlich jämmerlich.

Dann folgt eine Menge Zeug, das Rudi überhaupt nicht versteht. Der Pastor redet in einer ihm völlig unverständlichen Sprache, die Gemeinde antwortet mit kurzen, ziemlich altmodischen Liedern, die er nirgends finden kann und die er auch nicht versteht. Mal steht man auf, mal setzt man sich, und scheinbar kennen alle die Spielregeln – nur Rudi nicht. Gott sei Dank dauert das nur knapp zehn Minuten, aber die ziehen sich. Es ist so ziemlich das Langweiligste, was er je erlebt hat.

Dann stehen alle wieder und sagen das Glaubensbekenntnis auf. Rudi ist erschlagen von all dem, was man als Christ zu glauben hat. Es sind zwar nicht viele im Gottesdienst, aber ob die wirklich alle an die Jungfrauengeburt glauben, wie sie gerade behauptet haben? Rudi ist schon seit einigen Jahren aufgeklärt und kann sich das überhaupt nicht vorstellen.

Dann wird wieder ein Bibeltext verlesen – der wievielte ist das eigentlich in diesem Gottesdienst? –, und der Pastor erscheint plötzlich gut zwei Meter über der Gemeinde in etwas, was Rudi an die „Bütt" vom Karneval erinnert. Doch leider ist das, was jetzt kommt, überhaupt nicht lustig. Rudi versucht, den tieferen Sinn der Predigt zu begreifen, aber er schafft es einfach nicht. „Warum redet der kein Deutsch?", fragt er sich. Das ist ihm überhaupt am ganzen Gottesdienst aufgefallen. Er hätte sich vielleicht ein Fremdwörterbuch mitnehmen sollen: lauter Begriffe, die kein Mensch, den er bisher getroffen hatte, je benutzt hat. Bei der „Hoffart der Pharisäer in uns allen" und der „großen Lösung der ewigen Seligkeit" schaltet er endgültig ab.

Dann wird wieder gesungen, aber das kennt er schon: unverständliche Texte und komplizierte Melodien. Ein scheinbar endlos langes Gebet schließt sich an, und dann ist recht bald Schluß. Der Pastor sagt noch, Gott solle sein Gesicht glühen lassen oder so etwas ähnliches, und dann dürfen sie gehen, herausgespült von einer Woge von Orgelmusik. Mit schlechtem Gewissen drückt er sich an einem Körbchen mit Geld vorbei. „Hätte ich doch nur ein paar Groschen dabei", denkt Rudi, „dann würde ich hier nicht weiter auffallen." Die Leute schauen mittlerweile nicht mehr ganz so verkrampft drein (die Wirkung des Gottesdienstes läßt scheinbar nach) und verteilen sich schnell in alle Himmelsrichtungen. Draußen stehen schon Kinder an für die nächste

Vorstellung. „Wußte ich gar nicht, daß es eine solche gibt", denkt Rudi. Die Kinder tun ihm aber jetzt schon leid. Und er selbst sich auch: Ein ganzes Jahr wird er das über sich ergehen lassen müssen. Dann wird er es machen wie alle anderen: Nie, nie wieder wird er diese Veranstaltungen besuchen, die er nicht versteht, die ihm nichts bringen und die seinem Lebensgefühl völlig zuwiderlaufen...

Ein völlig anderes Lebensgefühl

Ich gebe zu: Diese Geschichte ist überspitzt dargestellt. Sie ist wahrscheinlich sogar ungerecht. Und doch ereignet sie sich in einer ähnlichen Form Sonntag für Sonntag neu in unzähligen Gotteshäusern.
Fragen wir kirchliche Insider, warum nur so wenige Menschen die Gottesdienste besuchen, dann führen die gerne „gesellschaftliche Veränderungen" ins Feld oder auch die „zunehmende Gottlosigkeit" der Menschen. Wenn man allerdings die Betroffenen selbst fragt – und das tue ich sehr häufig –, bekommt man ganz andere Antworten: „Ich hätte schon Interesse, aber die Predigt gibt mir nichts. Sie hat nichts mit meinem Leben zu tun." Und vor allem und immer wieder: „Der Gottesdienst entspricht nicht meinem Lebensgefühl. Ich verstehe die Musik nicht, ich verstehe die Sprache nicht. Ich verstehe die Symbole nicht. Ich verstehe die Probleme nicht, die dort behandelt werden."

Das Grundproblem vieler Gemeinden

In Ihrer Gemeinde ist vieles bestimmt ganz anders: Sie haben keine Holzbänke, und Sie singen auch öfter mal ein modernes Lied. Und Ihr Pastor ist dynamisch und aufgeschlossen. Aber versetzen Sie sich trotzdem einmal in die Situation eines Menschen, der keine Ahnung von unseren Gottesdiensten hat und der vom Lebensgefühl her absolut ein Kind unserer Zeit ist. Wird es ihm wirklich so viel anders ergehen als Rudi? Muß er nicht auch in Ihrer Gemeinde eine Menge von Hürden überwinden, um einen inneren Zugang zu dem vor ihm ablaufenden Geschehen zu gewinnen?
Vielleicht sagen Sie: Rudi hat den Konfirmandenunterricht ja noch *vor* sich. Da wird man ihm das alles beibringen. Doch das Problem ist ja nicht nur, daß Rudi vieles nicht *versteht,* was im Gottesdienst passiert. Viel entscheidender ist, daß er sich einfach nicht *wohl fühlt,* weil vieles am Gottesdienst nicht seinem Lebensgefühl entspricht. Selbst, wenn er es lernt, zu verstehen, wie der Gottesdienst aufgebaut ist, wird dieses Kopfwissen seine Gefühle kaum erreichen.
Menschen in Rudis Alter sind nicht die einzigen, die dieses Problem haben. Das, was angeblich der Gottesdienst für die „ganze Gemeinde" ist, spricht ganz offensichtlich vor allem ältere Frauen an. Selbst Rudis Mutter, die rund 25 Jahre älter ist als er, hat scheinbar das gleiche Problem und deswegen seit Jahren keinen Gottesdienst mehr besucht. „Wirst schon sehen warum", sagt sie – und Rudi sieht.
Nur eine Geschichte? Dann machen Sie die Probe aufs Exempel! Haben Sie den Mut?

Sieben Vorschläge zur Analyse und Therapie

Teil 1: Einführung

„Gottesdienste sind in aller Regel Zielgruppenveranstaltungen."

Vorschlag Nr. 1:
Analysieren Sie Ihren Gottesdienstbesuch.

Zählen Sie Ihre Gottesdienstbesucher! Machen Sie eine alters- und geschlechtsspezifische Analyse: Wie viele „Rudis" sehen Sie nach der Konfirmation noch in Ihren Gottesdiensten? Oder nehmen wir Rudis Mutter: Sie ist schätzungsweise zwischen 35 und 40. Wie viele Leute von dieser Altersgruppe kommen in Ihren Gottesdienst? Beantworten Sie die Frage, ob Ihr Gottesdienst mit dem Lebensgefühl der Menschen von heute übereinstimmt, und zwar nicht aus dem Gefühl heraus, sondern zählen Sie nach.
Für manche wird es nur eine Binsenweisheit sein, aber es ist erstaunlich, wie sehr manche Pastoren vor der offensichtlichen Wahrheit die Augen verschließen, daß viele Gottesdienste jüngere Menschen und zwar gerade auch Männer in der Regel eher abschrecken als ansprechen. Die meisten Pastoren halten ihre Art, zu predigen und Gottesdienst zu gestalten, für pfiffig und originell. Mein Vorschlag ist: Verlassen Sie sich nicht auf Ihre eigene Einschätzung, sondern zählen Sie nach, wie viele Leute das genauso sehen wie Sie! Scheuen Sie sich nicht vor einer schonungslosen Analyse!
Ganz konkret: Machen Sie einmal über den Zeitraum von vier Wochen in Ihrem Gottesdienst eine Zählung. Bitte nehmen Sie keine untypischen Sonntage wie den Konfirmationssonntag, den Neujahrsmorgen oder einen Sonntag, an dem ein bekannter Gospelchor in Ihrem Gottesdienst auftritt. Beantworten Sie dabei folgende Fragen (und ziehen Sie von allen Zahlen jene Personen ab, die deswegen kommen, weil sie kommen müssen, wie etwa den Küster, den Organisten, den Pastor oder den diensthabenden Kirchenvorsteher):

1. Wie viele Leute besuchen Ihren Gottesdienst?
2. Wie viele davon sind *Frauen,* und wie viele *Männer*?
3. Wie sind Ihre Gottesdienstbesucher altersmäßig strukturiert? Wie viele Besucher sind unter 25, wie viele unter 40, wie viele über 60? Auch hier: Wie viele von ihnen kommen, weil sie müssen (z. B. Konfirmanden, Taufeltern o. ä.)? Ziehen Sie letztere bitte von der Gesamtbesucherzahl ab. Für unsere Untersuchung ist nur interessant, wie viele Leute in Ihren Gottesdienst kommen, weil er für sie ein attraktives Angebot darstellt. (Das heißt, wenn Ihr Organist auch dann in Ihren Gottesdienst kommt, wenn er keinen Dienst hat, können Sie ihn meinetwegen dazuzählen.)
4. Wenn Sie das Zahlenmaterial ausgewertet haben, erhalten Sie den Netto-Ist-Bestand Ihres normalen Gottesdienstes. Wenn Sie diese Zahlen vor Augen haben und nüchtern analysieren, werden Sie vielleicht eine interessante Beobachtung machen: Ihr Gottesdienst ist

gar nicht „für alle" da, wie Sie vielleicht früher gerne behauptet haben. Ihr Gottesdienst ist vielmehr eine *Zielgruppenveranstaltung!* Und Ihr Gottesdienst ist schon gar nicht „zeitlos", wie Sie vielleicht gedacht haben. Wenn er wirklich zeitlos wäre, käme eine bunte Mischung von Menschen aller Altersstufen. Viele Gottesdienste sind nicht „zeitlos", sondern einfach *unmodern,* und sprechen daher vornehmlich ältere Leute an bzw. Menschen, die einen wie auch immer gearteten Draht zu Traditionellem haben. Alle anderen, die nicht gerade eine hohe Frustrationstoleranz besitzen, werden Sie in solchen Gottesdiensten nicht allzuoft sehen.

5. Wenn Sie diese Erkenntnis erstaunt, überlegen Sie, ob Sie es dabei belassen wollen oder nicht.

Ein notwendiger Einschub: Über Zahlen und Zählungen

Bei manchen Christen erheben sich an dieser Stelle Bedenken. Soll man seine Gottesdienstbesucher zählen? Ich kann diese Bedenken verstehen. Sören Kierkegaard hat einmal gesagt: „Der Vergleich ist die Ursünde des Menschen." Die Wahrheit dieses Satzes ist nicht von der Hand zu weisen: Pastoren, deren Gemeinden in veröffentlichten Statistiken ganz oben stehen, können über solchen Zahlen leicht in falschen Stolz geraten, und andere, die nicht in die kirchlichen „Charts" gekommen sind, schauen teils neidisch, teils naserümpfend auf diese Zahlen. Zahlen und Zählungen im geistlichen Bereich sind hoch umstritten. Ich nenne zunächst, was dagegen spricht:
Erstens geben Quantitäten keine Auskunft über dahinterstehende Qualitäten. *Es gibt viele Gemeinden, die von der Zugkraft eines guten Predigers leben, die aber in punkto Gemeindeaufbau nicht viel vorzuweisen haben. Wenn ein solcher Prediger die Gemeinde verläßt, bricht ihr äußerlich so blühendes Erscheinungsbild oft wie ein Kartenhaus zusammen. (Es sei denn, man holt sich einen noch besseren Prediger her.) Auf der anderen Seite gibt es Gemeinden, die sich redlich und qualifiziert um Gemeindeaufbau mühen und die sich trotzdem oder gerade deswegen in einem zeitweiligen Schrumpfungsprozeß befinden.*
Zweitens fehlt für solche Zahlen oft eine geeignete Bezugsgröße. *Wie will man den Gottesdienst einer landeskirchliche Pfarrstelle mit sechs Predigtstätten in verschiedenen Dörfern mit dem einer Großstadtgemeinde mit einer nominellen Kirchenmitgliederzahl von 4000 vergleichen, und wie verhalten sich diese beiden wiederum zu einer sonntags traditionell gut besuchten katholischen Gemeinde in Oberbayern oder zu einer Freikirche mit 80 aktiven Gemeindegliedern?*

__Drittens lädt das Zählen von Gottesdienstbesuchern zu einer Fülle von Sünden ein.__ Das fängt schon bei den Schätzungen an, die in großer Regelmäßigkeit – warum nur? – zu hoch angesetzt werden und führt zu den bereits genannten Gefühlen des Stolzes, der falschen Sicherheit oder auch des Neides, welche mit der Nötigung zum Vergleich scheinbar zwangsläufig einhergehen. In der Bibel bekommt David erhebliche Probleme mit Gott, als er anfängt, seine Kriegsleute zu zählen, statt sich allein auf Ihn zu verlassen (vgl. 1. Chronik 21).

Und doch gibt es auch gute und wichtige Gründe, die Anzahl der Gottesdienstbesucher, der Hauskreise usw. zu zählen:

Zum einen: __Quantitäten sagen zwar nichts über die Qualität einer Gemeinde aus, aber Qualität zieht auf Dauer auch Quantität nach sich.__ Und darum können geringe Quantitäten durchaus ein Hinweis auf eine geringe Qualität in der Gemeindearbeit sein. Viele Christen machen es sich zu leicht, wenn sie im Blick auf ihre schwach besuchten Gottesdienste das Lob der „kleinen Herde" singen und sich vorschnell damit beruhigen, daß das noch nichts über die Qualität ihrer Gemeinde aussage. Denn Qualität, wenn sie denn wirklich vorhanden ist, zieht Menschen an. Ich glaube nicht an Qualitäten, für die sich auf Dauer kein Mensch interessiert. Gute Predigten, lebendige Hauskreise, vollmächtige Beter, liebevolle Beziehungen der Gemeindeglieder untereinander oder was auch immer für Qualitäten in einer Gemeinde verborgen sein mögen – all dies wird sich in der Regel auch darin niederschlagen, daß langfristig mehr Menschen in die Gottesdienste kommen.

Zum anderen: __Analysen brauchen Daten.__ Am Anfang jeder bewußten Kurskorrektur und jeder Strategie steht eine klare Analyse des Ist-Zustandes. Ich muß wissen, wo ich stehe, wovon ich auszugehen habe, womit ich rechnen kann und was ich erreichen will. Das hat mit „Machbarkeitswahn" nichts zu tun, sondern mit klarem, nüchternem Vorgehen. Ich kann nicht einmal einen Kuchen backen, ohne mit klarem Zahlenmaterial zu operieren: 500 Gramm Mehl, 200 Gramm Zucker, 2 Eier, 1 Tasse Rosinen, 50 Minuten lang backen bei 175 Grad. Würden Sie einen Menschen, der einen Kuchen backt und dazu das Mehl abmißt, des Machbarkeitswahns bezichtigen?

Schließlich: __Wir brauchen Zahlen auch dazu, um die erreichten Ergebnisse zu überprüfen.__ Sonst bleibt die Kontrolle, ob wir unsere Ziele erreicht haben, immer im Bereich des Schwammigen und Subjektiven. Und da die meisten von uns dazu neigen, sich etwas vorzumachen, ist damit dem Selbstbetrug und der Vernebelung von Tatsachen Tor und Tür geöffnet. Es ist sehr leicht, das Gefühl zu haben, daß die Liebe in der Gemeinde wächst. Interessant wird die Sache dann, wenn man nachfragt, worin sich das konkret äußert: Ob wirk-

lich mehr Krankenbesuche erfolgen, mehr Essenseinladungen untereinander ausgesprochen werden oder nachprüfbar mehr füreinander gebetet wird. Darum redete Christian Schwarz früher nicht nur von „liebevollen Beziehungen" als einem der Qualitätsmerkmale des Gemeindeaufbaus, sondern von einem „hohen Liebesquotienten". Liebe, das steckte hinter diesem häufig kritisierten Wort, muß konkret und darum nachmeßbar sein. „Erreichen wir in letzter Zeit wirklich mehr Männer als früher? Wirkt sich die Anzahl unserer Hauskreise positiv oder negativ auf unser diakonisches Engagement aus? Hat das letzte Seminar über persönliche Evangelisation wirklich dazu geführt, daß Leute zum Glauben gekommen sind oder nicht?" – Wenn ich eine Antwort auf solche Fragen möchte, dann brauche ich konkretes Zahlenmaterial.

Man darf, wenn es ums Zählen geht, aus der Bibel nicht nur die Davidgeschichte anführen. Jesus selbst rät, die Kosten zu überschlagen, wenn man einen Turm bauen oder einen Krieg führen will (vgl. Lukas 14,28-32). Der gute Hirte merkt genau, daß ihm von 100 Schafen eines fehlt, und wenn er's nicht durch Zählen merkt, dann durch eine Intuition, die an Präzision einer ordentlichen Zählung in nichts nachsteht (vgl. Lukas 15,1-10). Und die Urgemeinde in Jerusalem führte scheinbar ziemlich genau Buch, wie viele Menschen in ihrer Mitte zum Glauben gekommen waren (vgl. Apostelgeschichte 2,41; 4,4; 5,14 ...). Warum? Weil diese Menschen für sie wichtig waren! Auf Jugend- und Gemeindefahrten pflege ich jedesmal, wenn der Bus irgendwo einen Stop macht, genau zu zählen, ob genauso viele Leute wieder einsteigen wie ausgestiegen sind. Warum? Weil ich auf einem Egotrip bin und möglichst große Zahlen wieder nach Hause bringen möchte? Nein! Sondern weil ich nicht einen einzigen dieser Leute verlieren möchte! Wir zählen das, was uns wichtig ist. Und eine Kirche, die wohl ihre Kollekte zählt, sich aber um die Zahl ihrer Gottesdienstbesucher keine Gedanken macht, offenbart merkwürdige Prioritäten. Wenn Menschen in unserer Kirche wirklich etwas zählen, sollten wir die Menschen zählen.

Gottesdienst bewerten

Vorschlag Nr. 2:
Lassen Sie die Gottesdienstbesucher Ihren Gottesdienst bewerten.

Dieser Vorschlag wendet sich in erster Linie an Pastoren. Sollten Sie *nicht* zu dieser Gruppe gehören – was bei der überwiegenden Mehrzahl der Leser dieses Buches der Fall sein wird –, dann laden Sie Ihren Pastor doch einmal zum Tee ein und sprechen zu ihm wie folgt:
Lieber Herr Pastor, liebe Frau Pastorin: Vielleicht hat Ihnen mein erster Vorschlag nicht gefallen. Vielleicht haben Sie wenig Vertrauen in die

Aussagefähigkeit von Gottesdienstbesucherzahlen. „Qualität", so sagen Sie vielleicht, „geht vor Quantität." Ich bin absolut Ihrer Meinung. Deshalb möchte ich Sie ermutigen, die *Qualität* Ihrer gemeindlichen Gottesdienste zu überprüfen:

1. Bitten Sie einige kritische, aber offene Menschen in Ihren Gottesdienst und geben Sie ihnen einen Fragebogen, mit deren Hilfe sie den Gottesdienst verfolgen und beurteilen sollen. Den Fragebogen, den Sie auf den beiden nächsten Seiten finden, dürfen Sie gerne fotokopieren. Wenn Sie wollen, können Sie Ihre Kritiker auch eine Note darunter schreiben lassen. (Gerade Jugendlichen, die sonst immer selbst von anderen benotet werden, macht so etwas viel Spaß.) Wichtiger ist aber die *inhaltliche* Rückmeldung, die Sie auf diese Weise bekommen.

2. Lassen Sie den Bewertungsbogen anonym ausfüllen. Ohne Namensnennung trauen sich die Leute oft, deutlicher zu sagen, was sie denken. Bieten Sie den Menschen aber an, mit ihnen etwa in einem Predigtnachgespräch oder bei einem Hausbesuch darüber zu reden, wie sie den Gottesdienst erlebt haben. Es wird dabei allerdings sehr darauf ankommen, daß Sie etwaige kritische Worte nicht sofort abwehren, wegdiskutieren oder anderweitig „herunterbügeln", sondern ernstnehmen und wirklich an sich heranlassen (und nach Möglichkeit Konsequenzen daraus ziehen!).

3. Legen Sie den Bewertungsbogen deutlich sichtbar in Ihrer Kirche aus, damit jeder, der möchte, ihn ausfüllen kann. Machen Sie durch Presse, Gemeindebrief etc. auf diese Aktion aufmerksam. Es wird Sie erstaunen, wie offen Menschen dafür sind, Ihnen zu helfen, wenn Sie öffentlich signalisieren, daß Sie bereit ist, umzudenken bzw. dazuzulernen.

Ein Nebeneffekt dieser Aktion: Ihre Gemeinde wird Ihre Gottesdienste viel wacher wahrnehmen. Bei entsprechender Öffentlichkeitsarbeit werden Neugierige in den Gottesdienst kommen, die sich eigentlich schon von der Kirche verabschiedet hatten. Und ich könnte mir vorstellen, obwohl das natürlich keiner zugibt, daß sich ein Pastor mehr um die Gestaltung des Gottesdienstes müht, wenn er weiß, daß unter den Besuchern einige sind, die das Ganze nicht nur hinnehmen, sondern kritisch bewerten.
Wenn Sie diese Aktion in Ihrer Gemeinde eine Weile lang durchgeführt haben, werden Sie merken, daß ganz bestimmte Rückmeldungen häufiger vorkommen werden als andere. Wo sich solche Rückmeldungen verdichten, sollten Sie ansetzen und Ihren Gottesdienst gezielt verändern bzw. modifizieren. Hilfen dazu finden Sie im zweiten und dritten Teil dieses Buches.

Hinweis: Eine Vergrößerung der Kopiervorlage auf den beiden folgenden Seiten auf 120 Prozent ergibt das Format DIN A 4.

Teil 1: Arbeitsblatt zum Fotokopieren

Bewertungsbogen für den Gottesdienstbesuch

1. Mein erster Eindruck beim Hereinkommen:

Die Atmosphäre beim Hereinkommen wirkt auf mich ...

Der Gottesdienstraum wirkt ...

2. Die Gottesdienstbesucher:

sind für Außenstehende offen	(1)--(2)--(3)--(4)--(5)	wirken auf mich eher abweisend
wirken sehr aktiv	(1)--(2)--(3)--(4)--(5)	wirken größtenteils passiv
ihre Frömmigkeit wirkt echt	(1)--(2)--(3)--(4)--(5)	ihr Glaube wirkt aufgesetzt
strahlen Freude aus	(1)--(2)--(3)--(4)--(5)	wirken eher freudlos

3. Zum äußeren Ablauf:

Die Musik empfinde ich als

einseitig – vielfältig – niveaulos – zu lahm – inspirierend
Sonstiges:

Die Sprache der Texte und Gebete ist für mich

veraltet – einfühlsam – nachvollziehbar – abgehoben – künstlich
Sonstiges:

Die Rituale des Gottesdienstes wirken auf mich

aufgesetzt – feierlich – beeindruckend – befremdend – stützend
Sonstiges:

(Wann) habe ich den roten Faden des Gottesdienstes entdeckt?

Ist der Pastor Alleinunterhalter, oder wird der Gottesdienst von einem Team gestaltet?

**Teil 1:
Arbeitsblatt
zum Fotokopieren**

4. Der Pastor:

Wirkt er authentisch und natürlich?

Motiviert er mich zum Glauben?

Kommt er in Kontakt mit den Gottesdienstbesuchern?

5. Die Predigt:

Waren Aufbau und Gliederung der Predigt gut nachvollziehbar?

Sprach mich die Predigt an? (Warum / warum nicht?)

Fand ich die Predigt mitreißend?

War die Botschaft der Predigt für mich praktisch anwendbar?

Erschien mir die Predigt zu lang?

6. Mein Gesamteindruck:

Dieser Gottesdienst war für mich eine inspirierende Erfahrung.	Ja	Nein
Zu diesem Gottesdienst hätte ich gerne meine Freunde mitgebracht.	Ja	Nein
Dieser Gottesdienst hat mich für die kommende Woche fit gemacht.	Ja	Nein
Dieser Gottesdienst hat meine Liebe intensiviert.	Ja	Nein
Ich freue mich schon auf den nächsten Gottesdienst.	Ja	Nein

Mein Alter: Mein Geschlecht:

Gemeindeprofil erheben

Vorschlag Nr. 3:
Machen Sie eine Gemeindeanalyse.

Wenn Sie kein Pastor sind, oder wenn Sie als Pastor dem Geheimnis des geringen Gottesdienstbesuches in Ihrer Gemeinde vollends auf den Grund gehen wollen, dann kenne ich kein besseres Mittel, als ein Gemeindeprofil zu erheben. Genauere Informationen, wie Sie dabei vorgehen können, finden Sie auf Seite 288.

Der Vorteil eines solchen Gemeindeprofils ist es, daß Sie nicht nur den Gottesdienstbesuch, sondern das Leben der Gemeinde als Ganzes in den Blick bekommen. Damit können Sie etwaige Probleme mit Ihrem Gottesdienst in einen größeren Zusammenhang stellen. Denn so viel müßte klar sein: Ein attraktiver Gottesdienst allein macht noch keine lebendige Gemeinde. Allerdings kann er viel dazu beitragen, eine lebendige Gemeinde aufzubauen, wenn Sie die anderen für den Gemeindeaufbau wichtigen Faktoren ebenfalls im Blick haben.

An dieser Stelle sind wir an einer Weichenstellung angekommen. Sie haben sich Gedanken über Ihren Gottesdienst gemacht, und Sie haben diese – etwa, indem Sie einen oder mehrere meiner Vorschläge zur Analyse Ihres Gottesdienstes befolgt haben – hoffentlich auch mit klaren Fakten und Daten untermauert. Jetzt müssen Sie sich überlegen, ob Sie es bei Ihrer alten Gottesdienstform belassen wollen oder nicht. Für beides sprechen gute Gründe. In vielen traditionellen Gemeinden ist es nicht so ohne weiteres möglich, den über lange Zeit gewachsenen gottesdienstlichen Rahmen von heute auf morgen radikal zu ändern. Es wäre auch lieblos gegenüber denen, die in dieser Tradition groß geworden sind und denen man damit ein Stück weit den Boden unter den Füßen wegziehen würde. Hier kann man bestenfalls daran denken, den Gottesdienst Schritt für Schritt zu modifizieren. Wenn man darüber hinausgehen will, muß man ein zusätzliches „zweites Programm" neben dem traditionellen Gottesdienst anbieten. Den Gegebenheiten Ihrer Gemeinde entsprechend wählen Sie eine oder mehrere der folgenden Therapieformen:

Neues Gottesdienstkonzept einführen

Vorschlag Nr. 4:
Führen Sie in Ihrer Gemeinde ein neues Gottesdienstkonzept ein.

Wir leben in einer aufregenden Zeit: Neue Gemeinden schießen wie Pilze aus dem Boden. In einer Zeit, in der viele große Kirchen Gemeinden schließen bzw. zusammenlegen, erscheint genau die gegenteilige Strategie die erfolgreichere zu sein: kleine, dynamische Einheiten, die ohne große Ausstattung Erstaunliches bewirken. Einige dieser Gemeinden gehen nach kurzer Zeit wieder ein, andere haben ein enormes Wachstum aufzuweisen. Bei uns im Rhein-Main-Gebiet sind die bestbesuchten Gemeinden solche Freikirchen, die in den letzten zehn Jahren neu entstanden sind.

Für unseren Zusammenhang ist wichtig: Die allermeisten dieser Gemeinden haben eine einfache, mit wenig Tradition beladene Gottesdienststruktur. Sie feiern „moderne", das heißt mit dem Lebensgefühl des modernen Menschen kompatible Gottesdienste. Es ist meine feste Überzeugung, daß wir auf Dauer auch in traditionellen Gemeinden um solche modernen Gottesdienste nicht herumkommen. (Mit „traditionellen Gemeinden" meine ich keineswegs nur die Landeskirchen, sondern auch jene Freikirchen, die mittlerweile so alt sind, daß sie ein Erbe zu bewahren haben.) Die Anzahl der Menschen, die mit unseren teilweise in Jahrhunderten gewachsenen Gottesdienststrukturen etwas anfangen können, wird geringer und geringer. Als traditionelle Kirchen stehen wir alle früher oder später vor der Frage, wem wir uns stärker verpflichtet fühlen: dem Erbe der Vergangenheit oder den geistlichen Bedürfnissen der Menschen unserer Zeit.
Neugegründete Gemeinden haben es in dieser Hinsicht etwas einfacher: Sie brauchen auf keine gewachsene Frömmigkeitsstruktur Rücksicht zu nehmen, sondern können ihren Gottesdienst von Beginn an in einer modernen Form konzipieren. (Ich halte das für ein wesentliches Argument für Gemeindepflanzungen, und ich freue mich, daß dieses Thema langsam auch in Landeskirchen entdeckt wird.) Traditionelle Gemeinden werden das nicht so ohne weiteres können. Dazu gibt es zu viele Menschen, denen der traditionelle Gottesdienst lieb und teuer ist. Sie sind damit groß geworden, und man möchte ihnen das auch nicht einfach wegnehmen. Es werden zwar immer weniger, aber sie sind die „Treuen im Land", die in vielen Fällen das Fähnlein der Kirche aufrechterhalten. Was also kann man tun?
Ich sehe für traditionelle Gemeinden auf mittlere Frist überhaupt keine andere Möglichkeit, als auf mindestens zwei Spuren zu fahren. Das heißt, für die nächsten rund zwanzig Jahre werden sie sowohl einen traditionellen als auch einen modernen Gottesdienst anbieten müssen, um beiden Bedürfnissen gerecht zu werden. Man muß kein Prophet sein, wenn man sagt, daß dabei der Besuch des traditionellen Gottesdienstes wahrscheinlich mehr und mehr zurückgehen und der des modernen Gottesdienstes mehr und mehr zunehmen wird.

Erfahrungsgemäß provoziert der Vorschlag eines zweispurigen Gottesdienstangebotes eine Fülle von Einwänden. Hier die fünf häufigsten:
1. Bewirken wir mit einem solchen Verfahren nicht eine Gemeindespaltung – hier die „Modernen", dort die „Traditionellen"? *Meine Antwort hierzu lautet, daß eine solche Spaltung bereits längst existiert, nämlich zwischen den Menschen, die in die Kirche gehen und jenen, die es vorziehen, zuhause zu bleiben. Letztere Gruppe zu mo-*

tivieren, in einen – wenn auch anders gearteten – Gottesdienst zu kommen, wäre eher ein erster Schritt zur Überwindung dieser Spaltung. Ob die bestehende Gemeinde dadurch wirklich gespalten wird, hängt im wesentlichen von drei Faktoren ab: Erstens von dem liebevollen Umgang beider Gruppen miteinander; zweitens ob man sich über die gemeinsame Mitte, um die beide Gottesdienstformen kreisen, einig ist; und drittens ob es in der Gemeinde neben dem Gottesdienst andere Berührungspunkte (Hauskreise, Veranstaltungen, Seminare etc.) gibt, in denen Mitglieder beider Gruppen sich begegnen und Gemeinschaft haben können.

Natürlich ist die Möglichkeit nicht von der Hand zu weisen, daß sich aus zwei verschiedenen Gottesdiensten zwei verschiedene Gemeinden entwickeln. Doch wäre das wirklich eine Katastrophe? In der Natur ist Zellteilung ein durchaus gesunder Vorgang.

2. Kann es nicht auch ein attraktives Gottesdienstkonzept geben, das sich gerade nicht aus dem Lebensgefühl der Moderne heraus versteht, sondern im Gegenentwurf zu ihm? *Antwort: Ja, in der Tat. Taizé kann als solches Beispiel gelten. Oder man denke an den Strom von Menschen, die jedes Wochenende in Klöster wie Maria Laach oder Münsterschwarzach einfallen, um dort eine Spiritualität zu erleben, die ihre Attraktivität scheinbar gerade aus dem Kontrast zur Moderne bezieht. Doch in einem sind diese Formen der Spiritualität allesamt „moderner" als viele unserer traditionellen evangelischen Gottesdienste. Genau gesagt, sie sind zwar nicht modern, aber sie befriedigen ein eminent modernes Bedürfnis: Sie sprechen nämlich sehr stark die Sinne an. Sie zielen nicht nur auf den Verstand, sondern geben den Menschen gleichzeitig etwas zu riechen, zu sehen, zu hören und zu fühlen. Diese Gottesdienste sind schön. (Vergleichen Sie mal eine katholische Osternacht mit einem üblichen evangelischen Ostergottesdienst, dann wissen Sie, was ich meine.)*

Machen wir uns nichts vor: Wenn Sie so etwas in Ihrer Gemeinde einführen wollen, werden Sie Ihre Gottesdienste ebenfalls erheblich verändern müssen. Das Problem vieler traditioneller Gottesdienste ist, daß sie nicht modern genug sind, um moderne Menschen anzusprechen, aber andererseits auch nicht so andersartig traditionell, daß dies eine nennenswerte Anzahl von Menschen anziehen würde. Und mit den Sinnen und der Sinnlichkeit haben wir im protestantischen Raum nie so recht etwas anfangen können. Ich würde es sehr begrüßen, wenn sich evangelische Gemeinden auf diesen Weg machen würden, statt auf den von mir beschrieben Weg in die Moderne. Das wäre eine echte Alternative. Nur eins sollten Sie nicht tun: Unter Hinweis auf diese Alternative den von mir vorgeschlagenen Weg ablehnen, den anderen aber auch nicht konsequent gehen.

3. Verkaufen wir mit einem modernen Gottesdienst nicht unser „konfessionelles Erbe"? *Unsinn! Was haben Luther, Wesley – oder welchem Kirchengründer Sie sich auch immer verpflichtet fühlen – denn anderes gemacht, als neue, zeitgemäße Gottesdienste einzuführen? Das wirkliche „Erbe" dieser Leute, das es zu bewahren gilt, besteht in ihrer Lehre, nicht in den von ihnen gewählten Formen. Das wesentliche, was über diese Formen zu sagen ist, ist, daß sie diese möglichst nahe am Puls ihrer Zeit halten wollten. Ich werde mich später in diesem Buch sehr ausführlich mit dieser Frage auseinandersetzen.*

4. Was machen wir, wenn unser Pastor kein Faible für moderne Gottesdienstformen hat? *Dies ist in der Tat ein heikler Punkt. Die Frage ist natürlich, ob die Gestalt unserer Gottesdienste vom jeweiligen „Faible" unserer Pastoren abhängen darf. Eigentlich sollte es eher eine Frage der Liebe statt der persönlichen Präferenzen sein. Ein Pastor müßte schon differenzieren können zwischen den Bedürfnissen der Menschen im Umfeld seiner Gemeinde und seinen persönlichen Vorlieben. Auf der anderen Seite gilt, daß man von einem Apfelbaum nicht erwarten kann, daß er Birnen hervorbringt. Ein Pastor muß in dem, was er tut, ja authentisch sein. Ist das das „Aus" für einen modernen Gottesdienst in Ihrer Gemeinde? Nein. Ist es das Aus für Ihren Pastor? Ebenfalls nein. Hier wird kein Weg daran vorbeiführen, daß sich engagierte Mitarbeiter, denen dieses Anliegen auf dem Herzen brennt, auf den Weg machen, solche Gottesdienste vorzubereiten und durchzuführen. Ihnen zu helfen, ist ein wesentliches Ziel dieses Buches.*

5. Unsere Gottesdienste sind ohnehin schon schwach besucht. Wir können es uns nicht leisten, diese kleine Gruppe auch noch zu teilen. *Da gebe ich Ihnen recht. Zwei Arten von Gottesdiensten anzubieten ist zwar eine saubere, aber nicht immer durchführbare Lösung. Ich denke, ein großer Teil meiner Leserschaft wird sich in dieser Frage wiederfinden. Für Sie gilt mein nächster Vorschlag:*

Gottesdienste modifizieren

Vorschlag Nr. 5: ***Modifizieren Sie die bestehenden Gottesdienste.***

Wenn es Ihnen nicht möglich ist, einen modernen Gottesdienst anzubieten (vielleicht wollen Sie es auch noch gar nicht), Sie aber andererseits durchaus sehen, daß Ihr traditionelles Konzept nicht genügend Menschen anspricht, dann sehe ich eigentlich nur die Alternative, daß Sie das Gerüst Ihres traditionellen Gottesdienstes im wesentlichen beibehalten – es hat schließlich seinen guten Sinn! –, die einzelnen Elemente aber auflockern und mehr und mehr dem Lebensgefühl des modernen Menschen anpassen. Dies kann man durchaus tun, ohne inhaltliche Abstriche zu machen.

In unserer Gemeinde sind wir zunächst den zuletzt beschriebenen Weg gegangen. Mit anfänglich rund dreißig bis vierzig Gottesdienstbesuchern pro Woche – die überdies recht homogen zusammengesetzt waren – wäre eine Teilung völlig unsinnig gewesen. Wir haben den Gottesdienst schrittweise verändert und durch diese Auflockerungen und Modifizierungen ein derartiges Wachstum im Gottesdienstbesuch erlebt, daß wir *jetzt* (nach acht Jahren) über den aufgelockert traditionellen Gottesdienst hinaus sonntags einen zweiten, modernen Gottesdienst anbieten.
Ob Sie Ihren Gottesdienst schrittweise verändern („transformieren") oder grundlegend neu gestalten wollen: Für beides werden Sie in diesem Buch wertvolle Anregungen finden.

*Modifikationen ändern etwas an der Gestalt, nicht aber am prinzipiellen Aufbau oder gar an der Substanz des Gottesdienstes. Daher lassen sie sich sehr viel einfacher einführen als grundlegend neue Gottesdienstkonzepte. Der Haupteinwand, der oft gegen solche Modifikationen ins Feld geführt wird, ist folgender: „**Wenn wir am gegenwärtigen Gottesdienstkonzept etwas ändern, laufen uns die letzten Leute auch noch davon.**"*
Doch das ist nur bedingt richtig. Zweifellos wird es einige geben, die sich gegen jede Änderung erbittert zur Wehr setzen, und wenn das nichts fruchtet, schließlich wegbleiben. Doch wenn Sie Ihrer Gemeinde klarmachen, daß Sie nichts an der Substanz ändern, wird sich der Schaden in Grenzen halten. Die „Treuen im Land" sind wirklich treu! Es wird sehr stark darauf ankommen, daß Sie das Herz Ihrer Gemeindeglieder dafür gewinnen, daß neue Leute in Berührung mit dem Evangelium kommen.
Ist die Tatsache, daß ein Mensch für Christus gewonnen wird, nicht allemal wert, für den Rest seines Lebens „Ehre sei Gott" nach einer neuen – und für den eigenen Geschmack vielleicht nicht mehr ganz so schönen – Melodie zu singen?
*Eine ganz wichtige Regel lautet: **Gestalten Sie Ihre Gottesdienste nicht so sehr für diejenigen, die derzeit kommen, sondern vielmehr für diejenigen, die kommen sollen.** Jesus sagt, daß wir im Zweifelsfall neunundneunzig Schafe allein lassen sollen, um uns auf die Suche nach dem einen verlorenen zu machen. Wieviel mehr müssen wir dann aber bereit sein, ein Schaf zurückzulassen, um uns auf die Suche nach den neunundneunzig verlorenen zu machen (vor allem, wenn man dem einen Schaf anbietet, mitzukommen und mitzusuchen, es aber nicht will)!*

Seminare anbieten

Vorschlag Nr. 6:
Führen Sie auf verschiedenen Ebenen der Gemeinde Seminare zur Erklärung des Gottesdienstablaufes durch.

Wie auch immer Ihre gottesdienstliche Konzeption aussieht: Ihre Gemeinde muß sie *verstehen*, um richtig mitfeiern zu können. Daraus leitet sich die ebenso banale wie meist unbefolgte Regel ab: Je komplizierter die Struktur, desto höher ist der Aufklärungsbedarf.
Ein relativ einfacher Gottesdienstaufbau (etwa: Lied – Predigt – Gebet – Lied) muß nicht groß erklärt werden. Wenn Sie aber eine differenzierte Liturgie haben, dann müssen Sie Ihre Gemeinde auf allen möglichen Ebenen informieren, wie Ihr Gottesdienst aufgebaut ist. Wie das zum Beispiel in einem landeskirchlichen Rahmen aussehen könnte, erkläre ich Ihnen weiter unten in meinem „Crashkurs Liturgik" („Liturgik" ist die Lehre vom Aufbau des Gottesdienstes; „Liturgie" ist die Abfolge der Gebete, Texte und Lieder im Gottesdienst).
Der Pastor – oder wer auch immer sich dieser Aufgabe annehmen will (es müßte jemand mit der Gabe des Lehrens sein) – sollte dies zunächst einmal im Mitarbeiterkreis tun, damit die Mitarbeiter dies wiederum in ihren Kreisen entsprechend weitergeben können. Im Konfirmandenunterricht könnte möglichst früh eine mehrstündige, liebevoll gestaltete Einheit dazu eingeplant werden (etwa in Form einer spielerischen „Liturgiade"); in allen Hauskreisen sollte der gottesdienstliche Ablauf wenigstens einmal besprochen worden sein, und selbst in der Frauenhilfe werden Ihnen viele dankbar dafür sein, die Bedeutung dessen zu erfahren, was sie über Jahre so treu praktiziert haben.
Vielleicht bieten Sie in Ihrer Gemeinde eine kurze Predigtreihe über die Elemente des Gottesdienstes an (mit Nachgespräch natürlich) oder ein jährlich wiederkehrendes Abendseminar zu diesem Thema. Auf jeden Fall sollten Sie eine kurze schriftliche Einführung in den Gottesdienst deutlich sichtbar in Ihrer Gemeinde auslegen, damit auch diejenigen die Möglichkeit haben, sich einen groben Überblick über das gottesdienstliche Geschehen zu verschaffen, die das Seminar oder die Predigtserie verpaßt haben.
Denkbar wären auch Predigtreihen, Hauskreiseinheiten etc., die sich *über mehrere Wochen* erstrecken. Hier könnte man nach einer allgemeinen Einführung Woche für Woche *ein* Element des gottesdienstlichen Geschehens herausgreifen und vertiefen. Im zweiten Teil dieses Buches finden Sie zehn „Bausteine", aus denen sich eine solche längere Einheit zusammensetzen könnte. Wenn ich Pastor einer Freikirche wäre, würde ich vor allem letztere Option aufgreifen.

Auf roten Faden achten

Vorschlag Nr. 7:
Liebe Pastoren: Komponieren Sie Ihre Gottesdienste durch.

Auch dieser Punkt betrifft vor allem Gemeinden, die – aus welchen Gründen auch immer – weder ihre Gottesdienststruktur vereinfachen noch ein „zweites Programm" anbieten. „Information auf allen Ebenen" war der eine Rat, den ich Ihnen gegeben habe. Dem korrespondiert der andere: „Klar durchkomponierte Gottesdienste". Was nützt es, wenn Ihre Gemeinde mit Müh' und Not Ihre komplizierte Gottesdienststruktur verstanden hat, im Gottesdienst aber selbst für Eingeweihte kein roter Faden zu entdecken ist? Es ist für mich, der ich ein Auge für solche Dinge habe, erschütternd, wie „zusammengestoppelt" manche Gottesdienste wirken. Da merkt man genau, daß da Gebete aus fertigen Gebetsbüchern (sogenannten „Agenden") vorgelesen werden, sozusagen „von der Stange", mit kaum erkennbarem Bezug zur Predigt, zu den Liedern und auch zueinander.
Ich kenne Pastoren, die behaupten, man müsse für die Liturgie des Gottesdienstes ebensoviel Vorbereitung aufbringen wie für die Predigt. Das halte ich für übertrieben, aber unter zwei, drei Stunden geht es auch bei mir kaum ab. Der Gottesdienst muß auch in seinen Gebeten, Texten und Liedern ein klar strukturiertes, fest durchkomponiertes Kunstwerk sein. Er muß ein erkennbares Thema haben, das sich vom Anfang bis zum Ende durchzieht. Machen Sie es bitte Ihren Gemeindegliedern so leicht wie möglich, Ihrem Gottesdienst zu folgen.

Hinweis: Der folgende Teil wendet sich vor allem an landeskirchliche Leser. Wenn Sie zur traditionellen evangelischen Liturgie keinerlei Bezug haben, blättern Sie bitte vor zum zweiten Teil dieses Buches (ab Seite 43).

Im folgenden möchte ich den Versuch machen, die Liturgie des traditionellen evangelischen Gottesdienstes kurz zu erklären. Landes- wie freikirchliche Leser können sich hier einen Überblick verschaffen, welchen Reichtum diese traditionelle Gottesdienstform in sich birgt. Auch und gerade wenn Sie Ihren Gottesdienst verändern wollen, sollten Sie dieses Kapitel sorgfältig lesen. Man sollte nur etwas verändern, was man versteht, sonst steht man in Gefahr, das Kind mit dem Bade auszuschütten bzw. manch kostbare Perle wegzuwerfen, weil einem die Auster nicht gefiel.
Wahrscheinlich deckt sich der Gottesdienstablauf in Ihrer Gemeinde nicht in jedem einzelnen Schritt mit dem im folgenden Aufgeführten, aber die wesentlichen Grundentscheidungen finden sich in nahezu allen landeskirchlichen Liturgien wieder.

Ein Gespräch mit Rudi („Crashkurs Liturgik")

Teil 1: Einführung

Kommen wir noch einmal zurück auf unseren Konfirmanden Rudi. Was wird man ihm über den traditionellen Gottesdienst erzählen, damit er einen besseren Zugang zu dieser Veranstaltung bekommt? Daß er ihn – wenn er auch nicht seinem Lebensgefühl entspricht – wenigstens *verstehen* lernt und nachvollziehen kann, was da am Sonntagmorgen in seiner Kirche vor sich geht? Ich möchte Ihnen sagen, wie ich es ihm erklären würde:

„Wer dem Schachspiel zuschaut, ohne die Regeln zu kennen, wird es langweilig finden. Ähnlich ist es mit dem Gottesdienst."

„Rudi", würde ich sagen, „du mußt wissen, daß der Gottesdienst für uns Christen keine Pflichtveranstaltung, sondern Tankstelle für den Alltag ist. Wenn die Leute nur noch aus Pflichtgefühl kommen, und nicht, weil sie begeistert sind, dann haben wir etwas verkehrt gemacht. Denn ‚Gottesdienst' heißt nicht: ‚Wir dienen Gott', sondern ‚Gott dient uns'. Das heißt: Wenn ich aus dem Gottesdienst herausgehe, muß es mir besser gehen als vorher."

Ein Spiel mit festen Regeln

Wahrscheinlich würde Rudi mir antworten: „Dann machen Sie aber was falsch. Der Gottesdienst ist für mich alles andere als ein aufbauendes Erlebnis. Ich verstehe auf jeden Fall immer nur Bahnhof." – „Gut", würde ich sagen, „dann laß uns eine Vereinbarung treffen. *Du* mühst dich darum, den Gottesdienstablauf zu verstehen, und *ich* werde mich darum mühen, den Gottesdienst so ansprechend wie nur möglich zu gestalten." – „Wie meinen Sie das?", fragt Rudi.
„Du mußt wissen, Gottesdienst ist wie ein Spiel mit festen Regeln. Nimm zum Beispiel das Schachspiel. Spielst du Schach?" – Klar spielt Rudi Schach. – „Wer beim Schachspiel zuschaut, ohne die Regeln zu kennen, wird die Sache wahrscheinlich schon sehr bald langweilig finden. Die schön geschnitzten Figuren werden ihn vielleicht anfangs faszinieren, aber wahrscheinlich nicht sehr lange." – „Stimmt", sagt Rudi. „Wenn man die Regeln nicht kennt, gibt es nichts Langweiligeres als Schach. Außer dem Gottesdienst vielleicht."
„Du kannst beim Schach eine noch so spannende Partie hinlegen: Jemand, der die Regeln nicht kennt, wird darin keinen Unterschied zu dem stümperhaften Spiel eines Anfängers entdecken können. Darum ist es wichtig, sich mit den Regeln vertraut zu machen. Wenigstens mit den Grundregeln. Die Feinheiten kann man später immer noch lernen." – „Ach, und Sie meinen, mit dem Gottesdienst ist das ganz ähnlich?" – „Ja." – „Dann schießen Sie mal los!"

Gott dient uns auf vierfache Weise

„Gut. Ich habe vorhin gesagt, daß das Wort ‚Gottesdienst' bedeutet, daß Gott uns im Gottesdienst dienen will. Dies macht er auf vierfache Weise:

(A) Er *öffnet* uns innerlich für seine Gegenwart.

(B) Er *baut uns* durch sein Wort *auf.*

(C) Er fügt uns zu einer *Gemeinschaft* von Schwestern und Brüdern zusammen. Und...

(D) Er beruft und *sendet* uns in den Alltag.

Die vier Abschnitte des Gottesdienstes

Entsprechend ist der traditionelle Gottesdienst in vier Abschnitte geteilt (was sich letztlich auch in jedem modernen christlichen Gottesdienst widerspiegelt):

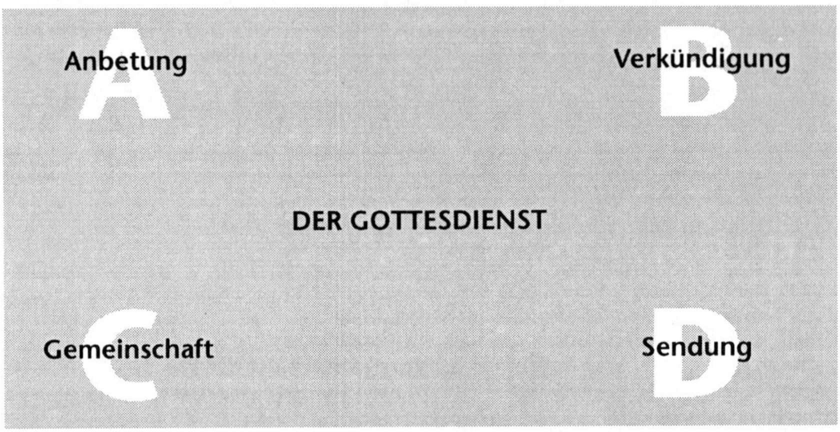

„Ich weiß zwar nicht, warum Sie den ersten Teil ‚Anbetung' genannt haben, aber die Grundidee habe ich verstanden", sagt Rudi. „Der Gottesdienst ist in vier Teile geteilt." – „Richtig", antworte ich, „und ich würde dir gerne diese vier Teile nacheinander erklären. Der erste ist der mit Abstand komplizierteste. Bitte laß dich davon nicht abschrecken. Hier mußt du einige Dinge einfach auswendig lernen. Der Rest ist sehr viel leichter zu verstehen." – „Das kenne ich aber nicht vom Schach", sagt Rudi. – „Aber vielleicht vom Skat. Da mußt du auch erst einmal lernen, wie man zählt und bietet." – „Okay, das leuchtet mir ein. Machen Sie weiter."

„Gerne. Den ersten Teil hatte ich ‚Anbetungsteil' genannt. Dieser Teil dient in besonderer Weise dazu, daß wir uns für die Gegenwart Gottes öffnen.

Erster Abschnitt: Anbetung

Teil 1: Einführung

„Wenn wir in den Gottesdienst gehen, sind wir nicht gerade unbelastet. Die Ereignisse und Erlebnisse der vergangenen Woche prägen uns: Sorgen und Ängste, unsere Pläne, Wünsche und Alltagsarbeit nehmen uns so sehr in Beschlag, daß wir innerlich besetzt sind. In der Regel sind wir, wenn wir in den Gottesdienst kommen, nicht offen für Gott, sondern ziemlich blockiert. Die Folge davon ist: Gottes Wort kommt nicht an uns heran. Dem abzuhelfen, dazu dient jener Teil des Gottesdienstes, den ich mit der Überschrift ‚Anbetung' versehen habe. Der gesamte Eingangsteil des traditionellen Gottesdienstes läßt sich von der Absicht her verstehen, daß wir uns innerlich vorbereiten auf Gott und sein Wort.

„Der gesamte Eingangsteil läßt sich von der Absicht her verstehen, daß wir uns innerlich vorbereiten auf Gott und sein Wort."

Das beginnt schon, wenn wir hereinkommen. Bevor wir uns setzen, bleiben wir kurz stehen und bitten Gott um die nötige innere Sammlung und Konzentration. Das nennt sich klassisch ‚Rüstgebet'. Nach der Begrüßung, dem Eingangslied und dem sogenannten Votum (‚Im Namen des Vaters, des Sohnes und des heiligen Geistes.' – ‚Amen.') folgt der eigentliche Anbetungsteil. Er besteht in seinem Kern aus drei Elementen: *Eingangspsalm, Bittruf* und *Gnadenzusage."*

Elemente des Anbetungsteils

„Jetzt wird es aber steil", sagt Rudi. „Können Sie mir das irgendwie aufschreiben, damit ich es nachvollziehen kann? Ich höre diese Worte heute zum erstenmal." – Klar kann ich das. Das sieht dann etwa so aus:

I. Anbetung:

(Rüstgebet)

Eingangspsalm – Bittruf – Gnadenzusage

(Wechselseitiger Segen, Zusammenfassendes Gebet)

Eingangspsalm

„Der Anbetungsteil wird durch den Eingangspsalm eröffnet. Das Buch der Psalmen ist das dickste Buch der Bibel und enthält eine Sammlung von 150 Gebeten. Im Eingangspsalm wird der ‚Ton' des Gottesdienstes angeschlagen: Was in diesem alten Gebet gesagt ist – *darum* soll es in diesem Gottesdienst gehen! Manchmal wird anstatt eines Psalms auch ein anderes Gebet oder eine Eingangsbesinnung gesprochen. Auf jeden Fall antwortet die Gemeinde hierauf mit einem gesungenen ‚Ehre sei dem Vater und dem Sohn und dem heiligen Geist. Wie es war im Anfang, so auch jetzt und immerdar. Amen.'

Bittruf

Der ‚Bittruf' – manchmal nennt man dieses Element auch ‚Sündenbekenntnis', was die Sache aber nicht ganz trifft – stellt dem im Eingangspsalm angeschlagenen und oft sehr vollmundigen Ton unser kleines

Leben gegenüber: Wir bleiben in der Regel weit hinter dem zurück, was in dem Psalm gesagt wurde. Darum bitten wir Jesus um Hilfe und Vergebung: ‚Herr, erbarme dich'.

Gnadenzusage

In der Gnadenzusage schließlich spricht uns der Liturg ein trostreiches Bibelwort zu: Gott liebt uns trotz unserer Schuld und Schwachheit und will uns helfen. Die Gemeinde antwortet darauf mit einem Lobgesang: ‚Ehre sei Gott in der Höhe / Allein Gott in der Höh' sei Ehr'."

Rudi murmelt: „Aha. Also: ‚Vollmundiger Ton – Kleines Leben – Gott will uns helfen'. Das kann ich mir, glaube ich, merken. Aber wieso steht da auf Ihrer Skizze noch etwas von einem ‚wechselseitigen Segen' und einem ‚zusammenfassenden Gebet'?"

Wechselseitiger Segen und zusammenfassendes Gebet

„Weil die Dinge leider nie so einfach sind, wie sie sein sollten. Diese beiden Elemente sind ein Zusatz an dieser Stelle: Früher griff der Pastor erst hier in das gottesdienstliche Geschehen ein. Er kam zum Altar vor und löste den Vorbeter, den sogenannten Liturgen, ab. Der Pastor segnete die Gemeinde, wurde ebenfalls mit einem Segenswort bedacht (‚Der Herr sei mit euch – und mit deinem Geist').

Nach diesem wechselseitigen Segen faßte er das bis dahin Gesagte noch einmal in einem kurzen Gebet zusammen und brachte damit das Thema auf den Punkt. Die Gemeinde beendete den Anbetungsteil, indem sie auf das zusammenfassende Gebet mit ‚Amen' (das heißt so viel wie: ‚So ist es', ‚So sei es') antwortete. Dieses zusammenfassende Gebet wird übrigens oft auch ‚Kollektengebet' genannt, was aber nichts mit Geld zu tun hat, sondern eben ‚Zusammenfassung' bedeutet."

Merkwürdige Reihenfolge

„Das mit dem wechselseitigen Segen finde ich eigentlich ganz gut", sagt Rudi, der mir auf einmal ganz ernsthaft und fast erwachsen vorkommt. „Warum soll immer der Pastor die Gemeinde segnen und nicht auch umgekehrt? Nur müßte das für meine Begriffe sehr viel früher im Gottesdienst geschehen oder vielleicht auch sehr viel später. An dieser Stelle macht die Sache irgendwie keinen Sinn. Es ist, wie wenn ich minutenlang mit jemandem spreche, und dann plötzlich sagen wir gegenseitig ‚Ach, übrigens: Guten Tag!'"

An diesem Punkt muß ich Rudi einfach recht geben und leite dezent über zum zweiten Abschnitt.

Zweiter Abschnitt: Verkündigung

Teil 1: Einführung

Um diesen Teil zu erklären, mache ich wieder eine Skizze und sage: „Auch der Verkündigungsteil besteht in seinem Kern aus einem Dreiklang ...

„Wir glauben immer mehr, als das Thema das einzelnen Gottesdienstes erahnen läßt."

II. Verkündigung:

Schriftlesung – Glaubensbekenntnis – Predigt

Schriftlesung

Der Lesungstext aus der Bibel führt bereits inhaltlich zur Predigt hin, das heißt, er wirft schon einmal ein Licht auf das Thema. Die Gemeinde beantwortet die Schriftlesung in der Regel mit einem dreifachen Halleluja (das bedeutet: ‚Gelobt sei Gott').

Glaubensbekenntnis

Das Glaubensbekenntnis stellt das Thema des Gottesdienstes in einen größeren Zusammenhang: Wir glauben immer viel mehr, als das Thema eines einzelnen Gottesdienstes erahnen läßt. Jeder Gottesdienst kann naturgemäß immer nur einen kleinen Ausschnitt des Ganzen bedenken. An dieses größere Ganze wenigstens *erinnert* zu haben, ist der Sinn des Glaubensbekenntnisses an dieser Stelle.

Predigt

Die Predigt legt dann einen Bibeltext in der Sprache und Gedankenwelt der heutigen Zeit aus. Die Predigt hat im wesentlichen sechs Funktionen: Sie soll...

1. Glauben wecken und Glauben stärken;
2. Menschen trösten und ihnen Mut machen, wenn sie Probleme haben;
3. tiefere Zusammenhänge des Glaubens erklären und verdeutlichen;
4. Menschen aus ihrer Lethargie aufrütteln und in Bewegung setzen;
5. Orientierung darüber geben, wie man als Christ zu handeln und zu leben hat;
6. den Aufbau der Gemeinde voranbringen."

„Gar keine Komplikationen diesmal?", fragt Rudi. – „Doch. In vielen Gemeinden gibt es nicht nur eine, sondern zwei und manchmal sogar drei Schriftlesungen. Das soll dich aber im Moment nicht weiter belasten." – „Kann man denn so viele Bibeltexte überhaupt inhaltlich aufnehmen?", fragt Rudi. Ein weiterer Punkt für ihn. Doch ich schreite weiter fort:

Teil 1: Einführung

Dritter Abschnitt: Gemeinschaft

„Aus der Gemeinschaft mit Gott heraus sollen wir uns auch untereinander näher kommen."

„Eigentlich ist der *ganze* Gottesdienst eine gemeinschaftliche Sache. Wir beten und singen gemeinsam, wir hören gemeinsam auf Gottes Wort, oder wir sprechen gemeinsam das Glaubensbekenntnis und das Vaterunser usw. Zu einem eigenen, klar umrissenen Teil des Gottesdienstes wird der Gemeinschaftsaspekt in der Feier des Abendmahls." „Müßte man es dann nicht jeden Sonntag feiern?", fragt Rudi. „Ja. In der ersten Christenheit war das selbstverständlich. Und die Katholiken machen das auch bis heute so." – „Da müßte sich allerdings an der Gestaltung unserer Abendmahlsfeiern einiges ändern, denn bei uns kommt von diesem Gemeinschaftscharakter nicht viel 'rüber, wie ich finde...". Ach Rudi, wenn du recht hast, hast du leider recht! Ich skizziere schnell den dritten Teil meiner Gottesdienstübersicht:

III. Gemeinschaft:

Abendmahl, Gemeinsames Singen und Beten, Umfeld des Gottesdienstes

Das Abendmahl

„Beim Abendmahl geht es darum, daß wir Gemeinschaft mit Gott haben und aus dieser Gemeinschaft mit Gott heraus uns auch untereinander näher kommen.
Für diesen Vorgang gibt es ein altes Bild: Wie die Speichen eines Rades auf eine gemeinsame Mitte zulaufen und sich in dieser gemeinsamen Bewegung auf die Mitte zu auch untereinander näherkommen, so rükken wir als Brüder und Schwestern Jesu in der gemeinsamen Bewegung auf unseren Herrn zu auch einander näher. Dies kann sehr intensiv erfahren werden, darum geht der Trend mit Recht in vielen Gemeinden dahin, das Abendmahl wieder wöchentlich anzubieten. Das setzt allerdings voraus, daß wir eine gemeinschaftsbetonende, ansprechendere Weise finden, Abendmahl zu feiern, als das in der Regel der Fall ist.

Nach dem Gottesdienst

Doch auch nach dem Gottesdienst hört diese Gemeinschaft nicht auf: Beim Tee oder Kirchenkaffee danach reden und lachen wir miteinander; beim Predigtnachgespräch denken wir über das im Gottesdienst Gesagte gemeinsam nach; in Kreisen und Gruppen sprechen wir über Gottes Wort und/oder tun etwas gemeinsam; wir besuchen einander, planen gemeinsame Unternehmungen und Dienste usw.
Hier wird deutlich: Der Gottesdienst hört mit dem Schlußsegen nicht auf, sondern jetzt geht es erst richtig los! Wir haben sonntagmorgens ‚aufgetankt', jetzt folgt der ‚Alltagsgottesdienst', wo wir in den verschiedensten gemeindlichen Diensten, aber auch in Familie, Schule, Freizeit und Beruf als Christ zu leben, zu reden und zu handeln versuchen. Dies wird vorbereitet im Schlußteil des Gottesdienstes, der Sendung."

Vierter Abschnitt: Sendung

Teil 1: Einführung

„Jetzt sind wir schon fast am Ende. Der letzte Teil ist gleichzeitig auch der leichteste. Der Sendungsteil besteht im wesentlichen aus vier Grundbausteinen (die in örtlich unterschiedlicher Reihenfolge auftreten):

„Gott wird segnen, daß ich seinem Wort vertraue."

IV. Sendung:

Mitteilungen – Fürbitte – Kollekte – Segen

Mitteilungen

In den Mitteilungen – manchmal auch etwas altmodisch als ‚Abkündigungen' bezeichnet – wird der Gemeinde bekanntgegeben, welche besonderen Veranstaltungen in der folgenden Woche angeboten werden, wo unsere Mitarbeit gesucht wird, was es an wichtigen Neuigkeiten in der Gemeinde gibt. Auch der Zweck der Kollekte wird an dieser Stelle bekanntgegeben.

Fürbitte

Das Fürbittengebet entfaltet das gottesdienstliche Thema in drei Kreisen: Einmal in Hinblick auf den Einzelnen, zweitens im Blick auf Kirche und Gemeinde und schließlich in Hinblick auf seine politischen und gesellschaftlichen Dimensionen. Einen weiteren Schwerpunkt des Fürbittengebetes bilden die aktuellen Ereignisse des Gemeindelebens.

Kollekte

Und damit es nicht bei bloßen Worten bleibt, wird teils im, teils anschließend an den Gottesdienst eine Kollekte eingesammelt. In letzterem Fall wird deutlich, daß der Gottesdienst mit dem Schlußsegen nicht einfach aufhört, sondern draußen weitergeht. Wir geben von unserem Überfluß ab an Menschen, die in Not sind und denen es nicht so gut geht wie uns. Ihnen gilt unser Gebet (Fürbitte), aber auch unsere Zeit (Mitarbeit, Besuch von Veranstaltungen) und unser Geld (Kollekte).

Segen

Der Segen schließlich sagt mir noch einmal ganz konkret zu: Wenn ich mich auf das Wort Gottes einlasse, wird Gott spürbar mit mir sein. Er wird segnen, daß ich seinem Wort vertraue, er wird seine Verheißungen erfüllen und mein Gottesverhältnis wird intensiver werden. Ich werde die Erfahrung machen, daß er sich mir zuwendet und daß er Wort hält. Der Segen wird meistens mit der alten Segensformel des Volkes Israel gesprochen, die sich in 4. Mose 6,24-26 findet.

Der HERR segne dich und behüte dich; der HERR lasse sein Angesicht leuchten über dir und sei dir gnädig; der HERR erhebe sein Angesicht über dich und gebe dir seinen Frieden.

Die Gemeinde antwortet auf den Segen bzw. auf den ganzen Gottesdienst mit einem bekräftigenden dreifachen ‚Amen'."

Teil 1: Einführung

Hilfe zum Glauben oder kulturelle Barriere?

„Warum muß man eigentlich solche komplizierten Regeln lernen, um einen Gottesdienst zu feiern?"

„Ganz schön viel für ein unbedarftes Gemüt", sagt Rudi. „Wie soll sich ein Mensch so etwas alles merken?"

„Es ist eigentlich gar nicht so schwer. Denk daran, wie es war, als du gelernt hast, Schach zu spielen. Du hast die Grundregeln kapiert und dann die Spiele anderer Leute mit ganz anderen Augen beobachtet. Schließlich hast du mehr und mehr selbst gespielt. Wenn du die Grundstruktur des Gottesdienstes verstanden hast, mußt du ein paar Dinge einfach auswendig lernen, wie etwa die Reihenfolge der Gebete im Anbetungsteil. Ich gebe dir dazu die einzelnen Elemente des traditionellen Gottesdienstes noch einmal im Überblick:

I. Anbetung:

(Rüstgebet)

Eingangspsalm – Bittruf – Gnadenzusage

(Wechselseitiger Segen, Zusammenfassendes Gebet)

II. Verkündigung:

Schriftlesung – Glaubensbekenntnis – Predigt

III. Gemeinschaft:

Abendmahl, Gemeinsames Singen und Beten

IV. Sendung:

Mitteilungen – Fürbitte – Kollekte – Segen

Nimm diesen Zettel einfach mit in den nächsten Gottesdienst, und versuche, mit Sinn und Verstand zu verfolgen, wo wir gerade sind. Wenn du das ein paarmal machst, wird dir die Sache in Fleisch und Blut übergegangen sein, so wie die Schachregeln, über die du heute auch nicht mehr nachdenkst, wenn du spielst."

Wie ein fremde Sprache

„Vielen Dank", sagt Rudi höflich. „Eine grundlegende Frage aber habe ich noch. Warum muß man eigentlich erst solche komplizierten Regeln lernen, um einen christlichen Gottesdienst zu feiern? Es kommt mir so vor, als müßte man erst eine Art Fremdsprache lernen, bevor man mit eurem Gott feiern kann. Man muß sich auf die Sprache und den Musikstil und Formen einer vergangenen Zeit einstellen. Nach allem, was ich von Jesus gehört habe, war das bei ihm nicht so. Er hat die Sprache der Leute gesprochen, statt sie zu zwingen, seine Sprache zu sprechen. Müßte es die Kirche nicht auch so machen, wenn sie Gottesdienst feiert?"
Ich schaue Rudi an, der mir nun überhaupt nicht mehr wie ein Jugendlicher vorkommt. Wieder einmal hat er recht. Und es liegt mir mehr als zuvor im Magen, was wir den Menschen eigentlich abfordern, wenn wir sie in unsere Gottesdienste einladen. Wir haben eine Menge kultureller Barrieren aufgerichtet, bevor Menschen mit uns zusammen Gottes Liebe feiern können. Unsere Gottesdienste erfordern ein hohes Maß an Motivation seitens der Menschen, anstatt selbst zu motivieren.

Warum Menschen unseren Gottesdiensten fernbleiben

„Rudi" ist eine erfundene Figur, aber er lebt in der weit überwiegenden Mehrzahl der Menschen um uns herum. Sie finden das, was in unseren Gottesdiensten geschieht, absolut nicht ansprechend und können sich auch beim besten Willen nicht vorstellen, es jemals schön zu finden. Folglich bleiben sie weg. Wollen wir es ihnen verdenken? Jesus hat die Menschen wohl zu Umkehr und Nachfolge aufgerufen, nicht aber dazu, ihre Gefühlswelt einer vergangene Epoche anzupassen und ihre kulturellen Präferenzen umzupolen.
Die Ausgangsfrage dieses Kapitels lautete: Warum bleiben so viele Menschen unseren Gottesdiensten fern? Dieses Phänomen gilt ja ganz besonders für den westlichen Kulturkreis. In Afrika und in manchen Ländern Asiens und Lateinamerikas boomen die christlichen Gemeinden geradezu. Warum ist es bei uns anders? Eine wesentliche Antwort lautet: Nicht etwa, weil die Leute so furchtbar gottlos geworden wären, sondern weil sie die Formen von Gottesdienst, die wir ihnen anbieten, nicht *verstehen* und sie von daher auch nicht *nachvollziehen* können. Verschärfend kommt hinzu, daß die Rituale, Elemente und die Sprache des traditionellen Gottesdienstes dem Lebensgefühl des modernen Menschen nicht mehr entsprechen. Sie empfinden ihn deswegen schlicht als langweilig und irrelevant für ihr Leben.
Dazu kommt in vielen Fällen noch die eine oder andere Negativerfahrung mit Pastoren – Ablehnung einer Taufe, nichtssagende Predig-

ten, öder Konfirmandenunterricht, Sexskandale usw. –, und fertig ist das Bild. Auch wenn die Menschen heute religiös durchaus offen und interessiert sind, so sind doch die meisten kaum motiviert, sich auf unsere Gottesdienste einzulassen.
Diese Analyse gilt für den überwiegenden Teil der Menschen, die nach 1950 geboren sind. Für sie ist der Zug abgefahren. Nichts, aber auch gar nichts deutet darauf hin, daß man diese Leute für unsere traditionellen Gottesdienste gewinnen kann. Wenn wir sie noch einmal in der Kirche sehen wollen – außer zu Familienfesten –, müßten wir im Grunde den Gottesdienst völlig verändern.

Es gibt auch Hoffnungszeichen

Wenn wir uns umgekehrt aber Gemeinden anschauen, die auch in unserem Kulturkreis Wachstum erleben, dann sind es fast durchweg solche, die sich auf neue, moderne, zeitgemäße Formen von Gottesdienst eingelassen haben.
Dazu lädt dieses Buch ein. Ob Sie Ihren Gottesdienst schrittweise verändern oder sofort mit einem neuen Gottesdienstkonzept starten wollen – in beiden Fällen möchte Ihnen dieses Buch helfen. Der zweite Teil (Seiten 43-238) geht dabei den wichtigsten Elementen auf den Grund, die für jede Form von Gottesdienst gelten, und macht einige Verbesserungsvorschläge; der dritte Teil (Seiten 239-278) ist eher eine Ideenbörse zur Gottesdienstgestaltung, aus der Sie sich das „herauspicken" können, was in Ihre Situation paßt.
Beide Teile – 2 und 3 – sind so etwas wie mein Teil der gegenseitigen Vereinbarung, die ich auf Seite 31 mit Rudi getroffen habe.

„Verdrehte Liturgie" – ein Lernspiel

Teil 1: Einführung

Bevor wir dazu kommen, möchte ich das in meinem „Crashkurs Liturgik" Entwickelte noch einmal in einer Art Lernspiel festklopfen. Im folgenden finden Sie einen durchkomponierten traditionellen evangelischen Gottesdienst. Dieser Gottesdienst wurde für den „Sonntag des guten Hirten" (Misericordias Domini = 2. Sonntag nach Ostern) entwikkelt. Freilich habe ich die einzelnen Elemente und Bausteine des Gottesdienstes für dieses Spiel durcheinandergeworfen. Einige Elemente habe ich überdies zusammengefaßt oder weggelassen. Der Einfachheit halber bin ich nur von einer Person ausgegangen, die den Gottesdienst hält („Pastor"). *Eine* Absicht dieses Buches ist es freilich, Sie davon auf Dauer abzubringen.

„Ihre Aufgabe ist es, die hier aufgeführten Elemente in die richtige Reihenfolge zu bringen."

Die Spielregeln

Ihre Aufgabe ist es, die im folgenden aufgeführten Elemente zunächst mit Hilfe der vorangegangenen Seiten, dann in einem zweiten Schritt auch aus dem Kopf heraus in die richtige Reihenfolge zu bringen. Sie können das auch als Gruppe probieren. Wichtig ist, daß Sie es ganz am Schluß auch für sich alleine können – ohne jede Hilfe.
Kopieren Sie die folgenden Balken und schneiden Sie sie aus. Dann haben Sie eine Art Puzzlespiel, das Sie zusammenlegen können. Sie können natürlich auch die Balken in der richtigen Reihenfolge durchnumerieren. Ein Tip aus Erfahrung: Benutzen Sie hierzu einen Bleistift und legen Sie sich einen Radiergummi bereit ...

Pastor: *Der HERR segne dich und behüte dich; der HERR lasse sein Angesicht leuchten über dir und sei dir gnädig; der HERR erhebe sein Angesicht auf dich und gebe dir seinen Frieden.*

Gemeinde: *Herr, erbarme dich.*

Pastor: *Herr, wir müssen dir bekennen, daß wir immer wieder unsere eigenen Wege suchen. So stehen wir nun da: orientierungslos und in die Irre gegangen. Wir haben uns verrannt und wissen keinen Ausweg. Vergib uns unseren Eigensinn. Hilf, daß wir uns dir ganz anvertrauen.*

Gemeinde: *Und mit deinem Geist.*

Pastor: *So spricht der Herr durch den Mund seines Propheten Hesekiel (37,23): Ich will sie retten von allen ihren Abwegen, auf denen sie gesündigt haben, und will sie reinigen, und sie sollen mein Volk sein, und ich will ihr Gott sein.*

Gemeinde: *Amen.*

Pastor: *Herr, Gott, himmlischer Vater, du willst uns durch deinen Sohn Jesus Christus leiten. Gib, daß wir in ihm die Stimme des wahren Hirten erkennen und ihm folgen, damit uns nichts aus seiner Hand reiße. Amen.*

Pastor: *Der Herr sei mit euch!*

Gemeinde: *Ehre sei Gott in der Höhe.*

Pastor *(stark gekürzt): Vater, dein Sohn kommt uns nahe als der gute Hirte. Das gibt uns Mut und Zuversicht, dich zu bitten – für uns selbst, für alle Mitarbeitenden in unserer Kirche und Gemeinde sowie für alle, die im politischen Raum anderen Wege weisen und Verantwortung übernehmen. Wir bitten dich auch für alle, die Schutz brauchen und Ermutigung, für alle, die in die Irre geführt werden und im Alltag scheitern, für alle, die verlassen sind und verzweifelt... (Stille, Vaterunser)*

Gemeinde: *Amen, Amen, Amen.*

Pastor: *Lesung aus Johannes 10, 11-15 („Der gute Hirte")*

Gemeinde: *Ehr' sei dem Vater und dem Sohn...*

Pastor: *Predigt über Hesekiel 34*

Gemeinde: *Glaubensbekenntnis*

Pastor: *Im Namen des Vaters, des Sohnes und des Heiligen Geistes.*

Gemeinde: *Halleluja, halleluja, halleluja!*

Pastor: *Der Herr ist mein Hirte, mir wird nichts mangeln. Er weidet mich auf einer grünen Aue und führet mich zum frischen Wasser. Er erquicket meine Seele und führet mich auf rechter Straße um seines Namens willen. Und ob ich schon wanderte im finsteren Tal, fürchte ich kein Unglück, denn du bist bei mir. Dein Stecken und Stab trösten mich (Psalm 23, 1-4).*

Gemeinde: *Amen.*

Übrigens: Die Auflösung dieses Spiels verrate ich Ihnen nicht. Am besten, Sie fragen Rudi ...

Teil 2

2

Zehn Schlüsselelemente des Gottesdienstes

In diesem Teil möchte ich Ihnen die zehn Elemente vorstellen, die sich in der einen oder anderen Form wohl in fast jedem Gottesdienst finden werden – egal, ob Sie einer eher „traditionellen" oder einer eher „modernen" Gemeinde angehören. Jedes Kapitel ist nach dem gleichen Dreiklang aufgebaut. In einem ersten Schritt geht es darum, das jeweilige Element des Gottesdienstes zu ***verstehen****. In einem zweiten Schritt möchte ich dieses Element aus dem gottesdienstlichen Umfeld heraus in Ihr Leben holen. Praktische Übungen, Diskussionsvorschläge etc. sollen Ihnen dabei helfen, daß Sie das zuvor nur mit dem Kopf Verstandene ganz praktisch in Ihrem Leben* ***nachvollziehen*** *können. Und in einem dritten Schritt möchte ich Ihnen einige Anregungen geben, wie Sie mit dieser Erfahrung wieder in den Gottesdienst Ihrer Gemeinde zurückgehen, das Ganze sinnvoll umsetzen und den Gottesdienst mit neuen Impulsen* ***gestalten*** *können.*

Musik Schritt 1: Verstehen

Schlüsselelement 1: Die Musik

„Es wird keinen ‚neuen Gottesdienst' ohne moderne Musik geben."

Das folgende Kapitel ist zugegebenermaßen ziemlich einseitig. Es wäre wahrscheinlich ganz anders ausgefallen, wenn die musikalische Großwetterlage in unseren traditionellen Kirchen eine andere wäre. Ich habe an sich nichts gegen klassische Musik. Ich wende mich aber entschieden gegen die Art und Weise, in der die klassische Musik viele unserer Gemeinden dominiert. Ich habe etwas gegen die teils sehr elitären, teils sogar pseudotheologischen Argumente, die dafür ins Feld geführt werden. Und mich stört erheblich, daß man dadurch, daß man jeder Art von moderner Musik den Einzug in unsere Gotteshäuser erschwert, einem großen Teil der Menschen von heute den Zugang zum Evangelium verbaut.

Immer noch gerät jemand, der in unseren Gemeinden etwas modernere Musik einführen möchte, in erheblichen Rechtfertigungsdruck. Dieses Kapitel habe ich geschrieben, um die hier beschriebene Schieflage zumindest ein wenig beseitigen zu helfen. Ich bin davon überzeugt: Es wird keinen „neuen Gottesdienst" ohne moderne Musik geben.

Die Botschaft von „Sister Act"

Kennen Sie den Film „Sister Act"? Eine schwarze Sängerin (gespielt von Whoopi Goldberg) wird Zeugin eines Mordes. Sie muß untertauchen und versteckt sich als „Schwester Mary Clarence" in einem Kloster. Das Klosterleben ist für die lebenslustige Vollblutmusikerin ziemlich steif und langweilig. Aber das Schlimmste für sie ist das Feiern der Messe mit einer Handvoll Leute und recht jämmerlicher Musik.

Sie übernimmt die Leitung des Chores und stellt – gegen den erbitterten Widerstand der Oberin – binnen kürzester Zeit die gesamte musikalische Gestaltung der Gottesdienste auf den Kopf. Mit neuen Arrangements, poppigen Melodien und umgetexteten weltlichen Liedern mischt sie zuerst das Kloster und dann die ganze Gemeinde auf. Immer mehr Besucher kommen herbei. Der Film endet damit, daß – nachdem die Kriminalstory natürlich ebenfalls ihr „happy end" gefunden hat – sogar der Papst den Gottesdienst besucht.

Modell für unsere Gemeinden?

Die Botschaft dieses Filmes erscheint simpel: Man nehme ein paar eingängige Melodien und eine Chorleiterin, die den Finger am Puls der Zeit hat, die vor Lebenslust strotzt und die bereit ist, die zu erwartenden innerkirchlichen Widerstände zu überwinden, und voilà – fertig ist die volle Kirche! Ein seriöser Kirchenmusiker würde über eine solche These wahrscheinlich nur den Kopf schütteln. Was daran ist wahr und was ist überzogen? Dazu zehn grundsätzliche Anmerkungen.

Ein Plädoyer für moderne Musik

Musik
Schritt 1:
Verstehen

1. Es gibt Gemeinden, die mit klassischer Kirchenmusik einen großen Erfolg haben.

Und das mit gutem Grund: Vieles, was wir an klassischer Musik und an traditionellem Liedgut in unserer Kirche haben, ist gut, tief und niveauvoll. (Übrigens: Wenn ich hier und im folgenden von „klassischer Musik" rede, dann ist mir bewußt, daß diese Art von Musik in sich natürlich mindestens ebenso vielschichtig ist wie „die" Rock- und Popmusik mit ihren Dutzenden von Differenzierungen, und daß beide Begriffe eigentlich zu kurz greifen.) Es gibt Gemeinden, die ziehen Menschen von weither an mit ihren Chören und ihrer virtuosen Orgelmusik.
Bei „Sister Act" lag das Problem nicht allein in der klassischen Musik, sondern darin, daß diese überdies in mittelmäßiger bis schlechter Qualität dargeboten wurde und daher niemanden begeisterte. Klassische Kirchenmusik kann aber auch ein machtvoller Magnet sein, um Menschen in die Kirche zu holen. Gerade Leute mit einer entsprechenden kulturellen Ader sprechen sehr stark auf diese Art von Musik an, wenn sie in guter Qualität dargeboten wird. Sie *verstehen* diese Musik, und das ist ein wunderbares Mittel, ihnen wesentliche Inhalte des Evangeliums nahezubringen.
Wenn das in Ihrer Gemeinde so geschieht und die Menschen in Scharen kommen und Ihre Gemeinde dadurch wächst, blüht und gedeiht, dann sollten Sie an diesem Konzept um Himmels willen nichts ändern! Im Grunde genommen können Sie dann dieses ganze Kapitel überschlagen.

„Es ist leichter, die theologische Richtung einer Gemeinde zu ändern als den im Gottesdienst vorherrschenden musikalischen Stil."

Konzertpublikum und Gemeinde

2. Ein Konzerthörerpublikum aber ist – ähnlich wie ein Predigthörerpublikum – noch keine lebendige Gemeinde.

Ob und inwiefern Kirchenmusik für den Gemeindeaufbau wirklich etwas austrägt, entscheidet sich daran, was passiert, wenn die Leute wieder nach Hause gegangen sind. Dies gilt prinzipiell für alle „Magneten" des Gemeindelebens, die eine große Zahl von Menschen anziehen. Die Tatsache allein, daß viele Leute kommen, ist noch kein Erfolg, auch wenn sie häufig als solcher gewertet wird. *Ziel des Gemeindeaufbaus kann ja immer nur sein, die Menschen, mit denen man in Kontakt kommt, zu Christus zu führen, sie in das Gemeindeleben als Ganzes zu integrieren und ihnen den Weg in die Nachfolge Jesu zu weisen.*
Wie jede andere Äußerung kirchlichen Lebens muß sich auch die Musik an dem Kriterium bewähren, ob sie diesem Ziel dient und entsprechende Früchte bringt oder nicht. In der Realität hat sich die Kirchenmusik oft geradezu als Bollwerk gegen den Gemeindeaufbau erwiesen, weil sie die Zuhörer fälschlicherweise in ihrer Christlichkeit bestätigte, statt sie in die Nachfolge zu rufen. Es genügte ja, einer schönen Musik zuzuhören, um sich als Christ zu fühlen. Das gilt allerdings nicht nur für klassische, sondern auch für moderne Musik: Ästhetischer Genuß und erhabene Gefühle treten sehr leicht an die Stelle von Christusglauben,

verbindlicher Gemeinschaft und praktischem Dienst. Die Kirche ist dann zwar voll, aber eine solche Art von „Kulturchristentum" hat mit dem Glauben der Bibel nicht viel zu tun.

Bereitschaft zur Veränderung

3. Die meisten unserer Gemeinden würden wahrscheinlich tatsächlich lebendiger und unsere Kirchen voller, wenn wir bereit wären, unsere Musik nachhaltig zu verändern.

Machen wir uns nichts vor: Der von mir erwähnte Fall, daß eine Gemeinde mit klassischer Musik Menschen in großer Zahl anspricht und sie zu Christus führt, ist leider die Ausnahme. Ganz offensichtlich spricht die Art von Musik, die in unseren Gemeinden gespielt wird, einen Großteil der Menschen nicht an, so daß sie lieber zuhause bleiben. Wir dürfen die Rolle, die die Musik in unseren Gottesdiensten für das Wegbleiben einer ganzen Generation spielt, nicht unterschätzen. Jemand hat einmal gesagt: „Sage mir, welche Musik du spielst, und ich sage dir, welche Leute in deinen Gottesdienst kommen – ohne daß ich deine Theologie kenne!"

Es spricht einiges dafür, daß viele Leute sogar eine langweilige Predigt und eine unverständliche Liturgie in Kauf nehmen würden, wenn nur die Musik in unseren Gottesdiensten mit ihrem Lebensgefühl kommunizieren würde. Und es *gibt* auch zeitgenössische christliche Musik, die die Menschen anspricht. In den USA wird diese Art von Musik mittlerweile öfter verkauft als Klassik und Jazz zusammen. Auch in Deutschland gibt es eine Fülle von Gruppen, die zeitgenössische christliche Musik machen. Aber diese hervorragende Armada im Kampf um die Gewinnung von Menschen für das Evangelium liegt im Trockendock fest. Sie wird nicht auf die Menschen losgelassen. Sie wird festgehalten von den Zwillingsriesen „Tradition" und „kulturelle Befangenheit". Weil die Verhältnisse derzeit noch so sind, erlauben Sie mir in diesem Kapitel eine ziemlich einseitige Stellungnahme.

Die meisten Gemeinden, die sich zu dem Schritt entschlossen haben, konsequent moderne Musik einzusetzen, machen die Erfahrung, daß sie aufblühen – eine ordentliche Verkündigung natürlich vorausgesetzt. Mag sein, daß viele moderne Musik „niveauärmer" ist als die traditionelle Kirchenmusik, aber in den neuen Lieder steckt oft eine Fröhlichkeit und mitreißende Kraft, die man von den herkömmlichen Kirchenliedern einfach nicht kennt. Insofern spricht einiges dafür, daß die von mir oben skizzierte Botschaft von „Sister Act" in gewisser Weise auch auf unsere Gottesdienste zutrifft. Kaum etwas würde das Gesicht unserer Gemeinden so sehr verändern wie die Einführung eines völlig neuen musikalischen Konzeptes.

In „Sister Act" nimmt Schwester Mary Clarence vor allem vier Änderungen vor. Sie entscheidet sich für...

- geballte Lebensfreude statt feierlichem Ernst;
- hohe Qualität statt Mittelmäßigkeit seitens der Darbietungen des Chores und der Instrumentalisten;
- aber einfache, eingängige Melodien statt „anspruchsvoller Musik";
- und letztlich: eher moderne als klassische Musik.

„Sister Act" ist kein Film über Gemeindeaufbau. Aber ich bin mir sicher, daß die darin enthaltene These richtig, wenn auch hollywoodmäßig überzeichnet ist. Es käme auf einen Versuch an: Wenn Ihre Gemeinde ein klassisches kirchenmusikalisches Konzept hat und dabei wächst, blüht und gedeiht und eine Vielzahl von Menschen zu Christus finden, lassen Sie, wie gesagt, um Himmels willen die Finger davon. Aber wenn Ihre Gemeinde mit einem solchem Konzept stagniert oder sogar schrumpft, dann haben Sie eigentlich nicht viel zu verlieren. Probieren Sie es aus und ändern Sie Ihr musikalisches Konzept! Ich würde einiges darauf verwetten, daß sich das Gesicht Ihrer Gemeinde ändern würde. Denn:

4. Noch nie wurde eine Generation so stark von einem Musikstil geprägt wie die Generation der Menschen unter 45 von der Rock- und Popmusik.

Prägung durch Rock- und Popmusik

Sie begegnet uns überall, selbst wenn wir sie nicht bewußt konsumieren: In der Werbung, in Video-Clips, in der Untermalung bei Filmen, als Hintergrundmusik in Restaurants und Kaufläden usw. Musik ist heute im Zeitalter von Radio, Musikzeitschriften, Großkonzerten und MTV so gegenwärtig wie noch nie. Natürlich gibt es Ausnahmen, aber wer in den letzten 45 Jahren in unserem Kulturkreis aufgewachsen ist, hat in der Regel Rock- und Popmusik sozusagen mit der Muttermilch aufgesogen. Die Rock- und Popmusik hat zusammen mit den visuellen Medien die Sprache als führendes Kommunikationsmedium abgelöst. Das kann man bedauern, aber es ist so. Einer Untersuchung zufolge hören Jugendliche in unserem Kulturkreis mehr Rock- und Popmusik, als sie Zeit in der Schule verbringen. Allein in den USA gibt es über 300.000 Amateur- und Profirockgruppen, die ihr Publikum finden. Rock- und Popmusik ist auch hierzulande für die meisten Menschen unter 45 mehr als nur eine schöne Kunst – sie ist für sie Lebensgefühl!

Der Beat in der Rock- und Popmusik ist deswegen so eingängig, weil er den Herzschlag (heartbeat) des Menschen imitiert. Darum ist Rockmusik ein so wirkungsvolles Mittel, die Herzen der Menschen zu erreichen. Wenn schon der Philosoph Aristoteles sagte: „Musik hat die Kraft, Charaktere zu formen", so gilt das in besonderem Maße für die Rockmusik. Sie ist ausgesprochen eingängig und auf dem ganzen Globus über alle sozialen Schichten hinweg verbreitet – und das ist doch einigermaßen neu in der Musikgeschichte. Weil Rockmusik ständig und überall präsent ist, prägt sie die Werte der Menschen wie kaum etwas anderes. Die

Frage ist, wie lange es sich die Kirche leisten will, die ganze Rockmusik der „Welt" zu überlassen und statt dessen den Menschen dieser Generation eine Musik zu präsentieren, die ihnen weder nahe noch vertraut ist, die nichts von dem ausdrückt, was sie im Innersten empfinden und die für sie in keiner Weise attraktiv, sondern schlicht langweilig ist. Auch wenn es den kulturell Gebildeten unter uns noch so unverständlich erscheint: Die überwiegende Anzahl der Menschen unter 45 hat keine Beziehung zu Musik, die vor 1965 geschrieben wurde. Unter einem „Klassiker" verstehen sie so etwas wie einen Elvis-Hit oder die Stones!
Wenn wir als Kirche die jungen Leute erreichen wollen, dann müssen wir ihre Musik spielen. Und das nicht nur aus missionarischen Gründen: Auch wenn wir wollen, daß jüngere Christen durch die Musik in unseren Gottesdiensten auferbaut werden und dabei so etwas wie Spiritualität und Innigkeit empfinden, dann können wir das sinnvollerweise nur mit Hilfe jener Musik tun, die in ihnen lebendig ist und mittels derer sie schon von früh auf ihre innersten Empfindungen verbunden haben. Das aber bedeutet nicht mehr und nicht weniger als die Umstellung des musikalischen Konzeptes einer Gemeinde von „überwiegend klassisch" auf „überwiegend modern".

Widerstand der Kirchenmusiker

5. Wenn es um die Umgestaltung Ihres musikalischen Konzeptes in der Gemeinde geht: Hören Sie nicht unbedingt auf Ihren Kirchenmusiker (und auch nicht unbedingt auf den Pastor).

Ich sage dies mit einiger Scheu, aber die Frage, ob es überhaupt wünschenswert ist, die Gemeinde durch die Umstellung des musikalischen Konzeptes zu verändern, darf fast jeder beantworten, nur nicht der erwähnte seriöse Kirchenmusiker. Denn gerade, wenn er in seinem Fach gut und kompetent ist, wird er klassische Musik natürlich *lieben.* Es ist höchstwahrscheinlich *die* Art von geistlicher Musik, mit der er groß geworden ist. Sie bedeutet ihm viel, er hat sie deswegen zu einem – wenn nicht *dem* – wesentlichen Inhalt seines Lebens gemacht. Er hat sie studiert und kennt ihre Tiefe und ihr Niveau und ihre Feinheiten. Es mag Ausnahmen geben, aber in der Regel wird ein solcher Kirchenmusiker nicht sonderlich objektiv sein, wenn es um die Frage geht, ob man die Gemeindemusik radikal umstellen soll.
Das Problem ist nur: Genauso wenig objektiv werden die Mitglieder Ihres Chores, Ihres Kirchenvorstandes oder auch ein junger Pastor sein, der bei sich zuhause nur Rockmusik hört. In all diesen Fällen ist die Gefahr nicht von der Hand zu weisen, daß diese Leute ihre persönlichen Vorlieben über die Erfordernisse des Gemeindeaufbaus stellen. Gerade weil Musik etwas mit unserem Innersten zu tun hat, ist in dieser Frage kaum jemand neutral. Wen also soll man fragen?
Ich denke, die Entscheidung hierüber kann nur *geistlich* und nicht aufgrund persönlicher musikalischer Präferenzen oder der eigenen kultu-

rellen Prägung gefällt werden. Sie wird sehr stark davon abhängen, wen wir mit unseren Gottesdiensten erreichen wollen. Wenn Ihre Gemeinde ohnehin blüht und gedeiht oder wenn Sie vorhaben, ganz bewußt auch in Zukunft im wesentlichen unter sich zu bleiben, dann besteht keine Notwendigkeit, Ihr kirchenmusikalisches Konzept umzustellen. Anders stellt es sich jedoch dar, wenn Sie daran leiden, daß Ihr gottesdienstliches Angebot einen Großteil der Menschen um Sie herum ganz offensichtlich nicht mehr erreicht.

Menschen abholen

6. Die Grundentscheidung in der kirchenmusikalischen Gestaltung unserer Gottesdienste wird die sein, ob wir die Menschen dort abholen, wo sie wirklich stehen.

Natürlich ist das ein Problem, weil sich „die" Menschen nicht über einen Kamm scheren lassen. Gleich, welchen Musikstil wir in unseren Gottesdiensten wählen, wir werden immer ganz bestimmte Menschen ansprechen und andere Menschen abstoßen. Jeder empfindet Musik anders, und kein Musikstil löst bei allen Menschen die gleichen Empfindungen aus. Egal, ob Sie Beethoven, Heavy Metal oder Heino spielen: Sie werden immer Menschen finden, die diese Art von Musik lieben, und andere, die sie nicht mögen.

Welche Musik in uns welche Empfindungen auslöst, dafür gibt es nach allen musiktheoretischen Untersuchungen *keine* objektiven Kriterien. Entscheidend scheint hier nach allen Erkenntnissen der Forschung allein die Frage der Vertrautheit und der entsprechenden Sozialisation zu sein. Doch auch, wenn wir den musikalischen Geschmack der Leute nicht über einen Kamm scheren können, so gibt es doch statistische Annäherungswerte und eine „Mainstream-Musik", auf die ein relativ hoher Prozentsatz der Menschen aufgrund ihrer Sozialisation positiv anspricht.

Nun wird eigentlich nur noch von einigen kirchlichen Insidern hartnäkkig verleugnet, bei *welcher* Art von Musik – zumindest bei der Generation der unter 45jährigen Menschen – dies im allgemeinen der Fall ist! Bereits heute ist es so, daß nur noch rund sieben Prozent aller verkauften CDs klassische Musik enthalten, davon wiederum ist nur ein Bruchteil Orgelmusik. Und die Tendenz ist weiter sinkend. Wenn man diese Statistiken ernst nimmt, dann könnte man sogar mit *Volksmusik* mehr Leute erreichen als mit klassischer Musik. Ich persönlich mag Volksmusik überhaupt nicht, aber man sollte ernsthaft einmal nachdenken, wie man seitens der Kirche auf dieses Bedürfnis eingehen will.

Der weit überwiegende Teil aller Menschen, die einen CD-Spieler bedienen können, hört allerdings fast ausschließlich Rock- oder Popmusik. Logisch: Es ist die Musik, mit der sie groß geworden sind. Es ist die Musik, die sie verstehen, durch die sie sich angesprochen fühlen, die ihre Werte geprägt hat und die ihre innersten Gefühle ausdrückt. Es

stellt sich die Frage, ob wir in der musikalischen Gestaltung unserer Gottesdienste ungestraft an dieser Tatsache vorbeigehen können. Das Ergebnis ist nämlich, daß viele gerade jüngere Christen im Gottesdienst die Lieder nur mitsingen, weil sie ihnen „verordnet" worden sind, nicht aber, weil es sie dazu treibt.
Kommen wir noch einmal zu „Sister Act": Im Grunde ist das, was Schwester Mary Clarence macht, gar nicht so verschieden von dem, was *Martin Luther* einst tat. Er übernahm beliebte Melodien aus Kneipen und Gassen und schrieb neue, christliche Texte dazu. Um Bekanntheit zu erreichen, so sagte er, müßten Lieder in der einfachsten und gewöhnlichsten Sprache gehalten werden. Die Prinzipien, die er bei seiner Bibelübersetzung anwandte („Man muß den Leuten aufs Maul schauen"), verwandte er analog auch für seine Lieder. Luther, Wesley, Booth und wie sie alle heißen, verfaßten „Ohrwürmer" – für die Ohren ihrer Zeit! (Und entsprechend wurden sie dafür kritisiert.) Wir sollen nicht meinen, wir stünden in der Tradition dieser Leute, wenn unsere Gemeindeglieder unsere Lieder nicht bei der Arbeit summen und immer wieder entsprechende Kassetten hören!
Wußten Sie, daß beispielsweise „Ein feste Burg ist unser Gott" ursprünglich ein weltliches Lied war? Was ist nur geschehen, daß man solche damals hochaktuellen Lieder für fünf Jahrhunderte festgefroren hat als „das" geistliche Liedgut schlechthin? Es ist ein Treppenwitz der Weltgeschichte, daß manche im Namen Martin Luthers auch heute noch alle Versuche bekämpfen, dasselbe zu tun wie Luther und moderne Lieder mit christlichen Texten zu versehen! Ich persönlich glaube, Martin Luther würde sich riesig freuen über unsere heutigen Versuche, Kirchenmusik zeitgemäßer zu machen. Er würde sagen: „Genau das war mein Anliegen! Christliche Musik soll textlich authentisch, aber auch relevant und anziehend sein; das gilt für das zwanzigste wie für das sechzehnte Jahrhundert."

Ärger durch Neuerungen

7. Wir sollten nicht vergessen: Die „guten, alten Lieder" waren alle einmal neu – und ihre Einführung hat zu ihrer Zeit ebensoviel Ärger gemacht wie die Einführung neuer Lieder heute.

Die Argumente für oder gegen eine bestimmte musikalische Form sind sich im Laufe der Zeit erstaunlich ähnlich geblieben, auch wenn sich das Objekt des Widerspruchs gewandelt hat. Als die Orgel im zehnten Jahrhundert in die Messe eingeführt wurde, gab es erheblichen Widerstand. Nicht nur galt die Orgel als ausgesprochenes „Straßeninstrument", das vor allem auf Jahrmärkten eingesetzt wurde, vor allem aber hatte zur Zeit der Christenverfolgungen angeblich ein ähnliches Instrument – die „Wasserorgel" – die „Zirkusvorstellungen", das heißt die Christenverbrennungen und Gladiatorenkämpfe in den römischen Arenen begleitet.
Im Mittelalter glaubten Kirchenmusiker, die übermäßige Quarte, der Tritonus, sei vom Teufel. In anderen Zeiten hielt man Terzen und Sexten

für zu sinnlich und lehnte sie daher ab. Die Geige galt lange Zeit als das Instrument Satans. Anders als Luther wandte sich Zwingli gegen *jedes* Instrument im Gottesdienst. Ähnlich forderte der Reformator Karlstadt: „Verbannt Orgeln, Trompeten und Flöten ins Theater. Besser ein Gebet von Herzen als tausend Psalmkantaten. Die sinnlichen Töne wecken weltliche Gedanken."
Auch Calvin ächtete die Orgel und ließ als Texte nur metrische Psalmen zu. Mangels eigener Begabung auf diesem Gebiet beauftragte er aber zwei weltliche Liedschreiber, um die Psalmen zu vertonen. Diese sehr volkstümlichen Lieder wurden von Calvins Gegnern prompt als „Genfer Hüpfer" verspottet. Ein Großteil der Lieder, die wir heute als „sakrale Musik" bezeichnen, wurden bei ihrer Entstehung ob ihrer allzugroßen Weltlichkeit kritisiert. Sogar Händels „Messias" wurde von Kirchenleuten seiner Zeit als „vulgäres Theater" verurteilt: Das Stück habe zu viele Wiederholungen (denken Sie an die fast hundert „Hallelujas"!) und nicht genügend Botschaft.
Es läßt sich fast als Regel formulieren: Viele der heute etablierten Kirchenlieder waren bei ihrer Einführung revolutionär. Wann immer sich eine Änderung im Stil der Kirchenmusik abzeichnete, gab es Gegner, Menschen, die den neuen Stil als minderwertig, niveau- und kulturlos, zu sinnlich, zu weltlich, ja sogar als satanisch bezeichneten. Wegen ihrer kulturellen Konditionierung waren sie nicht in der Lage, zu erkennen, daß sich in dieser neuen Musik der Geist Gottes selbst ausdrückte. Der Philosoph Hegel sagt: „Aus der Geschichte der Völker können wir lernen, daß die Völker aus der Geschichte nichts gelernt haben."
Wenn ich die Argumente höre, die heute gegen moderne christliche Musik ins Feld geführt werden, dann sehe ich darin eine Wiederholung der gleichen Einwände, die sich seinerzeit gegen jene Musik wandten, die heute gerne als die wahre sakrale Musik angesehen wird. Auf keinen Fall dürfen wir die heutige Diskussion losgelöst von diesen Vorgängen betrachten, sonst wiederholen wir die Fehler der Vergangenheit.

Kultureller und theologischer Elitarismus

8. Vermeiden Sie in der Frage der Kirchenmusik jeglichen kulturellen oder theologischen Elitarismus.

Als *kulturellen* Elitarismus bezeichne ich jegliches Argument, das eine bestimmte Art von Musik für *die* geistliche Musik überhaupt ausgibt. Zu behaupten, daß alle gute Musik vor zwei Jahrhunderten in Europa geschrieben wurde, ist kultureller Elitarismus. Es gibt ganz gewiß keine biblische Basis für diese Ansicht.
Natürlich gibt es einfache und kompliziert aufgebaute Musik: Aber das beinhaltet, geistlich gesehen, keine Wertung. Warum sollte komplizierte Musik, die nur von wenigen verstanden wird oder schwer singbar ist, auch in geistlicher Hinsicht „besser" sein als eine einfach aufgebaute Melodie, die viele Menschen ergreift und sie sofort mitsingen läßt? Es

spricht eigentlich mehr dagegen als dafür. Meine These ist: „Gut ist Musik dann, wenn sie die Herzen der Menschen erreicht." Die manchmal aufgestellte Behauptung, moderne Lieder seien zu „niveaulos", um gottesdiensttauglich zu sein, tritt mit sachfremden und elitären Argumenten an einen Sachverhalt heran, der im Grunde nur geistlich beurteilt werden darf.

Wir müssen auch endlich damit aufhören, zu behaupten, irgendwelche Musik sei *per se* „sakral". Musik ist lediglich eine Aneinanderreihung von Noten in einem bestimmten Rhythmus. Dies löst bestimmte Empfindungen in uns aus. Was diesen Vorgang sakral macht, sind die Texte bzw. die Inhalte, mit denen diese Musik in Verbindung gebracht werden.

Es gibt freilich auch einen *theologischen* Elitarismus, demzufolge viele moderne geistliche Lieder angeblich „nicht genügend theologische Tiefe" besitzen. Doch abgesehen davon, daß es eine Fülle althergebrachter Lieder gibt, auf die das gleiche zutrifft, stellt sich mir die Frage, ob das unbedingt negativ zu bewerten ist. Das Argument klingt weise und geistlich, aber es läuft letztlich darauf heraus, daß wir versuchen, biblischer zu sein als die Bibel.

Lesen Sie einmal die Psalmen, das Liederbuch der alten Hebräer. Was Sie dort finden, ist auch nicht immer gerade von großer theologischer Tiefe, wenn beispielsweise in Psalm 136 sechsundzwanzigmal der gleiche Satz chorusartig wiederholt wird (ein Stilmittel, das man modernen Lobpreisliedern gerne als mangelnden Einfallsreichtum vorwirft). Psalm 133 beschreibt die Schönheit der Gemeinschaft in einem reichlich kitschigen Bild, Psalm 150 fordert die Gemeinde auf, Gott an verschiedenen Orten mit allen möglichen dann im einzelnen aufgezählten Instrumenten zu loben. Psalm 70 ist einfach ein Hilfeschrei zu Gott.

Alles das ist gerade wegen seiner Einfachheit völlig in Ordnung. Es wäre schlimm, wenn wir in unseren Gebeten immer tiefgründig und anspruchsvoll sein müßten. Schließlich hat Jesus die „geistlich Armen" und nicht die „theologisch Reichen" selig gepriesen. Theologische Tiefe ist etwas Wunderbares, aber sie darf keinesfalls zum Standard unserer Gebete und unseres geistlichen Liedgutes erhoben werden.

Der Preis musikalischer Reformbemühungen

9. Aller Erfahrung nach ist es in einer durchschnittlichen Gemeinde leichter, die Theologie zu ändern als den im Gottesdienst vorherrschenden musikalischen Stil.

Die meisten Gemeinden haben viele Pastoren kommen und gehen sehen und dabei so manche theologische Kursänderung mitgemacht. Die damit bisweilen verbundenen Auseinandersetzungen stehen aber in keinem Verhältnis zu den Gräben, die in einer Gemeinde aufgerissen werden, wenn die musikalische Richtung geändert wird. Das heißt auf gut deutsch: Wenn Sie vorhaben, an dieser Schraube zu drehen, dann sollten Sie sich gut überlegen, ob Sie bereit sind, den Preis dafür zu zahlen.

So etwas geschieht nicht ohne Widerstand: Bei Sister Act war es die „Mutter Oberin", die Schwester Mary Clarence erbittert Widerstand leistete, bei Luther war es die kirchliche Obrigkeit, die sich seinen Kirchenreformen – auch im musikalischen Bereich – entgegenstellte.
Die Geschichte unserer Kirche zeigt, daß nahezu jeder geistliche Neuaufbruch von neuer Musik begleitet wurde. Vielleicht heißt es darum so oft in der Bibel: „Singt dem Herrn ein *neues* Lied!" Unsere Gemeinden müssen in der Regel eine unangenehme Entscheidung treffen: Entweder sie frustrieren die Leute, die bereits in ihre Gottesdienste kommen und die die Musik, die dort gespielt wird, lieben – oder sie geben sich damit zufrieden, daß die überwiegende Mehrzahl der Menschen, die nach 1950 geboren wurde, gar nicht erst kommt. Die meisten Gemeindeleitungen entscheiden sich für die letztgenannte Option. Sie führen den geringen Gottesdienstbesuch dann darauf zurück, daß die Menschen heute „eben nicht mehr offen" seien für das Evangelium oder daß das Zeitalter eines „nachkirchlichen Christentums" angebrochen sei.
Als Pastor einer wachsenden und blühenden Gemeinde kann ich beides nicht bestätigen. Meiner Meinung nach gibt es eine sehr viel einfachere Erklärung: Wenn die Predigten relevanter und zupackender würden und die Musik in unseren Gottesdiensten mehr mit dem Lebensgefühl der Menschen von heute korrespondieren würde, kämen auch mehr Menschen in unsere Gottesdienste (das wäre, wie wir gesehen haben, zwar noch keine blühende Gemeinde, aber es wäre schon einmal ein verheißungsvoller Anfang, wie ich meine).
Gegen bessere Predigten hätten wahrscheinlich die wenigsten etwas einzuwenden (außer vielleicht jene Pastoren, die ihre eigenen Predigen für gut genug halten und die die viele Vorbereitungszeit scheuen, die eine wirklich gute Predigt in der Regel kostet). Nur, wenn wir das musikalische Konzept unserer Gottesdienste änderten, bliebe in unseren Gemeinden wahrscheinlich kaum mehr ein Stein auf dem anderen. So gerne man mehr Leute in den Gottesdiensten sehen würde – wenn *das* der Preis ist, finden sich viele lieber mit einem kleiner dimensionierten, aber vertrauten gottesdienstlichen Umfeld ab.

Der Maßstab der Bibel

10. Allein die Bibel sollte Maßstab der kirchenmusikalischen Gestaltung unserer Gottesdienste sein.

Das sollte für eine Kirchengemeinde eigentlich selbstverständlich sein, nur bringt dies einige Probleme mit sich. Denn interessanterweise überliefert uns die Bibel gerade *keine* feste Gottesdienstordnung einschließlich der Lieder, der einzusetzenden Instrumente und des angemessenen Stils. Das ist insofern bedauerlich, weil damit eine sich über die gesamte Kirchengeschichte hinziehende Streitfrage endgültig gelöst (bzw. nie aufgekommen) wäre. Man stelle sich außerdem vor, was man sich an

Druckkosten für Gesangbücher, Gottesdienstordnungen und Noten hätte sparen können! Doch was wir aus dem biblischen Gottesdienst kennen, ist ausgesprochen vielfältig. Und viele der in der Bibel erwähnten Instrumente kennen wir heute nicht mehr. Ganz offensichtlich wollte Gott uns in dieser Hinsicht gerade *nicht* auf ein bestimmtes Konzept festlegen. Er wollte, daß die Gemeinde in dieser Beziehung alle Freiheit hat, ihre Musik und ihre Anbetung jeweils in *der* Sprache auszudrücken, die die Leute jeweils zu ihrer Zeit verstehen.
Entsprechend entwickelte die Alte Kirche keine eigene „geistliche Musik", sondern orientierte sich musikalisch primär am heidnischen Griechentum. Zu einer Trennung von weltlicher und geistlicher Musik kam es erst gegen Ende des sechsten Jahrhunderts. Die „Gregorianik" (nach Papst Gregor dem Großen benannt) wurde jahrhundertelang in der Kirche verbindlich – mit dem zweifelhaften „Erfolg", daß die Anbetung für das einfache Volk an Bedeutung verlor. Erst Luther holte die Kirchenmusik wieder dorthin zurück, wo das Herz der Menschen schlug. Genau dort sollten wir sie belassen: Wo das Herz der Menschen schlägt – und zwar der Menschen *unserer* Zeit. Oder sie dorthin zurückholen, so wie Schwester Mary Clarence es in „Sister Act" tat.
Wenn uns nicht einmal die Bibel auf einen bestimmten musikalischen Stil festlegt, dann darf das auch keine andere Tradition der Kirchengeschichte. Genausowenig wie von uns verlangt wird, im Gottesdienst hebräisch oder auch nur mittelhochdeutsch zu sprechen, dürfen wir uns in der musikalischen Gestaltung unserer Gottesdienste von früheren Zeiten bestimmen lassen. Was die Bibel uns darüber hinaus an Kriterien für die musikalische Gestaltung unserer Gottesdienste an die Hand gibt, sollen Sie in dem nun folgenden Teil selbst erarbeiten. Zuvor aber möchte ich Ihnen gerne die Hauptquelle mitteilen, aus der ich meine Erkenntnisse zu diesem Thema bezogen habe.

Zur Vertiefung empfehle ich die Lektüre des sehr inspirierenden Buches von Steve Miller: Moderne christliche Musik. Fataler Kompromiß oder Hilfe zur Erneuerung?, Asaph-Verlag, ISBN 3-931025-00-4. Ich habe viele seiner Gedanken in dieses Kapitel eingearbeitet.

Zehn biblische Leitlinien

Musik
Schritt 2:
Nachvollziehen

1. Leitlinie: Der Lobpreis hat Priorität.

Musikalischer Lobpreis ist nicht eine Randerscheinung in Gottes Plan, sondern spielt in der Heiligen Schrift eine zentrale Rolle. Das Lob Gottes ist Ziel des Menschseins, Ziel der Menschheitsgeschichte und gleichzeitig vollkommener Ausdruck der menschlichen Geschöpflichkeit hier auf Erden. Der Psalter, das biblische „Buch der Preisungen", ist das längste Buch der Bibel. Im alttestamentlichen Gottesdienst waren 4000 instrumentespielende Leviten sowie 288 ausgebildete Sänger dafür angestellt, Gott zu loben. Darüber hinaus wird von über hundert Priestern berichtet, die ihren Dienst an einem Instrument versahen (vgl. 1. Chronik 23,5; 25,7; 2. Chronik 5,12f). Allein diese Größenordnungen zeigen, welche Vorzugsstellung die Bibel dem Lobpreis einräumt. „Die Heilige Schrift stellt uns Gott, den Vater, nicht als jemanden vor Augen, der sich in Erwartung der Predigt durch den Gesangsteil des Gottesdienstes hindurchgähnt" (Steve Miller).

„Die Musik ist wahrscheinlich das einzige Element unserer Gottesdienste, das es auch noch im Himmel geben wird."

Je mehr wir Anbetung und Lobpreis geringschätzen, indem wir sie auf einen winzig kleinen Teil des Gottesdienstes reduzieren, ihn zu einem kläglichen Gesinge verkümmern lassen oder schlampig vorbereiten und durchführen, desto mehr entfernen wir uns vom biblischen Standard. Anbetung hat Vorrang.

Praktische Umsetzung: *Achten Sie auf den biblischen Standard des Vorrangs der Anbetung in Ihren Gemeinden. Singen Sie in Ihren Kreisen und Gottesdiensten mehrheitlich Lieder mit Lob- und Anbetungscharakter. (Ausnahmen sind natürlich Gottesdienste mit speziellem Buß-, Trauer-, Fürbitt- oder anderweitig geprägtem Charakter, wobei auch hier das Gotteslob nicht ganz fehlen sollte.) Weitere Anregungen zu diesem Thema finden Sie auf den Seiten 128-138 in meinem Kapitel über den Lobpreis.*

2. Leitlinie: Gott liebt die Vielfalt.

Vielfalt auf allen Ebenen

Eins der auffälligsten Merkmale des biblischen Gottesdienstes ist die reiche musikalische Vielfalt und die geringe Zahl an Einschränkungen auf diesem Gebiet. Musik wird in der Bibel auf nahezu allen Ebenen variiert. Wir finden:

- vielfältige Instrumente (Saiteninstrumente, Blechinstrumente, Schlaginstrumente...)
- vielfältige Lautstärken und Klänge (Musik wir Donner und Flut, wie leises Werben...)
- vielfältige Anbeter (Chöre, Duos, das ganze Volk, Solisten, „alles, was Odem hat"...)
- vielfältige Ausdrucksformen (Viel- und Einstimmigkeit, angeleitet/spontan, liturgisch/frei ...)

- vielfältige Örtlichkeiten (Tempel, an der Stadtmauer, im Haus, im Bett, im Gefängnis...)
- vielfältige Adressaten (an das Volk, an die Völker, an Könige, an einander, an Gott...)
- vielfältige Inhalte (Lehre, Gebet, Lobpreis, Ermahnung, Bekenntnisse...)
- vielfältige Gelegenheiten (Einweihungen, Gottesdienste, Feste, Hauskreise, bei Krisen...)
- vielfältige Tageszeiten („Vom Aufgang der Sonne bis zu ihrem Niedergang", nachts, ...)
- vielfältige Körperhaltungen (Hände erheben, hüpfen, knien, stehen, gehen...)
- vielfältige Stimmungen (Freude, Klage, Ausgelassenheit, Sorge...)

Praktische Umsetzung: *Achten Sie darauf, daß in Ihrem Gottesdienst verschiedene Stilrichtungen von Musik vorkommen. (Es müssen ja nicht unbedingt extreme Gegensätze wie Heinrich Schütz und Heavy metal sein!) Wenn Sie keine feste Band haben, laden Sie Ihre Gemeindeglieder ein, ihre Musikinstrumente in den Gottesdienst mitzubringen und die Stücke zu begleiten. Auch für den Hauskreis ist es eine große Bereicherung, wenn nicht nur eine Gitarre zur Begleitung, sondern auch eine Querflöte oder eine Geige als Melodieinstrument mit dabei ist. Kultivieren Sie gerade auf musikalischem Gebiet Vielfalt und Buntheit in Ihrer Gemeinde.*
Zu einer gesunden Vielfalt gehört übrigens auch, daß sich der Liedschatz einer Gemeinde im Lauf der Zeit verändert. Nicht nur, weil man hoffentlich viele Anregungen von außen mitbringt, sondern auch, weil der Glaube wächst und sich verändert – und mit ihm das von uns bevorzugte Liedgut.

Verstehbarkeit

3. Leitlinie: Musik muß verstanden werden.

Die biblische Grundregel, „allen alles zu werden" findet sich in 1. Korinther 9,19-23. Sie ist dort nicht ausdrücklich auf die Musik bezogen, sondern auf das christliche Leben und die christliche Verkündigung überhaupt. Jegliche öffentliche Äußerung christlicher Spiritualität muß auf den Kontext und den kulturellen Hintergrund der Menschen Rücksicht nehmen, mit denen man ins Gespräch kommen will. Wir dürfen die musikalische Gestaltung unserer Gottesdienste auf keinen Fall darauf gründen, daß eine bestimmte Form in der Vergangenheit funktionierte, daß sie uns vertraut ist und gefällt oder daß sie uns von unserem speziellen kulturellen Erbe her angemessen zu sein scheint. Paulus sagt: „Niemand suche das Seine, sondern was dem andern dient" (1. Korinther 10,24).

Es geht nicht an, daß wir Christen öffentliche Gottesdienste anbieten und den Leuten signalisieren: „Kommt her, aber versteht erst mal unsere Musik!" Wenn wir das tun, stellen wir das paulinische Prinzip auf den Kopf: Dann müssen Menschen erst eine kulturelle Grenze überschreiten, um das Evangelium verstehen zu können. Das ist nicht nur lieblos, die Leute sind heute dazu auch nicht mehr bereit. Hier haben wir einen, wenn nicht *den* wesentlichen Schlüssel für den rapiden Rückgang im Gottesdienstbesuch während der letzten Jahre. Das Grundprinzip der Verstehbarkeit bezieht sich selbstverständlich nicht nur auf die Musik, sondern auf alle Äußerungen gottesdienstlichen Lebens, auch der gesprochenen und gesungenen Texte.

Praktische Umsetzung: *Werfen Sie konsequent alle Lieder aus Ihren Gottesdiensten und Hauskreisen, die vom Text her unverständlich sind. Oder texten Sie sie um. Eine andere Möglichkeit ist, schwer verständliche Texte zu erklären. Warum nicht einmal eine Predigtserie oder eine Reihe von Hauskreisabenden zu einigen beliebten oder einigen noch zu entdeckenden Gemeindeliedern? Ein wirklich verstandenes und innerlich nachvollzogenes Lied wird doppelt so gerne gesungen. Reservieren Sie alle „anspruchsvolle" und komplizierte Musik für Konzerte und ähnliche Veranstaltungen, werfen Sie sie aber aus den Gottesdiensten heraus. Gottesdienstliche Musik muß auch für die Schwachen und die „Normalverbraucher", die keine besondere kulturelle Ader haben und nicht zu den Bildungsbürgern gehören, nachvollziehbar sein.*

4. Leitlinie: Musik sollte Ausdruck des Innersten sein.

Authentizität

Musik ist ein Kommunikationsmittel, durch das wir zu Gott von Herz zu Herz sprechen und er zu uns: „Mein Herz ist bereit, daß ich singe und lobe", „Ich will dem HERRN singen mein Leben lang", „des Nachts singe ich ihm und bete"... – das Buch der Psalmen (57,8; 104,33; 42,9) ist voll von sehr, sehr persönlichen und intimen Äußerungen dieser Art. Gott zu singen ist Ausdruck unseres Innersten, und nur als Ausdruck des Innersten hat gottesdienstliche Musik ihre Berechtigung und ihren Wert. Hierbei gibt es kein Falsch oder Richtig, Besser oder Schlechter. Gott kommt es wesentlich darauf an, daß unser Singen und Spielen zu Ihm authentisch ist und von Herzen kommt. Mit den Worten Jesu: „Gott ist Geist, und die ihn anbeten, müssen ihn im Geist und in der Wahrheit anbeten" (Johannes 4,24).
Dies ist freilich noch kein hinreichendes Kriterium, *öffentlich* – etwa in einem Gottesdienst – geistliche Musik zu machen. Wenn die Brüder und Schwestern oder gar Nichtchristen ins Spiel kommen, genügt es nicht, daß unsere Musik von Herzen kommt. In diesem Fall muß sie auch qualitativ gut sein. Doch in jedem Fall bleibt Authentizität eine Minimalanforderung an alle geistliche Musik. Was nicht von Herzen kommt, hat weder in unserem persönlichen Gebet noch in der Kirche etwas zu suchen.

***Praktische Umsetzung:** Versuchen Sie einmal, Ihr Innerstes musikalisch auszudrücken! Packen Sie Ihr altes Musikinstrument aus, das so lange brachgelegen hat (oder leihen Sie sich ein paar Orff'sche Instrumente, die nahezu jeder beherrschen kann), und singen und spielen Sie Ihrem Gott ein Lied. Es gibt so vielfältige Musik, und wir können damit so verschiedene innere Stimmungen ausdrücken – viel besser als mit Worten! Es sollte darum keine Stille Zeit geben, in der wir nicht wenigstens ein Lied gesungen haben. Hier können wir unseren Dank und unsere Bitte, unsere Angst und unsere Freude, unseren Zweifel und unsere Gewißheit zum Ausdruck bringen. Hier können wir Worte nachsprechen, die wir selbst nie finden würden.*
Was, Sie können nicht singen? Es ist erstaunlich, wie viele Leute das von sich behaupten, dabei können es nachweislich nur 2 Prozent der Menschen tatsächlich nicht. Der Rest kann es lernen. Und Sie ahnen gar nicht, wie „unmusikalisch" Gott sein kann: Er überhört glatt die Schrägheit Ihres Gesangs, wenn er wirklich von Herzen kommt.
Wenn Sie weder singen noch ein Instrument spielen können: Legen Sie ein Musikstück auf und begleiten Sie es durch intensive Körpergesten. Versuchen Sie, mit dem Körper „mitzusingen" und auszudrücken, was in Ihnen steckt. (Diese Übung wird Ihnen vielleicht auch dann gefallen, wenn Sie singen oder ein Instrument spielen können.)

Gemeinschaftsbildende Funktion

5. Leitlinie: Musik sollte gemeinschaftsbildend sein.

Einer der schönsten Bibeltexte darüber, was Musik in einem Gottesdienst bewirken kann, findet sich in 2. Chronik 5,12-14:

> *„Alle Leviten, die Sänger waren, nämlich Asaf, Heman und Jedutun und ihre Söhne und Brüder, angetan mit feiner Leinwand, standen östlich vom Altar mit Zimbeln, Psaltern und Harfen und bei ihnen hundertundzwanzig Priester, die mit Trompeten bliesen. Und es war, als wäre es e i n e r , der trompetete und sänge, als hörte man eine Stimme loben und danken dem HERRN. Und als sich die Stimme der Trompeten, Zimbeln und Saitenspiele erhob und man den HERRN lobte: Er ist gütig, und seine Barmherzigkeit währt ewig, da wurde das Haus des HERRN erfüllt mit einer Wolke, so daß die Priester nicht zum Dienst hinzutreten konnten wegen der Wolke; denn die Herrlichkeit des HERRN erfüllte das Haus Gottes."*

Ich liebe diesen kleinen Text, weil er drei wesentliche Elemente gottesdienstlicher Musik herausstreicht: Vielfalt, Einheit und spürbare Gottesgegenwart. Das von mir in der Überschrift gewählte Wort „gemeinschaftsbildend" ist fast zu schwach. Musik im Gottesdienst hat die Aufgabe, eine *Einheit* inmitten der Vielfalt der Gottesdienstbesucher zu schaffen. Und wo dies gelingt, da wird Gottes Gegenwart spürbar gegenwärtig sein, wie eine Wolke, die sich über das Volk Gottes legt.

Das Problem ist: Wie soll Musik im Gottesdienst eine Einheit schaffen, wo doch der Musikgeschmack der Gottesdienstbesucher sehr unterschiedlich ausgeprägt ist? Hierfür gibt es nur zwei Antworten: Entweder Sie schaffen eine gut gelungene Mischung oder Sie bieten verschiedene Gottesdienste mit unterschiedlichen musikalischen Akzentuierungen an.

Praktische Umsetzung: *Gemeinschaftlicher Gesang muß mehr sein als nur die zufällige Addition vieler Einzelgesänge. Der Unterschied zwischen dem Gesang eines Einzelnen und dem Gesang in der Gruppe ist kein quantitativer, sondern ein qualitativer. Versuchen Sie daher, beim gemeinschaftlichen Singen bewußt aufeinander einzugehen. Singen Sie nicht nur jeder für sich, sondern hören Sie mit, wie die anderen singen, und versuchen Sie, sich hier in rechter Weise einzufügen. Nicht Ihr eigener Gesang, sondern der Gesang der Gesamtgruppe soll möglichst schön klingen!*
Vielleicht üben Sie das ein, indem Sie miteinander ein Lied einmal ganz leise singen oder nur summen. Gehen Sie dann über zu mehrstimmigen Gesängen. Versuchen Sie, mehrstimmige Sätze für Ihre Lieder zu finden und zu verteilen. In fast jeder Gruppe finden sich einige, die eine zweite oder dritte Stimme vom Blatt singen können. Arbeiten Sie bewußt darauf hin, daß Ihr gemeinsamer Gesang Harmonie widerspiegelt und zu einer Erfahrung der Einheit wird.

6. Leitlinie: Musik sollte verkündigen.

Verkündigende Funktion

In nahezu jedem Buch oder Artikel, den bzw. das ich über gottesdienstliche Musik gelesen habe, wird auf die verkündigende Funktion der Musik hingewiesen. „Die Musik", so heißt es dann, „muß dem Wort dienen." Eine ähnliche Überlegung steht offensichtlich im Hintergrund von Kolosser 3,16-17, wo es heißt:

> *„Laßt das Wort Christi reichlich unter euch wohnen: lehrt und ermahnt einander in aller Weisheit mit Psalmen, Lobgesängen und geistlichen Liedern und singt Gott dankbar in euren Herzen. Und alles, was ihr tut mit Worten oder mit Werken, das tut alles im Namen des Herrn Jesus und dankt Gott, dem Vater, durch ihn."*

Musik ist ein sehr wirkungsvolles Mittel, die Verkündigung des Gottesdienstes zu unterstreichen. Bibelverse, Glaubens- und Vertrauensbekenntnisse, ja sogar Aufforderungen und dogmatische Aussagen lassen sich auf diese Weise vertonen und über das Medium Musik in die Tiefen unseres Unterbewußtseins tragen. Musik versetzt unseren Körper und unsere Seele in Schwingungen und erreicht damit Tiefen unseres Ichs, die das bloße Wort nicht erreicht. Diese gefühlsmäßige Wirkung auf unser Innerstes ist sehr intensiv, so sehr, daß Menschen diese Erfahrung oft mit einem Gotteserlebnis gleichsetzen.

Der Theologe Karl Barth – selbst ein großer Musikliebhaber – hingegen hielt diese Wirkung für „eher dämonisch als heilig", weil sie eher zum Götzendienst einlade als wirklich in die Anbetung hineinführe. Ich selbst halte die starken Gefühle, die Musik in uns auszulösen vermag, an sich für neutral. Jeder Musiker hat die Möglichkeit, sie zum Positiven oder zum Negativen hin zu lenken. Es ist nicht falsch, starke Gefühle in Menschen auszulösen. Aber man muß verantwortlich damit umgehen.
Die Hauptverantwortung des Komponisten und Interpreten besteht in der Entscheidung, womit das Gefühl, das sie erzeugen, in Verbindung gebracht werden soll. Und hier muß der christliche Musiker alle Anstrengung da hineinlegen, seine Musik so eng wie möglich an das Wort der Heiligen Schrift bzw. an die Verkündigung des jeweiligen Gottesdienstes zu binden.

Praktische Umsetzung: *Betreiben Sie in Ihrer Gemeinde keine Musik nur um der Musik willen („l'art pour l'art"). Gerade weil der künstlerisch-ästhetische Genuß von vielen fälschlicherweise für eine Gotteserfahrung gehalten wird, muß in der christlichen Gemeinde an dieser Stelle besonders klar sein: Die Musik hat dem Wort Gottes gegenüber keinen eigenen Offenbarungscharakter. Sie dient der Verkündigung und kann viel tiefere Schichten des Menschen erreichen als das bloß gesprochene Wort. Aber sie bleibt an das geoffenbarte Wort der Heiligen Schrift gebunden und erfährt ihre Autorität und ihre gottesdienstliche Berechtigung nur dadurch, daß sie sich klar auf dieses Wort bezieht.*
Also: Lassen Sie sprachlich begabte Menschen in Ihrer Gemeinde gute, biblisch fundierte Texte schreiben. Ein singbarer Text muß gegenüber einem gesprochenen „verdichtet" sein, auf Wesentliches beschränkt und so formuliert, daß er mehr sagt, als es der bloße Wortlaut vermag. Gute Liedtexte entfalten symbolische Kraft, sie rufen Bilder und Gefühle in uns wach und weisen so über ihren Worttext hinaus auf das, was mit bloßen Worten eben nicht sagbar ist. Lassen Sie musikalisch begabte Menschen in Ihrer Gemeinde diese Texte oder auch Bibeltexte mit schönen, eingängigen Melodien und Rhythmen versehen. Jede gesunde Gemeinde müßte auf Dauer eigentlich eigene Lieder entwickeln.
Lassen Sie schließlich die für den Gottesdienst verantwortlichen Menschen in Ihrer Gemeinde genau überlegen und gegebenenfalls darüber Rechenschaft ablegen, welche Gefühle sie durch welche Musik im Gottesdienst hervorbringen und mit welchen Inhalten sie diese Gefühle in Verbindung bringen wollen.

Motivierende Funktion

7. Leitlinie: Musik sollte motivierend sein.

Kaum etwas kann einen Menschen so stark motivieren oder auch demotivieren wie die ihm entsprechende bzw. nicht entsprechende Musik. Darum sagt ein Soziologe unserer Tage: „Wenn Sie junge Leute in

diesem Land erreichen wollen, geben Sie keine Werbung in Auftrag, sondern schreiben Sie ein Lied!" Der Philosoph Plato sagte: „Gebt mir die Musik eines Volkes, und ich werde den Sinn dieses Volkes ändern!" Es gilt auch der Umkehrschluß: Wem es nicht gelingt, die Musik des Volkes zu spielen, der wird das Volk nicht erreichen und deswegen auch nicht prägen können. Die Musik unserer Gottesdienste wird für die Menschen immer entweder motivierend oder entmotivierend sein. Wenn sie es nicht schafft, die Leute zu motivieren, wird vermutlich das Gegenteil der Fall sein.
Sehr viele Psalmen beginnen mit Worten wie „Kommt...", oder „Laßt uns..." oder auch einem selbstauffordernden „Ich will...". Musik hat nicht nur die Kraft, unsere Gefühle anzusprechen, sondern sie kann und will uns auch anfeuern und in Bewegung setzen. Ein Grund, warum ich persönlich empfehle, einen Gottesdienst nach Möglichkeit „upbeat" (beschwingt, leicht, mitreißend) zu beginnen und auch so zu enden. Der alttestamentliche Gottesdienst war oft ziemlich schwungvoll: Man klatschte, jauchzte, tanzte, schlug Pauken und Zimbeln (das „Lexikon zur Bibel" erklärt: „Ein ausgesprochenes Begleitinstrument zur Erzeugung von Lärm, das im Orchester der Tempelmusik Verwendung fand"). Selbstverständlich kann und soll nicht *jedes* Lied im Gottesdienst solch eine anfeuernde Funktion haben – das wäre Streß. Auf keinen Fall (außer vielleicht bei reinen Buß-, Trauer- oder Meditationsgottesdiensten) sollte man aber auf dieses Element verzichten.

Praktische Umsetzung: *Achten Sie darauf, daß in Hauskreisen und Gottesdiensten die eröffnenden Lieder wirklich motivieren. Bringen Sie Ihrem Kirchenmusiker und Chorsängern bei, zu lächeln und den Leuten Lust auf Musik zu machen. Fangen Sie Ihren Gottesdienst mit etwas Schnellem, Mitreißendem an. Wenn Sie selbst in einem Stimmungstief sind, holen Sie sich aus dieser Verfassung heraus, indem Sie ein frisches Loblied singen. Wenn Sie eine langweilige Arbeit zu tun haben, hören Sie sich dabei Lobpreismusik an. Lassen Sie in Ihren Gottesdiensten und Gemeindeveranstaltungen keine Musik und Lieder zu, die vom Text oder von der Melodie her entmotivieren oder eine negative Aussage haben (auch wenn sich das noch so sehr als „feierliche Besinnlichkeit" oder „solidarische Betroffenheit" verkauft).*

8. Leitlinie: Musik will heil machen.

Heilmachende Funktion

Musik hat, gerade weil sie so tief auf unser Innerstes wirkt, eine heilmachende Funktion. Es gibt ganze Musiktherapien, die auf diesem Prinzip basieren. Auch die geistliche Musik ist davon nicht ausgenommen – im Gegenteil. Jedes Lied, das im Gottesdienst gesungen wird, sollte eine prinzipiell gesundmachende Wirkung haben: seinem Text nach, seinem Rhythmus nach, seiner Harmonie nach. Immer wieder werden von Jesus diese zwei Haupttätigkeiten berichtet: daß er predigte und daß er heilte

(Matthäus 4,23; 9,25 u. ö.). Ich bin davon überzeugt, daß jeder Gottesdienst diesen zweifachen Dienst Jesu an den Menschen widerspiegeln sollte. Wenn auch die Verkündigung oftmals durchaus heilsamen und die Musik manchmal verkündigenden Charakter bekommen kann, so wird es doch normalerweise die *Musik* sein, der eine wesentliche Verantwortung für die Heilung innerer Verletzungen zukommt. Wichtig ist, daß beides, wie beim Erdenwirken Jesu, Hand in Hand geht.

Praktische Umsetzung: *Bieten Sie einmal im Monat einen Gottesdienst für Kranke an, der als wesentliche Elemente Singen, Salben und Segnen beinhaltet. In der Urgemeinde war es eine wichtige Aufgabe vor allem der Ältesten, die Kranken zu salben. In einigen Gemeinden, die ich kenne, gehört es zum Arbeitsprofil eines Kirchenältesten, regelmäßig mit Kranken zu beten. Sie besuchen diejenigen, die so krank sind, daß sie nicht zu einem solchen Gottesdienst kommen können. Die anderen Kranken kommen einmal im Monat zusammen und singen gemeinsam mit den Gesunden (bzw. hören zu, wie die anderen singen). Von Herzen kommendes Singen ist ansteckende geistliche Gesundheit! Bereits dabei löst sich einiges an inneren Spannungen und Verkrampfungen, so daß allein dies heilmachend oder doch zumindest lindernd wirkt.*
In diesen Gottesdiensten gibt es wohl eine Schriftlesung, aber keine Predigt. Während die große Gruppe singt, kommen einzelne Kranke zu vorne bereitstehenden Seelsorgern. Dort wird für sie gebetet, und sie werden gesalbt und gesegnet. Es ist erstaunlich, wieviel Kraft Kranke allein durch die ganze Atmosphäre dieser Gottesdienste bekommen, und nicht selten werden Menschen wirklich geheilt.
Die Möglichkeit der Salbung und der Einzelsegnung – zu letzterem Thema habe ich in diesem Buch ein eigenes Kapitel verfaßt (Seite 207) – ist in vielen traditionellen Gemeinden leider etwas in Vergessenheit geraten. Formen wie diese wiederzuentdecken wird eine der großen Herausforderungen der Kirche des neuen Jahrtausends sein. Ein Gottesdienst wie der eben von mir skizzierte verdeutlicht: Wir haben im Gottesdienst nicht nur das Wort, sondern auch andere Möglichkeiten, Menschen die Gegenwart Gottes erfahrbar zu machen und sie heil werden zu lassen. Singen, Salben und Segnen sind nur drei davon.

Erbauende Funktion

9. Leitlinie: Musik soll aufbauen.

In Epheser 5,19 heißt es:

> *„Ermuntert einander mit Psalmen und Lobgesängen und geistlichen Liedern, singt und spielt dem Herrn in eurem Herzen und sagt Dank Gott, dem Vater, allezeit für alles, im Namen unseres Herrn Jesus Christus."*

Das Wort „Erbaulichkeit" hat im Deutschen einen stark negativen Beigeschmack bekommen. Es klingt so ein bißchen nach frommer Selbstbefriedigung. Kein Zweifel, hier besteht eine Gefahr. Aber das darf uns nicht dazu verleiten, das Kind mit dem Bade auszuschütten. „Erbaulichkeit" bzw. „Erbauung" darf nicht zum Selbstzweck werden, ist aber eine durchaus legitime Forderung an den christlichen Gottesdienst insgesamt und selbstverständlich auch an die gottesdienstliche Musik.
Ich kann mir überhaupt keinen Gottesdienst vorstellen, bei dem nicht das Bemühen, Menschen zu erbauen, ganz stark im Vordergrund stünde. Und der Musik kommt hierbei wiederum eine Schlüsselfunktion zu. Musik hat die Kraft, uns aus dem Sumpf negativer Gedanken und Gefühle nach oben zu ziehen. Sie kann trösten, sie kann ermuntern, sie kann lösen und befreien, und sie kann einen neuen Ton in unserem Leben anschlagen, der uns hilft, unser Christsein im Alltag leichter und fröhlicher zu bewältigen.

Praktische Umsetzung: *Der Kirchenvater Augustin sagt: „Wer singt, betet doppelt." In der Tat ist für Menschen, die auch nur ein bißchen musikalisch sind, das Singen eine ungemeine Bereicherung des persönlichen Gebetslebens. Und auch, wer unmusikalisch ist, kann etwas von der erbauenden Kraft des gemeinsamen Lobgesangs im Gottesdienst spüren, selbst, wenn er nur zuhört. Was aber macht jemand, der nicht musikalisch ist, zuhause, wenn er ein wenig Auferbauung braucht?*
Mein Vorschlag: Schaffen Sie sich einen ganz persönlichen Fundus an „erbaulicher" Musik und überspielen Sie diesen auf eine Kassette, die Sie immer dann auflegen, wenn negative Gedanken und Gefühle sich Ihrer bemächtigen wollen. Kaum jemand wird die gleiche Musik als erbaulich empfinden wie der andere. Der eine wird durch Händels „Messias" aufgebaut, der andere durch ein paar schöne, rockige Balladen, der dritte spielt sich einige Stücke von „Duo Camillo" oder von „Nimm zwei!" auf seine Aufbaukassette (schließlich gibt es kaum etwas Erbaulicheres, als herzhaft zu lachen). Übrigens: Wenn Sie Musik zuhörenderweise genießen können, sind Sie vielleicht gar nicht so unmusikalisch, wie Sie bisher dachten. Wollen Sie es nicht doch noch einmal probieren, zu singen oder ein Instrument zu spielen? Vielleicht ist jemand in der Gemeinde, der ein wenig Geburtshilfe zur Entwicklung Ihrer verborgenen musikalischen Talente betreibt?

Hinweis auf den Himmel

10. Leitlinie: Musik ist ein Hinweis auf den Himmel.

Ich sage jetzt etwas sehr Gefährliches: Die Musik ist wahrscheinlich das einzige Element unserer Gottesdienste, das es auch noch im Himmel geben wird. Nirgendwo steht in der Bibel, daß im Himmel noch gepredigt oder prophezeit wird, wohl aber wird musiziert (vgl. zum Beispiel Offenbarung 14,2+3). Singen und spielen und Gott loben ist eine wesentliche Tätigkeit der Engel und der vollendeten Gemeinde. Darum

wird die Musik in der Tradition immer wieder als Vorspiel des ewigen Lebens angesehen: Lobpreis wird den Himmel erfüllen.
Diese Aussage ist deswegen gefährlich, weil sie einem weitverbreiteten kulturprotestantischen Mißverständnis Argumente an die Hand liefern kann, demzufolge die Musik höher als das Wort einzuschätzen sei. Dem gegenüber muß betont werden, daß christliche Musik hier auf Erden immer auf das Wort bezogen sein muß, wenn nicht eine freiflottierende, unscharf definierte, gefühlsgeleitete Religiosität an die Stelle dessen treten soll, was die Bibel „Glauben" nennt. Doch im Himmel wird diese Undefiniertheit aufhören. Es wird auch keinen Konflikt mehr zwischen Bach oder Vineyard geben. Die Sprache des Herzens wird universal und eindeutig sein.
Heute können wir das nur ahnen, und wir werden nur gebrochen und andeutungsweise erleben, was ich als abschließendes Prinzip gottesdienstlicher bzw. christlicher Musik überhaupt formulieren möchte: In der Art, wie wir unsere Gottesdienste musikalisch gestalten, sollte immer ein Hinweis auf das Kommende liegen. Unsere Musik sollte „himmlisch" sein, und unsere Theologie sollte uns nicht nur Anlaß zum Denken geben, sondern auch zum Singen, Beten und Tanzen.

Praktische Umsetzung: *Gönnen Sie Ihrer Seele mindestens einmal pro Woche folgende „Kur": Legen Sie eine CD mit schöner, harmonischer Musik auf, setzen Sie sich in einen gemütlichen Sessel, stellen Sie eine Kerze, eine Bibel und gegebenenfalls ein Glas Wein vor sich. Lesen Sie einen Bibeltext, danken Sie Gott für sein Wort und seine Gegenwart, und lassen Sie Ihre Gedanken einfach kommen. „Stille Zeit" einmal ganz anders: Versuchen Sie nicht, den Text irgendwie auszulegen oder anderweitig zu „bearbeiten". Vielleicht schreiben Sie sich das eine oder andere auf, aber der Vorgang ist eher meditativ und nicht so sehr analytisch. Lassen Sie sich von der Musik leiten und seien Sie sich der Gegenwart Gottes in diesem Moment bewußt. Beten muß nicht immer aus ausformulierten und wohlgesetzten Worten bestehen, sondern kann auch bedeuten, vor Gott zu schweigen und seinen Gedanken nachzugehen.*
Lassen Sie sich für diese Übung mindestens eine halbe oder dreiviertel Stunde Zeit. Sie werden sehen, wie die Musik Ihnen helfen kann, still zu werden und die Gegenwart Gottes als schön zu empfinden. Gewöhnen Sie Ihr Herz auf diese Weise ein Stück an die Ewigkeit. Wer weiß: Vielleicht entwickeln Sie in solchen Momenten ja so etwas wie eine Sehnsucht nach dem Himmel!

Wie transformiere ich eine traditionelle Gemeinde?

Musik Schritt 3: Gestalten

Rick Warren, der Gründer und Pastor der „Saddleback Community Church" in Kalifornien, die von der Gründung 1980 bis 1998 auf einen Schnitt von 16.000 Gottesdienstbesuchern wuchs, schreibt in seinem Buch „The purpose driven Church", wenn er das Rad zurückdrehen und noch einmal von vorn beginnen könnte, würde er noch konsequenter von Anfang an auf eine moderne, qualitativ hochwertige und inspirierende musikalische Gestaltung seiner Gottesdienste setzen. Er habe damit viel zu spät angefangen und so eine großartige Möglichkeit verpaßt, Menschen zu erreichen und seine Gemeinde zu formen. Rick Warrens Fehler hat trotzdem sein Gutes gehabt: *Wir* können nämlich daraus lernen (und seine Gemeinde ist auch so ganz ordentlich gewachsen, wie ich finde).

„Es geht nicht an, daß wir 200 Leute vor unserer Tür stehen lassen, weil 20 sich drinnen gegen eine Änderung des musikalischen Konzeptes sperren."

Ich nenne Ihnen zehn Schritte, die Sie gehen können, um Warrens Fehler zu vermeiden. Im Unterschied zu ihm werden es die wenigsten von meinen Lesern mit einer Gemeinde zu tun haben, die sie selbst gegründet und entsprechend geprägt haben. In einer solchen Gemeinde ist es vermutlich leichter, das Rad etwas zurückzudrehen. Die Mehrzahl der Leser aber wird Mitglied von frei- oder landeskirchlichen Gemeinden sein, in denen es eine Vielzahl gewachsener Traditionen gibt. Wie können sie das musikalische Konzept ihrer Gemeinde transformieren?

Ausdauer

1. Richten Sie sich auf einen langen Prozeß ein.

Einer neugegründeten Gemeinde würde ich unbedingt empfehlen, sofort mit überwiegend moderner Musik anzufangen. Je weniger Traditionen in einer Gemeinde vorhanden sind, desto einfacher wird es sein, eine Gemeinde ohne allzu große Reibungsverluste auf einen modernen musikalischen Kurs zu bringen. In einer eher traditionellen Gemeinde aber werden Sie das musikalische Konzept nicht von heute auf morgen umändern, ohne gehörig Porzellan zu zerschlagen. Wenn es nur um Porzellan ginge, wäre es ja nicht so schlimm. Es geht aber um *Menschen* und um die Ausdrucksform ihrer Spiritualität. Damit müssen wir behutsam umgehen. Und das heißt: Dieser Prozeß braucht Zeit. Eine typische Erfahrung dieses Prozesses ist, daß der Wandel den einen viel zu langsam und den anderen viel zu schnell geht. Das müssen Sie miteinander aushalten.

Ausrichtung auf Kirchendistanzierte

2. Wecken Sie das Herz der Menschen in Ihrer Gemeinde für kirchendistanzierte Menschen.

Antoine de Saint-Exupéry sagt: „Wenn du ein Schiff bauen willst, so trommle nicht Leute zusammen, um Holz zu beschaffen, Werkzeuge vorzubereiten, Aufgaben zu vergeben und die Arbeit einzuteilen, sondern lehre die Leute die Sehnsucht nach dem weiten, endlosen Meer." In analoger Weise denke ich, sollten wir die Musik in unseren Gemeinden nicht ändern, indem wir die Gemeindeglieder auffordern, von nun an moderne Musik zu machen. Die Leute werden sich mit Recht fragen:

„Warum, in aller Welt, sollten wir das tun?" Wir müssen ihnen ein Motiv für ein solches Vorgehen an die Hand geben. Mehr noch: Wir müssen ihr *Herz* für die Notwendigkeit einer solcher Umgestaltung gewinnen. Und ihr Herz werden wir nicht direkt für diese neue Art von Musik gewinnen, sondern nur auf dem „Umweg" über die vielen Menschen, die sich im Moment in unseren Gemeinden nicht zuhause fühlen und Spiritualität nicht in einer ihnen gemäßen Form ausdrücken können.
Wichtig freilich ist, daß dieser vermeintliche Umweg in Wahrheit gar kein Umweg ist. Diese *Menschen* sind es, worum es eigentlich geht (und nicht die Musik)! Mir sagte gerade dieser Tage ein älterer Herr aus unserer Gemeinde: „Mir gefällt diese neue Musik nicht unbedingt, aber ich freue mich über die vielen, vielen Leute, die dadurch neu zu unserer Gemeinde gefunden haben." Darum geht's!

Gemeinde- statt Kirchenmusik

3. Setzen Sie auf „Gemeindemusik" statt auf „Kirchenmusik".

Wo liegt der Unterschied? Kirchenmusik existiert prinzipiell unabhängig von einer konkreten Gemeinde. Stellen Sie sich vor, ein Chor gibt in zwei Gemeinden das gleiche Konzert. Die Besucherzahl dieser beiden Konzerte sagt überhaupt nichts über die Spiritualität der betreffenden Gemeinden aus. Es kann sein, daß der Besuch des Konzerts in Gemeinde A enorm hoch ist, aber sonst ist in der Gemeinde, was Gottesdienste, Hauskreise und Dienste anbetrifft, nicht viel los. Kann auch sein, daß der Besuch in Gemeinde B eher schwach ist. Aber sonst ist in der Gemeinde, was Gottesdienste, Hauskreise und Dienste anbetrifft, sehr viel los. Kirchenmusik – und dazu würde ich in diesem Sinn auch christliche Rockkonzerte zählen – existiert unabhängig vom Leben der jeweiligen Gemeinde.
Meine These aber lautet: Nur da, wo Musik Ausdruck echter, lebendiger Frömmigkeit in der Gemeinde ist, ist sie auf ihrer Höhe und bei ihrer Sache. Machen Sie in Ihren Gottesdiensten *die* Musik, die auch in den Hauskreisen gemacht wird bzw. überall da, wo in ihrer Gemeinde lebendige Spiritualität und das Lob Gottes praktiziert werden. Ich habe nichts gegen Konzerte, aber sie müssen sich mit dieser gemeindlichen Spiritualität decken. Sonst stellen Sie etwas ins Schaufenster, was Sie gar nicht zu verkaufen haben.

Vielfalt

4. Setzen Sie auf Vielfalt.

Da die Gemeinde sich aus vielfältigen Menschen zusammensetzt, streben wir bei uns in Gottesdienst und Gemeindeleben bewußt eine Mischung aus unterschiedlichen musikalischen Stilrichtungen an. So können sich auf Dauer möglichst viele Menschen in unseren Veranstaltungen wiederfinden. Auf der anderen Seite muß jeder aber auch bereit sein, Zugeständnisse an die anderen machen. Gerade das ist das Wesen von Gemeinde, daß man sich auf das Lebensgefühl der anderen einläßt und

bejaht, daß nicht nur der eigene, sondern auch der Musikgeschmack der anderen angesprochen wird. Davon bleibt unberührt, daß verschiedene Gruppen oder Veranstaltungen der Gemeinde selbstverständlich „ihr" spezifisches musikalisches Profil haben können.
In unserer Gemeinde bestanden die ersten Schritte zur Veränderung des kirchenmusikalischen Konzeptes darin, daß wir aus der bestehenden musikalischen Monokultur aufgebrochen sind und bewußt auf Vielfalt gesetzt haben. Wir haben Schritt für Schritt modernes Liedgut eingeführt. (Um keine Mißverständnisse aufkommen zu lassen: Von Zeit zu Zeit die Gitarre auszupacken und ein Lied zu singen, das noch den Geist der sechziger oder siebziger Jahre atmet, ist nicht das, was jüngere Leute unter „moderner Musik" verstehen!) Dabei war gut, daß dieses Liedgut nicht in einem Gottesdienst zum erstenmal auftauchte, sondern bereits zuvor in anderen Veranstaltungen und Kreisen eingeführt worden war.
Außerdem setzten wir stark auf den Einsatz vielfältiger Instrumente im Gottesdienst. Die Orgel darf nicht das alleinige und bestimmende Instrument sein. Auch hier haben wir nach und nach eingeführt, daß in jedem Gottesdienst mindestens ein Lied auch ohne Orgel begleitet wird, bzw. daß der Orgel andere Instrumente – zum Beispiel Geige, Querflöte etc. – zur Seite gestellt werden. Mittlerweile darf bei uns jeder, der kann, will und bereit ist, spontan sein Instrument in den Gottesdienst mitbringen und mitspielen. (Man trifft sich eine halbe Stunde vorher zu den dazu nötigen Absprachen und zum gemeinsamen Üben.)

5. Mixtur hat ihre Grenzen.

Musikalisches Profil

Ein Gottesdienst kann ein gewisses Maß an Vielfalt vertragen, nämlich dann, wenn verschiedene Teile der Gemeinde das jeweils Ihre beitragen und mit dem andern mitzufeiern bereit sind. Es wäre schon viel gewonnen, wenn in unseren Gottesdiensten ein Gleichgewicht zwischen modernen und traditionellen Liedern hergestellt wäre.
Doch dieses Modell hat seine Grenzen. Stellen Sie sich einen Radiosender vor, der in der wohlmeinenden Absicht, eine möglichst große Hörerschaft anzusprechen, eine bunte Mischung aus Jazz, sanftem Pop, Opernarien, Heavy metal und bayerischer Volksmusik spielt. Der Sender würde mit großer Wahrscheinlichkeit das genaue Gegenteil dessen erreichen, was er eigentlich wollte: Er würde in seinem Bemühen, es „allen" recht zu machen, sämtliche Hörer verprellen. Die gut frequentierten Radiosender haben ihr klares Profil. Sie stellen sich auf eine Zielgruppe ein und bieten ein auf diese Zielgruppe ausgerichtetes Programm.
Das Wort „Zielgruppe" läßt den einen oder anderen von uns vielleicht schaudern. Unsere Gottesdienste sollen schließlich „für alle" da sein. Aber machen wir uns nichts vor: Unsere Gottesdienste, die angeblich „für alle" da sind, schließen faktisch den überwiegenden Teil der Gesellschaft aus – nicht zuletzt aufgrund der Musik, die dort gespielt wird.

Meine Überzeugung ist: Wir können mit einer guten, aber nicht extremen Mixtur den Gottesdienstbesuch ordentlich steigern. Einen wirklichen Durchbruch werden wir aber erst dann erzielen, wenn wir verschiedenartige Gottesdienste anbieten: beispielsweise einen „inspiriert-traditionellen" mit traditionellem Gerüst und dezenten modernen Elementen sowie einen weitgehend modernen Gottesdienst mit einer möglichst einfachen „Liturgie".

Singbarkeit

6. Setzen Sie Singbarkeit vor Niveau.

Musik im Gottesdienst soll Menschen helfen, mit Gott in Berührung zu kommen. Wie sollen sie das, wenn die Lieder für sie einfach nicht singbar sind? Das fängt mit der simplen Entscheidung an, im Gottesdienst kein Lied über dem hohen „D" zu singen. Das neue Evangelische Gesangbuch hat die meisten Lieder schon in diesem Sinne nach unten transponiert. Achten Sie auch bei anderen Liedern darauf.

Neue Lieder sollten Sie selbstverständlich vor dem Gottesdienst einüben. Einige werden sich darüber aufregen, daß die „meditative Stille" vor dem Gottesdienst gestört wird. Doch wenn wir diesen Preis nicht zu zahlen bereit sind, heißt das, daß wir Menschen daran hindern, Gott im Gottesdienst anzubeten, weil sie dort stattdessen gerade mit dem Erlernen eines neuen Liedes beschäftigt sind. (Ich gebe zu: Bei uns herrscht vor dem Gottesdienst ohnehin keine meditative Stille, sondern kommunikatives Gemurmel.) Ich habe von einer Gemeinde gelesen, die bewußt einen völlig unmusikalischen Menschen in ihren Gottesdienst-Ausschuß berufen hat, der ein Vetorecht über alle Lieder hat, die er nicht singen kann. Er repräsentiert die Menschen aus der Gemeinde, die nie gelernt haben, zu singen – ein wachsendes Segment unserer Gesellschaft. Ein Lied, das nicht von 90 Prozent der Gemeinde sofort aufgegriffen und problemlos gesungen werden kann, hat als Gemeindelied im Gottesdienst keinen Platz. Ich erlebe immer wieder, daß Musiker (auch moderne!) mit ganz bestimmten Liedern Probleme haben, weil sie ihnen zu simpel und zu niveaulos sind. An dieser Stelle muß ein Musiker seinen persönlichen Geschmack hintanstellen zugunsten dessen, was die Gemeinde liebt und was ihr hilft, Gott anzubeten. Die Letztentscheidung über die Musik darf nicht beim Musiker liegen, sondern bei jemandem, der sich als Anwalt der Gemeinde versteht.

Zur Singbarkeit eines Liedes gehören schließlich auch singbare und verständliche Texte. Alte wie moderne Texte (vor allem schnell dahingeschriebene Übersetzungen aus dem Englischen) sind zum Teil schrecklich unverständlich. Einige moderne Texte sind in ihrer Aussage nur *zu* verständlich, aber einer teils militaristischen, teils erotischen Bildsprache entnommen, so daß auch sie das Verständnis des Evangeliums eher hindern als fördern. Hier müssen Sie entweder eigene, unautorisierte Übersetzungen anfertigen oder die entsprechenden Strophen auslassen.

7. Bedenken Sie: Musikalische Qualität ist nur die „halbe Miete".

Das Auge hört mit

Die anderen 50 Prozent bei der Wirkung von Musik liegen in der Art der Präsentation. Die Zeiten, in denen der Chor möglichst auf der Empore sang, um sich nicht zwischen den Zuhörer und die gesungene Botschaft zu stellen, sind vorbei. Unsere Gesellschaft wird stärker vom Video als vom Radio geprägt. Das heißt: Die Menschen wollen Musik nicht nur hören, sondern auch sehen. Und das, was sie sehen, wirkt mindestens genauso stark auf sie wie das, was sie hören. *Das Auge hört mit.*

Der Anblick der Freude auf dem Gesicht der Sänger, die Tränen in ihren Augen, die Begeisterung, die durch ihren Körper geht usw. können und sollen selbst zu einer geistlichen Erfahrung für den Gottesdienstbesucher werden. All dies stellt sich nicht *vor* die musikalisch dargebrachte Botschaft, sondern unterstützt sie geradezu. Freilich: Dazu müssen Ihre Musiker auch *meinen,* was sie singen. Und sie müssen lernen, es richtig ausdrücken. Wer von der Liebe Gottes singt und dabei aussieht, als säße er gerade „hoch auf dem gelben Wagen", der wird weder der Gottesdienstsituation noch dem Lied gerecht. Das heißt: Der bzw. die Musiker müssen sich sagen lassen, wie ihre Darbietungen wirken!

Ich habe eine Menge von musikalischen Darbietungen erlebt, bei denen ich mich gefragt habe, ob Dirigent, Solist oder Sänger irgendwann in ihrem Leben schon einmal gelächelt haben. Es mag ein wenig merkwürdig klingen, ist aber bitter nötig: So, wie ein Künstler lange sein Instrument üben muß, bis er gut ist, muß er auch üben, seine Nervosität zu überwinden und einfach aus Freude und Enthusiasmus zu spielen bzw. zu singen, und diese auch herauszulassen und zu zeigen. (Übrigens achtet die Gemeinde auch sehr genau darauf, ob und wie der Pastor singt!) Für einen Sänger oder Musiker, der im Gottesdienst auftritt, ist es ebenso wichtig, daß er lächeln kann, wie daß er singen bzw. spielen kann.

8. Sparen Sie nicht an der Musik.

Angemessene Ausrüstung

Sie können Ihr Gemeindegeld kaum sinnvoller einsetzen, als es in eine ordentliche musikalische Ausrüstung zu investieren. Unglücklicherweise versuchen hier viele Gemeinden, am falschen Ende zu sparen. Ein ärmliches Sound-System kann die qualitativ hochwertigste Musik sowie die klarste Botschaft torpedieren – einfach, weil nichts davon „rüberkommt". Menschen, die nach 1950 geboren wurden, sind hier an hohe Standards gewöhnt.

Eine gute Anlage muß freilich bedient werden. Hier brauchen Sie einen guten Techniker. Meine Erfahrung ist, daß gerade technikbegeisterte junge Leute gerne bereit sind, sich dieser Aufgabe zu widmen. Und schließlich sollten Sie nicht daran sparen, einen guten musikalischen Leiter für Ihre Gemeindemusik zu finden. Kriterien hierfür habe ich in meinem Kapitel über Lobpreis zusammengestellt (Seite 135). Gute Musiker, die auch noch genau in das musikalische Konzept Ihrer Gemeinde hineinpassen, sind selten. Doch Qualität zieht Qualität an. Ein exzellenter Lobpreisleiter wird hervorragende andere Musiker heranziehen. Hier einige Vorschläge, wie Sie jemanden finden können:

- Beten Sie um gute Musiker.
- Fragen Sie in Ihren Gottesdiensten, wer von den Besuchern musikalische Gaben hat. Hier haben wir so manche erstaunliche Entdekkung gemacht.
- Geben Sie eine Anzeige in ihrem Gemeindeblatt, in einer christlichen Zeitschrift, im Internet ... etc. auf.
- Schauen Sie nach einer existierenden christlichen Band aus, die vielleicht kein Betätigungsfeld hat.
- Hängen Sie eine „Stellenanzeige" in die Musikabteilung Ihrer nächstgelegenen christlichen Buchhandlung: „Christliche Musiker gesucht..."
- Besorgen Sie sich „Split-track"- oder Playback-CDs. Auf Split-track-CDs mit christlicher Musik kann man auf dem einen Kanal die gesungenen Worte und auf dem anderen die dazugehörige Begleitmusik hören. Sie eignen sich ganz hervorragend sowohl zum Üben als auch zum Vorsingen im Gottesdienst, wenn Sie etwa nur einige Sänger, aber noch keine ordentlich Band zusammen haben. Splittracks sind allerdings (naturgemäß) mono!
- Führen Sie in Ihrer Gemeinde Musik-Workshops durch für jene Gemeindeglieder, die ihre Gaben auf diesem Gebiet ausbauen und verbessern wollen. Die Investition in einen guten Workshopleiter macht sich bezahlt.

Liebe

9. Lassen Sie in dem ganzen Prozeß Liebe walten.

Wo das musikalische Konzept einer Gemeinde geändert wird, werden Empfindlichkeiten geweckt. Musiker sind sensibel, Menschen mit musikalischen Vorlieben sind es meistens auch. Damit muß man behutsam umgehen. Auf der anderen Seite sind diese Leute nicht die einzigen, denen wir mit Liebe begegnen müssen. Es geht nicht an, daß wir 200 Leute vor unserer Kirchentür stehen lassen, weil zwanzig andere sich drinnen gegen eine Änderung des musikalischen Konzeptes sperren und wir unsere Liebe überwiegend auf sie konzentrieren. Und es geht auch nicht an, daß wir, um eine „Spaltung" der kleinen gottesdienstlichen Gemeinde zu verhindern, die viel schlimmere Spaltung zwischen jenen, die in den Gottesdienst kommen und den Vielen, die einfach wegbleiben, stillschweigend akzeptieren. Wenn Sie sich für ein neues musikalisches Konzept einsetzen, so versuchen Sie damit also, eine faktisch vorhandene Spaltung zu *überwinden.* Nicht *Sie* spalten, sondern jene, die ihren persönlichen Musikgeschmack wie ein Gottesgesetz hochhalten. Das gleiche gilt aber auch für Ihren Musikgeschmack: Nicht er, sondern allein die Liebe darf der ausschlaggebende Grund dafür sein, daß Sie das musikalische Konzept Ihres Gottesdienstes ändern. Gehen Sie dabei so behutsam wie nur möglich mit jenen um, die sich der Änderung entgegensetzen. Erklären, erklären und erklären Sie. Aber gehen Sie auch Ihren Weg. Legen Sie sich selbst, aber auch allen Ihren Gemeindegliedern nahe, sich von der Maxime leiten zu lassen, die Paulus in 1. Korinther 10,24 formuliert: „Niemand suche das Seine, sondern was dem andern dient."

Konsequenz

10. Warten Sie nicht darauf, daß alle mitziehen.

Dies zu erwarten, wäre völlig illusorisch. Keine Gemeinde kann dem persönlichen Geschmack jedes einzelnen Mitglieds entsprechen. So liebevoll Sie auch vorgehen und so viel Sie auch aufklären, *irgendjemand* wird immer frustriert sein und diese Frustration auch mehr oder minder lautstark äußern. Bei jeder Änderung, die Sie in der Gemeinde durchführen, können Sie mit 15-20 Prozent Menschen rechnen, die diese Veränderung aktiv mittragen, mit 70 Prozent, die die Bewegung mitmachen und sich mehr oder minder schnell daran gewöhnen, und mit 10-15 Prozent, die sich der Veränderung teilweise mit aller Macht entgegenstellen werden.

Wie sagte doch der altgediente Kirchenvorsteher zu seinem neuen Pastor? „Wenn Gott heute noch leben würde, er wäre entsetzt über die Änderungen, die Sie in dieser Gemeinde eingeführt haben!"

Mein Ratschlag: Seien Sie freundlich zu den Zögerern, aber bewegen Sie sich mit den Bewegern. Das Problem vieler Pastoren ist, daß sie sehr sensibel auf den zum Teil heftigen Einspruch „altbewährter" Gemeindeglieder reagieren und ihre Energie auf die 15 Prozent Kritiker konzentrieren, statt diese in neue Multiplikatoren zu investieren. Es geht nicht an, der Entwicklung einer Gemeinde Schaden zuzufügen, indem man auf eine Handvoll Menschen Rücksicht nimmt, die in dieser Sache nicht einmal unbedingt von der Liebe zu Jesus, sondern von ihrer persönlichen Agenda eigenen Vorlieben getrieben sind.
Wenn wir musikalisch unter uns bleiben und uns nicht öffnen, werden wir die Menschen verlieren. Die Rezepte von heute oder gar von gestern sind nicht unbedingt die besten Ratgeber für die Zukunft – selbst, wenn sie in der Vergangenheit durchaus erfolgreich waren. Die letzten sieben Worte der Gemeinde werden heißen: „So haben wir es noch nie gemacht." Darum: Wenn Sie von der geistlichen Notwendigkeit einer Veränderung überzeugt sind, holen Sie sich eine qualifizierte Anzahl Ihrer Schlüsselmitarbeiter mit an Bord, und dann setzen Sie die notwendige Veränderung behutsam, aber konsequent um.

Sündenbekenntnis Schritt 1: Verstehen

Schlüsselelement 2: Sündenbekenntnis

„Es ist unverzichtbarer Teil der christlichen Botschaft, daß der Mensch Sünder ist."

Ich werde manchmal gefragt: Warum wird im traditionellen Gottesdienst bereits gleich am Anfang – unmittelbar nach dem Eingangspsalm – ein Sündenbekenntnis gesprochen? Das drückt doch ziemlich aufs Schuldbewußtsein und man fühlt sich klein und häßlich. (Zitat Jürgen Fliege: „Drei Minuten bist du erst im Gottesdienst, und schon hörst du, daß du ein Arschloch bist.") Ich kenne Menschen, die wegen dieses Teils nicht mehr in die Kirche gehen. Sie haben es satt, in jedem Gottesdienst psychologisch klein gemacht zu werden: Beichte, bekenne, bereue: „mea culpa" („meine Schuld"). – Hat Gott so etwas nötig?

Der Ort des Sündenbekenntnisses

Ich halte die Frage für diskutabel, ob ein Sündenbekenntnis im Gottesdienst am Anfang oder erst an späterer Stelle erfolgen sollte. In den ersten drei Jahrhunderten trafen sich die Christen in vielen Gemeinden *vor* dem Gottesdienst, um voreinander die Schuld zu bekennen und sich gegenseitig die Vergebung zuzusprechen. Die Absicht dabei war nicht, die Menschen sich klein fühlen zu lassen. Das Gegenteil war der Fall: Daß nämlich unmittelbar vor – bzw. dann, als ein geweihter Priester die Funktion des Beichtehörens für alle übernahm, gleich am Anfang des Gottesdienstes – ein Raum geschaffen werden sollte, in dem wir Entlastung und Befreiung erfahren.

Sinn dieser Übung ist, daß wir mit all dem, was uns belastet an Not, Schuld und Versagen, in den Gottesdienst kommen können, und Gott sagt uns: „Davon gehe ich aus, daß du mit allerlei Dingen beladen bist. Mir ist völlig klar, daß du Sünder bist. Du darfst, du sollst trotzdem kommen. Komm her und lade deinen Schutt bei mir ab! Ich stoße dich nicht zurück. Ich spreche dir vielmehr zu, daß ich dich liebe, daß ich dir vergebe und daß ich mich deiner Not annehme."

Bestandteil der christlichen Botschaft

In diesem Buch werde ich mich immer wieder dafür aussprechen, dem Zeitgeist Rechnung zu tragen, was die Form unserer Gottesdienste anbetrifft. Doch so sehr ich für einen ausgesprochen freien Umgang mit den *Formen* des Gottesdienstes plädiere, so sehr halte ich es für gefährlich, wesentliche *Inhalte* der christlichen Botschaft dem Zeitgeist anzugleichen.

Wenn beispielsweise der Absolutheitsanspruch Jesu heute ausgesprochen unpopulär geworden ist, ist dies für mich kein Argument, diesen weniger deutlich herauszustreichen. Und das Wort vom Kreuz hat eigentlich noch nie zu den wirklich beliebten Lehren des Christentums gehört. Dürfen wir deswegen an dieser Stelle inhaltliche Abstriche machen? Ein weiterer unpopulärer, aber unverzichtbarer Bestandteil der christlichen Botschaft ist die Lehre, daß der Mensch Sünder ist.

Die Funktion des Sündenbekenntnisses

Sündenbekenntnis Schritt 1: Verstehen

„Was nicht ausgesprochen wird, kann auch nicht geheilt werden."

Die meisten Menschen reagieren mit teils spöttischer, teils entschiedener Ablehnung auf das Wort Sünde. Sie können und wollen es nicht mehr hören, weil sie es für abgegriffen und unzeitgemäß halten. Wer dieses Wort heute noch im Ernst benutzt, wirkt häufig unfreiwillig komisch. „Sünde" wird heute meist augenzwinkernd in den Mund genommen, etwa im Zusammenhang mit Diätverstößen, Verkehrsdelikten und in Verbindung mit sexuellen Fragen. Dieses Wort ist so „out", daß sogar Pastoren bemüht sind, es nicht mehr in Gesprächen, ja nicht einmal mehr in Predigten und Gebeten zu verwenden.

Es ist ein Vorteil von Liturgie, daß sie über lange Zeiträume hinweg wichtige Inhalte transportiert, auch wenn sie dem Zeitgeist entgegenstehen. Das Bekenntnis unserer Sünde und Schuld gehört für uns Christen zu diesen unverzichtbaren Inhalten. Tag für Tag laden wir Schuld auf uns, und Woche für Woche treten wir im Gottesdienst vor den heiligen Gott: Zeit, den unter der Woche angereicherten Schmutz abwaschen zu lassen. Die Frage liegt nahe: Warum macht Gott das nicht automatisch? Warum müssen wir jedesmal neu die Dinge beim Namen nennen? Generell gefragt: Warum ist das Reden von Sünde für uns Christen unverzichtbar? Ich will Ihnen acht Gründe nennen:

Ein biblisches Thema

1. Weil der Bibel zufolge Sünde das Hauptproblem der Menschen ist.

Das Evangelium, die „frohe Botschaft" wäre überflüssig, wenn es das Wort Sünde nicht gäbe. Ohne die Sünde hätte es keine Heilsgeschichte gebraucht: keinen Abraham, keinen Mose und auch nicht die Propheten. Um der Sünde willen ist Jesus Christus als „Heiland" in diese Welt gekommen, und ihretwegen hat er ans Kreuz gehen müssen. Weihnachten, Karfreitag und Ostern gewinnen ihre Bedeutung allererst auf dem Hintergrund der menschlichen Sünde.

Die ganze Botschaft der Bibel lagert sich um diese drei Brennpunkte: Sünde, Vergebung und neues Leben. Wer von der Bibel nichts verstanden hat, außer, daß er Sünder ist, daß ihm in der Person Jesu aber die Vergebung der Sünden und ein neues Leben angeboten wird, der hat genug verstanden, um Christ zu sein, denn in dieser Aussage liegt alles beschlossen, was die Bibel uns zu sagen hat.

Eine Frage der Wahrheit

2. Weil es kein gesundes Selbstwertgefühl um den Preis einer Lüge gibt.

„Ist dieses ständige Wühlen in der eigenen Schuld denn gesund?", fragte mich eine Frau. „Dieses permanente Sich-Kleinmachen vor Gott – geht das nicht aufs Selbstwertgefühl? Muß das nicht auf Dauer zu Depressionen führen?" Doch was ist das für ein Selbstwertgefühl, das dadurch erkauft wird, daß ein Mensch die eigenen Schattenseiten und Abgründe verdrängt oder überspielt? Wir *sind* Sünder, und es hat keinen Sinn, diesen Tatbestand zu verdrängen. Denn nichts, was wir verdrängen, ist wirklich weg, sondern es arbeitet und wühlt in uns und verrichtet dort sein unheilvolles Werk, um eines Tages mit geballter Wucht wieder zum Vorschein zu kommen.

Jörg Zink schrieb einmal: „Es gehört zur selbstverständlichen Ehrlichkeit, mit der wir uns selbst, anderen Menschen oder Gott gegenübertreten, daß wir den Unrat in unserem Seelenhaushalt ins Auge fassen und sagen: So sieht es in mir aus! Daß wir nichts beschönigen. Nichts entschuldigen, was Schuld ist. Nichts verharmlosen, was von Gewicht ist."

Selbstannahme kann nicht heißen, der eigenen Selbstvergötzung Vorschub zu leisten. Die Einsicht, daß wir uns ändern müssen, auch wenn es wehtut, hat mit Masochismus nichts zu tun. Ein gesundes Selbstwertgefühl kann es nur auf der Grundlage der Wahrheit und der Liebe geben. Die Botschaft, daß wir Sünder sind, ist hart, aber sie ist umfaßt von der Botschaft der Gnade. Es ist ein liebender Gott, der uns den Spiegel vorhält, und er tut es nicht, um uns zu vernichten, sondern weil er uns heilen und zu einem neuen, gereinigten Selbstwertgefühl führen möchte, das keiner Lüge mehr bedarf.

Grundlage heilender Therapie

3. Weil es keine heilende Therapie ohne vorhergehende Diagnose gibt.

Stellen Sie sich vor, Sie würden an einer Krankheit leiden, die man äußerlich nicht sieht, die Sie vielleicht noch nicht einmal spüren (sie fühlen sich lediglich manchmal etwas unwohl), die man aber auf einem Röntgenbild sehen kann. Der Arzt macht eine Aufnahme von Ihnen und sagt: „Schauen Sie, Sie haben die XY-Krankheit. Und wenn Sie nicht ganz bestimmte Maßnahmen ergreifen, werden Sie daran sterben. Wenn Sie sich aber auf diese Maßnahme einlassen, werden sie nicht nur leben können wie vorher, sondern sogar noch besser, weil die Symptome, unter denen Sie in den letzten Jahren gelitten haben, mit der Zeit verschwinden werden."

Wie wollen Sie reagieren? Natürlich können Sie *depressiv* werden: „Was, so ernst ist es mit mir?" – Sie können die Worte des Arztes *ignorieren* und sagen: „Alles nur Angstmacherei. Ich glaube nur, was ich sehe – und ich sehe nichts, ich spüre nichts, und auf einem Röntgenbild sind so viele Linien, Schatten und merkwürdige Formen zu sehen, das kann ja alles mögliche bedeuten!" – Oder Sie können den Arzt *beschimpfen:* „Müssen Sie mich immer so klein machen? Dieses ständige Gerede von meiner vermeintlichen Krankheit beleidigt mich in meiner Menschenwürde!"

Das können Sie alles machen. Und dabei auf Dauer sterben. Ein guter Arzt wird Ihnen *nicht* den Gefallen tun und sagen, sie seien gesund. Er wird Ihnen die Diagnose nicht verschweigen, denn wenn wir die Diagnose nicht akzeptieren, werden wir uns auch nicht auf die Therapie einlassen. Wer schluckt schon freiwillig bittere Medizin oder stellt seine Ernährung oder seinen gesamten Lebensstil um, wenn er sich für völlig gesund hält? Also zeigt uns der Arzt das Röntgenbild. Und er zeigt es uns so oft, wie wir in der Therapie nachlässig werden. Nicht, um uns depressiv und klein zu machen, sondern um uns zu retten!

Warum redet die Bibel, warum redet die Christenheit so viel von Schuld? Nicht, um uns depressiv zu stimmen, nicht um uns kleinzumachen, sondern um uns auf eine tödliche Krankheit hinzuweisen, die wir selbst nicht so ohne weiteres spüren, die uns aber kaputtmacht, wenn wir sie nicht heilen lassen. Es ist ein psychotherapeutisches Prinzip: Was nicht ausgesprochen wird, kann auch nicht geheilt werden.

4. Weil Selbsterkenntnis oft der erste Schritt zur Besserung ist.

Notwendige Selbsterkenntnis

Die meisten Menschen verstehen unter „Sünde" unmoralische oder ganz verwerfliche Taten: also lügen, stehlen, morden oder ähnliches. Das Problem mit einem solchen Verständnis von Sünde ist, daß sich dabei kaum jemand als Sünder empfindet. „Natürlich haben wir alle unsere kleinen Fehler, aber deswegen sind wir doch keine Sünder! Da gibt es ganz andere."

Doch sehr oft besteht Sünde nicht so sehr in dem, was wir tun, als vielmehr in dem, was wir *nicht* tun. Viele Leute sagen: „Ich habe in meinem Leben nie etwas Böses getan." Die Frage aber ist: Was haben sie Gutes getan? Die Sünde besteht oft nicht in den bösen Taten, sondern in einem Leben, das von Selbstgerechtigkeit und Gleichgültigkeit geprägt ist. Wir sonnen uns in dem trügerischen Gefühl, daß dann, wenn nur alle so wären wie wir, die Welt ein viel besserer Ort wäre, und doch fehlt uns dabei das Entscheidende: nämlich die Liebe. Die Liebe zu Gott, zu unseren Mitmenschen und oft genug auch zu uns selbst.

Wer verwerfliche Taten tut, hat es in gewisser Weise leichter, seine Sünde zu erkennen, als jemand, der nie etwas Böses getan hat. Ersterer braucht vielleicht nur in den Spiegel zu schauen, und er beginnt, sich zu ekeln. Anders der wohlanständige Bürger. Die Fassade, die er vor den Menschen und vor Gott und auch vor sich selbst aufgebaut hat, ist oft meterdick. „Ich habe nie was Böses getan!" Und, wie gesagt: Vielleicht hat er damit sogar recht. Das ändert aber nichts daran, daß er ein selbstbezogenes, selbstgerechtes, liebloses Wesen ist, das den Maßstäben Gottes nicht genügt. Denn als Gott uns zu seinem Bild geschaffen hat, da sollten wir so gut, so heilig, so selbstlos und liebevoll sein wie er. Und es gibt keinen Menschen, der diesem Maßstab auch nur entfernt nahekommt.

Für beide, den offensichtlichen Sünder und den wohlanständigen Bürger, ist das Eingeständnis „Ich bin Sünder" der erste Schritt in die richtige Richtung. Ob wir Böses getan oder Gutes unterlassen haben: Selbsterkenntnis ist Voraussetzung zur Besserung: Nicht in dem Sinne, daß *wir* uns selbst verbessern könnten. Aber in dem Sinne, daß Gott an uns arbeiten kann. Nicht unsere eigene Bemühung, wohl aber Gottes Arbeit an uns bringt die Besserung. Das Wesen des Reiches Gottes ist Gnade und nicht Verdienst. Um das zu begreifen, muß man wohl erst in die Abgründe der eigenen Persönlichkeitsstruktur geschaut haben und von Gott wieder emporgezogen worden sein.

Das Alte verlassen

5. Weil wir das neue Leben nur um den Preis des alten bekommen.

In der christlichen Botschaft geht es ganz wesentlich um die Erneuerung unseres Lebens. Christsein bedeutet, etwas Altes hinter sich lassen, um etwas Neues zu ergreifen. Wenn ich nach München möchte, aber im Zug nach Hamburg sitze, dann muß ich den Zug wechseln, egal, wie bequem oder unbequem ich darin sitze und auch egal, wie gut oder weniger gut ich mit meinen Mitreisenden bislang klargekommen bin.

Im Christsein geht es um eine totale Neuausrichtung des Lebens. Das neue Leben, das Gott für uns bereithält, steht uns aber nur zur Verfügung, wenn wir ihm unser altes Leben geben. In das Gefäß unseres Lebens kann Gott nur dann Wein einfüllen, wenn wir vorher das darin befindliche Schmutzwasser auskippen. Darum gehört zu jedem Vorgang der Erneuerung die vorhergehende Vergebung. Um das neue Leben zu gewinnen, müssen wir das alte in den Tod geben. Und da das nicht mit einem Schlag passiert, sondern stufenweise, prozeßhaft, das ganze Leben begleitend, kommen wir um eine regelmäßige In(tro)spektion nicht herum. Es ist wie bei einem schrottreifen Auto, das ein Liebhaber zum Laufen bringen will: Er bastelt etwas daran herum, prüft die Funktionen, er schraubt und feilt und befreit Teile von Rost, prüft das Auto erneut und ersetzt einige Teile, um das Auto abermals auf den Prüfstand zu setzen usw. – bis es schließlich das tut, wozu ein Auto da ist: nämlich fahren. Wir können das neue Leben, zu dem Gott uns berufen hat, nicht auf der Basis der alten Gewohnheiten, Verhaltensweisen und Lebensansichten führen.

Schutz vor Infektion

6. Weil das Alte das Neue leicht infiziert.

Wenn Gott in unserem Leben etwas neu machen möchte, kann er nicht einfach bruchlos auf dem Alten, Sündigen aufbauen. Ein Chirurg muß eine Wunde erst einmal desinfizieren, bevor er anfängt, an ihr zu arbeiten. Würde er es nicht tun, würde sich das Alte, Kranke dem Neuen, Gesunden gegenüber sofort durchsetzen und es infizieren. Wenn wir uns nicht immer wieder reinigen lassen, wird unser altes Wesen, die Sünde, das Neue, das Gott uns schenken möchte, auf Dauer zerstören.

In unseren Gemeinden sind manche Leute, die zwar mitarbeiten, aber nicht den Weg der Heiligung gehen wollen. Die Erfahrung zeigt, daß sich solche Menschen oft als Querulanten und Nörgler hervortun, sobald es nicht nach ihren Vorstellungen geht. Sie stecken damit meist noch andere an, ordnen sich nicht ein, nehmen wenig Rücksicht und leiden allzuoft unter einen maßlosen Überschätzung ihrer selbst. Sie führen manchmal hohe Ideale im Mund, aber letztlich läuft alles darauf hinaus, daß sie partout nach ihrer eigenen Agenda leben wollen. Damit aber schaden sie der Gemeinde sehr. Denn Gott kann keine Vision in ein unbußfertiges Herz pflanzen. Er kann sein Reich nicht mit Menschen bauen, die lieber ihr eigenes Reich bauen wollen. Gott kann zwar „auf krummen Zeilen gerade schreiben", aber nicht auf Zeilen, die partout krumm bleiben wollen.

7. Weil Sündenerkenntnis barmherzig macht.

Barmherzigkeit

Die Einsicht in unsere grundlegende Sündhaftigkeit hilft uns, barmherziger miteinander umzugehen. Gerade im Bereich der Kirche tragen Menschen oft unrealistisch hohe Erwartungen aneinander heran. Die Einsicht, daß wir es auch im Bereich der christlichen Gemeinde immer mit Menschen und von daher mit *Sündern* zu tun haben, läßt uns behutsamer miteinander umgehen und die Erwartungen und Forderungen etwas herunterschrauben. Diese Einsicht aber erwächst vor allem aus der eigenen Sündenerkenntnis.
Wer aus der Vergebung heraus lebt, lebt versöhnt mit sich selbst, und das ist eine gute Grundlage für unser Zusammenleben mit anderen Menschen. Weder werden wir von ihnen fordern, daß sie uns glücklich machen (wir haben unseren Frieden in Gott gefunden), noch brauchen wir sie zu verurteilen, wenn sie unsere Erwartungen nicht erfüllen (schließlich erfüllen wir auch nicht die Erwartungen Gottes), noch müssen wir die Fehler immer bei den anderen suchen (vergebene Schuld braucht nicht auf andere projiziert zu werden).
Zweifellos hat das Reden von Sünde in der Geschichte der Kirche oft zu Unbarmherzigkeiten geführt. Das fand in der Regel immer dann statt, wenn vor allem auf die Sünde der *anderen* und nicht auf die eigene Sünde reflektiert wurde. Wer sich regelmäßig vor Augen hält, daß er selbst Sünder ist, wird nicht so schnell bei der Hand sein, andere zu verurteilen. Er wird vergebungsbereiter sein, da er selbst aus der Vergebung Gottes lebt.

8. Weil es eine direkte Beziehung zwischen unserer Gottesliebe und vergebener Schuld gibt.

Erfahrene Gottesliebe

Manche Christen haben die Erfahrung der Gottesliebe schon lange nicht mehr oder vielleicht sogar noch nie gemacht. Sie stehen staunend – oder vielleicht sogar ein wenig skeptisch – vor der Tatsache, daß andere Christen sich voller Leidenschaft und Liebe Gott hingeben. Ihr eigenes Christsein verläuft eher schleppend, unaufregend, pflichtgemäß, vorhersagbar. Das kann manchmal daran liegen, daß ihnen eigentlich eine *andere* Erfahrung fehlt bzw. daß sie bereits sehr lange zurückliegt, nämlich die Erfahrung der unglaublichen Befreiung und Erleichterung, die man verspürt, wenn Gott einem die Schuld vergibt.
Jesus sagte einmal von einer Sünderin, die ihm über jedes vernünftige Maß hinaus Liebe erwies, das sei nachvollziehbar, denn schließlich sei ihr viel vergeben worden (Lukas 7,47). Wenn Sie Gott nicht lieben, dann heißt die Konsequenz nicht: „Strengen Sie sich gefälligst mehr an, ihn zu lieben!" Als ob wir uns nicht schon tausendmal vorgenommen hätten, in Zukunft mehr zu lieben. Nein, die Liebe ist eine Folge der Vergebung. Die Liebe zu Gott allemal und ein gut Teil unserer Liebe zu unseren Mitmenschen auch.

Es kann natürlich nicht darum gehen, mehr zu sündigen, um die Erfahrung der Vergebung um so intensiver machen zu können. Wir müssen nicht mehr *sündigen,* um mehr vergeben zu bekommen, sondern wir müssen die Sünde, die in unserem Leben ist, Gott mehr und mehr *hinhalten und abgeben.* Denken Sie an das Röntgenbild, das ich oben erwähnte. Es ist von Zeit zu Zeit gut, uns durchleuchten zu lassen, damit uns der Arzt genau sagen kann, wie es um uns bestellt ist, denn nur so kann er seine heilsame Therapie mit uns beginnen.

Dieses Durchleuchten nennt man Beichte. Beichte ist nicht katholisch, wie einige meinen, sondern schlicht biblisch. Luther hat zwar den Beicht*zwang* abgeschafft, ging aber sein Leben lang zur Beichte und bezeichnete Christen, die meinten, darauf verzichten zu können, brüsk als „Säue". Die Bitte „Vergib uns unsere Schuld" oder das liturgische „Herr erbarme dich" ist eine Kurzbeichte. Das Bekenntnis „Meine Schuld, meine Schuld, meine übergroße Schuld" im Gottesdienst ist schon etwas ausführlicher. Aber wenn wir ehrlich sind, brauchen wir alle von Zeit zu Zeit einmal eine radikale Durchleuchtung. Ganz persönlich, ganz ausführlich, ganz konkret. Sache wie Begriff der Beichte sind im protestantischen Raum mittlerweile so aus der Mode gekommen, daß es sich allein deswegen schon lohnt, sie wieder einzuführen.

Wann ist es Zeit für eine Beichte? Wenn Sie abends den Tag an sich vorüberziehen lassen und mit Gott darüber sprechen, können Sie ihm die gemachten Fehler bekennen und ihn zum Vergebung bitten. Dann häuft sich erst gar nicht so viel an. Es wird allerdings Dinge geben, die Sie nachhaltig belasten und von denen Sie alleine einfach nicht freikommen. Wenn Sie das spüren, überlegen Sie, ob es für Sie nicht hilfreich sein könnte, ein seelsorgerliches Gespräch zu suchen und dabei eine Beichte abzulegen.

Darüber hinaus rate ich Ihnen von Zeit zu Zeit zu einer Generalbeichte, etwa anhand eines Beichtspiegels, wie ich ihn später in diesem Kapitels abdrucke (Seite 83). Dies ist spätestens dann nötig, wenn Ihr Verhältnis zu Jesus zur bloßen Pflicht oder Routine geworden ist. Wenn in Ihrem Leben keine wirkliche Nähe mehr zu Jesus ist und Ihr Herz nicht für ihn brennt, dann ist da irgendein Pfropfen in der Leitung, dann verstopft irgendetwas den Kanal zwischen Gott und Ihnen. Dann wäre es gut, wenn Sie ein seelsorgerliches Gespräch suchten und sich einmal grundlegend durchleuchten ließen und Gott in einem ausführlichen und sehr konkreten Gebet die wunden Punkte hinhielten und die wunderbare, befreiende Erfahrung der Vergebung machten.

Seelsorge und Beichte

Sündenbekenntnis Schritt 2: Nachvollziehen

Wissen Sie, warum seit Adam und Evas Zeiten der Mensch von Gott getrennt ist? Die Antwort wird Sie vielleicht überraschen: Es liegt *nicht* daran, daß der Mensch Sünder ist. Als ob Gott damit nicht fertig werden könnte! *Ein* kleiner Mißgriff, eine gepflückte Frucht – und darauf sollen gleich Strafen folgen wie Schmerz, Leid, Vertreibung aus dem Paradies und ewiger Tod? Ich bitte Sie: Wo bliebe da die Verhältnismäßigkeit der Mittel?

Nein, der Kern des Problems liegt woanders: Die menschliche Trennung von Gott ist nicht so sehr eine Folge der *Sünde* des Menschen als vielmehr eine Folge dessen, daß der Mensch nicht *zugibt,* Sünder zu sein. In der Urgeschichte fragt Gott den Adam: „Wo bist du?" Erst die Kette von Ausflüchten, die daraufhin erfolgt, macht die Katastrophe perfekt. Gott ist groß genug, um mit unserer Schuld umgehen zu können. Es gibt keine Schuld, die er nicht vergeben und wieder gut machen könnte, wenn wir sie ihm in Demut und mit bußfertigem Geist nennen. Aber unsere Selbstrechtfertigung hält ihn auf Armeslänge entfernt. Und erst das macht den Graben zwischen Gott und uns unüberwindbar.

„Seelsorge ist nicht Krisenmanagement, sondern die ganzheitliche Begleitung eines Menschen auf seinem Lebensweg."

Das Leugnen der eigenen Schuld

Adam leugnete, irgendwelche Schuld auf sich geladen zu haben und gab vor, unschuldig zu sein – wider besseres Wissen. Statt dessen schob er die Schuld auf Eva: „Die Frau, die du mir gegeben hast, gab mir von der Frucht." Auf deutsch: „Ich bin nicht schuld, sondern Eva. Ja, wenn man es genau betrachtet, lieber Gott, ist es teilweise sogar deine eigene Schuld. Du hast mir diese Frau schließlich an die Seite gestellt." – Und auch Eva war nicht bereit, ihre Schuld einzugestehen, sondern verwies ihrerseits auf die Schlange: „Die Schlange betrog mich, so daß ich aß."
Die Weltgeschichte wäre anders verlaufen, wenn Adam – das heißt „der Mensch" – seine Sünde *bekannt* hätte, statt sie auf hunderterlei Weisen von sich zu weisen: „Alle machen es so." – „So schlimm war das doch gar nicht." – „Andere haben mich dazu überredet." – „Ich bin nun einmal so." – „Andere sind doch viel schlimmer."

Die Gefahr der Selbstrechtfertigung

Gott eröffnete sogar dem Brudermörder Kain einen Weg aus seiner Sünde. Er stellte ihm ebenso wie Adam eine Frage, die ihm einen Weg zur Rückkehr eröffnen sollte: „Wo ist dein Bruder Abel?" – Kains Delikt war wesentlich schwerwiegender als dasjenige Adams, aber auch Kain wählte den Weg der trotzigen Leugnung jeglicher Schuld: „Keine Ahnung. Soll ich meines Bruders Hüter sein?"
Stellen Sie sich vor, er hätte statt dessen gesagt: „Herr, ich habe etwas Furchtbares, Unverzeihliches getan. Ich habe angenommen, daß du Abel lieber hast als mich, und darum habe ich ihn – ich wage es gar nicht zu sagen – voller Haß getötet. Ich habe einen Mord begangen. Ich habe etwas Schreckliches getan. Ich habe meinen Bruder getötet. Herr, was soll ich tun? Ich würde es so gerne rückgängig machen, aber ich kann nicht. Vergib mir! Es tut mir so leid!" – Ich weiß nicht, was Gott getan hätte, aber irgendwie wäre er mit der Sache fertig geworden.

Konsequenzen der Selbstrechtfertigung

Kain hatte zweifellos etwas Furchtbares getan, aber er hatte auch die Möglichkeit, zum Modell für einen alternativen Umgang mit Schuld zu werden: Sie zuzugeben statt sie zu leugnen. Sie loszulassen, statt sich immer weiter in ihre Spirale hineinzusteigern. Um Vergebung zu bitten, statt sich auf den heillosen Weg der Selbstrechtfertigung zu machen. Sich heilen zu lassen, statt in gottlosem Trotz zu ertrinken. Gott in das Problem hineinzulassen, statt ihn auf Armeslänge entfernt zu halten.

Ich glaube nicht, daß ein kilometerbreiter Graben zwischen uns und Gott klafft. Ich glaube, daß Gott nur eine Armlänge von uns entfernt ist. Aber dieser Arm ist der unsere. Es ist der Arm unserer Selbstrechtfertigung. Gott könnte mit all unserer Schuld irgendwie fertig werden. Aber unsere Selbstrechtfertigung macht die *Schuld* (das heißt schuldig gebliebene Liebe) zur *Sünde* (das heißt zu etwas, was uns von Gott trennt).

Ein geistlicher Check-up

Wir Christen tun gut daran, aus diesem allgemeinen Muster auszubrechen und zumindest von Zeit zu Zeit unser Leben eingehend daraufhin zu befragen, wo wir Schuld auf uns geladen haben, wo wir Gott, unserem Nächsten oder auch uns selbst gegenüber Liebe schuldig geblieben sind. Von Zeit zu Zeit ist daher ein eingehender Check-up vonnöten, in dem wir alle wesentlichen Bereiche unseres Lebens überdenken. Im Prinzip sind wir natürlich in der Lage, unseren geistlichen Zustand selbst zu überprüfen. Und doch machen wir uns – auch darin sind wir Adams Kinder – über unseren Zustand vor Gott gerne etwas vor. Darum ist es gut, wenn wir diese Aufgabe in die Hände eines anderen Menschen legen, der uns dabei hilft. Einen solchen Menschen bezeichne ich als „Seelsorger".

„Seelsorge" zu treiben bedeutet, einen Menschen über einen gewissen Zeitraum geistlich zu begleiten und sich um sein geistliches und persönliches Wohlergehen zu kümmern. Dies geschieht durch Zuhören, Trost, Ermahnung und Ermutigung. Seelsorge ist ein regelmäßiger „geistlicher TÜV", in dem die wesentlichen Bezüge unseres persönlichen und geistlichen Lebens zur Sprache kommen: Familie, Beruf, Beziehungen, Geld, Freizeitgestaltung, Arbeit an persönlichen und charakterlichen Schwächen, Einsatz und Förderung der eigenen Gaben, Mitarbeit in der Gemeinde, persönliche Spiritualität, theologische Probleme, Arbeit am eigenen geistlichen Wachstum, Umgang mit Schuld und dann natürlich auch das Management individueller Probleme.

Was Seelsorge bedeutet

Seelsorge ist also nicht, wie viele meinen, eine Art Krisenmanagement. Seelsorge ist die ganzheitliche Begleitung eines Menschen auf seinem Weg mit Gott bzw. auf seinem Lebensweg überhaupt. Was im Volksmund allgemein unter „Seelsorge" verstanden wird, ist nur ein verhältnismäßig kleiner Ausschnitt aus einer sehr viel komplexeren Beziehung. Der Seelsorger ist derjenige, der uns dabei hilft, unser Leben zu bewältigen und dabei geistlich zu wachsen. Er löst weder unsere Probleme noch nimmt er uns die Verantwortung für unsere Lebensführung ab. Er begleitet uns lediglich. Insbesondere kann er uns helfen ...

- unsere Probleme bzw. unser Leben überhaupt im Kontext der Bibel zu beleuchten;
- uns selbst, andere Menschen und Gott besser zu verstehen;
- Ermutigung zu erfahren, wenn wir auf dem richtigen Weg sind;
- die richtigen Fragen zu stellen;
- der Vergebung gewiß zu werden;
- neue Orientierung auf unserem Weg zu finden;
- die Ergebnisse unserer Arbeit zu überprüfen.

Ein Seelsorger sollte folgende Voraussetzungen mitbringen:

- Er sollte geistlich erfahrener sein als wir selbst.
- Er muß unser Vertrauen genießen.
- Er muß zuhören, an den entscheidenden Stellen aber auch intervenieren können.
- Er sollte möglichst mehr Lebenserfahrung haben als wir.
- Er sollte das gleiche Geschlecht haben wie wir.
- Es sollte nach Möglichkeit etwas Abstand zu unseren alltäglichen Lebensfeldern haben.

Die Bedeutung seelsorgerlicher Beziehungen

Ich gebe Ihnen im folgenden einige Checkfragen an die Hand, mit deren Hilfe Sie Ihren geistlichen Zustand prüfen können. Auch hier gilt: Selbstverständlich können Sie das für sich alleine tun. Aber ich wette, daß – zurückhaltend geschätzt – neun von zehn Leser(inne)n dieses Buches über diesen „Beichtspiegel" relativ flüchtig hinweglesen und sich nicht die Mühe machen werden, sich mit seiner Hilfe einer gründlichen Selbstprüfung zu unterziehen, wenn sie nicht in ein seelsorgerliches Verhältnis eingebunden sind, in dem sie verbindlich über ihren geistlichen Zustand Rechenschaft abgeben. So sind wir Menschen eben.

Ausgangspunkt: Die Zehn Gebote

Die klassischen Beichtspiegel sind zumeist an den Zehn Geboten orientiert. Ich schließe mich diesem Verfahren an, erlaube mir aber, die einzelnen Gebote etwas weiter zu fassen, als sie wohl ursprünglich gemeint waren. Es sind seit den Zeiten Moses Lebensbereiche und Fragestellungen hinzugekommen, die damals noch nicht im Blick waren. Ich habe versucht, diese in das Schema der zehn Gebote zu integrieren.
Ich habe die Erfahrung gemacht, daß manche Menschen einen solchen Beichtspiegel ziemlich deprimierend finden. Wenn es Ihnen so gehen sollte, dann lesen Sie noch einmal die auf den Seiten 73 bis 78 aufgeführten acht Punkte durch. Die Zehn Gebote, so hat der Theologe Ernst Lange einmal gesagt, sollte man besser als „die zehn großen Freiheiten" des Menschen bezeichnen. Sie sind nicht dazu da, den Willen eines uns wesensfremden Gottes zu erfüllen, sondern um unsere Freiheit zu

schützen. An ihnen erkennen wir weniger, wie *schlecht* als vielmehr, wie *gebunden* und wie *angewiesen* auf einen rettenden Gott wir sind.

Das Ziel der Beichte

Um den Beichtspiegel in die richtige Perspektive zu rücken, habe ich zu jedem Gebot kurz hinzugefügt, was es für uns tut, wo es uns hilft, unsere Freiheit zu bewahren und was darum auf dem Spiel steht, wenn wir es übertreten. In den Geboten tritt uns ein fordernder Gott gegenüber, zweifellos. Aber er fordert weniger für sich als vielmehr *für uns.* Es ist fordernde Liebe, die das Beste für uns will. Es geht darum, daß Gottes Liebe möglichst ungehindert zu uns vordringen kann. Es geht darum, daß unsere *Schuld* (eine Tat bzw. eine Unterlassung) nicht zur *Sünde* (einem Zustand der Trennung von Gott) anwächst.

Gottes Liebe Raum geben

Noch eins. Es kann sein, daß jemand fragt: „Machen wir es uns damit nicht zu leicht? Da begeht einer eine Sünde, ja vielleicht sogar einen Brudermord wie Kain, und alles, was er zu tun braucht, ist, seine Schuld zu bekennen? Und damit soll alles abgegolten sein?"

Nein, „abgegolten" ist mit unserem Schuldbekenntnis gar nichts. Abgegolten ist unsere Schuld allein durch den Tod Jesu am Kreuz. Unser Schuldbekenntnis hat keinerlei Kraft, auch nur die geringste Schuld wiedergutzumachen. Alles, was unser Schuldbekenntnis bewirkt, ist, daß wir Gott hineinlassen in die dunklen Kammern unseres Lebens. Er allein ist es, der heilen und verändern und wiedergutmachen kann. Das kann er aber nur, wenn wir ihm dazu die Erlaubnis geben und diese Räume nicht vor ihm verschlossen halten.

Zu einfach?

Sie sagen, das sei zu einfach? – Wenn es so einfach wäre, warum scheuen wir so sehr davor zurück, diesen Weg zu gehen? Warum wählen wir seit den Zeiten Adams, Evas und auch Kains lieber den Weg der Selbstrechtfertigung? Scheinbar ist es doch nicht so einfach! Zweifellos kann man am Anfang des Gottesdienstes oder auch im Beichtstuhl leicht einige oberflächliche Sünden bekennen. Aber Gott wirklich in die dunklen Räume unseres Lebens hineinzulassen, ist ein hartes Stück Arbeit. Eine Beichte ist mehr als ein bloßen „Sich-Aussprechen". Beichte ist immer schmerzhaft, oder wir sind noch gar nicht zum Kern des Problems vorgedrungen.

Aber gerade so ist unser Schuldbekenntnis der erste Schritt zur Heilung und zur Veränderung. Bekennen Sie einem Mitchristen Ihre Sünden, lassen Sie sich danach die Hände auflegen und die Vergebung zusprechen. Und machen Sie die wunderbare Erfahrung, was es bedeutet, noch einmal neu anfangen zu können!

Ein Beichtspiegel zur Selbstprüfung

Sündenbekenntnis Schritt 2: Nachvollziehen

„Die Zehn Gebote – das sind in Wahrheit die zehn großen Freiheiten des Menschen."

1. Gebot: Ich bin der HERR, dein Gott, du sollst keine anderen Götter haben neben mir.

A: Was dieses Gebot für uns tut:

- Es schützt uns in unserer religiösen Sehnsucht vor der Unterwerfung unter Götzen und Mächte, die uns nicht zur Entfaltung bringen, sondern versklaven.
- Es bewahrt uns vor der Angst vor anderen Mächten und Gottheiten.
- Es wehrt allem, was sich vor den wahren Gott zu schieben droht und uns dadurch der Nichtigkeit anheimgibt.
- Es läßt uns auf den einen und einzigen Gott konzentrieren, der uns wirklich liebt, der uns aus Gebundenheiten befreit, der das Beste für uns will und nur das Beste für uns bereithält.
- Es achtet darauf, daß Gott in unserem Leben wirklich Gott ist (und nicht bloßes Mittel zum Zweck), denn nur so kann er in unserem Leben seine Macht entfalten.

B: Fragen, die mir helfen können, meine Unfreiheit zu entdecken:

- Ist Gott in meinem Leben wirklich Gott, das heißt: Ist er für mich konkurrenzlos wichtig, und ist es mein erstes und wichtigstes Anliegen, ein Leben zu seiner Ehre und nach seinem Willen zu führen?
- Bin ich mit meinem Verhältnis zu Gott zufrieden?
- Welche Rolle spielt Gott in meinem Alltag, bei meinen Entscheidungen und Überlegungen, in meinem täglichen Verhalten?
- Was ist der Sinn und das Ziel meines Lebens? Wofür opfere ich meine Zeit? Welcher Wunsch oder welche Sache steht bei mir an erster Stelle?
- Wem gehört mein Herz: einer Leidenschaft, einer Ideologie, meiner Arbeit, dem Erfolg, meiner Familie, dem Geld? Und wenn Gott mir das nimmt, was dann?
- Wen oder was fürchte ich mehr als Gott?
- Worauf verlasse ich mich in meinem Leben? Auf meine Arbeitskraft, mein Geld, meine geistigen Fähigkeiten, meine Anständigkeit und Frömmigkeit, meine Kirchlichkeit?

2. Gebot: Du sollst dir kein Bildnis von Gott machen: Bete sie nicht an und diene ihnen nicht!

A: Was dieses Gebot für uns tut:

- Es bewahrt uns davor, etwas anzubeten, was letztlich kleiner ist als wir selber.

- Es schützt uns davor, unseren eigenen Projektionen und Zerrbildern auf den Leim zu gehen, was letztlich nicht so sehr Gott, als vielmehr uns selber schaden würde.
- Es bewahrt uns vor angstmachenden und unter Druck setzenden Gottesbildern, die unser Vertrauen in und die Freude an Gott zerstören.
- Es schützt neben dem wahren Gottesbild auch das wahre Selbst- und Menschenbild.
- Es verweist unsere Vorstellungen und unser Denken über Gott an das Wort, in dem Gott sich selbst vorstellt.

B: Fragen, die mir helfen können, meine Unfreiheit zu entdecken:

- Erkenne ich an, daß Gott größer ist als alle meine Gedanken, Vorstellungen und Begriffe, die ich mir von ihm mache? Erkenne ich an, daß Gott sich von mir nicht in den Griff bekommen läßt? Oder versuche ich, Gott festzulegen auf Bilder, die ich mir von ihm gemacht habe? Zweifle ich an Gott, wenn er meinen Vorstellungen nicht entspricht? Orientiere ich mein Reden und Denken von Gott (und das daraus resultierende Handeln) am Wort Gottes, statt mich auf meine eigenen Gedankengebilde zu verlassen?
- Möchte ich gerne selbst bestimmen, wer, was oder wie Gott ist? Glaube ich, daß alle Religionen das gleiche wollen? Halte ich es für gleichgültig, was die Menschen glauben? Welchen Einfluß haben nicht-christliche Religionen und Weltanschauungen auf meinen Glauben? Bin ich abergläubisch?

3. Gebot: Du sollst den Namen des HERRN, deines Gottes, nicht mißbrauchen.

A: Was dieses Gebot für uns tut:

- Es lehrt uns, von Gott nur Gutes und Großes zu denken und zu sagen, indem es uns verwehrt, den Namen Gottes in negativen oder in nichtigen Zusammenhängen zu gebrauchen.
- Es bewahrt uns davor, eigennützige Ziele christlich zu bemänteln.
- Es wehrt allem scheinheiligen Gerede.
- Es verhindert, daß wir Gottes Namen für magische und abergläubische Praktiken mißbrauchen und uns damit auf ein sehr gefährliches Gebiet begeben.
- Es leitet uns zum vertrauensvollen Gebet.

B: Fragen, die mir helfen können, meine Unfreiheit zu entdecken:

- Was bedeutet mir der Name „Gott"? Gebrauche ich ihn gedankenlos? Benutze ich Gottes Namen in Flüchen oder als Mittel, um übersinnliche Kräfte in meinen Dienst zu bringen?
- Habe ich Angst, mich vor anderen zu Gott zu bekennen? Mache ich der Bezeichnung „Christ" (= dem Christusnamen!) Ehre? Gebe ich mich frömmer, als ich bin?
- Bezeichne ich eine Meinung/Haltung/Handlung etc. von mir als „christlich", bei der ich in Wirklichkeit einer völlig anderen Agenda folge als derjenigen der Christusnachfolge?
- Warum bete ich? Aus Gewohnheit? Aus Pflicht? Um mich in ein religiöses Erlebnis hineinzusteigern? Um meinen Willen bei Gott durchzusetzen? (Wann) bete ich überhaupt?

4. Gebot: Du sollst den Feiertag heiligen.

A: Was dieses Gebot für uns tut:

- Es schützt uns davor, daß die Hektik des Alltags uns völlig vereinnahmt.
- Es bewahrt uns davor, daß unser Leben völlig „verzweckt" wird.
- Es schafft einen Raum der Ruhe, in dem wir zu uns selbst kommen können.
- Es gibt uns die Zeit, uns immer wieder auf das zu konzentrieren, was in unserem Leben an erster Stelle steht: nämlich Gott.
- Es gibt uns Gelegenheit, in Gemeinschaft mit anderen Christen unseren Gott zu feiern und so den Glauben als Freude und Stärkung und nicht so sehr als eine Pflicht zu erleben.

B: Fragen, die mir helfen können, meine Unfreiheit zu entdecken:

- Kann ich still sein, oder flüchte ich mich ständig in Arbeit?
- Wie sieht mein Sonntag aus? Suche ich Zerstreuung und Betrieb oder Stärkung für Leib und Seele, Ruhe und Freude?
- Suche ich die Gemeinschaft mit lebendigen Christen oder ist mir diese Gemeinschaft gleichgültig? Was suche ich in der Kirche? Gottes Ehre oder meine Erbauung? Anbetung oder Feierlichkeit? Gottes Wort oder einen ansprechenden Prediger?
- Wie diene ich meiner Gemeinde? Wie wirkt sich mein Sonntag im Alltag aus? Höre ich täglich auf Gottes Weisung? Welchen Stellenwert hat das Wort Gottes in meinem Leben? Welche Formen geistlichen Lebens habe ich entwickelt, um Gott einen Platz in meinem Leben zu geben?

5. Gebot: Du sollst deinen Vater und deine Mutter ehren, auf daß du lange lebest auf Erden.

A: Was dieses Gebot für uns tut:

- Es schützt Eltern vor der Willkür ihrer Kinder und umgekehrt.
- Es lehrt Ehrfurcht vor – freilich nicht einfach Unterwerfung unter! – Traditionen und gewachsene(n) Ordnungen.
- Es hält Generationskonflikte sauber: Wir brauchen unseren Eltern weder in allem zu folgen, noch müssen wir sie innig lieben, wohl aber sie respektieren und ihren Standpunkt achten. Dasselbe können wir von unseren Kindern erwarten.
- Es richtet den Blick auf das, was wir von unseren Eltern empfangen haben (statt ständig auf das zu schauen, was sie an uns versäumt oder wo sie sich an uns schuldig gemacht haben).
- Es läßt uns in Würde alt werden.

B: Fragen, die mir helfen können, meine Unfreiheit zu entdecken:

- Was sind mir meine Eltern wert? Bin ich ihnen dankbar für das, was sie für mich getan haben? Versuche ich, sie zu verstehen? (Für Jüngere:) Höre ich auf sie? (Für Ältere:) Sorge ich für sie?
- Wer hat Einfluß auf meine Kinder? Habe ich genügend Zeit für sie? Lebe ich so, daß sie mich zum Vorbild nehmen können? Achte ich meine Kinder als eigenständige Menschen oder versuche ich, sie nach meinen Wünschen und Vorstellungen zu formen? Führe ich sie in Versuchung, dieses Gebot später selbst einmal zu übertreten?
- Das fünfte Gebot fragt über die konkreten Eltern hinaus nach allen möglichen Ordnungen und Strukturen, in denen ich lebe: Wie stehe ich zu meinen Vorgesetzten? Hintergehe ich sie? Krieche ich vor ihnen? Was tue ich, wenn sie Fehler machen? Welche meinen Gaben entsprechende Verantwortung habe ich im öffentlichen Leben übernommen? Gebe ich dem Staat, was ihm von mir zusteht?

6. Gebot: Du sollst nicht töten.

A: Was dieses Gebot für uns tut:

- Es schützt unser eigenes Leben vor der Willkür der anderen und umgekehrt.
- Es definiert eine gottgewollte Grenze menschlicher Macht.
- Es lehrt uns die Ehrfurcht vor dem eigenen und vor fremden Leben.

- Es schützt nicht nur das Leben, sondern auch die Lebensqualität eines Menschen.
- Es zeigt ein Hauptziel menschlichen Lebens an: Leben zu entfalten und nicht zu zerstören.

B: Fragen, die mir helfen können, meine Unfreiheit zu entdecken:

- Wem mache ich das Leben schwer? Wer leidet an mir? Sind mir folgende Gefühle vertraut: Zorn, Schadenfreude, Neid, Gleichgültigkeit, Härte oder Mißgunst? Wen verachte ich? Enge ich jemandes Freiheit ein? Nutze ich jemanden aus? In wen versetze ich mich zu wenig hinein?
- Wie trage ich Konflikte aus? Sehe ich im anderen das Bild Gottes oder einen, der mir im Weg steht? Wo bin ich rücksichtslos? Gehe ich auch mit meinen Gegnern fair um? Bin ich bereit, jedem zu vergeben?
- Wo bin ich einem Bedürftigen, der meine Hilfe brauchte, ausgewichen? Ist es mir egal, daß andere verhungern, damit ich meinen Lebensstandard halten kann? Lebe ich auf Kosten späterer Generationen? Nehme ich aktiv Verantwortung für die Zukunft dieser Welt wahr? Zerstöre ich aus Gleichgültigkeit oder Bequemlichkeit die Umwelt, oder trage ich aktiv dazu bei, daß der Lebensraum des Menschen erhalten bleibt? Wie verhalte ich mich im Straßenverkehr?
- Treibe ich Raubbau an meiner Gesundheit? Gönne ich mir zu wenig Schlaf? Bin ich in irgendeiner Form süchtig? Kämpfe ich gegen Verzweiflung und Selbstmordgedanken? Mit welchen Gedanken wache ich morgens auf / gehe ich abends zu Bett?
- Bin ich für die Menschen um mich herum ein Segen?

7. Gebot: Du sollst nicht ehebrechen.

A: Was dieses Gebot für uns tut:

- Es schützt unseren Partner und unsere Kinder.
- Es schützt die Familie eines anderen.
- Es verhindert, daß sich Phantasien vor lebendige Menschen schieben.
- Es schützt uns selbst vor innerer Zerrissenheit.
- Es macht unsere Beziehungen verläßlich.

B: Fragen, die mir helfen können, meine Unfreiheit zu entdecken:

- Wie sieht meine Ehe aus? Fliehe ich aus ihr in die Arbeit, das Vergnügen, die Liebhaberei? Nehme ich mir genügend Zeit für meinen Ehepartner? Steht zwischen mir und ihm ein anderer Mensch? Bin ich meinem Partner treu in Gedanken, Worten und Taten? Provoziere ich den Ehebruch meines Partners, indem ich mich ihm entziehe?
- Welche Gedanken in Hinblick auf das andere Geschlecht beschäftigen mich? Dient mein Partner mir nur als Objekt, um mich auszuleben? Bin ich eifersüchtig? Liebe ich meinen Partner noch? Wo werte ich ihn ab? Fordere ich in der Ehe „mein Recht" oder bin ich der Schenkende?
- Suche ich Stimulanzen, die meine sexuellen Phantasien von meinem eigenen Partner weglenken (TV, Pornographie, „Bars", Prostitution, Cybersex ...)?
- Ist mir die Ehe des anderen unantastbar?
- Nehme ich ggf. auch meine Ehelosigkeit aus Gottes Hand?

8. Gebot: Du sollst nicht stehlen.

A: Was dieses Gebot für uns tut:

- Es schützt eigenes und fremdes Eigentum vor dem willkürlichen Zugriff anderer.
- Es bewahrt uns unsere Selbstachtung angesichts unseres Besitzes.
- Es verhindert, daß wir um des Besitzes willen unsere Prinzipien opfern.
- Es leitet uns an, zu geben, statt zu nehmen.
- Es hilft uns, für eine gerechte Verteilung der Güter zu sorgen.

B: Fragen, die mir helfen können, meine Unfreiheit zu entdecken:

- Achte ich fremdes Eigentum? Habe ich Dinge im Besitz, die mir nicht gehören? Habe ich mich auf Kosten anderer (auch an Institutionen wie Versicherungen oder dem Staat) bereichert? Wem muß ich was zurückgeben?
- Stehle ich durch schlechte Arbeit? Auf welche Weise komme ich zu Geld: durch redliche Arbeit oder durch bedenkenlose Jagd, trübe Geschäfte, Glücksspiele? Suche ich gerne die „schnelle Mark"? Stehle ich anderen Zeit? Liege ich anderen auf der Tasche?
- Dient mein Besitz anderen zur Freude und Hilfe? Trage ich mein Teil an den allgemeinen Lasten? Gehe ich mit anvertrautem Gut sparsam und gewissenhaft um? Sorge ich für eine gerechte Verteilung der Güter unter den Menschen? Lebe ich ein Leben des Teilens und Opferns? Gebe ich Gott den „Zehnten" zurück?

9. Gebot: Du sollst nicht falsch Zeugnis reden wider deinen Nächsten.

A: Was dieses Gebot für uns tut:

- Es schützt eine wesentliche Grundlage unseres Zusammenlebens, die Kommunikation, vor Mißbrauch und Mißkredit.
- Es bewahrt uns und andere vor schlechtmachendem und zerstörerischem Gerede.
- Es bewahrt uns vor Lügen, die wir schließlich selbst glauben und die dadurch eine wirklich freie Lebensgestaltung verhindern.
- Es erspart uns die Mühe, uns an unsere Lügen erinnern zu müssen.
- Es schafft und erhält Vertrauen.

B: Fragen, die mir helfen können, meine Unfreiheit zu entdecken:

- Rede ich oft über die Fehler anderer? Über meine eigenen Leistungen? Wo habe ich schlecht oder unwahr über andere geredet? Bin ich schnell im Urteil über andere, aber langsam, sie zu entschuldigen? Was kommt öfter über meine Lippen: Lob oder Kritik? Habe ich Dinge ausgeplaudert, über die ich besser geschwiegen hätte?
- Meine ich, was ich sage, und sage ich, wo es nötig ist, was ich meine? Sorge ich dafür, daß im Leben der Gemeinschaft die Wahrheit sich gegen die Lüge durchsetzt? Bin ich treu in der Fürbitte?
- Bin ich offen und ehrlich im Umgang mit anderen oder betreibe ich ein Versteckspiel über mein wahres Wesen? Lasse ich andere an mich heran? Versuche ich, vor anderen besser dazustehen, als ich wirklich bin?
- Wen habe ich belogen? Wann werde ich mich bei ihm entschuldigen? Bin ich vor mir selber ehrlich und bereit, mich so zu sehen, wie ich im Spiegel des Wortes Gottes wirklich bin? Versuche ich, mich darin zu üben, mehr Gutes von und zu anderen zu reden? Übertreibe ich oft in meinen Worten?

10. Gebot: Du sollst nicht begehren deines Nächsten Haus, Weib, Knecht, Magd, Rind, Esel noch alles, was sein ist.

A: Was dieses Gebot für uns tut:

- Es schützt unseren Nächsten vor begehrlichen Gedanken, die nur allzu schnell zu handfesten Taten auswachsen.
- Es schützt uns selbst vor zerfressendem Neid.
- Es schützt uns vor Unzufriedenheit und Mißmut.

- Es läßt uns auf das blicken, was wir haben, statt auf das, was wir nicht haben.
- Es bewahrt unsere Dankbarkeit.

B: Fragen, die mir helfen können, meine Unfreiheit zu entdecken:

- Bin ich zufrieden mit dem, was ich habe – oder will ich immer mehr haben? Worauf blicke ich mehr: auf das, was ich habe oder auf das, was ich nicht habe? Mit welchen Menschen vergleiche ich mich? Wem mißgönne ich was? Welche Worte und Taten resultieren daraus?
- Wie ausgeprägt sind bei mir folgende Gefühle: Neid, Unzufriedenheit, Anspruchsdenken, häufiger Vergleich mit anderen?
- Bin ich Gott dankbar? Wie äußert sich das? Nehme ich ernst, daß Gott meiner Begabung, meinem Einfluß, meinem Besitz, meinem Leben etc. Grenzen gesetzt hat, die ich nicht überschreiten soll?

Ein altes Bußgebet

Wir sind abgekommen von deinen Wegen
und haben uns verirrt wie verlorene Schafe,
wir sind den Wünschen und Sehnsüchten unseres Herzens gefolgt,
und haben gegen die heiligen Gesetze der Liebe verstoßen,
wir haben Dinge unerledigt gelassen, die wir hätten tun sollen,
und wir haben Dinge getan, die wir besser nicht getan hätten.

Ach Herr, sei barmherzig mit uns, vergib uns unsere Schuld durch Jesus Christus, unsern Herrn.
Und schenke uns, gnädiger Vater, um Seines Namen willen,
daß wir hernach ein göttliches, gerechtfertigtes
und reines Leben führen,
zur Verherrlichung deines heiligen Namens.

Umsetzung im Gottesdienst

**Sündenbekenntnis
Schritt 3:
Gestalten**

1. Behandeln Sie das Thema „Sünde" konsequent nur innerhalb des größeren Zusammenhangs von Gnade und Vergebung.

„Im Lichte der Liebe Gottes werden Menschen ihre Sünde erkennen – nicht umgekehrt."

An dieser Stelle ist gerade durch den Pietismus – teilweise aber auch schon durch ein falsches Verständnis von Luthers Lehre von Gesetz und Evangelium – eine merkwürdige Vertauschung von Ursache und Wirkung vorgenommen worden. Teilweise wurde und wird die Sünde hier ernster genommen als die Gnade. Die Rede von der Sünde aber sollte nicht die dunkle Hintergrundfolie sein, vor der das Thema „Gnade und Vergebung" um so heller aufleuchtet, sondern umgekehrt: Das Wort der Liebe und der Gnade Gottes sollte in unseren Gottesdiensten so überwältigend strahlen, daß die Menschen in diesem Licht ihre Sünde erkennen. Es ist nicht unsere Umkehr, die Gottes Güte wachruft, sondern es ist umgekehrt Gottes *Güte,* die uns zur Umkehr leitet (Römer 2,4).

Der Ort des Sündenbekenntnisses

2. Überlegen Sie daher genau, wie und an welcher Stelle Sie in Ihrem Gottesdienst die Möglichkeit zum Sündenbekenntnis plazieren.

Ich kenne Pastoren, die unter ausdrücklicher Berufung auf Römer 2,4 das Sündenbekenntnis an eine spätere Stelle ihres Gottesdienstes verlagert haben. Sie wollen erst das eigentliche Thema, nämlich die Liebe Gottes, genügend deutlich und ausführlich akzentuiert haben, bevor sie von Sünde reden. Dazu paßt der weiter oben von mir angesprochene Sachverhalt, daß der Bittruf in der Eingangsliturgie ursprünglich *nicht* den Charakter eines reinen Sündenbekenntnisses hatte (das fand sich im Rüstgebet, im Zusammenhang mit Beichte und Abendmahl oder anderswo).
Ich halte das für nachdenkenswert. Das von mir ins Feld geführte Argument der Entlastung gleich zu Beginn des Gottesdienstes ist eigentlich nur dann zutreffend, wenn diese Entlastung nicht nur vom Pastor theologisch *behauptet,* sondern vom Gottesdienstbesucher auch subjektiv *empfunden* wird. Das Sündenbekenntnis darf nur dann am Anfang des Gottesdienstes bleiben, wenn die Gemeindeglieder diesen Teil des Gottesdienstes tatsächlich als Entlastung *erleben.*

Persönliche Vorbereitung

3. Ermuntern Sie Ihre Gemeindeglieder, bereits bußfertig zum Gottesdienst zu kommen.

Warum sollte man nicht schon vor Beginn des Gottesdienstes überlegen, was einen belastet? Je deutlicher meine Vorstellung davon ist, wo Gott an mir arbeiten muß, desto konkreter wird die Erfahrung der Vergebung und Entlastung sein, die ich erfahre. Das „Rüstgebet", das der Gottesdienstbesucher spricht, bevor er sich auf seinen Platz setzt, könnte diese Funktion wahrnehmen: Man gibt – sozusagen an der Eingangspforte des Gottesdienstes – jene Dinge ab, die einen belasten, und bittet Gott um die Fähigkeit, sich auf das einzulassen, was er einem in diesem Gottesdienst anbieten will.

Offenes Klima

4. Schaffen Sie in Ihrer Gemeinde ein Klima, in dem über Sünden und Fehler offen gesprochen werden kann.

Auf einer Reise, die ich kürzlich durch die USA machte, fragte ich den Pastor der Foursquare-Kirche in Aptos, Daniel Brown, was das Geheimnis seiner Gemeinde sei. Er antwortete mir: „Wir gehen davon aus, daß wir alle Sünder und fehlbare Menschen sind. Das heißt, wenn hier einer versagt oder ein Projekt in den Sand setzt, zucken wir die Schulter und sagen: ‚Und was gibt's *Neues?'* Wir regen uns darüber nicht groß auf, sondern setzen voraus, daß die Leute Sünder sind und daß sie Fehler machen. Wir freuen uns, wenn es anders ist, aber wir erwarten es nicht."
Daniel Brown verkündet diese Philosophie nicht nur, sondern in seiner Gemeinde wird sie wirklich gelebt. Und das schafft eine ungemein befreiende Atmosphäre. „Pharisäer und Superchristen", sagte Daniel, „halten es hier nicht lange aus. Großspurigkeit interessiert hier keinen Menschen. Wir wissen, daß wir Sünder sind, und wir reden ausgesprochen offen darüber. Wenn hier einer seine Schwächen und Mängel anspricht, trifft er auf ein Klima der Akzeptanz. Wenn aber jemand anfängt, von seinen Großtaten zu erzählen, traut ihm niemand. Wir halten jede Sünde für vergebbar, außer derjenigen, die eigene Sünde zu leugnen. Denn das heißt ja, genau übersetzt: Wegen *mir* hätte Jesus nicht kommen und sterben brauchen. Ich schaffe es aus eigener Kraft."
Leider wird das Thema „Sünde" in unseren Gemeinden weitgehend tabuisiert. Natürlich wird über Sünde gesprochen, aber fast immer in einem verurteilenden Sinn. Sünde ist einfach das, „was man nicht macht". Das Problem ist nur: Wir machen es doch. Und da wir alle gelernt haben, daß unsere Sündhaftigkeit etwas Verurteilenswertes ist, verschweigen wir sie. Oder unsere Sündenbekenntnisse bleiben relativ allgemein. So geben wir anderen den gleichen Eindruck von uns, den wir auch von ihnen haben: Daß wir nämlich alle ziemlich gut drauf sind und Sünde für uns kein großes Thema ist. Ein Teufelskreis, der unbedingt durchbrochen werden muß!
Wir sind nun einmal nicht deswegen Christen, weil wir perfekt wären, sondern ganz im Gegenteil. Und weil das so ist, sollten wir auch offen dazu stehen. Hier aber müssen die geistlichen Leiter der Gemeinde beispielhaft vorangehen, indem sie – ohne exhibitionistisch zu werden – in Hauskreisen, Predigten, Gesprächen etc. immer wieder deutlich machen, daß sie Fehler machen, Schwächen haben, Sünden begehen, Korrektur benötigen. Wenn die Leiter hier nicht den Ton setzen, züchten sie eine Gemeinde von Pharisäern.

Liebevolle Bußpredigten

5. Halten Sie liebevolle Bußpredigten.

Das klingt nach einem Oxymoron (= Zusammenstellung zweier sich widersprechender Begriffe); ich sehe aber mehr und mehr, daß dieser Ansatz die einzige Möglichkeit ist, Menschenherzen überhaupt zu verändern. Die Zeit Johannes' des Täufers ist vorbei. Jesus hat anders Buße gepredigt als Johannes. Ich bin fest davon überzeugt: Eine gute Bußpredigt redet nicht so sehr über das ewige Zorngericht als vielmehr über die *Liebe* Gottes. Genau, wie wir nie einen Menschen ändern werden, den wir nicht lieben (jedenfalls nicht zum Positiven), werden wir uns selbst auch nicht verändern, wenn wir uns nicht geliebt wissen. Darum hat eine gute Bußpredigt werbenden, lockenden, mitfühlenden, anbietenden Charakter. Und sie agiert ganz gewiß ohne Druck. Auch dies kennen wir aus dem zwischenmenschlichen Bereich: Dort, wo Druck auf uns ausgeübt wird, neigen wir dazu, uns eher zu verschließen; dort jedoch, wo uns Liebe zugesprochen wird, öffnen wir uns ganz von selbst.

Selbstanklagen vermeiden

6. Achten Sie auch bei Buß- und Beichtgebeten darauf, daß die menschliche Sünde im Licht der Liebe Gottes gespiegelt wird.

Leider haben die meisten Bußgebete den Charakter der (Selbst)anklage und spiegeln eher die unerfüllte Forderung Gottes als seine unerschöpfliche Liebe wider. Bußgebete, die von der Liebe Gottes durchdrungen sind, sind leider relativ selten. Zeit, hier eine entsprechende Kultur zu entwickeln! Beispielhaft und für mich persönlich immer wieder überwältigend ist in diesem Zusammenhang das Gebet „Herr, verwandle mein Leben" von Johannes Hansen, das Sie auf Seite 95 abgedruckt finden. *Diesen* Grundton müssen Bußgebete widerspiegeln! Es muß aus ihnen spürbar werden, daß es die Liebe Gottes ist, die uns zur Umkehr führt.

Regelmäßige Bußfeiern

7. Führen Sie regelmäßig eigene Bußfeiern durch.

Allein der Begriff kann schon Programm sein: Wir *feiern* unsere Buße. Die Bußfeier ist keine Veranstaltung der Zerknirschung und der Depression, sondern der Lebensbejahung und des Ergreifens des Angebotes der Vergebung. Auch hier macht der Ton die Musik. Eine meditative Atmosphäre (Kerzen, Taizémusik, evtl. Tischgruppen etc.) hilft zur Konzentration. Der Ablauf einer solchen Bußfeier könnte etwa folgendermaßen aussehen: Lied – persönliche Begrüßung – Hinführung – Gebet – Gewissenserforschung/Meditation – Schuldbekenntnis/Vergebungsbitte – (Abendmahl oder Agapefeier) – Gebetsgemeinschaft – Segen – Lied. Eine Fülle von Bausteinen und Anregungen zu diesen Elementen finden Sie in den beiden Büchern von Willi Hoffsümmer: „2 x 11" bzw. „3 x 7 Bußfeiern" (Grünewald-Verlag, ISBN 3-7867-1117-8 und 3-7867-1534-3).

Gottesdienstliche Angebote

8. Schaffen Sie Angebote zur Buße in Ihren normalen Gottesdiensten.

Es gibt Sonntage, an denen verdichtet sich die Atmosphäre im Gottesdienst. Bei uns erleben wir das häufig gegen Ende einer Predigtserie. Es liegt spürbar in der Luft, daß Menschen bereit sind, der Liebe Gottes gegenüber ihr Herz aufzuschließen. Hier sollte man Möglichkeiten anbieten, ihnen bei diesem Schritt zu helfen. Bieten Sie am Ende der Predigt an, daß Leute im Anschluß an den Gottesdienst nach vorne kommen und mit dem Pastor oder anderen bereitstehenden Seelsorgern beten können. Auf völlig unspektakuläre Weise (der Rest geht mittlerweile hinaus oder ist schon draußen) und ohne Druck („heute oder nie") können hier – bei leiser Hintergrundmusik – der Pastor bzw. die Seelsorger mit den betreffenden Personen beten und sie ggf. auch segnen (siehe ausführlicher auf Seite 207ff). Vergessen Sie nicht, den Menschen, der sein Herz auf diese Weise der Liebe Gottes gegenüber aufgetan hat, zu umarmen!

Vergebung erfahrbar machen

9. Sehen Sie in jedem Abendmahl eine Möglichkeit, Gottes Liebe und Vergebung neu zu erfassen.

Ich werde an späterer Stelle ausführlicher auf die Frage eingehen, warum unsere Abendmahlsfeiern oft so überaus trist, steif und förmlich sind. Das hat etwas damit zu tun, daß der Bußcharakter des Abendmahls häufig überbetont wird. Verschärfend kommt oft ein falsches Verständnis der Buße hinzu. Statt auf Gottes Liebe und Vergebung schauen die Menschen auf ihre eigene Schuld und fallen so in eine düstere Stimmung.

Bitte betonen Sie schon bei der Einladung zum Abendmahl, daß es um unsere Sünden nur insofern geht, als sie uns dort vergeben werden. Die Vergebung im Abendmahl sollte in Ihrer Gemeinde wirklich zu einer *Erfahrung* werden. Wenn Sie hier die Weichen richtig stellen, kann das eingenommene Abendmahl eine der wirkungsvollsten Weisen sein, die Vergebung Gottes buchstäblich am eigenen Leibe zu erleben (weiteres hierzu siehe Seite 188ff).

Klima der Versöhnung

10. Schaffen Sie in Ihrer Gemeinde ein Klima der Vergebung und der Versöhnung.

Im Gleichnis von dem Schalksknecht hat Jesus – ähnlich wie in der fünften Vaterunserbitte – Gottes Vergebungsbereitschaft daran geknüpft, daß wir unsererseits ebenfalls vergebungsbereit werden. „Ist's möglich, soweit an euch liegt, so habt mit allen Menschen Frieden", sagt Paulus (Römer 12,18). Es liegt nicht immer an uns, allerdings viel öfter, als wir im allgemeinen wahrhaben wollen. Darum fordert Jesus uns in der Bergpredigt auf, uns mit unserem Bruder zu versöhnen, bevor wir zum Altar gehen (Matthäus 5,23f), ja sogar vom Altar wegzugehen, um die notwendigen Schritte der Versöhnung einzuleiten. Warum? Weil die eigene mangelnde Versöhnungs- und Vergebungsbereitschaft der Flaschenhals sein kann, der uns daran hindert, Gottes volle Liebe und Vergebungsbereitschaft zu erfahren.

Haben Sie das als Pastor schon einmal buchstäblich gemacht: Ihre Gemeindeglieder vor dem Abendmahl dazu aufgefordert, den Gottesdienst zu verlassen, um sich mit jenen zu versöhnen, mit denen sie im

Streit liegen? Kann sein, daß nicht viele zum Abendmahl kommen werden an einem solchen Morgen. Aber die Konsequenzen für die betreffenden Christen, für das Gemeindeleben sowie für die nächste Abendmahlserfahrung werden gewaltig sein.

Herr, verwandle mein Leben...

(Gebet eines Menschen, der von nun an
im Glauben an Jesus Christus leben will)

Herr, ich habe deinen Ruf an mich gehört
und danke dir, daß du mich nicht vergessen hast,
obwohl ich dich oft vergaß und nicht an dich dachte.
Ich hatte mich von dir abgewandt
und ging meine eigenen Wege, –
du aber hast mich nicht aufgegeben.

Ich bekenne dir die Schuld meines Lebens
und die ungezählten Fehler meiner Tage.
Ich bitte, Herr: Vergib mir meine Schuld
und nimm mich wieder als dein Eigentum an.
Ich danke dir, Herr, für dein Sterben am Kreuz
und für die Freiheit von Schuld,
Angst und Hoffnungslosigkeit.

Im Vertrauen darauf, daß du ja zu mir gesagt hast,
antworte ich nun mit meinem Ja zu dir.
Ich will dein Eigentum sein und bleiben.
Gib mir die Kraft, mich stets an dich zu halten
und nicht zu verzagen, wenn ich in Krisen komme.
Zeige mir meinen Platz in deiner Gemeinde
und meinen Platz in deiner dennoch geliebten Welt.

Zeige mir meine Gaben und Fähigkeiten,
damit ich sie einsetzen kann, wo du mich brauchst
und wo Menschen auf meine Hilfe warten.

Mache mir dein Wort lieb und gib mir Mut,
meinen Dank, meine Not und meine Bitten
im Gebet vor dich zu bringen.
Herr, verwandle mein Leben,
daß es für dich zur Freude
und den Menschen zur Hilfe wird. Amen.

Johannes Hansen

Gebet Schritt 1: Verstehen

Schlüsselelement 3: Das Gebet

„Es gibt in Deutschland mehr Menschen, die beten, als solche, die an Gott glauben."

Laut einer Spiegel-Umfrage gibt es in Deutschland mehr Menschen, die beten, als solche, die an Gott glauben. Diese erstaunliche Tatsache erklärt sich daraus, daß Beten ein so ursprüngliches Bedürfnis des Menschen ist, daß er selbst dann nicht aufhören kann, zu beten, wenn er an den Gott, zu dem er da betet, schon gar nicht mehr glaubt.
Beten ist in unserer Gesellschaft nicht so sehr Ausdruck einer gelungenen Gottesbeziehung als vielmehr einer großen Sehnsucht. So verstanden ist Gebet der Versuch, sich an einen verlorenen Gott zurückzubinden, das heißt, es ist „Religion" (Rückbindung) im ureigentlichen Sinne. So, wie es der Kirchenvater Augustin einmal gesagt hat: „Du hast uns zu dir hin geschaffen, o Herr, und unruhig ist unser Herz, bis es Friede findet in dir." Diese Unruhe läßt den Menschen selbst dann noch beten, wenn er an Gott gar nicht mehr glaubt. Es ist wie bei einem Menschen, der auch dann noch mit seinem Ehepartner redet, wenn dieser längst verstorben ist: Es ist rührend anzusehen und gleichzeitig furchtbar tragisch.

Beten gehört zu unserer Natur

Ich bin der Überzeugung, daß das Gebet geradezu zur Natur des Menschen gehört. Es entspricht seinem Wesen so sehr wie dem Vogel das Fliegen oder dem Fisch das Schwimmen im Wasser. Jemand hat einmal gesagt: „Beten ist das Atemholen der Seele." Nun frage ich mich: Was ist eigentlich schwieriger: Atem zu holen oder den Atem anzuhalten? Eigentlich müßten wir Christen bei den Menschen offene Türen einrennen, wenn wir in unseren Gottesdiensten und Versammlungen singen und beten. Genauer gesagt: Sie müßten *uns* die Türen einrennen. Tun sie aber nicht. Wenn schon weniger Menschen an Gott glauben als beten, so sind es *noch* viel weniger, die in die Kirche gehen. In diesem Buch habe ich eine Vielzahl von Gründen dafür dargelegt, aber *ein* Grund ist ganz sicher der, daß unsere Gottesdienste den Menschen nicht helfen, ihr natürliches Bedürfnis nach Gebet auszuleben und auszubauen. Unsere Gottesdienste und Gemeinden sind weithin wie schlechte Schulen, in denen viele begabte Schüler frustriert zurückbleiben, weil der Lehrer seinen Unterricht nicht von ihnen und ihren Bedürfnissen, sondern von einem vorgegebenen Regelwerk her aufbaut. In ähnlicher Weise werden eigentlich hochmotivierte und zum Gebet durchaus begabte Menschen in unseren Gemeinden nicht in ihrem Gebet gefördert, sondern zum guten Teil sogar davon abgebracht, es weiter mit dem Gebet zu versuchen.
In meinem Buch „Glaube hat Gründe" (nähere Angaben dazu auf Seite 280 in diesem Buch) habe ich ein recht ausführliches Kapitel über das Gebet geschrieben. Die dort entwickelten grundlegenden Gedanken möchte ich an dieser Stelle nicht wiederholen, sondern versuchen, mich mit Ihnen vor allem an das gottesdienstliche Gebet heranzutasten. Dabei spare ich bewußt das Sündenbekenntnis und den Lobpreis aus, weil ich diesen beiden Themen ein jeweils eigenes Kapitel dieses Buches gewidmet habe.

Gottesdienstliches Gebet

Gebet
Schritt 1:
Verstehen

1. Das christliche Beten ist dem religiösen Beten gegenüber meilenweit voraus.

Religiöses Beten ist Beten aus Sehnsucht, christliches Beten hingegen ist die Äußerung einer lebendigen Beziehung. Man kann diesen Unterschied gar nicht pointiert genug herausstreichen. Religiöses Beten ist wie das Schreiben eines Briefes an einen Unbekannten. Christliches Beten dagegen ist wie die Antwort auf einen Liebesbrief, dessen Adressaten man kennt. Ich behaupte nicht, daß Gott unser religiöses Beten nicht hört oder geringschätzt. Aber religiöses Beten kennt weder die Intimität noch die Freude noch die Erfüllung, die dem christlichen Gebet innewohnt.
Denken Sie an den alten Mann, der mit seiner verstorbenen Frau redet, und halten Sie dagegen einen Menschen, der mit einem lebendigen Partner kommuniziert. Das eine ist ein Reden aus Sehnsucht und Leere heraus, das andere ein Reden im Rahmen einer lebendigen Beziehung. Letzteres muß nicht unbedingt einfacher sein – wie viele unangenehme Gespräche gibt es auch in einer echten Beziehung! Aber es ist allemal lebendiger und erfüllender und bei gelingender Beziehung beglückender. Selbstverständlich kennt auch der Christ ein Beten aus Sehnsucht und Leere heraus. Aber christliches Beten ist gleichzeitig sehr viel umfassender. Das Bitten aus Mangel und Not heraus ist nur ein kleiner Ausschnitt aus einem sehr viel weiteren Spektrum. Und anders als Menschen, die Gott nicht kennen, müssen wir nicht erst versuchen, Gott dazu zu bringen, uns zu antworten und mit uns in Beziehung zu treten. Wir wissen: Er *hat* schon längst geredet, und in der Person Jesu streckt er uns die geöffnete Hand entgegen und bietet uns eine erfüllende Beziehung an. Darum beten Christen nicht nur „wie Jesus", sondern *zu* Jesus und *durch* Jesus zu Gott. Das ist für sie von so grundlegender Bedeutung und für ihre Zusammenkünfte derart konstitutiv, daß es von Anfang an zu ihrer näheren Kennzeichnung herangezogen wurde: Christen sind Menschen, „die den Namen des Herrn Jesus Christus anrufen" (vgl. Apostelgeschichte 9,14; 1. Korinther 1,2).

„Es gibt mindestens fünfzig verschiedene Arten, zu beten, doch in unseren Gemeinden lernen wir davon höchstens eine Handvoll."

Das Bittgebet

2. Das Bittgebet ist die Grundform des Betens.

Schon sprachlich kommt das deutsche Wort „beten" von „bitten". Im Alten Testament wird dieses Bitten oft noch sehr viel drastischer als „Schreien" bezeichnet. Einem solchen Schreien verdankt das Volk Israel die Anfänge seiner Geschichte: „Da schrieen wir zu dem HERRN, dem Gott unserer Väter. Und der HERR erhörte unser Schreien und sah unser Elend, unsere Angst und unsere Not und führte uns aus Ägypten" (5. Mose 26,7f). Was hier für das Volk Israel als Ganzes gesagt wird, ist auch die Erfahrung des einzelnen Beters: „Ich schrie zu dem HERRN in meiner Angst, und er antwortete mir. Ich schrie aus dem Bauch der Hölle, und du hörtest meines Stimme" (Jona 2,3). Dieses Schreien ist nicht nur ein Zeichen der Armut, sondern auch ein Zeichen unseres Vertrauens zu dem Gott, der „so gerne hilft" (Psalm 13,6).

Natürlich weiß Gott schon vorher, was wir benötigen, aber er möchte *gebeten* sein. Das, was er an uns tut, ist nicht ein Naturprozeß, sondern ein personhaftes Geschehen. Gott will mit uns in einen Dialog treten. Es würde sich lohnen, einmal die vielen Stellen in der Bibel nachzulesen, in denen vom Schreien, Klagen, Bitten und „Anrufen" die Rede ist, um einen Eindruck davon zu bekommen, wie sehr wir auf Gottes Hilfe angewiesen sind. Wir nehmen auch in den Gottesdienst unser Menschsein und dessen Bedrohung und Begrenztheit mit. Darum ist es gut, diese Begrenztheit bereits am Anfang zu artikulieren: „So, wie ich bin, komme ich zu dir – Herr, erbarme dich!" Luther sagte: „Wir sind Bettler, das ist wahr." Aller Lobpreis kann diese Grundbefindlichkeit des Menschen nicht verdrängen, sondern lediglich auf ihr aufbauen. Mit ihrem Vertrauen auf Gottes Zusage und Verheißung ehrt die Gemeinde Gottes Wahrhaftigkeit und Verläßlichkeit. Sie führt sich die Eigenschaften und die Liebe Gottes vor Augen und hält an ihnen fest gegen alle Not, die sie in der Welt und an sich selbst erleidet: „... erlöse uns von dem Bösen, denn dein ist das Reich und die Kraft und die Herrlichkeit in Ewigkeit, Amen."
Ein Sonderfall der Bitte ist die *Fürbitte:* Hier wird über den Horizont der eigenen Existenz hinausgeblickt auf die Nöte und Bedürfnisse unserer Mitmenschen, seien sie Christen oder Nichtchristen. Fürbitte ist ein Teil des diakonischen und priesterlichen Auftrages der Christen, sie ist Pro-Existenz für andere. Es ist verblüffend, wie viel die Bibel der Macht der Fürbitte zutraut (vgl. allein im Neuen Testament zum Beispiel Römer 15,30; 2. Korinther 1,11; Philipper 1,9; Kolosser 1,9 + 4,3; 2. Thessalonicher 1,11 + 3,1; 1. Timotheus 2,1 u. a.). Darum sollten wir diesen Auftrag sehr ernst nehmen. Die Kirche hat gut daran getan, die Fürbitte als feste Komponente in den Sendungsteil des Gottesdienstes zu integrieren.

Die Bedeutung von Intimität

3. Wenn unsere Gottesdienste so etwas wie „Schulen des Gebets" sein wollen, dann müssen sie vor allem Intimität vermitteln.

Nun kann man natürlich bereits die Prämisse ablehnen und sagen: „Unsere Gottesdienste sollen gar keine ‚Schulen des Gebets' sein." Doch können wir das gar nicht vermeiden. Beten lernt man nicht durch viele eigene Versuche (diese können immer nur der Ausgangspunkt sein) und auch nicht durch schlaue Bücher (diese können lediglich flankierend helfen), sondern letztlich nur durch andere Beter. Seien es betende Eltern, die hier einen Grundstein legen, der Pastor, die Religionslehrerin oder ein Gruppenleiter, die erste Erfahrung einer Gebetsgemeinschaft, das Erlebnis einer Osternacht in Taizé, eine Exerzitienwoche im Kloster, ein charismatischer Gottesdienst oder was auch immer: Solche Erlebnisse prägen uns und unser Gebetsleben wie kaum etwas anderes. Eigentlich würde ich jedem, der beten lernen will, dringend empfehlen, sich so etwas wie einen „Trainer", einen spirituellen Meister, einen Lehrer des Gebets zu suchen und in einer Art Jünger-Lehrer-Beziehung das Beten von ihm zu lernen.

Aber ich mache mir nichts vor: Nur ein Bruchteil der Menschen und auch der Leser dieses Buches wird diesen Ratschlag beherzigen. (Sollten Sie in einigen Jahren mit Ihrem Gebetsleben noch nicht entscheidend weitergekommen sein, sollten Sie meinen Vorschlag vielleicht doch einmal ernsthaft in Erwägung ziehen.) Und solange das so ist, sind unsere Gottesdienste zwar nicht die einzige, aber doch eine der entscheidenden Gebetsschulen im Leben der Menschen. „Mein Haus soll ein Bethaus sein" – und weil das so ist, müssen die Menschen dort das Wichtigste lernen, was es am Gebet überhaupt zu lernen gibt: nämlich Intimität mit Gott.
Das aber bedeutet eine nicht unerhebliche Kurskorrektur vieler gottesdienstlicher Feiern, denn diese zielen weniger darauf ab, Intimität als vielmehr *Ehrfurcht* vor Gott zu vermitteln. Das klingt fromm und gut, ist aber in vielerlei Hinsicht nichts anderes als ein exaktes Abbild mittelalterlicher Herrschaftsstrukturen. Gott wird in unseren Gottesdiensten häufig wie ein ferner König dargestellt, dessen Macht und Hilfe wir zu uns herabrufen. Dies aber widerspricht nicht nur dem Bedürfnis des modernen Menschen, mit Gott in eine innige Beziehung zu treten, sondern auch der Botschaft Jesu, der zufolge Gott uns ohne jegliches Zutun unsererseits (und auch ohne unser Bitten) unendlich nahe ist. Er liebt uns bedingungslos, und wir sollen so zu ihm kommen, wie wir sind, und so zu ihm reden, wie es uns auf dem Herzen liegt.
Wer Gott anbeten will, sagt Jesus, soll ihn „im Geist und in der Wahrheit" anbeten (Johannes 4,24). „Im Geist" steht dabei für Innerlichkeit und Innigkeit bzw. eben Intimität. „In der Wahrheit" steht für die Authentizität des Beters. Er soll nicht nur ein äußeres Programm abspulen, sondern vor allem *sich selber beten,* und zwar mit seiner rechten Hirnhälfte (Intimität) wie mit seiner linken (Authentizität).

Gebet im „stillen Kämmerlein"

4. Gottesdienstliches Gebet kann das persönliche Gebet nicht ersetzen.

„Wenn du aber betest, so geh in dein Kämmerlein und schließ die Tür zu" (Matthäus 6,6). Das „Kämmerlein", das Jesus mit diesen Worten anspricht, ist die Speisekammer, oft der einzige Raum in den Einzimmerhäusern der weniger Begüterten, in dem man seine Ruhe haben konnte. Wir brauchen Räume und Zeiten, in denen wir mit Gott allein sind und mit ihm reden können wie mit einem Freund; wo wir vor ihm unser Herz ausschütten und auf ihn hören. Jesus selbst machte es so: Er ging regelmäßig ganz allein auf einen Berg oder an eine andere „einsame Stätte", um zu beten. Wenn *er* es schon nötig hatte, wieviel mehr dann wir?
Unser Eingespanntsein in die Abläufe des Alltags ist kein Argument gegen diese Praxis, sondern vielmehr dafür: Dann brauchen wir diese Räume und Zeiten erst recht, um in der Vielfalt der Beschäftigungen das Wesentliche im Blick zu behalten. Wir müssen Gott die Möglichkeit geben, uns zu führen und gegebenenfalls korrigierend in unser Leben einzugreifen, wenn wir uns nicht in Belanglosigkeiten verheddern wollen.

All dies kann und soll das gottesdienstliche Gebet nicht leisten. Dennoch ist es für viele Christen, wenn nicht das einzige, so doch das hauptsächliche Gebet in der Woche. Sie mühen sich mit ihrer stillen Zeit ab und machen daraus einen ziemlichen Krampf. Weder kommt es zu einer echten Begegnung „von Herz zu Herz" mit Gott, noch erfahren sie so etwas wie Führung. Ich nenne Ihnen die vier Hauptgründe, woran das bei den meisten Menschen liegt:

- *Die falsche Zielrichtung.* Wir bitten um Schutz und Hilfe, Erfolg und Gelingen und die vielen Dinge, die wir täglich brauchen. Dagegen ist auch nichts zu sagen: Alles, was uns beschäftigt, interessiert Gott, und er will, daß wir es ihm mitteilen. Aber das Wesentliche ist doch, daß wir im Gebet nach Gottes Hand greifen und nicht nach den Gaben, die er in seiner Hand hält. Es geht um den Geber, nicht um die Gaben. Das Ziel des Betens ist die Verbindung mit Gott, ist Kommunikation. (Sie reden mit Ihrem Ehepartner ja auch nicht nur, wenn er ihnen den Salzstreuer oder einen Scheck herüberreichen soll.)
- *Abhängigkeit von unseren Gefühlen.* Dieses Problem besteht sozusagen auf zwei Stufen: Viele Menschen beten nur dann, wenn ihnen danach ist. Sie meinen, damit besonders ehrlich und authentisch zu sein. Doch das Problem ist: Wann ist uns schon danach, zu beten? Und reden wir mit unserem Ehepartner, unseren Kindern, Freunden und Arbeitskollegen auch nur dann, wenn uns danach ist? Auf einer anderen Ebene stellt sich unsere Abhängigkeit von Gefühlen dar, wenn wir meinen, aus unserem jeweiligen Gefühlszustand ablesen zu können, ob und inwiefern Gott uns nahe ist. Hier müssen wir lernen, dem Wort Gottes mehr zu trauen als unseren Gefühlen und am Gebet festzuhalten, auch wenn wir nichts Erhebendes empfinden.
- *Mangelnde Konzentrationsfähigkeit.* Es ist verrückt: In unserem Beruf, für ein Hobby oder für unsere Kinder können wir unglaublich konzentriert arbeiten, aber wenn wir beten, dann laufen unsere Gedanken wie Ameisen durcheinander. Martin Luther gab Menschen, die damit Probleme haben (ich vermute mal, es ist der weit überwiegende Teil der Christenheit), drei Ratschläge: 1. Laut beten; 2. In müden Stunden feste Gebete benutzen (nehmen Sie einen Psalm oder ein Brevier zur Hand oder besorgen Sie sich moderne Gebetssammlungen wie die von Michel Quoist oder Jörg Zink); 3. Aufschreiben. In dem am Ende dieses Kapitels aufgeführten Buch von Bill Hybels finden Sie eine ausführliche Anleitung, wie man eine Art geistliches Tagebuch führt.
- *Zu wenig Abwechslung im Gebet.* Ich habe auf einer Freizeit einmal meine Kirchenvorsteher gefragt, ob sie sich vorstellen könnten, eine Stunde lang zu beten. Nahezu alle hielten das für unmöglich. Dann fragte ich: „Können Sie sich vorstellen, zwölfmal fünf Minuten zu

beten?" Und ohne eine Antwort abzuwarten, schickte ich sie auf einen einstündigen Spaziergang mit der Aufgabe, streng nach der Uhr jeweils fünf Minuten folgende Dinge zu tun:

12 x 5 Minuten beten:

1. Ich singe Gott (ggf. leise) mein Lieblings-Anbetungslied.
2. Ich atme bewußt. Bei jedem Einatmen denke ich an Gottes Liebe, die ich in mich aufnehme, bei jedem Ausatmen an das, was mich belastet und was ich abgeben will.
3. Ich sage Gott, was mich gestern beschäftigt und bewegt hat.
4. Ich sage Gott, welche Sünden und Schuld ich bei mir entdecke und abgeben will.
5. Ich wiederhole fünf Minuten lang einen aufgeschriebenen biblischen Lobpreisvers.
6. Ich trage Gott meine Bitten und Fürbitten vor.
7. Ich bete gezielt für meine Gemeinde bzw. das Reich Gottes überhaupt: Unsere Pastoren und andere Mitarbeiter, Veranstaltungen, Kreise, die Weltmission, den Zustand der Kirche...
8. Ich danke Gott für sein Eingreifen in meinem Leben und in unserer Gemeinde.
9. Ich lese einen Bibeltext (etwa die Tageslese) und sage Gott, was mir dazu einfällt.
10. Ich halte stille und lausche, was Gott mir sagen will bzw. bin in erfülltem Schweigen einfach „da" vor ihm.
11. Ich bete ein Vaterunser oder ein anderes fest formuliertes Gebet konzentriert und langsam durch.
12. Ich bete Gottes Größe an, nenne seine Eigenschaften, bete ggf. in Zungen, und nehme den Eindruck von Gottes Größe und Herrlichkeit mit in meinen Alltag.

Übrigens: Unsere Kirchenvorsteher kamen nahezu alle zu spät von ihrer Gebetsstunde zurück. Sie hatten über dem Gebet die Zeit aus dem Auge verloren, und sie meldeten mir zurück, daß die Stunde ihnen einfach zu kurz gewesen war...

Die Bedeutung gemeinsamen Gebets

5. Und umgekehrt: Das persönliche Gebet kann das gottesdienstliche Gebet nicht ersetzen.

Individuelles und gemeinsames Gebet sind wie die beiden Brennpunkte einer Ellipse. Jesu Wort vom „Kämmerlein" darf nicht dahingehend mißverstanden werden, als wäre das Gebet unsere Privatsache. *Glaube ist zwar persönlich, aber nie privat.* Was Jesus mit diesem Wort abwehren wollte, steht im Vers vorher: Wir sollen nicht in der Öffentlichkeit beten, damit uns die Leute bewundern. Es war seinerzeit Praxis der Pharisäer, daß sie sich zu bestimmten Zeiten mitten auf die Straße stellten, die Hände erhoben und laut beteten. Ich denke, die Gefahr, daß das einer von uns tut, ist relativ gering, und noch geringer die Möglichkeit, daß uns heute jemand dafür bewundert.

Natürlich gibt es die Gefahr, daß jemand im Gottesdienst betet und heimlich darauf spekuliert, daß andere zu ihm aufschauen. Aber das gibt es auch bei Predigern, weswegen man dennoch auf eine Predigt nicht verzichten sollte. Nein, das gemeinsame Gebet ist eine selbstverständliche biblische Praxis. *So* sollten wir sprechen, wenn wir beten: Vater *unser!* Gleich in seinen ersten Worten weist uns das Hauptgebet der Christenheit die Richtung an: Wir können Gott nicht zum Vater haben, ohne neben eine Vielzahl von Brüdern und Schwestern gestellt zu sein. Wenn das Neue Testament häufig betont, daß wir als Christen „in Christus" sind, dann müssen wir uns das sehr bildhaft vorstellen, daß wir als Glieder in seinen Leib, das heißt in seine Gemeinde, integriert sind.

Kein Christ kann von der Gemeinde isoliert leben, und es ist das Natürlichste von der Welt, daß nicht nur jedes einzelne Glied, sondern daß der Leib Christi als ganzer betet, wenn er zusammenkommt. Überall im Neuen Testament finden wir entsprechend Hinweise auf das gemeinsame Gebet (vgl. u. a. Apostelgeschichte 1,14; 2,42; 4,31; 12,5; 21,5; Römer 15,6 etc.). Warum ist das gemeinsame Gebet neben meinem persönlichen Gebet so wichtig?

- *Das gemeinsame Gebet trägt mich.* So wie der eigene Gesang mitgetragen wird von einer Vielzahl von Mitsängern, so wird das eigene Gebet mitgetragen von einer Vielzahl von Betern. Ich merke: Ich bin nicht allein. Die anderen helfen meiner Schwachheit auf – auch meiner Schwachheit im Beten. Außerdem kann man oft erleben, wie das Gebet einer großen Gemeinschaft einen herausführt aus dem Sog der negativen Dinge, die einen belasten, und neue Horizonte aufreißt.

- *Das gemeinsame Gebet inspiriert mein persönliches Gebet.* Wahrscheinlich würde keiner von uns, auf sich selbst gestellt, mit dem Beten durchhalten, wie denn auch keiner ohne andere Christen überhaupt zum Beten gekommen wäre. (Ich rede hier nicht vom Gebet der Sehnsucht, sondern vom Gebet als Begegnung.) Das Gebet der anderen inspiriert mich, mich auch in meinem Gebetsleben auf neue Wege einzulassen. Es holt mich aus der Fixiertheit auf meinen eigenen kleinen Lebenskreis und gibt meinem Gebet eine Vision.

- *Über dem gemeinsamen Gebet liegt eine besondere Verheißung.* In Matthäus 18,19 heißt es: „Wo zwei unter euch eins werden auf Erden, worum sie bitten wollen, so soll es ihnen widerfahren von meinem Vater im Himmel." Ich kann an dieser Stelle nicht auf das Problem des unerhörten Gebetes eingehen, aber es ist tatsächlich so, daß Gott Gebete seiner Gemeinde offensichtlich häufiger erhört als Gebete einzelner Menschen. Das mag daran liegen, daß es für Gott einen anderen Stellenwert hat, ob der ganze (örtliche) Leib Christi vor ihn tritt oder nur ein einzelnes Glied. Noch naheliegender aber scheint mir die Erklärung, daß dort, wo mehrere Christen zum Gebet zusammenkommen, diese oft schon durch ihre bloße Anwesenheit eine korrigierende Funktion aneinander ausüben, so daß allzu eigensüchtige oder Gottes Zielen nicht entsprechende Gebetswünsche gar nicht erst zur Sprache gebracht werden.

- *Im gemeinsamen Gebet kann man oft die Gegenwart Gottes in besonderer Weise spüren.* Jesus hat gesagt, daß er dort, wo zwei oder drei in seinem Namen versammelt sind, mitten unter ihnen sei (Matthäus 18,20). Dieser Satz ist zunächst als Kritik gegenüber der Auffassung des Judentums zu verstehen, derzufolge man einen Gottesdienst erst ab einer Anzahl von mindestens zehn Leute feiern darf. Aber die Bedeutung des Satzes geht noch weiter. Wenn jeder Christ „in Christus" und „Christus in ihm" ist, wie das Neue Testament häufig betont, so fragt man sich, was denn die besondere Verheißung ist, die über der Zusammenkunft mehrerer Christen liegt. Eine engere und nähere Gemeinschaft gibt es ja wohl kaum. Aber in der Gemeinschaft wird diese Nähe in besonderer Weise spür- und erfahrbar, das ist der Unterschied. In der Eingebundenheit in den Leib Christi erfahre ich etwas von der Fülle Christi.

- *Manche Arten des Gebets machen im Rahmen einer großen Gemeinschaft einfach mehr Spaß.* Ich finde zum Beispiel, daß ein gelungener Lobpreis im Rahmen eines gut besuchten Gottesdienstes oft viel mehr Spaß macht, als wenn man es nur für sich selbst versucht. Vielleicht gehören Sie zu den Menschen, die es bei dem Gedanken schüttelt, daß Beten Spaß machen soll. Als wir einmal in unserer Gemeinde eine Fortbildung zu dem Thema „Wie Beten Spaß machen kann" anboten, da gab es seitens einiger frommer Leute erhebliche Proteste. „Spaß" sei ja wohl schwerlich eine Kategorie, mittels derer man sich einer Materie wie dem Gebet sinnvoll nähern könne. Sie sahen es scheinbar lieber, wenn unser Gebet in erster Linie aus Pflichtbewußtsein heraus geschieht und entsprechend mühsam ist. Ich gestehe, daß ich nicht einsehe, was an einem solchen Ansatz besonders geistlich sein soll. Mir macht es in der Regel Spaß, mich mit meiner Frau oder meinen Freunden zu unterhalten, auch wenn es sicherlich hier und dort auch mal Unangenehmes zu bereden gilt. Und ich finde, für das Gespräch mit Gott sollte das gleiche gelten.

Liturgische und freie Gebete

6. Es geht nicht ohne „Liturgie".

Seit Jahrhunderten gibt es im Christentum einen völlig sinnlosen Streit zwischen jenen, die die Liturgie, das Sakrament und das festgeschriebene Gebet betonen und jenen, die das freie, von Herzen kommende, spontane Gebet bevorzugen. Interessanterweise schauen beide Gruppen in frommer Herablassung auf die jeweils andere. Doch wir brauchen *beides*, und beides ist auch biblisch gut bezeugt: hymnische Gebetstexte und feststehende Gebetsrufe auf der einen Seite und spontanes, freies Beten der Gemeindeglieder auf der anderen.
Bis ins dritte Jahrhundert hinein blieb in der Alten Kirche die Liturgie offen und fließend, erst dann trat eine allmähliche Verfestigung ein, das freie Beten wurde mehr und mehr an den Rand gedrängt und verschwand schließlich so gut wie ganz. Im Moment gilt es, dieser Entwicklung gegenzusteuern. Mir geht es aber keineswegs darum, Liturgie (d. h. eine festgefügte Gebetsordnung) abzuschaffen. Nein, Liturgie hat nicht nur ihre Vorteile, sondern sie ist sogar notwendig, wenn Menschen nicht nur für sich allein, sondern gemeinsam beten wollen. In seinem Buch „Gottes Herz steht allen offen" nennt Richard Foster mehrere Vorteile des liturgischen Gebets:

- Das liturgische Gebet hilft uns, die Sehnsüchte des Herzens zu artikulieren, wo uns eigene Worte und Ausdrucksformen fehlen.
- Das liturgische Gebet hilft uns, eins zu werden mit der „Gemeinschaft der Heiligen"; es bindet die Christen von heute mit den „Vätern und Müttern im Glauben" zusammen.
- Das liturgische Gebet hilft uns, der Versuchung zu widerstehen, im Gebet spektakulär oder unterhaltsam sein zu wollen.
- Das liturgische Gebet hilft uns, der Versuchung der privaten Religion zu widerstehen, derzufolge sich all unsere Gebete um unsere persönlichen kleinen Belange zu drehen haben.
- Das liturgische Gebet hilft uns, plumpe Vertraulichkeit zu verhindern.
- Das liturgische Gebet hilft uns, Beten zu lernen, ohne groß darüber nachzudenken. Weil wir eine feste Form haben, können wir uns leichter auf die Inhalte konzentrieren.
- Das liturgische Gebet hilft uns, wesentliche Inhalte des christlichen Glaubens gegenüber allen modischen Verkürzungen zu konservieren.

Liturgie ist wichtig und wertvoll. Nur: Sie muß die Intimität und die Authentizität des Gebets fördern und darf ihr nicht im Weg stehen. Wo letzteres geschieht, müssen wir dem mit aller Macht entgegentreten. Dort plädiere ich zwar nicht dafür, daß die Liturgie *abgeschafft,* wohl aber dafür, daß sie *verändert* wird.

7. Gottesdienstliches Gebet soll möglichst vielfältig sein.

Neue Formen entdecken

Ich glaube, daß grundsätzlich *jeder* Mensch beten kann. Das Problem ist nur: Es gibt mindestens fünfzig verschiedene Arten, zu beten, und wir müssen *die* Art finden, die zu uns paßt. In der lutherischen „Community Church of Joy" bei Phoenix (Arizona/USA) lernte ich Bjorn Pedersen kennen. Er war dort als Pastor eigens für das Gebet eingestellt, d. h. er hatte die alleinige Aufgabe, für die Gemeinde und mit der Gemeinde zu beten. Er hält viele Seminare und führt zahllose Einzelgespräche, um mit den Menschen zusammen herauszubekommen, welches *die* Art zu beten ist, die ihnen am meisten entspricht. Wer seine eigene Weise zu beten gefunden hat, für den ist Beten keine bloße Pflicht mehr, sondern ein echtes Vergnügen, eben weil es ein lebendiger und in der Form auf die eigene Person zugeschnittener Ausdruck seines Innersten ist.

Es gibt mindestens fünfzig verschiedene Arten, zu beten, doch in unseren Gemeinden lernen wir davon höchstens eine Handvoll. Unsere Gottesdienste sind, was das Gebet anbetrifft, oft Monokulturen. Zweifellos besteht ein großer Unterschied zwischen einem Psalmgebet, einem Kyrie und der kirchlichen Fürbitte. Aber diese Vielfalt wird weithin nicht mehr verstanden und nicht wahrgenommen. Liturgische Gebete sind in der Außenwahrnehmung vieler moderner Menschen *ein* einziges Genre: Man nähert sich Gott in einer Art „Hofzeremoniell" mit Worten und Gesten und einer Musik, die mit der eigenen Alltagswelt so wenig zu tun haben, daß man die Vielfältigkeit innerhalb dieses Zeremoniells überhaupt nicht mehr wahrnimmt.

Ich habe nicht wenige Leute kennengelernt, die allen Ernstes der Meinung waren, daß in den evangelischen Gottesdiensten jeden Sonntag in der Liturgie exakt das Gleiche gesagt wird. Was natürlich Unsinn ist, aber es zeigt, wie wenig unsere liturgischen Gebete noch die Kraft haben, die Herzen oder auch nur die Köpfe jener Menschen zu erreichen, die nicht gerade in der Kirche groß geworden sind. Es ist wie bei einem Schuhladen, der Schuhe nur in fünf verschiedenen Größen führt. Natürlich wird der eine oder die andere dort einen passenden Schuh für sich finden. Aber der größere Teil wird sich entweder mit einem Schuh begnügen müssen, der ihm nur schlecht paßt oder die Suche nach einem passenden Schuh aufgeben bzw. sich einen anderen Laden suchen.

8. Fördern Sie in Ihren Gottesdiensten gezielt Formen des „rechtshemisphärischen" Betens.

„Rechtshemisphärisches" Beten

Sie kennen wahrscheinlich den Unterschied zwischen der linken und der rechten Gehirnhälfte (Hemisphäre): Die linke Hirnhälfte des Menschen ist für logisches Denken zuständig, für Analyse sowie Schrift und Wort. Die rechte Hirnhemisphäre ist zuständig für Kreativität, Sinnlichkeit, assoziatives Denken und Gefühl. Es ist naheliegend, daß die Gottesdienste der evangelischen Kirche als der „Kirche des Wortes" (so ihr eigenes

Selbstverständnis) weitgehend die linke Hirnhälfte ansprechen. Wenn man einen katholischen Gottesdienst besucht, dann gibt es Weihwasser zum Anfassen, Weihrauch zum Riechen, Lichter und bunte Gewänder zu sehen, in jedem Gottesdienst das Brot der Eucharistie zum Schmecken usw. Der evangelische Gottesdienst hingegen zielt fast ausschließlich auf das Ohr der Gottesdienstbesucher. Der Schmuck ist eher karg, der Pastor wird möglichst prosaisch in einem schwarzen Talar versteckt und die Musik, die einem ja ins Blut übergehen könnte, wird so gewählt, daß sie mit dem Lebensgefühl der Gottesdienstbesucher nicht korrespondiert. Ich gebe zu, daß ich die katholische Kirche um ihre alle fünf Sinne des Menschen ansprechende Vielfalt manchmal beneide. Protestantische Kirchen haben an dieser Stelle einen enormen Nachholbedarf.

Am dringendsten erscheint mir, daß wir in unseren Gemeinden eine Spiritualität entwickeln, die Formen des rechtshemisphärischen Betens ausbildet. Kreativ-liturgische Nächte, Bildbetrachtungen und meditative Elemente, Gebete in Körpersprache, Zungenrede und Zungengesang, begeisternder Lobpreis, das Jesusgebet der Ostkirche oder Rosenkranzgebete (man kann auch andere Texte wiederholen als das Ave Maria!), Gedichte, Tänze und Prozessionen mögen nur einige Stichworte sein, um uns hier auf die richtige Spur zu bringen. Natürlich können Sie nicht alle diese Elemente wahllos in Ihren Gottesdienst einstreuen. Es muß zu Ihrer Gemeinde passen. Aber bereits die Einführung nur *eines* dieser Elemente würde eine erhebliche Veränderung Ihres gottesdienstlichen Klimas mit sich bringen. Darum mache ich Ihnen im nun folgenden Teil dieses Kapitels einen konkreten Vorschlag dazu.

Workshop „Gebetsgebärden"

Gebet Schritt 2: Nachvollziehen

Mein folgender Vorschlag läuft darauf hinaus, Ihre Gemeinde für die Vielfalt der möglichen Gebetsgebärden zu öffnen. Denn auch hier finden wir in vielen christlichen Kreisen eine reine Monokultur vor. Ich bin der festen Überzeugung, daß eine Neuentdeckung der Gebetsgebärden unser gesamtes Gebetsleben von Grund auf verändern kann.

„Ein Mensch kann seine innere Haltung tatsächlich dadurch beeinflussen, daß er seine äußere Haltung ändert."

Schon früh haben wir gelernt, der Körpersprache eines Menschen mehr zu vertrauen als seinen Worten. Zum Beispiel, wenn unser Vater „Ach komm!" sagte – und dabei mit seiner Hand eine abweisende Bewegung machte. Oder wenn unsere Mutter behauptete: „Mit mir ist nichts" – und dabei die Mundwinkel nach unten zog. In Hunderten von Situationen wie diesen haben wir verinnerlicht, daß Menschen zwar schnell mit dem Mund lügen können, aber nicht so leicht mit dem Körper. Allein deswegen wäre es einmal interessant, die Worte unserer Gebete mit den Gesten zu vergleichen, die diese Gebete begleiten. Bei anderen Menschen fällt uns ein solcher Kontrast viel eher auf: Da ist der Pfarrer im Gottesdienst, der mit todernster Miene einen Freudenpsalm vorliest. Oder der Evangelist, der mit professionell lächelnder Miene wahre Schauergeschichten vorträgt. Oder haben Sie jemals beobachtet, was die gottesdienstliche Gemeinde, in der man singt: „Nun danket alle Gott mit Herzen, Mund und Händen!", *tatsächlich* mit den Händen tut?
Doch es wäre unfair, nur auf andere zu schauen: Was würde denn passieren, wenn Gott in unserer stillen Zeit mehr auf unsere Hände und unsere Körpersprache als auf unsere Worte achtete? Wenn die Körpersprache und die gesprochene Sprache eines Menschen sich widersprechen, dann ist der Körpersprache im Regelfall mehr zu glauben. Ich vermute einmal, daß damit unserem Gebet ein ziemliches Armutszeugnis ausgestellt ist.

Thermometer und Thermostat

Unser Leib ist wie ein *Thermometer,* das mir (und anderen) mit einem hohen Maß an Genauigkeit anzeigt, wie es um mich bestellt ist, was ich verdränge und was mich belastet. Aber unser Leib ist noch mehr. Er ist nicht nur wie ein Thermometer, das unseren inneren Zustand anzeigt, sondern auch wie ein *Thermostat,* mit dem wir unseren inneren Zustand beeinflussen können. Ein Mensch kann seine innere Haltung tatsächlich dadurch beeinflussen, daß er seine *äußere* Haltung ändert. Ein Mensch, der sich bewußt daran erinnert, öfter zu lächeln, wird in der Tat auf Dauer fröhlicher. Ein Mensch, der sich antrainiert, aufrecht wie ein Baum zu stehen, wird auf Dauer tatsächlich selbständiger und selbstbewußter.
Es geht bei Gebetsgebärden nicht um bloße Äußerlichkeiten: Wenn unser Körper wirklich Thermometer und Thermostat ist, dann sagen unsere Gebetsgebärden nicht nur viel über unsere Seele aus, sondern sie haben einen prägenden Charakter auf unseren seelischen Zustand beim Beten. Unser Leib prägt unseren Glauben viel mehr als unser Verstand. Ganz bestimmte Glaubenserfahrungen werden wir nur machen, wenn sich unser Gebet nicht nur im Kopf abspielt. Erst die äußere Gebärde bewirkt eine innere Haltung, die uns diese neuen Erfahrungen machen läßt.

Noch viel zu lernen

Wie sehr der Leib auch beim Beten auf unsere Seele zurückwirkt, können wir sehr gut an den östlichen Religionen studieren. Mit Yoga und Zen haben sowohl der Hinduismus als auch der Buddhismus über Jahrhunderte hinweg strenge körperliche Übungen entwickelt, die das Ziel haben, den menschlichen Geist besonders empfänglich zu machen für religiöse Erfahrungen in ihrem Sinne. Im Islam – was auf deutsch übersetzt „Hingabe" bedeutet – werfen sich die Gläubigen fünfmal am Tag vor Gott zu Boden. Das prägt das Lebensgefühl des Gläubigen. Im Islam weiß man, daß man sich nicht nur mit dem Kopf hingeben kann!

Wie arm ist dagegen das Repertoire an Gebetsgebärden in vielen christlichen Kreisen! Es wird darauf ankommen, daß wir den Reichtum an Gebetsgebärden wieder in unsere Gemeinden zurückholen. Und, bitte: Verweigern Sie sich dem Killer-Argument, so etwas sei untypisch für uns Mitteleuropäer. Es ist vielleicht *unüblich* für uns, aber warum sind unsere Kirchen hierzulande denn so leer? Antwort: Weil unsere „deutsche" Art zu beten die Deutschen ganz offensichtlich nicht anspricht. Wenn wir es nicht wagen, hier über unseren Schatten zu springen und von anderen (und gerade auch von Gebetsformen der Bibel) dazuzulernen, dann „kontextualisieren wir uns noch zu Tode" (Wolfgang Simson). Ich mache die Erfahrung, daß, wo immer ich Einführungen in diese Thematik gegeben habe, Menschen nicht nur bereichert, sondern geradezu befreit wurden zu einem neuen, unverkrampfteren Gottesverhältnis.

Was bei der Übung zu beachten ist

Eine solche Einführung möchte ich Ihnen im folgenden geben. Diese Übung läßt sich in Gruppen und Hauskreisen, an Gemeindeabenden oder auf Freizeiten durchführen. Wichtig ist, daß der Anleiter die Übung nicht einfach nur herunterliest, sondern die Bewegungen langsam vormacht und der Gruppe für jede einzelne Unterübung genügend Zeit gibt. So gesehen, wird die gesamte Übung rund eine Stunde Zeit brauchen. Bitte machen Sie deutlich, daß jeder Teilnehmer jederzeit „aussteigen" kann, wenn ihm die Sache zu nahe geht, wenn er eine Pause braucht oder sich aus körperlichen Gründen vorübergehend aus dem Geschehen ausblenden möchte.

Ziel der Übung ist es, daß wir unseren Horizont erweitern, indem wir eine ganze Palette von Gebetsgebärden kennenlernen und ausprobieren. Die folgende Auswahl von Gebetsgebärden ist keineswegs vollständig, aber ich habe versucht, die wesentlichen Elemente aufzunehmen. Wenn in Ihrer Gemeinde andere Gesten praktiziert werden, müssen Sie die Übung entsprechend ergänzen. Selbstverständlich können Sie diese Übung auch für sich selbst durchführen.

Ohne Worte

Nicht jede Gebetsgebärde wird jedem liegen. Aber insgesamt gilt: In der Gebärde geht das Gebet unter die Haut. Wichtig ist, daß wir in uns hineinhorchen, was die Gebärde jeweils in uns auslöst und was sie mit uns macht. Darum haben die Übungen auch keinen „Text". Ihnen werden keine Worte des Gebets mit auf den Weg gegeben. Die einzige

Vorgabe ist, daß wir die Gebärden in dem ausdrücklichen Bewußtsein der Gegenwart Gottes ausführen. Die Erfahrung zeigt, daß aus der anfänglich bloß äußeren körperlichen Geste im Lauf der Übung bei fast allen Teilnehmern tatsächlich ein Gebet wird: ein bewußtes Stehen (bzw. Knien, Liegen etc.) vor Gott – teils mit, teils ohne Worte. Die Übung gliedert sich in sechs Schritte:

Bewußtes Atmen **Schritt 1**

Gebet ist das Atemholen der Seele. Daß zwischen dem Gebet und unserem leiblichen Atmen eine Wechselwirkung besteht, ist immer wieder erkannt worden. Sowohl im Hebräischen als auch im Griechischen bedeutet „Atem" dasselbe wie „Geist". Durch bewußtes Atmen komme ich in Kontakt mit meinem Inneren und kann es in Beziehung zu Gott setzen. Ich kann an meinem Atem „ablesen", wie es um mein Inneres bestellt ist. Ich kann aber auch mit bewußtem Atmen mein Inneres beeinflussen.
Normalerweise atmen wir unbewußt. Dabei atmen wir meist auf einem zu hohen Luftsockel, das heißt, während wir ein- und ausatmen, bleibt viel Restluft in unserer Lunge zurück. Die Lungen werden nicht richtig durchgeatmet, in ihnen „steht" die verbrauchte Luft, was nicht gesund ist. Dazu kommt, daß wir auf unserem hohen Luftsockel zu schnell und zu flach atmen. Dies wiederum – denken Sie an das Thermostat – kann psychosomatische Folgen wie Erregung, Nervosität oder Angst nach sich ziehen. Das richtige Atmen hingegen baut Spannungen ab und wirkt beruhigend:

Atmen Sie langsam und tief durch die Nase ein und stellen Sie sich dabei vor, daß Sie Ihren Bauch mit Luft füllen. Die Bauchdecke bleibt dabei aber möglichst entspannt. Machen Sie eventuell eine kurze Pause vor dem Ausatmen.

Das Ausatmen soll immer etwas länger dauern als das Einatmen. Lassen Sie die Luft durch den Mund langsam aus Ihrer Lunge entweichen, und machen Sie eventuell wiederum eine kurze Pause vor dem Einatmen.

Wenn Sie Ihren Rhythmus gefunden haben, dann gehen Sie einen Schritt weiter: Stellen Sie sich vor, daß Sie „Licht" einatmen. Nehmen Sie das Licht Christi, das Sie umgibt, in sich auf. Und atmen Sie eine „dunkle Wolke" aus. Legen Sie alle Dunkelheit, die in Ihnen ist, allen Ärger, allen Streß und alle Sorge, die Ihr Inneres vergiftet, in ihr Ausatmen.

Vielleicht legen Sie einige Worte über ihren Atem. Versuchen Sie es einmal mit dem Jesusgebet der orthodoxen Kirche. Beim Einatmen denken Sie an den Namen „Jesus". Atmen Sie das Licht ein: „Herr Jesus Christus." Beim Ausatmen legen Sie alles Dunkle, das in Ihnen ist, in Ihren Atem und sagen den Rest des Satzes: „Erbarme dich meiner." Verweilen Sie einige Minuten bei dieser Übung, und spüren Sie, wie wohl es Ihnen tut.

Schritt 2 ***Bewußtes Sitzen***

Die Art, wie wir normalerweise sitzen, ist ausgesprochen ungesund und nicht gerade förderlich für unser Gebet.

Bitte setzen Sie sich gerade hin und lehnen Sie sich nicht an. Der Körper soll senkrecht in sich ruhen. Der Schwerpunkt ist möglichst nahe am Boden.

Stellen Sie dabei beide Füße auf den Boden (es ist wichtig, wenn wir uns zum Himmel ausrichten, daß wir mit beiden Beinen auf dem Boden bleiben!), und legen Sie Ihre Hände locker auf die Oberschenkel.

Während Sie so sitzen, üben Sie weiterhin das richtige Atmen ...

Hilfreich für das bewußte Sitzen ist es, wenn Sie beim Sitzen ein Bild vor Augen haben, wie Sie sitzen wollen:

Bleiben Sie so sitzen wie beschrieben, aber stellen Sie sich vor, daß Sie wie Maria zu den Füßen Jesu sitzen und seinen Worten zuhören (Lukas 10,39).

Oder denken Sie – die Haltung bleibt dabei grundsätzlich immer noch die gleiche –, daß Gott Sie dabei anschaut: „Erforsche mich Gott und erkenne mein Herz; prüfe mich und erkenne, wie ich's meine" (Psalm 139,23).

Und jetzt „thronen" Sie einmal! Wir sind Königskinder und nehmen teil an der Herrschaft Christi über das Böse, über den Tod, über die Feinde unserer Seele.

Lauschen, Angeschautwerden, Thronen – spüren Sie in sich hinein, welches Sitzen Ihnen im Moment am meisten entspricht ...

Schritt 3 ***Bewußtes Stehen***

In der Bibel ist das Stehen die „normale" Haltung beim Beten. Wichtig dabei ist, daß wir nicht, wie bei unserem sonstigen Stehen, mit einem Stand- und einem Spielbein operieren, sondern in unserer Mitte stehen:

Stellen Sie sich vor, Sie wären ein Baum. Stellen Sie dazu die Füße etwa hüftbreit auseinander, lassen Sie dabei die Arme seitwärts herabhängen (die Äste interessieren im Moment noch nicht). Stehen Sie aufrecht und spüren Sie das Gewicht in den Fußsohlen.

Achten Sie nun auf Ihren Atem. Er strömt beim Ausatmen durch die Fußsohlen in die Erde, als wollten Sie in den Boden hinein Wurzeln schlagen. Beim Einatmen zieht unser Atem Kraft aus dem Boden. Sie durchzieht unseren Körper bis zum Scheitel. So stehen wir fest auf dem Boden und sind doch offen nach oben.

Achten Sie nun auf die Haltung Ihres Kopfes. Bewegen Sie ihn. Ziehen Sie ihn extrem nach oben. Und dann lassen Sie ihn leicht nach unten fallen. „Hochnäsig" nennen wir die erste Haltung, „den Kopf hängen lassen" sagen wir zur zweiten. Zu beidem haben wir vor Gott keinen Anlaß. Versu-

chen Sie daher, eine angemessene, mittlere Stellung des Kopfes zu finden. So drücken wir vor Gott weder Überheblichkeit aus, noch machen wir uns selbst klein. Wir stehen wach aufrecht und zugleich demütig vor Gott ...

Der Einsatz unserer Hände und Arme **Schritt 4**

Für die nun folgenden Übungen bleiben Sie bitte stehen. Schauen Sie sich Ihre Hände an! Sie sind ein besonderes Meisterwerk unseres Schöpfers. Mit ihnen können wir unsere Seele am besten ausdrücken. Versuchen Sie es einmal: Hände können zärtlich, einfühlsam und verstehend sein. – Hände können aber auch hart und grausam sein. – Hände können sich öffnen – oder verschließen. – Hände können schützen und abweisen.
Mit den Händen können wir Gott manchmal intensiver erfahren als mit dem Kopf. Wir können Gott nicht greifen, aber mit offenen Händen können wir ihn erahnen, berühren, uns ihm öffnen.

(Die Schale:) Öffnen Sie die Hände nach vorne und winkeln Sie die Arme an, so daß Sie mit Händen eine Schale bilden. Nehmen Sie die nach oben hin geöffneten Hände etwas auseinander, als wenn Sie ein Baby in Händen hielten, dann führen Sie sie wieder zusammen. Bleiben Sie eine Weile so stehen und spüren Sie dabei Ihrem Empfinden nach.

Wir halten Gott unsere leeren Hände hin, damit er sie fülle. Das ist die Haltung der Offenheit, der Hingabe. „Herr, hier sind meine Hände. Lege hinein, was du willst. Nimm hinweg, was du willst. Führe mich, wohin du willst. In allem geschehe dein Wille."

(Hände erheben:) Von dieser Haltung der Schale führen Sie die Arme bitte seitwärts nach oben, halten die Oberarme in Schulterhöhe ausgestreckt, die Hände nach oben geöffnet. (Das Stehen dabei überprüfen!) Winkeln Sie die Arme nach oben hin leicht an, heben Sie die Arme etwas höher, gehen Sie dann wieder auf Schulterhöhe zurück – wie ein Abbild der Kreuzigung – und finden Sie durch Ausprobieren bitte „Ihre" Höhe.

In dieser Haltung strecken wir uns aus nach Gott, wir geben unserer Sehnsucht nach ihm Ausdruck. In dieser Haltung spüren wir – anders als in den „üblichen" Gebetsgebärden, in denen wir uns stark in uns selbst verkrümmen – Weite und Freiheit. Wir sind nicht mehr auf uns fixiert, sondern schauen auf Gott. Darum ist das Händeerheben die klassische Gebärde des Lobpreises.

(Hände falten:) Legen Sie bitte zunächst Ihre Fingerspitzen zusammen und spüren Sie den Energiefluß. Nehmen Sie die Hände wieder auseinander und legen Sie die Handflächen ein paar Zentimeter voneinander entfernt. Spüren Sie die Spannung zwischen den Händen. Dann legen Sie sie leicht aneinander.

Experimentieren Sie ein bißchen mit dieser Haltung: Die Finger können nach vorne oder nach oben zeigen. Wir können die gefalteten Hände vor dem

Bauch oder vor der Brust halten. Die gefalteten Hände liegen eng am Körper an, dann halten wir sie weiter weg. Nun können Sie die Hände – wie es viele gewohnt sind – verschränken. Erst locker, dann fest. Vor dem Bauch oder vor der Brust. Eng am Körper anliegend, dann weiter weg vom Körper.

In allen Formen des Händefaltens geht es um Sammlung, um ein Ruhen der ansonsten so geschäftigen Hände, aber auch um ein Ringen und Flehen. Finden Sie „Ihre" Haltung: In welcher Haltung können Sie am intensivsten beten?

(Kreuzen der Hände über der Brust:) Zunächst kreuzen Sie bitte die Hände über Ihrer Brust, als wollten Sie jemanden in die Arme schließen oder ein Kind zärtlich und ehrfürchtig wiegen. Diese sehr intensive Gebärde drückt aus, daß wir etwas Kostbares in unserem Inneren halten.

(Hände vor's Gesicht halten:) Nun heben wir unsere Hände auf und halten sie einige Zentimeter vor das Gesicht. Wir spüren die Wärme und Spannung. Dann berühren wir vorsichtig die Haut. Das ist ein zärtliches Gefühl. Es kann Innigkeit, Geborgenheit, aber auch Reue und Bitte um Vergebung ausdrücken.

Dann nehmen wir die Hände an die Seite des Kopfes, berühren mit den Fingerspitzen die Stirn und spüren dem nach: Eine Gebärde von großer Konzentration. Wie eine Antenne führen wir eine Hand nach oben, während die andere an der Stirn verbleibt. Wir probieren verschiedene Höhen und Winkel aus, bis wir „unsere" Haltung gefunden haben.

(Das Kreuzzeichen:) Aus dem katholischen und orthodoxen Bereich ist das Kreuzzeichen bekannt. In der katholischen Variante nimmt man die Hand von der Stirn zur Brust und von dort aus von der linken zur rechten Schulter. Bei den orthodoxen Christen geht die Bewegung von der Stirn zum Bauch, und von dort aus von der rechten zur linken Schulter.

In beiden Gebärden geht es darum, sich unter das Zeichen und den Sieg des Kreuzes Jesu zu stellen. Jemand hat mir einmal die orthodoxe Variante liebgemacht, indem er darauf verwies, daß damit die wesentlichen Aspekte des Menschseins unter das Kreuz gestellt würden: Verstand (Stirn), Wille (Bauch), vitale Kräfte (rechter Oberarm wird leicht angespannt) und Gefühl (die Bewegung geht in Richtung des Herzens!). Ob das damit wirklich ursprünglich gemeint war oder nicht: Mir ist seitdem das orthodoxe Kreuzzeichen lieb und teuer.

Schritt 5 ***Verbeugen, Knien und Liegen vor Gott***

(Verbeugung:) Wir stehen fest auf dem Boden, dann neigen wir bewußt den Kopf und spüren, was das in uns auslöst. Dann beugen wir langsam Kopf und Schultern und fühlen uns in diese Gebärde hinein. Dabei können wir verschiedene Handhaltungen ausprobieren: Hände fallen lassen, über der

Brust kreuzen, Hände falten. Auch bei dieser Übung fragen wir uns: Wie erlebe ich Gott? Wie erlebe ich mich vor Gott? Wann erscheint mir eine solche Verbeugung angemessen?

(Knien:) Was Knien bewirkt, erfahren wir, wenn wir vorher bewußt vor Gott stehen. Dann gehen wir langsam in die Knie: Wir werden kleiner, vor Gott eine mehr als angemessene Haltung. Dabei probieren wir verschiedene Kniehaltungen aus:

Zunächst knien wir aufrecht, so daß der Körper senkrecht auf den Knien steht. Diese Haltung kombinieren wir mit der Verbeugung: Zunächst beugen wir nur den Kopf (am besten mit gefalteten Händen), dann den Kopf samt Oberkörper so tief, daß wir mit der Stirn den Boden berühren und gehen langsam wieder in die Ausgangsstellung zurück.

Dann gehen wir immer tiefer hinunter, berühren mit dem Kopf den Boden, verbleiben so eine Weile und legen uns schließlich vom Knien aus auf den Boden, die Stirn auf die Hände gestützt. Dann horchen wir in diese Gebärde hinein. Daraufhin richten wir uns langsam wieder auf, bleiben aber noch knien.

Jetzt können wir verschiedene Gebärden mit den Händen ausprobieren: Die erhobenen Hände, die Schale, das Händefalten, die vor der Brust gekreuzte Arme. Wir spüren in uns hinein, was diese Bewegungen in uns auslösen. Wir versuchen, „unsere" Haltung zu finden.

Von Jesus wird uns berichtet, daß er am Ölberg „auf sein Angesicht fiel und betete". In dieser Geste drückt sich die Sehnsucht nach Einswerden mit Gott, aber auch kindliche Demut und Ehrfurcht, auf jeden Fall aber höchste Betroffenheit aus. Vielleicht kann man kniend am besten erspüren, was das Wort „Gnade" wirklich bedeutet.

Schreiten und Tanzen

Schritt 6

Jesus ruft uns in seine *Nach-folge.* Für die ersten Jünger hieß das zunächst buchstäblich: *Hinterher-gehen.* Das bewußte, langsame Schreiten ist eine Gebetsgebärde. Im Schreiten üben wir ein, daß wir immer auf dem Weg sind und auf Gott zugehen. Wir erfahren uns als Pilger, aber auch als Menschen, die gehend sich wandeln, die hineingenommen werden in den Weg Jesu.

Probieren wir es aus: Wir gehen langsam in diesem Raum umher, versuchen dabei, bewußt zu atmen und unseren Rhythmus zu finden. Wir sind auf dem Weg. Wir sind noch nicht angekommen, aber auf den Ruf Jesu hin haben wir uns aufgemacht und an seiner Hand kommen wir unserem Ziel Schritt für Schritt näher. (Während alle schreiten, stellt der Übungsleiter Musik an, am besten ein ruhig-beschwingtes Anbetungslied, z. B. „Wir werden tanzen", NAV 4 o. ä.).

Während die Musik erklingt, gehen Sie bitte weiter. Versuchen Sie, Ihren Schritt allmählich an die Musik anzupassen. Der Tanz kann ein sehr starkes Mittel sein, seine Empfindungen vor Gott auszudrücken. Von König David wird berichtet, daß er vor der Bundeslade tanzte (2. Samuel 6,14ff). Wir wollen es ihm nachtun. Lassen Sie uns tanzen wie die Kinder, so wie es aus uns herauskommt, aber doch unter Berücksichtigung dessen, was wir bislang an Gebetsgebären eingeübt haben. Probieren Sie während des Musikstückes, das Sie gerade hören (das vorgeschlagene Lied dauert etwa 11 Minuten), noch einmal tänzerisch alle Gebetsgebärden aus, die Ihnen in der letzten dreiviertel Stunde wichtig geworden sind. Achten Sie nicht darauf, was die anderen tun. Es gibt auch keine „richtigen" Tanzschritte, lassen Sie sich in die Anbetung leiten, indem Ihr Körper einfach der Musik nachspürt.

Nach der Übung

Reden Sie miteinander über die gemachten Erfahrungen. Sie werden merken, wie tief diese Übung Menschen berühren kann. Ich übertreibe nicht, wenn ich sage, daß es gut sein kann, daß diese einfache Übung das gesamte Gebetsleben einzelner Kreisteilnehmer revolutioniert.

Gebärden zum Vaterunser

In der Folgestunde – theoretisch geht das auch in der Stunde vorher – können Sie folgende kleine Übung anschließen: Teilen Sie die Kreisteilnehmer in Kleingruppen von etwa drei Personen auf. Die Aufgabe der Kleingruppen ist es, das Vaterunser mit Gesten zu unterlegen. Dazu soll jede Gruppe im Text des Vaterunsers pro Zeile maximal drei Schlüsselwörter unterstreichen und sich überlegen, mit welchen Gesten man das ausdrücken kann. Hierzu sollen nur Arme, Hände und der Kopf benutzt werden, so daß man das Vaterunser auch im Stehen oder im Knien beten kann. Anschließend tragen die Kleingruppen ihre Ergebnisse vor und sprechen darüber.
Ob es Ihnen wohl gelingt, sich auf ein gemeinsames Gruppen-Vaterunser zu einigen? Ermuntern Sie Ihre Leute, dieses Vaterunser in Gebärdensprache einige Wochen lang täglich zu üben. Ich selbst habe durch diese Übung einen ganz neuen Zugang zu diesem eigentlich altvertrauten Gebet gefunden.

So intensivieren Sie das Gebetsleben Ihrer Gemeinde

Gebet Schritt 3: Gestalten

Das Gebetsleben Ihres Gottesdienstes wird von der Gemeindebasis her verändert. Es nützt nicht viel, wenn der Pastor im Gottesdienst sagt: „Nun hebt mal alle die Arme" oder: „Jetzt machen wir eine Gebetsgemeinschaft" oder: „Schütten Sie jetzt alle gleichzeitig halblaut vor Gott Ihr Herz aus!" Das Gebet im Gottesdienst kann nur Ausdruck dessen sein, was auch sonst in einer Gemeinde an Frömmigkeit gelebt wird. Wird sie allerdings gelebt, wirkt sich das auf den Gottesdienst aus. Darum finden Sie im dritten Teil dieses Buches etliche Tips, wie Sie ganz konkret an den Gebeten in Ihrem Gottesdienst arbeiten können. An dieser Stelle sage ich Ihnen, was Sie tun müssen, daß Ihre Gemeinde wieder zum Gebet zurückfindet.

„Wenn Sie im Gottesdienst neue Formen des Gebets einführen wollen, bedarf es dazu einer Basis in der Gemeinde."

Gabe des Gebets identifizieren

1. Finden Sie die Menschen in Ihrer Gemeinde, die die Gabe des Gebets haben.

Dieser Vorschlag ist fast banal, aber ich fürchte, daß die wenigsten Gemeinden sich daran halten. Ich habe vor einiger Zeit ein Nachgespräch zu einem Gabenseminar geführt, in dem mir die Person, die mir gegenüber saß, so ganz nebenbei sagte, daß es ihr keinerlei Probleme bereitet, mehrere Stunden lang zu beten (und zwar ohne ein ausgeklügeltes 12 x 5-Minuten-Programm). Da das anhaltende Gebet nicht unbedingt zu meinem Gabenprofil gehört, saß ich mit einiger Ehrfurcht da und hörte mir das an. Und ich weiß mittlerweile von mehreren Leuten, denen das so geht: junge und alte Menschen.

Jeder Christ hat natürlich die Aufgabe und das Vorrecht, zu beten. Aber einige Menschen haben eine besondere Gabe dazu. Ich bin fest davon überzeugt, daß Gott ihnen diese Gabe für den Aufbau der Gemeinde gegeben hat. Darum gilt es, diese Gabe gezielt einzusetzen. Menschen mit der Gabe des Gebets eignen sich hervorragend, um die Dienste, die ich im folgenden beschreibe, zu tragen, zu begleiten und evtl. auch zu verantworten (dazu brauchen sie allerdings auch die Gabe der Leitung).

Doch passen Sie auf: Wie viele Menschen, die eine besondere Gabe haben, neigen auch Christen mit der Gabe des Gebets dazu, vorauszusetzen, daß andere diese Gabe eigentlich auch haben müßten. Dann sagen sie etwa „Es ist doch alles so einfach, wir müssen nur mehr beten" und setzen damit andere Christen unter Druck. Es ist Aufgabe der Gemeindeleitung, die vorhandenen Gaben freizusetzen und zu kanalisieren, ohne daß es zu solchen „Gabenprojektionen" kommt. (Näheres hierzu finden Sie in dem Buch „Der Gabentest" von Christian A. Schwarz.)

Beter in Gruppen zusammenfassen

2. Ziehen Sie diese Menschen mit der Gabe des Gebets in einem oder mehreren Gebetskreis(en) zusammen.

Wer die Gabe des Gebets hat, tut kaum etwas lieber, als diese Gabe auszuüben. Sehr oft werden diese Leute daher selbst vorschlagen, ob man nicht einen Gebetskreis ins Leben rufen sollte. Ein solcher Kreis könnte

sich regelmäßig treffen, um Gebetsanliegen miteinander auszutauschen und auf einer Liste festzuhalten (Datenschutz beachten!) und natürlich, um miteinander zu beten.
Vielleicht fragen Sie sich: „Wozu eine Liste? Ich merke mir meine Anliegen." Aber das hält den Kreis derer, für die ich bete, relativ klein, und ich vergesse schnell etwas. Außerdem kann man alte Listen von Zeit zu Zeit daraufhin durchforsten, was aus dem jeweiligen Anliegen geworden ist und wo Gott sichtbar eingegriffen hat. Ich habe auf meine Gebetslisten gerne ein „D" (für „Dank") neben erledigte Gebetsanliegen geschrieben und sie noch eine Weile behalten. Denn noch schneller als Fürbittanliegen vergißt man in der Regel die vielfältigen Gründe, Gott zu danken.
Auch im Gebetskreis wird neben der Fürbitte der Dank eine wichtige Rolle spielen. Die Mitglieder unserer Gebetskreise treffen sich manchmal auch außerplanmäßig, um für bestimmte Anliegen zu beten: So sind während wichtiger Gespräche, evangelistischer Gottesdienste und in akuten Notsituationen oft ein paar Leute unseres Gebetskreises zusammen, um im Hintergrund zu beten.

Gebetskette bilden

3. Gruppieren Sie um diesen inneren Kern an Betern und Beterinnen eine Gebetskette und bieten Sie eine „Gebets-Hotline" an.

Zu einer Gebetskette kann jeder gehören, der zwar nicht regelmäßig an dem erwähnten Gebetskreis teilnehmen, aber durchaus für die Gemeinde und die anderen anstehenden Anliegen des Gebetskreises beten möchte. Die Minimalverpflichtung eines Mitgliedes dieser Gebetskette könnte beispielsweise sein, pro Woche entweder eine halbe Stunde lang für diese Anliegen zu beten oder einmal die eben erwähnte Liste mit Fürbitt- und Dankanliegen im Gebet durchzugehen.
Die Mitglieder einer Gebetskette bekommen regelmäßig die Liste mit Gebetsanliegen bzw. stehen bei akuten Anlässen über eine Telefonkette miteinander in Verbindung. Der Leiter der Gebetskette nimmt von Zeit zu Zeit Kontakt mit jedem einzelnen Mitglied auf, um in Tuchfühlung mit ihm zu bleiben und eventuell mit ihm zu beten. Darüber hinaus kann der Leiter der Gebetskette seine Telefonnummer im Gemeindebrief oder in der Lokalzeitung als Gebets-Hotline veröffentlichen. (Manche Gemeinden bieten sogar mehrere solcher Nummern an.)
Das Angebot richtet sich an jeden, der es in Anspruch nehmen möchte, ob Christ oder Nichtchrist, ob Gemeindeglied oder von weither. Wir bieten den Menschen im Umfeld unserer Gemeinde drei Dinge an:

- *Erstens* sind die Mitglieder der Gebetskette bereit, für einen bestimmten Zeitraum nicht nur für gemeindliche Veranstaltungen, sondern auch für die persönlichen Anliegen der Menschen zu beten, die an uns herantreten. Dieser Dienst ist dabei so organisiert, daß möglichst jeden Tag für diese Menschen gebetet wird.

- *Zweitens* sind wir auf Wunsch und nach Prüfung der Umstände auch bereit, im Gottesdienst öffentlich (mit Namensnennung oder anonym) für diese Leute zu beten.
- Und *drittens* bieten einzelne Mitglieder der Gebetskette (in der Regel Christen mit der Gabe des Gebetes) an, sich mit Leuten, die ein Bedürfnis danach haben, zu treffen und mit ihnen zusammen zu beten.

Die meisten Leute wählen aus diesem Angebot nur die erste Option. Das ist auch okay so. Eine Gebets-Hotline ist etwas Wunderbares. Ich selbst nehme unsere gerne in Anspruch. Ein Tip: Gerade auch ältere und bettlägerige Gemeindeglieder, die vielleicht nicht mehr in der Lage sind, etwas anderes für die Gemeinde zu tun, stellen sich gerne für diese Aufgabe zur Verfügung, die für die Gemeindeentwicklung möglicherweise wichtiger ist als alle anderen Dienste zusammen.

Gebetstraining in Kleingruppen

4. Üben Sie in Kleingruppen verschiedene Formen des Gebetes ein.

Wenn Sie im Gottesdienst neue, dynamische Formen des Gebets einführen wollen, bedarf es dazu einer Basis in der Gemeinde. Der beste Ort, um neue Gebetsformen einzuüben, sind Gruppen wie ein Hauskreis oder eine Mitarbeitergruppe. Innerhalb dieses geschützten Raumes können Sie nicht nur die bereits erwähnten Gebetsgebärden einüben, sondern beispielsweise auch folgende Formen:

- *Gebetsgemeinschaft:* Bei dieser hierzulande wohl verbreitetsten Form gemeinsamen Gebets kann jeder, der das möchte, nacheinander ein kurzes Gebet sprechen, das die anderen im Geist oder halblaut murmelnd unterstützen.
- *Gott sein Herz ausschütten:* Alle in der Gruppe beginnen, gleichzeitig zu beten, indem sie halblaut vor sich hinmurmelnd vor Gott legen, was sie gerade bewegt. Ein solches Gebet eignet sich beispielsweise am Anfang einer Gebetszeit, um „anzukommen".
- *„Bienenkorb":* Zwei, drei oder vier Christen drehen sich zueinander, tauschen sich ggf. darüber aus, wofür sie beten wollen, und beginnen dann leise, aber für die kleine Gruppe vernehmlich, zu beten.
- *Hörendes Gebet:* Beten ist nicht nur Reden, sondern auch Hören. Nehmen Sie sich Zeit, wieder jeweils in Zweier-, Dreier- oder Vierergruppen den Willen Gottes in einer spezifischen Not zu erfragen und Weisung und Zuspruch zu erfahren.

Zweier- und Dreierschaften anregen

5. Regen Sie in Ihrer Gemeinde Zweier- und Dreierschaften an, in denen miteinander gebetet wird.

Das Konzept der Zweier- oder Dreierschaft basiert auf dem Wort Jesu: „Wo zwei oder drei in meinem Namen versammelt sind, da bin ich mitten unter ihnen." Entsprechend sandte Jesus seine Jünger jeweils zu zweit aus (vgl. Matthäus 18,20; Markus 6,7).

Die Sache ist ganz einfach: Zwei oder drei Christen verabreden sich, entweder wöchentlich oder vierzehntägig einander zu treffen und sich darüber auszutauschen, was sie in der Zwischenzeit mit Gott erlebt haben, wie es ihnen mit ihrer stillen Zeit ergeht und was sie im Moment geistlich beschäftigt. Im Idealfall trifft man sich hierfür zum Frühstück oder zu einem kleinen Abendessen, tauscht sich rege über die genannten Fragen aus und nimmt sich dann Zeit, miteinander zu beten. Und auch in der Zeit zwischen diesen Treffen beten die Zweier- bzw. Dreierschaftspartner füreinander.

Ich kenne eigentlich kaum einen Christen, der in einer solcher Zweier- oder Dreierschaft nicht geistlich gewachsen wäre (und so manch einer hat hier seine Scheu verloren, laut zu beten). Eine Zweier- oder Dreierschaft kann auch eine „Gebetspartnerschaft" für ein bestimmtes Anliegen oder eine bestimmte Person übernehmen, die eine längerfristige betende Begleitung brauchen.

Gebets-Basisgruppen

Den „Turbo" können Sie bei diesem Prinzip einschalten, indem Sie in der Gemeinde sogenannte *Gebets-Basisgruppen* einrichten. Damit kann im Grunde ein Einzelner beginnen: Er betet für einen Zweiten, mit dem er eine Gebets-Basisgruppe gründen möchte. Hat er jemanden gefunden, treffen sich die beiden nun wöchentlich zum gemeinsamen Hören, Austausch und Gebet. Sie setzen vorher einen Zeitrahmen zwischen 15 und 60 Minuten fest. Die Zeit wird gedrittelt (streng darauf achten, damit genügend Zeit zum Gebet bleibt!): (A) Austausch über Losung / Tagestext / ein Andachtsbuch etc.; (B) Austausch über persönliche Belange, (C) gemeinsames Gebet über persönliche und gemeindliche Anliegen.

Gleichzeitig beten die beiden für einen Dritten der zu der Gebets-Basisgruppe hinzustoßen soll, danach für einen Vierten. Besteht die Gruppe aus Vieren, teilt sie sich in zwei Gruppen. Der Prozeß kann von vorne beginnen. Natürlich ist es auch möglich, daß ein Hauskreis oder ein Mitarbeiterkreis oder eine ganze Gemeinde gemeinsam beschließen, sich in Gebets-Basisgruppen aufzuteilen. Dann entstehen gleich mehrere Gruppen auf einmal. Sind mehrere Gebets-Basisgruppen entstanden, ist es wichtig, daß das Teilungsprinzip grundsätzlich beibehalten wird.

Der Unterschied zwischen solchen Gebets-Basisgruppen und Zweier- oder Dreierschaften ist, daß erstere sich als Zellgruppen der Gemeinde (und nicht als Privatgruppe, Freundeskreis oder „Kuschelclub") verstehen. Sie wollen das Leben im Innenbereich fördern. Darum auch die immer wieder erfolgende Zellteilung. Bei fortwährender Teilung in immer weitere Kreise ist es sinnvoll, einen Bereichsleiter für die Gebets-Basisgruppen festzulegen. (Näheres dazu können Sie in dem Buch „Wo zwei oder drei... Gemeinde bauen durch Gebets-Basisgruppen" von Wilhelm Faix nachlesen, R. Brockhaus-Verlag, ISBN 3-417-20546-8.)

Seminare anbieten

6. Bieten Sie regelmäßig Seminare und Wochenenden an, in denen Angebote zum Gebet im Vordergrund stehen.

Das Bedürfnis der Menschen nach Gebet ist groß. Aber über den vielen Dingen, die uns im Alltag beschäftigen, drängen wir dieses Bedürfnis oftmals in den Hintergrund. Wichtig ist darum, daß eine Gemeinde Gelegenheiten schafft, die es Menschen ermöglichen, auf eine ihnen gemäße Weise zu beten. Sie erinnern sich: Es gibt fünfzig Arten zu beten. Nicht jedem liegt eine Fastenfreizeit, aber er erfährt vielleicht eine Menge Gewinn aus einer Fahrt nach Taizé. Nicht jedem liegt der Lobpreis mit modernen Liedern, aber er kann sich stundenlang in die Betrachtung des Isenheimer Altars vertiefen.
Wenn Sie in Ihrer Gemeinde keine Möglichkeiten oder keine entsprechenden Mitarbeiter haben, solche Angebote zu schaffen, ist das kein Problem: Es gibt so viele evangelische und katholische Häuser und Kommunitäten, die hier gute Angebote machen, warum fahren Sie nicht einfach mit einer Gemeindegruppe dorthin? Oder laden Sie jemanden von außen ein, in Ihrer Gemeinde ein entsprechendes Seminar durchzuführen.

„Subkulturen" Raum geben

7. Fördern Sie Subkulturen „rechtshemisphärischen Betens".

Wenn Sie Angebote wie die eben beschriebenen in Anspruch nehmen, wird es nicht ausbleiben, daß einige Leute aus Ihrer Gemeinde sich in bestimmte Arten der Spiritualität „verlieben" und diese Formen natürlich auch praktizieren wollen. Schock für den Pastor: Da sind plötzlich drei oder vier Leute, die wollen in Zungen reden! Andere laufen plötzlich mit dem Rosenkranz herum. Wieder andere fahren auf einmal total auf Tanzmeditationen ab. Wie soll man damit umgehen? Fest steht: Das Gebetsleben unserer Gemeinden wird keine Erneuerung erfahren, wenn wir solche „Subkulturen" nicht zulassen. Es kann sein, daß sie hier und dort über das Ziel hinausschießen, aber ein grundlegender Fehler vieler Gemeindeleitungen ist es, daß sie aus Angst vor einem Flächenbrand jedes kleine Lagerfeuer austreten, das in der Lage wäre, unseren Gemeinden Wärme zu geben.
Mein Vorschlag ist: Lassen Sie sich mehr von der Bibel als von der Tradition Ihrer Kirche inspirieren. Es wird Sie vielleicht überraschen, daß das Händefalten in der Bibel nicht erwähnt wird. Ich bin nicht gegen das Händefalten, aber als einzige oder auch nur als vorrangige Gebetsgeste halte ich es einfach für eine Verkürzung. Es mag nur eine Stilfrage sein, aber hinter jedem Stil steckt immer auch eine bestimmte Dynamik. Wolfgang Simson schreibt: „Wenn der Pfarrer in der Kirche, in der ich aufgewachsen bin, sagte: ‚Wir beten', dann senkte die Gemeinde brav den Blick, faltete die Hände, und wartete, bis ‚er' betete. Hätte er gesagt ‚Wir trauern', es wäre äußerlich kein Unterschied zu erkennen. Wer hat eigentlich gesagt, daß man zum Beten die Augen zumachen muß, die Hände

falten und den Kopf nach unten senken? Wer sagt, daß die geordnete Ruhe, die höchstens durch ein unterdrücktes Hüsteln unterbrochen wird, die allgemein verbindlich normative Form des Gebets sein darf?"
Lassen Sie die verschiedenen Formen von Spiritualität zunächst in kleinen Gruppen wachsen, bevor sie über diesen Kreis hinaus zu wirken beginnen und schließlich auch Einfluß auf das gottesdienstliche Geschehen nehmen.

Gebetsveranstaltungen durchführen

8. Bieten Sie in Ihrer Gemeinde regelmäßig öffentliche Gebetsveranstaltungen an.

Es darf nicht nur Gebetskreise geben, die in sich relativ geschlossen sind, sondern es muß auch für das normale Gemeindeglied immer wieder Möglichkeiten geben, sozusagen unverbindlich an einer Gebetsveranstaltung teilzunehmen. Beispiele hierfür sind regelmäßig stattfindende Lobpreisgottesdienste, liturgische Morgen- oder Mittagsgebete, Passions- oder Adventsandachten mit Gebetscharakter, Liturgische Nächte, Kreuzwege, „Feste zur Ehre Gottes", Meditationsabende, Feierabendmahle etc. Lassen Sie die Phantasie ruhig etwas spielen, und lassen Sie sich von der Bibel zu neuen Gebetsformen inspirieren!
Es liegt in der Natur solcher Angebote, daß sie in der Regel deutlich schwächer besucht werden als unsere Gottesdienste. Wie gesagt: Nicht jedem liegt jede Art zu beten, und hier sollte auch kein Druck ausgeübt werden. Wenn das Gebet bei solchen Veranstaltungen wirklich zu einem Erlebnis wird, welches das Gebetsleben der Besucher inspiriert bzw. sie motiviert, weiter oder sogar ganz neu zu beten, dann brauchen wir uns keine Sorgen darum zu machen, ob auch genügend Leute kommen.

Unarten korrigieren

9. Korrigieren Sie behutsam einige besonders hartnäckige Unarten bei Betern.

Vor diesem Schritt haben viele von uns eine große Scheu. Gebet ist etwas so Heiliges und Persönliches, daß wir es lieber vermeiden, andere kritisch darauf anzusprechen. Doch *öffentliches* Gebet ist keine Privatsache. Öffentliches Beten wie etwa im Gottesdienst oder auch in einer Gebetsgemeinschaft ist nicht nur eine Sache zwischen Gott und dem entsprechenden Beter, sondern es geschieht innerhalb eines Dreiecks: Ich muß als Beter auch auf die Menschen achten, mit denen ich zusammen bete. Um dieser Menschen willen muß die Gemeindeleitung im Zweifelsfall korrigierend eingreifen, wo grundlegende Fehler vorliegen. Eine entsprechende Korrektur kommt im Endeffekt auch dem jeweiligen Beter zugute. Hier einige konkrete Beispiele aus der Praxis:

- *Weisen Sie Vielredner darauf hin, wenn sie zu oft oder zu lange beten.* Das kann unglaublich demotivierend auf andere wirken, es einmal selbst mit dem Beten zu probieren. Zudem nimmt es ihnen die

Möglichkeit, von Herzen mitzubeten, weil sie sich nicht solange konzentrieren können, ganz zu schweigen davon, daß in ihnen vielleicht mit der Zeit sogar Aggressionen hochsteigen.

- *Weisen Sie Beter darauf hin, wenn sie beim Beten eine andere Stimme haben oder eine andere Sprache benutzen als sonst.* Gott möchte nicht, daß wir uns verstellen oder künstlich klein machen, wenn wir beten. Nicht nur die Mithörer, auch Er mag den besonders salbungsvollen Ton ebensowenig wie die „Sprache Kanaans", die wir auf unserer Arbeitsstelle oder unter Freunden auch nicht benutzen. Die besten öffentlichen Gebete erfolgen im Konversationston und einer zeitgemäßen Alltagssprache. Ein Tongeschlechtswechsel auf Moll ist beim Beten völlig unnötig!
- *Weisen Sie Beter darauf hin, wenn in ihren Gebeten gehäuft Phrasen und Füllwörter vorkommen.* Ganz oben auf der Hitliste befinden sich meiner Beobachtung nach die Worte „Herr" (in ständiger Wiederholung) und „einfach" („Herr, wir bitten dich jetzt einfach, daß du...") gefolgt von „dürfen" (signalisiert christliche Demut) und „Halleluja" (wiederum in ständiger Wiederholung). Das nervt! Meine Meinung: Leute, die nicht öffentlich frei beten können, ohne ständig in derartige Worthülsen zu verfallen, sollen sich ihre Gebete aufschreiben.
- *Weisen Sie Beter darauf hin, wenn sie mit der Art ihres Betens andere Menschen stören.* In meiner früheren Gemeinde hatten wir einen Mann, der in jedem Gottesdienst dadurch auffiel, daß er laut dröhnend „Amen" oder „Halleluja" an Stellen sagte, an denen es sonst keiner tat. Da ihn alle deswegen für besonders fromm hielten, wies ihn niemand darauf hin, aber ich bin mir sicher, daß es nicht nur mich störte. Oder einmal erlebte ich, wie sich jemand während eines Gottesdienstes vorne auf den Boden warf, was sichtlich nicht Stil des Hauses war und die Leute sichtlich irritierte. Bei aller Freude an neuen Formen und am Ausprobieren: Wir müssen ein Gespür dafür entwickeln, wo *unsere* Ausdrucksweise, zu beten, *andere* Menschen in ihrer Anbetung hindert. Und wem dieses Gefühl fehlt, der muß zartfühlend darauf hingewiesen werden. (Freilich müssen wir auch unsere Gemeinden darauf hinweisen, daß sie sich nicht gleich durch alles gestört fühlen dürfen, was sich etwas außerhalb des gewohnten Rahmens bewegt.)

Gebetsraum einrichten

10. Richten Sie in Ihrer Gemeinde einen Gebetsraum oder eine Kapelle ein.

Wenn Ihre Gottesdienste besucherfreundlich ausgerichtet sind und Sie ein deutliches und ansteckendes Evangelium predigen, wird es nicht ausbleiben, daß sich Menschenleben verändern. Menschen werden von dem, was in Ihren Gottesdiensten geschieht, angerührt werden. Und sie werden das Bedürfnis haben, mit Gott in Verbindung zu treten.

Als ich zum erstenmal in einem meiner Gottesdienste das Angebot machte, mit Menschen im Anschluß an den Gottesdienst zu beten, war ich überrascht von der Nachfrage. Gott sei Dank hatten wir einige Hauskreisleiter und Kirchenvorsteher, die sich dieser Menschen annahmen. Quer über die Kirche verteilt konnte man jeweils zwei oder drei Leute sehen, die miteinander die Köpfe senkten und beteten und sich oft anschließend umarmten. Das Bedürfnis nach Seelsorge und Gebet wird mit zunehmender Qualität Ihrer Gottesdienste wachsen. In unserer Gemeinde haben wir eigens einen „Raum des Gebets" dafür angebaut. In diesem Raum kann ein kleiner Kreis, wie bereits oben angeregt, auch während der Gottesdienste und anderer Veranstaltungen beten. Und unter der Woche kann der Raum als Gebetskapelle dienen.

Die „Community Church of Joy" bei Phoenix (Arizona/USA) hat ihren Gebetsraum so eingerichtet, daß er geradezu Erlebnischarakter hat. Man kann von Wand zu Wand gehen und sich dort für das eigene Gebet inspirieren lassen. An der ersten Wand hängen die Bilder der Pastorenfamilien und wichtiger Schlüsselmitarbeiter der Gemeinde. Die zweite Wand hat einen Gemeindeterminkalender und eine „110"-Tafel mit Notfällen und anderen dringenden Gebetsanliegen. An der dritten Wand befindet sich ein kleines Regal mit einem Ordner mit Gebetsanliegen, die der Gemeinde aus aller Welt zugefaxt werden (mit Lesezeichen jeweils an der Stelle, wo der vorhergehende Beter aufgehört hat, zu beten), sowie verschiedenen Gebetsbüchern und Bibeln. Und an der vierten Wand hängen einfach vier Landkarten: Von der Stadt, von der näheren Umgebung, von den USA und von der gesamten Welt. Zu jeder Karte sind einige grundlegenden Informationen über die Situation des Christentums innerhalb dieses Bereiches hinzugefügt.

Auch wenn Sie ihn ganz anders einrichten: Ein liebevoll gestalteter Raum der Stille bringt eine eigene Atmosphäre hervor, in die Menschen eintauchen können und die sie inspiriert.

Weiterführende Literatur:

- Reinhard Deichgräber, Wachsende Ringe. Die Bibel lehrt beten, Vandenhoeck und Ruprecht, ISBN 3-525-62301-1
- Richard Foster, Gottes Herz steht allen offen, Oncken Verlag, ISBN 3-7893-1033-6
- Anselm Grün / Michael Reepen, Gebetsgebärden, Vier-Türme-Verlag Münsterschwarzach, ISBN 3-87868-373-1
- Bill Hybels, Aufbruch zur Stille. Von der Lebenskunst, Zeit für das Gebet zu haben. Projektion J Verlag, ISBN 3-925352-68-6

Schlüsselelement 4: Der Lobpreis

Lobpreis Schritt 1: Verstehen

Noch vor wenigen Jahren hatte ich große Probleme mit dem, was in der charismatischen Bewegung als „Lobpreis" bezeichnet wird. Natürlich war mir klar, daß Gott Lob und Ehre gebührt. Das habe ich nie in Zweifel gezogen. Nein, was mir suspekt war, war der ideologische Überbau, den einige über dem Lobpreis des Menschen zu errichten schienen, etwa nach dem Motto: „Du betest schwach, weil du noch bittest. Stärker wäre dein Gebet, wenn du stattdessen danken würdest. Auf die höchste Stufe aber schwingst du dich mit deinem Gebet erst auf, wenn du Gott lobst, preist und anbetest."

„Das Überleben unserer Gemeinden wird in hohem Maße davon abhängen, daß wir eine Lobpreiskultur entwickeln."

Mit einer solchen Haltung habe ich bis heute Schwierigkeiten. Zum einen halte ich eine solche Auffassung für eine eklatante Engführung des biblischen Lobpreisbegriffs. Das Buch der Psalmen heißt auf hebräisch „Tehallim", was auf deutsch „Preisungen" heißt. Faktisch aber beinhaltet dieses Buch der „Preisungen" mehr Klage- als Lobpsalmen, was bedeutet: Klage und Bitte sind gegenüber dem Lobpreis nicht minderwertig, sondern in den biblischen Lobpreisbegriff integriert. „Hosianna" beispielsweise, einer *der* Lobpreisbegriffe schlechthin, heißt wörtlich übersetzt: „Herr, hilf uns doch!" Auch unsere Hilfe- und Bittrufe können Gott loben, denn sie sagen, wer der Herr ist! Entsprechend ist die ständige „Kyrie"-Litanei in einem orthodoxen Gottesdienst nicht nur als Bittruf, sondern durchaus als Lobpreis gemeint. Die Bitte „Herr, erbarme dich" ist gleichzeitig eine Aussage über die Größe dieses Gottes, der die Macht hat, sich zu erbarmen.

Gefahren einer „Lobpreisideologie"

Dazu kommt: Gott ist meiner Meinung nach nicht nur über unsere Bitten, sondern auch über unseren Lobpreis erhaben (vgl. Nehemia 9,5). Es ist nicht einzusehen, warum wir den unendlichen Abstand, der zwischen uns kleinen und sündigen Menschen und dem großen, heiligen Gott existiert, durch unseren Lobpreis eher überwinden sollen als durch unsere Bitten. Wenn Gott sich uns nicht gnädig zuwendet, hat beides, Lob- wie Bittgebet, keine Verheißung. Hier wie dort wird der Abstand durch *Gnade* und nicht eine spezielle Form unseres Gebets überbrückt.

Das dritte, was mich störte (und immer noch stört), war die Tatsache, daß man in den Kreisen, in denen eine solche „Lobpreisideologie" vertreten wurde, Gruppenerlebnisse beim Beten und Singen manchmal recht schnell mit „Geisteswirken" gleichsetzte. Ich habe in meinem Leben zu viele Rockkonzerte und Fußballspiele besucht, in denen eine ähnlich „gottselige" Stimmung beim gemeinsamen Gesang aufkam, so daß ich hier sehr vorsichtig geworden bin.

Doch – und das wurde mir später bewußt – man darf das Kind nicht mit dem Bade ausschütten. Natürlich gibt es diese Gefahren, doch die Möglichkeit des Mißbrauchs einer guten Sache ist noch kein Argument gegen ihren rechten Gebrauch. Es gibt eine Vielzahl guter Gründe, die *für* die Pflege und Praxis einer Lobpreiskultur in unseren Kreisen und Gemeinden und in unserem persönlichen Gebetsleben sprechen.

Was ist Lobpreis?

Doch ich gehe noch einmal einen Schritt zurück: Was ist Lobpreis überhaupt? Wo liegt der Unterschied etwa zu Dank oder Anbetung? Das Wort „Lobpreis" kommt so eigentlich in der Bibel nicht vor. Es gibt sowohl „loben" als auch „preisen" (= eine etwas stärkere Form des Lobens). Eine Vorstufe dazu wäre der Dank, eine Steigerung die Anbetung. Dank, Lob(preis) und Anbetung sind darin miteinander verwandt, daß sie sich immer auf Gottes Handeln und Wesenseigenschaften beziehen. Der Unterschied liegt in der Abstufung:

- Im *Dank* freue ich mich über Gottes Gaben.
  Beispiel: „Danke für diesen herrlichen Tag."
- Im *Lob(preis)* nehme ich die Gaben zum Anlaß, Gottes Wesenseigenschaften zu preisen.
  Beispiel: „Gott, du mußt groß sein, mir einen so herrlichen Tag zu schenken."
- In der *Anbetung* schließlich freue ich mich über Gott um seiner selbst willen.
  Beispiel: „Gott, du bist herrlich und groß."

Zwei Komponenten des Lobpreises

Der Lobpreis steht also auf der Schwelle zwischen Dank und Anbetung. Lobpreis wird durch zwei Komponenten bestimmt, eine vertikale und eine horizontale. In der *Vertikalen* ist der Lobpreis ganz auf *Gott* bezogen, denn es geht um sein Handeln und seine Wesensart. In der *Horizontalen* aber gilt, daß der Lobpreis sich irgendwie im Sicht- oder Hörbaren manifestiert. Worte, Klatschen, Jubelrufe und Gesänge sowie Körpergesten wie Knien, Händeerheben oder auch Tanz machen Lobpreis zu etwas, was unsere Sinne in Anspruch nimmt und darum auch von außen sinnlich wahrnehmbar ist.

Gerade letzteres macht den Lobpreis zu einer oft skeptisch beäugten Angelegenheit. Wer selbst den Geist des Lobpreises nicht hat, wird nicht nachvollziehen können, was hier eigentlich geschieht. Ihm wird es ergehen wie Michal in 2. Samuel 6, die nur beißende Spottworte dafür fand, als ihr Mann David vor der Bundeslade tanzte. Ähnlich konnten auch die Bewohner Jerusalems an Pfingsten nicht einordnen, was die Jünger taten, als sie in fremden Sprachen und mit großer Begeisterung von den großen Taten Gottes redeten. Sie hielten sie schlicht für betrunken.

Eine solche Art der Fremdeinschätzung erscheint uns nicht gerade erstrebenswert. Doch das Überleben unserer Gemeinden wird in hohem Maße davon abhängen, daß wir in ihnen eine Lobpreiskultur entwickeln. Ich nenne Ihnen zehn Gründe:

Warum wir Gott loben sollen

Lobpreis Schritt 1: Verstehen

„Gott ist im Lobpreis zuhause, und zuhause zeigt er sich am besten als Gott."

1. Lobpreis ist ein zentrales biblisches Thema.

Wenn Sie sich die Mühe machen wollen, in der Bibel einmal alle Stellen rot anzustreichen, die direkt oder indirekt etwas mit Lobpreis zu tun haben, werden Sie staunen, wie wichtig der Lobpreis für die Frömmigkeitspraxis der Menschen zur Zeit der Bibel war. Lobpreis ist in der Bibel nicht ein Thema unter vielen, sondern ein sehr zentrales. Der Mensch wurde dazu geschaffen, Gott in der ganzen Bandbreite seiner Existenz zu loben, und es ist das Ziel der Welt, daß Gottes Name verherrlicht wird!

2. Durch Lobpreis werden wir daran erinnert, wer Gott ist und was er tut.

Gottes Wesen erkennen

Wenn wir uns seine Eigenschaften, Wunder und Taten vor Augen führen, verstehen wir immer besser, wer Gott ist. In Psalm 103,2 heißt es: „Lobe den Herrn, meine Seele, und vergiß nicht, was er dir Gutes getan hat." Beides ist identisch: „Loben" und „nicht vergessen". Allein der Lobende vergißt nicht. Man kann *von* Gott sprechen und ihn doch längst vergessen haben. Man kann *über* Gott nachdenken und ihn – als lebendige Realität – längst vergessen haben.
Das Vergessen Gottes fängt immer damit an, daß das Lob verstummt. Mir hat es für meine Gebetspraxis geholfen, in der Konkordanz die Eigenschaften und Namen Gottes herauszusuchen. Dadurch, daß ich sie zum Inhalt meines Gebets machte, habe ich viele Seiten seines Wesens ganz neu entdeckt. (Näheres dazu finden Sie auf Seite 128ff.)

3. Gott ist unseres Lobpreises würdig.

Gott den richtigen Platz einräumen

Es gibt so viele Dinge, für die wir uns begeistern, von denen wir schwärmend weitererzählen und die wir loben. Warum sollten wir gerade bei Dem, der mehr als alles andere unseres Lobes würdig ist, schweigen? Jenes einzigartige Wesen, das Himmel und Erde geschaffen hat, das allmächtig, allwissend und allgegenwärtig ist und uns überdies liebt, über uns wacht, uns gute Gaben gibt und uns begleitet, ja mit uns Gemeinschaft haben will – das *ist* unbegreiflich und unserer Anbetung würdig! Indem wir Gott anbeten, geben wir ihm den Platz in unserem Leben, der ihm zusteht.

4. Lobpreis bestimmt den Stil unserer gesamten Gebetszeit.

Für Gottes Gegenwart öffnen

Das Vaterunser, also das „Muster-Gebet" Jesu beginnt und endet mit einem Lobpreis. Erst im Lobpreis wird uns bewußt, wer das ist, an den wir uns in unserem Gebet wenden. Oft wird uns der Blick dafür durch unsere Probleme und Tagesfragen verstellt. Der Lobpreis hilft uns, daß wir uns in unserem Gebet wirklich auf Gott einstellen (statt nur um unsere eigenen Probleme zu kreisen) und uns für seine Gegenwart öffnen können.

Prioritäten erkennen

5. Lobpreis reinigt den, der betet.

Wenn Sie einige Minuten damit verbracht haben, Gott für sein Wesen und seine Taten zu preisen, dann wird Ihr Geist weich und Ihre Prioritäten verschieben sich. Die Hauptsache wird zur Hauptsache. Dinge, die Ihnen vorher dringend und wichtig erschienen, werden relativiert, so daß Sie adäquat mit ihnen umgehen können. Anbetung reinigt unseren Geist und bereitet uns darauf vor, Gott zu hören.

Freude erleben

6. Lobpreis macht Freude.

Loben tut gut, und zwar nicht nur dem Gelobten, sondern auch und gerade dem Lobenden. Darum loben wir in der Regel auch, wo wir nur können. Wenn wir Dinge „spitze", „stark", „super", ja sogar „geil" finden, dann äußern wir das in der Regel auch. Das liegt an einer ganz einfachen Tatsache: Wer lobt, *äußert* nicht nur seine Freude, sondern er *vermehrt* sie. Unsere Freude im Glauben und unsere Praxis des Gotteslobs stehen in einem direkt proportionalen Verhältnis zueinander. Dabei bedingt nicht die Freude die Intensität unseres Lobes, sondern umgekehrt die Intensität unseres Lobes bestimmt das Maß unserer Freude. Lobpreis und Anbetung ist das einzige, was wir Gott geben können, was er sich nicht selbst geben kann. Darum erfreut unser Lob Gott in tiefer Weise. Wenn sich Gott aber freut, strahlt das auf diejenigen, die ihm diese Freude bereitet haben, zurück.

Gott erfahren

7. Im Lobpreis können wir Gott erfahren.

In Psalm 22,4 heißt es, daß Gott über dem Lobpreis seines Volkes thront. Ich selbst habe es in einer Zeit längerer und mich sehr belastender Krankheit erfahren, wie mich der Lobgesang in der Gemeinde aufgerichtet hat. Ich hatte den Eindruck, daß Gott mich in diesem Moment berührt. Natürlich ist Gott überall, aber er *manifestiert* sich nicht überall. Er ist im Lobpreis zuhause, und zuhause zeigt er sich am besten als Gott. Wenn wir ihn loben, laden wir ihn ein, sich bei uns wie „zuhause" zu fühlen und zu verhalten.

Innerlich gesunden

8. Lobpreis ist nichts anderes als hör- und sichtbare innere Gesundheit.

Das empfinden wir instinktiv bei aller Art des Lobes: Wir halten uns alle zum Beispiel viel lieber bei Menschen auf, die viel loben und Positives sagen, als bei Leuten, die ständig jammern und klagen. Wer nichts zu loben hat, ist ein armer, ein verarmter Mensch. Wo das Lob fehlt, entsteht eine kranke und krankmachende Atmosphäre. Hier gedeihen Neid, Anspruchsdenken, Unzufriedenheit und Bitterkeit. Gegen die vielen Einflüsse, die unsere Seele vergiften wollen, sind Lob und Dank die wichtigsten Heilmittel. An keiner Stelle kommt der Mensch mehr zur Ruhe und zu sich selbst als dort, wo er Gott von Herzen lobt.

Verändertes Leben

9. Lobpreis hat lebens- und weltverändernde Kraft.

Vor dem heiligen Gott zu stehen und sich ihm zu öffnen, bedeutet, verändert zu werden. Lobpreis und Anbetung haben eine tief seelsorgerliche Komponente, weil wir hier die Lügen unserer Selbstgespräche und der Aussagen anderer Menschen mit der Wahrheit der Schrift konfrontieren. Dadurch verändert sich unsere ganze Einstellung, wie wir uns selbst und die vielen Dinge, die uns begegnen (und auch jene, die uns versagt bleiben), erleben, wie wir sie einordnen und wie wir mit ihnen umgehen.
Dabei ist Lobpreis mehr als Autosuggestion. Lobpreis verändert auch Dinge, die nicht im Einwirkungsbereich unserer Psyche stehen. Als das Volk Israel Gott lobte, erlebte es wiederholt, daß seine Feinde ohne sein Zutun geschlagen wurden. Als Paulus und Silas Gott im Gefängnis lobten, taten sich die Türen auf. Ähnliche Erfahrungen werden auch wir machen, wenn wir beginnen, Gott zu loben.

Vorgeschmack auf den Himmel

10. Lobpreis ist die wesentliche Tätigkeit der Bewohner des Himmels.

Für den „Münchner im Himmel" war es eine Horrorvision, Gott ewig loben zu müssen. Für die Bibel aber ist dieses Bild Ausdruck der unbändigen und überschäumenden Lebensfreude, die im Himmel herrschen wird und von der wir mit unserer doch sehr bescheidenen Lobpreispraxis allenfalls einen kleinen Vorgeschmack erleben können. Eine Tätigkeit, die nach Aussagen der Heiligen Schrift fast die gesamte Zeit der Engel im Himmel in Anspruch nimmt und mit der sich die Himmelsbewohner in Ewigkeit voller Freude befassen werden, kann für uns Erdenmenschen keine Zeitverschwendung sein. Im Gegenteil: Sie zu erlernen und einzuüben ist ein wesentlicher Schritt in Richtung intensiver Lebensfreude.

Wenn Sie tiefer in das Geheimnis des Lobpreises einsteigen wollen, empfehle ich Ihnen das Buch von Jack Taylor: Der Halleluja-Faktor, ISBN 3-931025-02-0. Es beschäftigt sich vor allem mit den biblischen Grundlagen des Lobpreises. Ich habe es mit tiefer Bereicherung gelesen und viele Impulse hieraus in mein Buch eingearbeitet.
Neuer, praxisbezogener und mehr auf deutsche Verhältnisse zugeschnitten ist das Buch von Arne Kopfermann: Das Lobpreis-ABC, ISBN 3-931025-09-8 (beide Bücher im Asaph-Verlag, Lüdenscheid).

Lobpreis Schritt 2: Nachvollziehen

Acht Schritte, um den eigenen Lobpreis zu entwickeln

„Wer Gott immer nur zufällig lobt, lobt ihn irgendwann ‚zufällig' gar nicht mehr."

1. Streichen Sie in der Bibel alle Stellen mit einer besonderen Farbe an, die Gründe dafür nennen, warum wir Gott loben sollen.

Lernen Sie mindestens fünf dieser Bibelstellen auswendig. Beispiel: „Danket dem HERRN, denn er ist freundlich, und seine Güte währet ewiglich" (Psalm 118,29). Oder Psalm 24,7-10: „Machet die Tore weit und die Türen in der Welt hoch, daß der König der Ehre einziehe..." Viele loben Gott nur dann, wenn sie sich zufällig danach fühlen. Doch wer Gott immer nur zufällig lobt, lobt ihn irgendwann „zufällig" gar nicht mehr. Indem Sie sich die biblischen Begründungen für den Lobpreis zu eigen machen, wird Ihre persönliche Lobpreispraxis unabhängig von Ihren jeweiligen Stimmungen.

Stille Zeit

2. Beginnen und beenden Sie Ihre tägliche Stille Zeit mit einer Zeit des Lobes.

So verstehe ich viele Psalmen, aber auch den Anfang und den Schluß des Vaterunsers. Das bewußte Gotteslob am Anfang prägt die gesamte Gebetszeit. Alle anderen Formen des Gebets leben von der Einbettung in den Horizont des Lobes Gottes. Das Lob Gottes am Ende des Gebets hingegen strahlt auf den weiteren Tag aus. Es prägt die Stimmung, die man aus seiner Stillen Zeit „mitnimmt" und in der man an den Tag herangeht.

Biblische Bilder

3. Orientieren Sie sich in Ihrem Lobpreis an den Namen, Bildern und Eigenschaften Gottes, wie sie uns in der Bibel berichtet werden.

Lobpreis ist der Ausdruck unserer Liebe zu Gott für das, was er ist, was er sagt oder was er tut. Wir können Gott nur dann richtig lieben, schätzen und ihm vertrauen, wenn wir sein Wesen erkannt haben. Diese Erkenntnis Gottes aber fällt nicht einfach vom Himmel, sondern lebt davon, daß wir uns das Wesen Gottes, wie es uns in der Bibel offenbart wird, immer wieder vor Augen führen. (Daher kommt übrigens auch die etwas stereotype Sprache der Lobpreisgebete: Sie lebt sehr stark von der Wiederholung des gleichen „Themas", nämlich der unvergleichlichen Größe und Liebe Gottes.)
Im folgenden finden Sie eine Liste der wichtigsten Namen, Bilder und Eigenschaften Gottes, wie sie uns in der Bibel beschrieben werden. Ich beziehe mich dabei überwiegend auf das Alte Testament, weil hier die Grundlage für das Gottesbild des Neuen Testamentes gelegt wird. Das Neue Testament beschäftigt sich mehr mit der Person Jesu als mit der Person Gottes. (Eine Liste von 40 Namen und Attributen, die im Neuen Testament der Person Jesu beigelegt werden, finden Sie in meinem Buch „Glaube hat Gründe" auf Seite 126f.) In der Bibel finden sich schätzungsweise über 800 Namen, Bilder und Beschreibungen Gottes, um das Unfaßliche seines Wesens wenigstens anzudeuten. Ich beschränke mich auf eine kleine Auswahl:

Eigenschaften Gottes in der Bibel:

allgegenwärtig	Jeremia 23,2
allmächtig	Psalm 135,6
allschaffend	Römer 11,36
allwissend	Hebräer 4,13
barmherzig	Psalm 103,8.13
eifernd	5. Mose 4,24
erhaben	Psalm 99,2
ewig	Psalm 90,2
freundlich	Psalm 106,1
geduldig	4. Mose 14,18
gerecht	5. Mose 32,4
gnädig	Jeremia 3,12
groß	Psalm 95,3
gütig	Psalm 36,6
gut	Psalm 25,8
heilig	1. Samuel 2,2
herrlich	2. Mose 15,11
lebendig	Psalm 42,3
liebevoll	Johannes 3,16
schön	Psalm 104,1
schrecklich	2. Mose 15,11
stark	Jeremia 32,18
treu	5. Mose 7,9
unbegreiflich	Hiob 36,26
unveränderlich	1. Timotheus 1,17
verborgen	Jesaja 45,15.19
vergebend	Micha 7,18
wahrhaftig	5. Mose 32,4
weise	Jesaja 11,2
zornig	Römer 1,18

Biblische Bilder für Gott:

Arzt	2. Mose 15,26
Burg	Psalm 18,3
Erlöser	Psalm 78,35
Erretter	Psalm 40,18
Fels	Psalm 31,3
Feuer	Hebräer 12,29
Geist	Johannes 4,24
Heiland	Jesaja 43,11
Hilfe	Psalm 115,9-11
Hirte	Psalm 23,1

Hort	Psalm 18,3
König	Psalm 29,10
Kraft	Jeremia 16,19
Licht	Psalm 27,1
Liebe	1. Johannes 4,16
Mutter	Jesaja 66,13
Quelle	Jeremia 2,13
Richter	Psalm 7,9
Schild	1. Mose 15,1
Schöpfer	Hosea 8,14
Sonne	Psalm 84,12
Stärke	Psalm 18,2
Vater	5. Mose 32,6
Zuflucht	2. Samuel 22,3

Namen Gottes in der Bibel:

Adonai	Der Herr (400mal im Alten Testament)
El	Gott der Stärke, oberste Gewalt und Macht (= der Gott Abrahams, Isaaks und Jakobs)
El Bethel	Gott des Gotteshauses (1. Mose 31,13)
El Chai	Der lebendige Gott (Psalm 42,3)
El Elim	Gott der Götter (5. Mose 11,36)
El Eljon	Der höchste Gott (1. Mose 14,18)
El Hakabod	Gott der Ehre (Psalm 29,3)
El Hanääman	Der treue Gott (5. Mose 7,9)
El Nekamot	Gott der Rache (Psalm 94,1)
El Olam	Gott der Ewigkeit (1. Mose 21,33)
El Roi	Der Gott, der mich sieht (1. Mose 16,13)
El Shaddaj	Der Allmächtige (4. Mose 16,22)
Elohim	Gott über allen Göttern (32mal in 1. Mose 1)
Immanuel	Gott ist mit uns (Jesaja 8,10)
Jahwe	Der „Ich bin da" (2. Mose 3,14; 6800mal im Alten Testament)
Jahwe Jireh	Der Herr, der Versorger (1. Mose 22,14)
Jahwe M'kaddesh	Der Gott der Heiligkeit (3. Mose 20,7)
Jahwe Nissi	Der Herr, mein Banner (2. Mose 15,17)
Jahwe Rapha	Der Herr, mein Arzt (2. Mose 15,26)
Jahwe Rohi	Der Herr, mein Hirte (Psalm 23,1)
Jahwe Shalom	Der Gott des Friedens (Richter 6,24)
Jahwe Shammah	Der allgegenwärtige Gott (Hesekiel 48,35)
Jahwe Zebaoth	Der Herr der Heerscharen (Jesaja 6,3)
Jahwe Zidkenu	Der Herr, unsere Gerechtigkeit (Jeremia 23,5-6)

Von diesen Namen, Bildern und Eigenschaften Gottes nehmen Sie sich bitte in Ihrer Stillen Zeit jeden Tag jeweils ein Element vor und machen es zum Gegenstand eines drei- bis fünfminütigen Gebetes. Sie können Gott dafür preisen, daß er allmächtig, treu, gerecht, voll Erbarmen und herrlich ist, daß er uns gerne versorgt und sich nie ändert, daß er uns wie ein Schild umgibt oder ganz einfach da ist. Wenn Sie beginnen, im Gebet Gottes Eigenschaften durchzugehen, werden Sie bald von ganzem Herzen sagen: „Ich bete zu einem ganz unglaublichen Gott." Ich bin mir sicher, das wird Sie in Ihrer Liebe zu Gott voranbringen.

Schwere Zeiten

4. Versuchen Sie, Gott auch in schweren Zeiten zu loben.

Selbst, wenn es Ihnen im Moment schwer fällt, Gottes Herrlichkeit in Ihrem eigenen Leben zu erkennen – manchmal gibt es solche Situationen –, stimmt dennoch, was in der Bibel über sein Wesen und seine Eigenschaften gesagt wird. Gotteslob in einem solchen Moment ist keine Lüge, sondern das Aussprechen einer Wahrheit, die einem im Augenblick vielleicht verstellt ist, die aber dennoch stimmt und die man sich deswegen gerade jetzt bewußt vor Augen stellt. Das Aussprechen dieser im Augenblick vielleicht mehr geglaubten als gefühlsmäßig empfundenen Wahrheit kann das Innere verändern.
„Loben zieht nach oben": Wo sich eben noch Verzweiflung und Resignation breitmachen wollte, trifft uns ein Stück des Lichtes Gottes und macht uns stärker im Glauben, der Liebe und der Hoffnung. Das Buch der Psalmen ist voll von solchen Lobgebeten in Zeiten schwerster Not, und es ist immer wieder überraschend, daß diese Psalmen mit Klage beginnen und in der Hinwendung zu Gott dann doch positiv enden (vgl. zum Beispiel die Psalmen 56-64). Ähnliches gilt für die Hymnen der Offenbarung, die zum guten Teil aus schwerster Bedrängnis heraus entstanden sind.

Gründe zum loben

5. Loben Sie Gott täglich um wenigstens dreier persönlicher Gründe willen.

Die eben genannte Erfahrung, daß man Gottes Liebe und Herrlichkeit ganz und gar nicht im eigenen Leben erkennen kann, ist die absolute Ausnahme. In den seltensten Fällen sieht es in unserem Leben so dunkel aus. (Und selbst dann kann man Gottes liebendes Wirken oft wenigstens in der Vergangenheit entdecken.) Für den Regelfall aber gilt, daß die Orientierung an den biblischen Beschreibungen des Wesens Gottes nicht dazu führen darf, daß sich unser Gotteslob völlig von unserer Lebenspraxis loslöst. Wenn wir nicht gerade in tiefster Not sind, geht es nicht an, daß wir Gott dafür loben, daß er im himmlischen Jerusalem thront, aber nicht benennen können, wie er sich in unserem Leben als herrlich erwiesen hat.

Biblischer Lobpreis

6. Machen Sie sich biblische Lobpreisgebete zu eigen.

Schreiben Sie die folgenden Bibelsprüche auf Karteikärtchen. Es handelt sich dabei durchgehend um biblische Lobpreisgebete, die Sie zu Ihrem eigenen Gebet machen können. Lernen Sie einige davon auswendig. Mir persönlich hat diese Übung sehr geholfen, da ich Schwierigkeiten habe, eigene Lobpreisgebete zu formulieren.

2. Mose 15,1b-2
1. Samuel 2,1-2
2. Samuel 22,47
2. Könige 19,15
1. Chronik 16,23-25
1. Chronik 16,36
1. Chronik 29,12-13
Nehemia 9,5
Psalm 3,4
Psalm 8,2-3
Psalm 13,6
Psalm 16,11
Psalm 18,47-50
Psalm 22,4
Psalm 27,1
Psalm 29,1-2
Psalm 33,1-3
Psalm 35,18
Psalm 37,4
Psalm 41,14
Psalm 45,18
Psalm 48,2
Psalm 59,17-18
Psalm 66,1-2
Psalm 69,31
Psalm 86,12-13
Psalm 95,1-2
Psalm 100,4-5
Psalm 103,20-22
Psalm 113,1-3
Psalm 119,108
Psalm 119,171-172
Psalm 138,1-2
Psalm 146,1-2
Psalm 150,1-2
Jesaja 6,3
Jesaja 11,1-2
Jesaja 25,1

5. Mose 32,3-4
2. Samuel 22,2-3
2. Samuel 22,50
1. Chronik 16,8-10
1. Chronik 16,31-33
1. Chronik 29,10-11
2. Chronik 20,6
Hiob 36,24-26
Psalm 7,18
Psalm 9,2-3
Psalm 16,7-9
Psalm 18,23
Psalm 21,14
Psalm 22,23-24
Psalm 28,6-8
Psalm 32,11
Psalm 34,2-4
Psalm 35,28
Psalm 40,4
Psalm 44,9
Psalm 47,2-3
Psalm 52,11
Psalm 63,4-5
Psalm 67,4-6
Psalm 72,18-19
Psalm 89,2
Psalm 96,1-3
Psalm 103,1-2
Psalm 105,1-5a
Psalm 117,1-2
Psalm 119,164
Psalm 134,1-2
Psalm 145,1-3
Psalm 147,1
Psalm 150,6
Jesaja 9,1.5.6a
Jesaja 12,4-6
Jesaja 42,10-12

Jesaja 53,4-5	Jesaja 61,10
Klagelieder 3,22-23	Daniel 2,20,21,23
Daniel 4,34b	Habakuk 3,18-19a
Lukas 1,46b-47	Lukas 1,68
Römer 8,38-39	Römer 11,33-36
Römer 16,25-27	Epheser 1,3
Epheser 3,20-21	Philipper 4,4-7
Kolosser 1,16	Kolosser 2,9-10
Kolosser 3,16-17	1. Thessalonicher 5,16-18a
1. Timotheus 1,17	Hebräer 13,15
Judas 24-25	Offenbarung 1,8
Offenbarung 4,11	Offenbarung 5,12
Offenbarung 7,12	Offenbarung 11,15.17
Offenbarung 15,3-4	Offenbarung 19,1
Offenbarung 19,4-5	Offenbarung 19,6-7

Gegen eine Bearbeitungsgebühr von DM/Sfr. 10,-- sende ich Ihnen gerne eine Diskette mit den in Übung 3 und 6 aufgelisteten Bibelversen sowie einigen anderen Materialien zum Thema Gottesdienst zu. Bitte legen Sie einen Geldschein sowie einen adressierten und frankierten Rückumschlag anbei. Sie können die Diskette im RTF- oder im Winwordformat bekommen. Schreiben Sie an: Andreasgemeinde Niederhöchstadt, Langer Weg 2, D-65760 Eschborn.

7. Singen und spielen Sie Gott in Ihrer Stillen Zeit.

Musikalischer Lobpreis

Wenn Sie musikalisch einigermaßen begabt sind, kann kaum etwas Ihr Gebetsleben so sehr mit Freude erfüllen wie das Singen und Spielen von Dank-, Lob- und Anbetungsliedern. Dabei ist es völlig egal, ob Sie Ihrem Lobpreis das Gesangbuch zugrundelegen oder die drei Bände von „Du bist Herr" (Projektion J), in denen sich die derzeit umfassendste Zusammenstellung von Lobpreisliedern findet. Und selbst, wenn Ihre musikalischen Fähigkeiten zu wünschen übrig lassen: Es ist ja keiner dabei, den es stört. Und Gott freut sich auch über Ihre weniger sauberen Töne: „Nicht nur das Singen der Nachtigall, sondern auch das Krächzen der Raben lobt Gott."

8. Loben Sie Gott in der Gemeinschaft mit anderen.

Gemeinsamer Lobpreis

Es ist ein qualitativer Unterschied, ob man Gott für sich alleine lobt, oder ob man dies in Gemeinschaft tut. Zusammen mit anderen kann man mehrstimmig singen, verschiedene Instrumente einsetzen und sich beim gesprochenen Gebet gegenseitig anstecken. Je mehr Leute zusammenkommen, um Gott zu loben, um so mehr Spaß macht es und um so inspirierender ist die Erfahrung. Jede Kleingruppe in Ihrer Gemeinde sollte so etwas wie eine Lobpreiskultur entwickeln, die dann auch auf den Gottesdienst ausstrahlen kann. Wie das konkret aussehen könnte, erfahren Sie auf den folgenden Seiten.

Lobpreis Schritt 3: Gestalten

Eine Lobpreiskultur entwickeln

„Der Lobpreis ist ein machtvolles Medium, in dem sich die Gegenwart Gottes spürbar manifestieren kann."

1. Vergegenwärtigen Sie sich immer: Lebendiger Lobpreis entsteht im Herzen des Gläubigen und nicht im Gottesdienst.

Ein technisch noch so gelungener Lobpreis in unseren Kreisen und Gottesdiensten kann die Lebenshingabe der einzelnen Gläubigen nicht ersetzen. Auf der anderen Seite kann der Gottesdienst unseren Lobpreis intensivieren. Der gemeindliche Lobpreis hat in erster Linie die Funktion, unsere Beziehung zu Gott in Worte zu fassen und nicht, diese erst anzustiften (auch wenn das ab und zu auch so herum geschieht). Darum ist es wichtig, auf allen Ebenen persönlichen und gemeindlichen Lebens eine Lobpreiskultur zu entwickeln.

Traditioneller Gottesdienst

2. Fügen Sie einen zeitgemäßen Lobpreisteil in Ihren traditionellen Gottesdienst ein.

Bedenken Sie: Auch in der herkömmlichen Liturgie ist ein „Anbetungsteil" vorgesehen. Es ist nicht so, daß Lobpreis im traditionellen Gottesdienst etwas völlig Neues wäre. Im weiteren Sinne zieht sich dieser Lobpreis im klassischen Gottesdienst vom Eingangspsalm über Bittruf und Gnadenzusage hin zu dem Antwortgesang: „Ehre sei Gott in der Höhe" bzw. „Allein Gott in der Höh sei Ehr". Sogar auf die Schriftlesung(en) antwortet die Gemeinde mit „Halleluja" (das heißt „Gelobt sei Gott!") und mit „Lob sei dir, o Christe". Es gibt keine „richtige" Form von Anbetung. Gott liebt und genießt Verschiedenheit in dieser Frage. Es muß nur im Geist und in der Wahrheit geschehen (Johannes 4,24).
Prinzipiell gilt: *Jeder* Gottesdienst hat Lobpreischarakter. Der Stil meines Lobpreises sagt weniger über meine Theologie als über meinen kulturellen Hintergrund aus. Das Problem heute ist, daß der Lobpreis innerhalb des liturgischen Ablaufs von Menschen, die nach 1950 geboren wurden, kaum nachvollzogen werden kann und darum oft ohne Leben und innere Dynamik ist. Durch die für sein Lebensgefühl fremdartige Sprache und Musik etc. kommt für den modernen Menschen hier nur schwer ein Gefühl der Intimität und Intensität auf.
Wenn Sie in Ihrer Gemeinde eine traditionelle Gottesdienstform haben, dann spricht nach meiner Überzeugung viel dafür, den ohnehin vorgesehenen Lobpreis durch einen musikalisch mehr mit dem modernen Lebensgefühl korrespondierenden „Lobpreisteil" zu erweitern. (Zum Thema „Musik" und „Musikstil" vergleiche die Seiten 44-71.) An der Stelle, an dem die Gemeinde das „Allein Gott in der Höh sei Ehr" singt, läßt sich ein solcher Lobpreisteil organisch einfügen, ohne daß man anderes dafür streichen müßte.

Veränderungsprozesse

3. Überlegen Sie sich die für Ihre Verhältnisse klügste Vorgehensweise.

Es gibt zwei Möglichkeiten: Entweder Sie bereiten eine solche gottesdienstliche Änderung bzw. Erweiterung zunächst in den gemeindlichen

Gruppen, durch eine Predigtreihe o. ä. vor und führen sie dann als Ganzes ein – oder Sie wählen eine Schritt-für-Schritt-Methode, indem Sie den Anbetungsteil „nicht immer, aber immer öfter" in das ganz normale gottesdienstliche Gefüge einbauen. Letzteres kann Ihnen als Salami-Taktik ausgelegt werden, hat aber den Vorteil, daß die Gemeinde sich an die Neuerung gewöhnen und das Tempo der Veränderung mitbestimmen kann. Ersteres hat den Vorteil, daß Sie die Diskussion, die jede Änderung im gottesdienstlichen Ablauf mit sich führt, nur einmal führen müssen.

Lobpreisteam

4. Beginnen Sie bei der Zusammenstellung eines Lobpreisteams nicht mit Spitzenmusikern, sondern mit Betern.

Gut ist natürlich, wenn beides zusammenkommt. Für die Lobpreisleitung im Gottesdienst genügt für den Anfang aber ein einigermaßen begabter Gitarre- oder Keyboardspieler, besser ist es, wenn wenigstens zwei Instrumente zusammenspielen: Ein Begleit-Instrument (Klavier, Keyboard, Gitarre) und ein Melodie-Instrument (Querflöte, Geige, Saxophon). Wenn Sie einen Lobpreisteil in einen eher traditionellen Gottesdienst einführen, achten Sie darauf, eher akustische Instrumente einzusetzen, die sich in diesen Rahmen harmonischer einfügen als beispielsweise E-Gitarre oder Schlagzeug.

Lobpreisleiter

5. Suchen Sie sich einen guten Lobpreisleiter.

Wie gesagt: Es genügt für die Leitung des Lobpreises nicht, lediglich *musikalisch* begabt zu sein. Ein hervorragender Musiker ist noch lange kein guter Lobpreisleiter. Menschen, die die Gemeinde in den Lobpreis führen, müssen auch eine entsprechende *geistliche* Ausrichtung haben. Sie müssen selbst Anbeter sein, sie müssen Lust am Lobpreis haben und sie müssen diese Lust kommunizieren können. In manchen Gemeinden hat man daher die Grundsatzentscheidung getroffen, daß der Pastor wenigstens von Zeit zu Zeit die Lobpreisleitung übernimmt, auch wenn er nicht gerade der beste Musiker der Gemeinde ist. Dahinter steckt der Gedanke, daß es zur Leitung der Gemeinde auch gehört, sie in der Anbetung zu leiten.
Entsprechend geht es bei der Lobpreisleitung nicht nur darum, bestimmte Lieder zusammenzustellen, sondern es gilt auch, *sich selbst* einzustimmen. Das geschieht am besten in der persönlichen Stillen Zeit vor Gott sowie im vorbereitenden gemeinsamen Gebet des Lobpreisteams. Ein guter Lobpreisleiter braucht also gleichzeitig Gaben im *kommunikativen,* im *musikalischen* wie im *spirituellen* Bereich. In dem Maße, wie Ihre Gemeinde wächst, wird er weniger dafür zuständig sein, jede einzelne Lobpreiszeit selbst zu leiten, sondern er wird vielmehr dafür Sorge tragen, daß Lobpreis in der Gemeinde auch ohne ihn stattfinden kann. Ein wesentlicher Aspekt seiner Arbeit wird sein, andere Lobpreisleiter freizusetzen und zu bevollmächtigen.

Nicht in allen Fällen (vorsichtig ausgedrückt) werden Sie einen solchen Menschen gleich zur Hand haben. Arbeiten Sie ruhig mit Vorstufen. Aber hören Sie nicht auf, zu suchen. Egal, was Sie ihm bezahlen müssen: Es wird eine der sinnvollsten Investitionen sein, die Sie für eine Erneuerung Ihrer Gottesdienste tätigen können (neben derjenigen des Erwerbs dieses Buches natürlich).

Unverfügbarkeit

6. Anbetung ist nicht machbar.

Genausowenig wie die vielen Worte und Gesänge der Anbetung im herkömmlichen Gottesdienst automatisch dazu führen, daß die Gemeindeglieder wirklich in eine Haltung der Anbetung gebracht werden, ist das bei modernen Anbetungsliedern der Fall. Daß das eigene Herz von Gott berührt wird, ist allemal Gnade, und die ist *per definitionem* unverfügbar.
Was wir aber tun können, ist, daß wir uns für diese Gnade *öffnen,* und für diesen Prozeß hat sich bewährt, nicht irgendwelche Lieder einfach aneinanderzureihen, sondern sich eine gewisse Ordnung zu geben. Die Anskar-Kirche in Hamburg hat hierfür beispielsweise folgendes Lobpreismodell entwickelt, das ich bei meinen Recherchen zu diesem Buch in abgewandelter Form immer wieder vorgefunden habe:

1. „Ankommen" / Aufruf zum Lobpreis / Bitte um Gottes Kommen

2. Dank

3. Lobpreis
(Beschreibung der Wesenseigenschaften Gottes,
Feiern seiner Größe)

4. Anbetung
Empfinden von Gottes Einzigartigkeit
Anerkennung seiner Herrschaft und unserer Unterlegenheit
Ausdruck unserer Hingabe und Liebe zu Gott

Mir persönlich fehlt in diesem Modell der Aspekt der Entlastung und des „Schuttabladens" vor Gott (es sei denn, man integriert ihn gleich in die erste Phase des „Ankommens"). Im Rahmen des traditionellen Gottesdienstes, in dem eine solche Entlastung bereits stattgefunden hat, halten wir uns in unserem „Lobpreisteil" im wesentlichen an diese Struktur. Wir singen in der Regel etwa drei bis vier Lieder: Das erste holt die Leute ab, wo sie stehen, und ist eher beschwingt, dann geht es über Dank bzw. Lob zur Anbetung.

Nach dem zweiten oder dritten Lied, also dann, wenn wir in die Anbetung kommen, spricht jemand vom Lobpreisteam ein Gebet oder liest einen Psalm oder den „Text des Tages" vor, manchmal sprechen wir auch ein Glaubensbekenntnis oder halten einfach stille vor Gott. Wenn Ihre Gemeinde das gewohnt ist, kann sie an dieser Stelle eine Gebetsgemeinschaft einfügen. In charismatisch ausgerichteten Gemeinden ist hier der beste Ort für Zungenrede oder Zungengesang.

Evangelische Freiheit

7. Geben Sie in Ihrem Lobpreisteil Ihrer Gemeinde evangelische Freiheit.

Bei uns geschieht das regelmäßig durch Worte wie diese: „Sie haben beim folgenden Lobpreisteil die Freiheit, aufzustehen oder sitzenzubleiben und gegebenenfalls mitzuklatschen. Manch einer möchte vielleicht auch die Hände zum Gebet erheben. Seien Sie ganz Sie selbst! Öffnen Sie sich nach Ihren Möglichkeiten. Bitte achten Sie nicht darauf, was Ihre Nachbarn tun, sondern richten Sie sich ganz auf Gott aus. Vermeiden Sie lediglich Formen, die Ihren Nachbarn in seiner Andacht stören könnten."

Organische Einheit

8. Lassen Sie Ihren Lobpreisleiter dafür sorgen, daß der Lobpreisteil eine organische Einheit wird.

Vermeiden Sie die Unterbrechung des Herzens-Lobpreises durch die Ansage von Liednummern oder lange theologische bzw. anekdotische Vorreden zu den einzelnen Liedern. Wenn *musikalische* Übergänge zwischen den verschiedenen Liedern möglich sind, ist das gut (wir wählen meist Lieder, die von der Tonart her zueinander passen). Die Instrumente sollten innerhalb des Lobpreisteils im wesentlichen die gleichen bleiben (also nicht unbedingt). Je nach Länge der einzelnen Lieder scheinen mir drei bis vier Lieder (8-10 Minuten) innerhalb eines traditionellen Gottesdienstkonzepts genug zu sein. Kurze Lieder werden zweimal gesungen.
Ein moderner Gottesdienst kann hier sehr viel mehr „in die Vollen" gehen und mit Soli, A-capella-Gesängen und anderen Variationen operieren. In diesem Rahmen ist es auch denkbar, daß es zu jeder der von mir oben benannten vier Stufen (Ankommen samt Schutt-Abladen, Dank, Lob, Anbetung) einen eigenen kleinen Lobpreisteil gibt, der jeweils unterbrochen wird durch Texte, Gebete, Lesungen, Prophetien etc.

Berücksichtigung von Gästen

9. Haben Sie bei der Gestaltung Ihres Lobpreises Ihre Gäste mit im Blick.

In nahezu jedem Gottesdienst gibt es Gäste, die noch keine persönliche Beziehung zu Gott haben und die etwas ratlos und staunend davor stehen, wenn die Gemeinde Jesu ihren Herrn lobt und preist. Lobpreis soll auch für Nichtgläubige ein vollmächtiger Hinweis auf Gottes Gegenwart sein. Sie erleben die Freude und die Hingabe unseres Lobpreises. Sie regi-

strieren aber auch, wenn es ihnen zu viel wird und sie unsere Äußerungen und Gestik überzogen finden. Sie sollten unseren Lobpreis als durchaus enthusiastisch, aber auch als authentisch und gesund erleben.
Darum plädiere ich dafür, daß Sie bei der Gestaltung des Lobpreises im Normalgottesdienst immer Ihre Gäste mit im Blick haben. Wenn wir Gäste zuhause haben, verhalten wir uns auch anders, als wenn wir allein sind. Das ist keine Heuchelei, sondern Rücksichtnahme. Unsere Gäste sollen spüren und beobachten, wie der Lobpreis uns ermutigt, stärkt und verändert. Sie sollen nicht den Eindruck gewinnen, daß hier etwas über uns kommt, was uns unserer Persönlichkeit entkleidet und „abheben" läßt. In diesem Zusammenhang schauen Sie auch noch einmal kritisch über die *Texte* der von Ihnen gewählten Lieder!

Erwartungshaltung

10. Erwarten Sie viel.

Gott thront über dem Lobgesang seines Volkes. Das ist erfahrbar! Doch in der Praxis gleichen unsere Gottesdienste oft viel eher einer Gedenkstunde. Der Gott, dessen man gedenkt, ist vielleicht lebendig, aber offensichtlich ziemlich weit entfernt. Wie anders war es, als die ersten Christen zum Gebet zusammenkamen! Ihr Versammlungsort, so heißt es, fing mehrfach an zu beben (vgl. Apostelgeschichte 2,2; 4,31). Ich bin mir nicht sicher, ob ich mir das für jeden unserer Gottesdienste so wünschen würde, aber daß Gott spürbar unter uns gegenwärtig ist, möchte ich dort schon erleben. Der Lobpreis aber ist – wie das Abendmahl oder die Einzelsegnung – ein machtvolles Medium, in dem sich die Gegenwart Gottes spürbar manifestieren kann.

Schlüsselelement 5: Die Predigt

Predigt Schritt 1: Verstehen

Das Wort „Predigt" weckt bei vielen Menschen recht unangenehme Vorstellungen: „Nun predige nicht schon wieder", sagt der genervte Ehemann zu seiner Frau. Der Lehrer hält dem Schüler eine „Gardinenpredigt", was auch nicht unbedingt etwas Positives ist, und das Wort „Sermon", das alte lateinische Wort für „Predigt", bekommt selbst im Duden die Nebenbedeutung „leeres, inhaltsloses Geschwätz". Normative Kraft des Faktischen: Sehr viel mehr erwarten die Leute heute von einer Predigt auch nicht mehr.

„Merkwürdig ist, daß sich die schlechte Bewertung der Predigt in den seltensten Fällen mit der Selbsteinschätzung der Prediger deckt."

Die Predigt steht nicht mehr hoch im Kurs. Neueste Umfragen unter Mitgliedern der evangelischen Kirche in Deutschland haben ergeben, daß das Interesse an Predigten außerordentlich gering ist. Dem steht freilich entgegen, daß ein guter Prediger immer noch eine Kirche zu füllen vermag. Zum Teil nehmen die Menschen dafür sogar weite Wege auf sich. Man muß das Umfrageergebnis also differenziert deuten: Das Interesse an *guten* Predigten scheint ungebrochen groß. Doch nur ein geringer Teil der Sonntag für Sonntag gehaltenen Predigten wird von den Gottesdienstbesuchern wirklich als gut angesehen.

Qualitätsmaßstäbe entwickeln

Mir wird manchmal die Frage gestellt, ob man denn eine Predigt einfach als „gut" oder „schlecht" bezeichnen darf. Ich werde darauf gleich eine Antwort geben. Doch zunächst müssen wir ganz nüchtern feststellen, daß ein solches Qualitätsurteil in den Herzen und Köpfen der Predigthörer bereits *existiert,* ganz gleich, ob wir das für ungerechtfertigt halten oder nicht. Sie halten es entweder für lohnend oder nicht für lohnend, sich sonntags aufzumachen und in ihrer Gemeinde eine Predigt anzuhören. Und daß ein Großteil der Menschen es ganz offensichtlich *nicht* für lohnend hält, mögen wir vielleicht nicht gerne hören, ist aber ein Erfahrungsurteil. Fast jeder Mensch in unserem Kulturkreis hat schon einmal eine Predigt gehört, wahrscheinlich sogar mehrere. Und die weit überwiegende Mehrheit dieser Menschen hat entschieden, daß es sich nicht lohnt, sich dieser Erfahrung regelmäßig auszusetzen.

Merkwürdig ist nur, daß sich diese allgemeinhin schlechte Bewertung der Predigt in den seltensten Fällen mit der Selbsteinschätzung der Prediger deckt. Es ist erhellend und ernüchternd zugleich, die Selbstbeurteilung eines Predigers mit der Beurteilung durch seine Gottesdienstbesucher zu vergleichen. Ich muß dies manchmal beruflich tun, da ich Laienprediger in unserer Kirche ausbilde. Es ist nicht nur erschreckend, wie wenig Prediger wirklich das Herz ihrer Zuhörer erreichen, sondern auch, wie sehr sie sich darüber hinwegtäuschen, daß das nicht geschieht.

Darum ist es wichtig, daß der Prediger ein Instrumentarium entwickelt, mit dessen Hilfe er einigermaßen sicher beurteilen kann, ob seine Predigt gut oder schlecht war. Andernfalls steht er in Versuchung, auf die schmeichlerische Stimme seines eigenen Herzens zu hören oder sich auf die Rückmeldungen jener barmherzigen Menschen zu verlassen, die selbst in einer schlechten Predigt noch ein Goldkorn entdecken.

Predigt Schritt 1: Verstehen

Von guten und schlechten Predigten

„Haben wir nicht alle schon unter jenen Predigten gelitten, die unzweifelhaft korrekt, aber eben auch furchtbar langweilig waren?"

Ich habe in meinem Dienst gelernt, Rückmeldungen nach dem Gottesdienst nicht überzubewerten. Oft genügt schon eine einzige gute Passage, um einen Predigthörer zu einer positiven Rückmeldung zu veranlassen. Und genauso oft fühlen sich Predigthörer veranlaßt, unter 99 wahren Sätzen einer guten Predigt sich ausgerechnet den *einen* falschen Satz herauszugreifen, den der Prediger auch gesagt hat.
Der Prediger muß also lernen, Rückmeldungen entsprechend zu relativieren. Ich bin schon von manchem Gottesdienst nach Hause gegangen mit einigen wohlwollenden Rückmeldungen im Ohr („Schön haben Sie gepredigt, Herr Pfarrer!"), doch mit dem dumpfen Gefühl im Herzen, daß mir die Predigt diesmal wohl etwas daneben geraten war. Und wenn ich es mir nicht selbst sagte, so war es spätestens meine Frau, die mir beim Mittagessen schonend beizubringen versuchte: „Du, Klaus, findest du nicht, du hättest heute etwas konkreter werden sollen?"

Die Predigt kritisch beurteilen

In der Beurteilung meiner Predigten habe ich viel von meiner Frau gelernt. Sie ist keine Theologin. Ich kann ihr daher nicht mit dem theologischen Scheinargument kommen, daß man nie weiß, wie und wodurch der Heilige Geist wirken möchte. Natürlich kann der Heilige Geist auch durch schlechte Predigten wirken, aber das ändert nichts daran, daß sie schlecht sind und daß er womöglich noch ganz anders hätte wirken können, wenn die Predigt gut gewesen wäre. Meine Frau interessiert sich nicht für meine Begründungen, *warum* ich die Dinge so gesagt habe, wie ich sie gesagt habe. (Auch hierfür habe ich in der Regel eine Fülle von theologischen Erklärungen parat, glauben Sie mir.) Und das wichtigste: Sie weiß sehr wohl zu unterscheiden zwischen einer Predigt, die ihr nicht gefällt und einer, die einfach schlecht ist.
Was ich damit verdeutlichen will, ist dies: Ein Prediger kann nur dann ein zuverlässiges Urteil über die Qualität seiner eigenen Predigt entwickeln, wenn er eine Anzahl von Menschen hat, die ein sicheres Urteil haben und die ihm ehrliche, konkrete und qualifizierte Rückmeldungen geben. Ein Prediger muß solche kritischen Rückfragen geradezu suchen, weil das die einzige Möglichkeit ist, die Qualität seiner Predigten zu verbessern.
Mag sein, daß die Qualifizierung einer Predigt als „schlecht" nicht besonders einfühlsam ist. Es ist natürlich die Frage, *wie* man einen Prediger damit konfrontiert. Aber es geht nicht an, daß uns das Seelenleben des Predigers mehr am Herzen liegt als das Seelenleben der vielen Menschen, die sich das vielleicht Woche für Woche anhören müssen oder, schlimmer noch, sich nach mehreren schlechten Predigten resigniert von der Gemeinde Jesu abwenden und darüber jeglichen Kontakt zum Evangelium verlieren.

Der Motivationsfaktor „Predigt"

Wenn wir wollen, daß unsere Kirchen voller werden, müssen wir an der Qualität unserer Predigten arbeiten. In den letzten Jahren war viel von der „Willow Creek Community Church" (USA) die Rede. Auf der Suche nach dem Geheimnis dieser Gemeinde hat man auf alle möglichen Dinge hingewiesen: auf das großartige Musik-Angebot, auf die ansprechenden Theaterstücken, auf die freundliche Atmosphäre usw. Doch Willow Creek wäre nicht zu der Gemeinde geworden, die sie ist, wenn die Besucher dort nicht Gottesdienst für Gottesdienst eine hervorragende, qualitativ weit über dem Durchschnitt liegende Predigt hören würden. Bill Hybels, der Pastor dieser Gemeinde, arbeitet ständig an der Qualität seiner Predigten. Er hat in jedem Gottesdienst unter Tausenden von Besuchern rund ein Dutzend Leute sitzen, die ihm ein gezieltes Feedback auf seine Predigt, das heißt konkrete Antworten auf konkrete Fragen, geben. Und Hybels ist geradezu sauer, wenn diese Rückmeldungen allzu positiv sind, weil er daraus nämlich nichts lernt.

Natürlich darf man eine volle Kirche nicht mit einer lebendigen Gemeinde verwechseln. Ein großes Predigthörerpublikum sagt noch nichts über die Qualität des Gemeindelebens aus. Ich kenne verschiedene Beispiele, wie Gemeinden nach dem Weggang eines guten Predigers wie ein Kartenhaus in sich zusammengefallen sind. Gute Predigten nützen nicht viel, wenn sie nicht mit einem gezielten geistlichen Gemeindeaufbau Hand in Hand gehen. Doch klar ist, daß eine gute Predigt für viele Menschen ein hoher Motivationsfaktor sein kann, den Gottesdienst zu besuchen. Viele sind sogar bereit, für eine gute Predigt eine für sie nicht nachvollziehbare Liturgie in Kauf zu nehmen.

Was ist eine gute Predigt?

Meine These ist: Es gibt objektive Kriterien dafür, ob eine Predigt gut oder schlecht ist. Eine schlechte Predigt ist eine Predigt, die ganz bestimmte, konkret benennbare Regeln der Kunst außer acht gelassen hat. Diese Regeln der Kunst sind freilich ganz andere als die, die man uns Predigern im Theologiestudium beigebracht hat. Dort haben wir gelernt, exegetisch sauber zu arbeiten und uns theologisch differenziert auszudrücken. Ich halte das auch für eine wichtige Kunst. Ein ordentliches theologisches Handgepäck sollte der Qualität einer Predigt eigentlich nicht schaden, sondern nutzen.

Doch seien wir ehrlich: Haben wir nicht alle schon einmal unter jenen Predigten gelitten, die so unzweifelhaft richtig, die so gut gemeint und theologisch so absolut korrekt, aber leider eben auch so furchtbar *langweilig* waren? Was hilft es, möchte man sich fragen, wenn ein Prediger zwar scheinbar die Regeln der theologischen Kunst, nicht aber die Kunst des Predigens beherrscht? Die meisten unserer Predigthörer interessieren sich nicht für die hohe Kunst der Theologie. Sie wollen eine gute Predigt hören. Doch was ist eine gute Predigt?

Von dem Philosophen Sören Kierkegaard stammt die bekannte Geschichte von der Versammlung der Gänse: Jene pflegten einmal in der Woche zusammenzukommen und ihrem Leiter, dem Obergänserich, zuzuhören. Der konnte hinreißend reden. Er erzählte den Gänsen et-

was davon, wie großartig es doch sei, daß sie Flügel hätten und welch ein Adel darin läge, diese Flügel auszubreiten und sich in die Lüfte zu erheben und neue Horizonte zu erkunden. Die Gänse hörten fasziniert zu. Einige weinten vor Rührung, andere klatschten. Und als die Versammlung vorbei war, gingen sie nach Hause – zu Fuß!

Die Menschen zum „Fliegen" bringen

Das macht den Unterschied zwischen einer guten und einer schlechten Predigt: Eine gute Predigt bringt die Menschen zum „Fliegen"! So sehr man sich wünschen würde, daß manche Prediger zungenfertiger reden würden: Eine hinreißende Rede macht noch keine gute Predigt. Was nützt es, die Menschen zu Tränen zu rühren und zum Klatschen zu bringen, wenn sie am Ende doch „zu Fuß" nach Hause gehen? Und wenn ich das als Kriterium nehme, dann fällt mir ein, daß einige der besten Predigten, die ich in meinem Leben gehört habe, alles andere als rhetorisch gewandt vorgetragen wurden. Aber sie brachten mich zum „Fliegen"! Wohingegen mich so manche rhetorische Meisterleistung „zu Fuß" nach Hause gehen ließ.
Jesus beispielsweise predigte so, daß die Leute zu „fliegen" begannen:

Wie Jesus predigte

1. Jesus predigte so, daß sich die Leute geliebt und angenommen fühlten.
2. Er predigte so, daß sich die Leute verstanden wußten.
3. Er redete positiv (verkündete eine „gute Nachricht").
4. Seine Predigten inspirierten die Menschen.
5. Seine Worte weckten Vertrauen.
6. Seine Worte waren authentisch und mit Leben gefüllt.
7. Seine Botschaft war von hoher Relevanz für das Leben seiner Zuhörer.
8. Seine Botschaft war anschaulich und praktisch umsetzbar.
9. Seine Predigten machten die Menschen liebevoller.
10. Seine Predigten brachten den Menschen innere und äußere Heilung.
11. Seine Predigten veränderten die Menschen.
12. Er hatte Vollmacht, d. h. in seinen Predigten wirkte Gott.

Kann das auch bei uns Wirklichkeit werden? Ja. In gewissem Maße schon. Zum einen muß unsere Predigt dazu natürlich *inhaltlich* mit dem übereinstimmen, was Jesus gelehrt hat. Dies zu vertiefen, kann nicht Gegenstand eines Gottesdienstbuches sein. Es gibt aber auch ein paar *formale* Grundregeln, die wir beachten müssen, wenn wir die Leute zum „Fliegen" bringen wollen. Auf diese möchte ich das Augenmerk im folgenden richten.

Zwölf Regeln für eine gute Predigt

Predigt Schritt 2: Nachvollziehen

Manchmal kommt man auch als Nicht-Pastor in die Verlegenheit, zu predigen. Es muß nicht immer im Gottesdienst sein. Auch im Haus- oder Jugendkreis, in der Frauenhilfe oder auf einer Gemeindefreizeit wird man plötzlich als Ehrenamtlicher gefragt, ob man nicht bereit wäre, eine „Andacht" oder auch eine Predigt zu halten. Vielleicht haben Sie sich bis heute nicht getraut. Probieren Sie es doch einmal aus und beherzigen Sie die auf den folgenden Seiten aufgeführten Punkte.
Ja selbst, wenn Sie ein routinierter Prediger sind: Ich bin mir sicher, daß Sie auf den nächsten Seiten auf den einen oder anderen Tip stoßen, wie Sie Ihre Predigten verbessern können. Daher finden Sie auf Seite 150 eine Checkliste für Prediger. Im dritten Teil dieses Kapitels über das Predigen soll es dann darum gehen, wie die gesamte gottesdienstliche Gemeinde auf die Gestaltung der Predigt Einfluß nehmen kann.

„Nur wenn Sie Qualität bieten, werden die Menschen kommen und sich anhören, was Sie ihnen zu sagen haben."

Was ist eine schlechte Predigt?

Doch nehmen Sie sich zunächst ein paar Minuten Zeit und denken einmal an ein paar Predigten zurück, die Sie persönlich als „schlecht" empfanden. Denken Sie dabei bewußt an Predigten, mit denen Sie inhaltlich im wesentlichen übereinstimmten. Schreiben Sie Ihre Kritikpunkte an diesen Predigten in die folgenden Zeilen:

1. ______________________________

2. ______________________________

3. ______________________________

4. ______________________________

5. ______________________________

Ich wünschte, ich könnte lesen, was Sie geschrieben haben! Lassen Sie mich raten: Sie fanden die Predigt zu lang und zu langatmig? Oder kamen Ihnen zu wenig praktische Beispiele und Illustrationen in der Predigt vor? War Ihnen nicht klar, was der Prediger eigentlich wollte? Haben Sie keinen roten Faden in der Predigt entdeckt? Blieb die Botschaft in Ihrem Kopf stecken und drang nicht in Ihr Herz vor? Redete der Prediger von einer Welt, die nicht die Ihre ist? Redete er zu sehr von oben herab? Oder fehlte Ihnen die konkrete Umsetzung?

Allgemeingültige Prinzipien

Habe ich getroffen? Kunststück! Ich selbst habe diese Mängel immer wieder an meinen eigenen Predigten entdeckt. Und doch, so habe im Lauf der Jahre gemerkt, handelt es sich nicht nur um mein persönliches Problem. Mittlerweile bin ich mir sicher, daß ich hier auf einige allgemeingültige Prinzipien gestoßen bin. Ich bilde, wie gesagt, selbst Prediger aus, und in diesem Kreis reden wir viel über Predigten – eigene wie fremde. Wann immer es zu Kritiken kommt, kehren die gleichen Punkte

in großer Regelmäßigkeit wieder. Sie scheinen mir ein negatives Spiegelbild dessen zu sein, was ich oben als die „Regeln der Predigtkunst" bezeichnet habe. Die Qualität einer Predigt hängt tatsächlich an der Beachtung bzw. Nichtbeachtung dieser Regeln.
Ich habe das einmal in zwölf Punkten zusammengefaßt. Selten wird ein Prediger alle diese Regeln in einer einzigen Predigt beherzigen können. Aber wenn er gegen allzuviele verstößt, wird seine Predigt wahrscheinlich von den meisten seiner Hörer als „schlecht" empfunden werden. Vielleicht wird es hierzu Ausnahmen geben: Irgendjemand fühlt sich gerade von dieser Predigt besonders angesprochen. Wenn der Prediger eine solche Rückmeldung erhält, sollte er dem Heiligen Geist danken, aber er sollte nicht der Versuchung erliegen, von diesem Einzelfall auf die Qualität seiner Predigt zurückzuschließen. Qualitativ gut ist seine Predigt, wenn er von den folgenden zwölf Regeln vielleicht nicht alle, aber doch zumindest sieben oder acht angewandt hat:

Vorbereitung

1. Bereiten Sie sich gut vor.

Ich kenne Pastoren, die stehen, wenn sie sonntagmorgens predigen müssen, gerade mal eine halbe Stunde vorher auf. Andere bereiten ihre Predigt in wenigen Stunden am Samstagnachmittag vor. Ich glaube, daß eine solche Praxis entweder Genies oder Faulpelzen vorbehalten ist. Der Geist hilft unserer *Schwachheit,* nicht aber unserer *Faulheit* auf. Mag sein, daß der Heilige Geist es im einen oder anderen Fall schenkt, daß einem unvorbereiteten Prediger eine wirklich gute Predigt gelingt. Normal ist das nicht. Normal ist, daß bei mangelnder Vorbereitung die Gemeinde mit langweiligen oder teilweise auch pathetisch vorgetragenen Belanglosigkeiten, mit frommen Worthülsen, mit ethischen Appellen und vor allem mit der ständigen Wiederholung der immer wieder gleichen Motive abgespeist wird. Was dem einen Prediger als besonders souverän und dem anderen als besonders „geisterfüllt" erscheint, ist, vom Zuhörer aus betrachtet, oft eine Lieblosigkeit ersten Ranges!
Bill Hybels, der leitende Pastor der „Willow Creek Community Church", ist einer der besten Prediger, die ich kenne. Er ist der ernsthaften Meinung, er habe nicht die Gabe der Predigt, weil er für jede Predigt zwischen 20 bis 40 Stunden Vorbereitungszeit benötigt. Doch Begabung und harte Arbeit schließen einander nicht aus. Theo Lehmann, dieser ausgesprochen begnadete Prediger aus Chemnitz, braucht zur Vorbereitung einer 18-Minuten-Predigt nach eigenem Bekunden drei volle Arbeitstage. Das müssen unsere Gemeinden wissen, die ihren Pastoren mit völlig überzogenen Erwartungen unter der Woche oft das Letzte an Zeit abfordern und dann noch am Sonntag eine gute Predigt erwarten: Von nichts kommt nichts!
Der rumänische Märtyrerkirchen-Pfarrer Richard Wurmbrandt gab mir vor Jahren einmal folgende (leider kaum übersetzbare) Anleitung zu einer guten Predigt, die ich mir auf den Schreibtisch gestellt habe:

> ***"Read yourself full. Think yourself cool. Pray yourself hot."***

Nur auf diese Weise können Sie Qualität bieten. Und nur, wenn Sie Qualität bieten, werden die Menschen kommen und sich anhören, was Sie ihnen zu sagen haben.

2. Sorgen Sie für einen interessanten Einstieg.

Einstieg

An keiner Stelle ist die Aufmerksamkeit Ihrer Zuhörer so hoch wie in den ersten vier Minuten. Bitte vergeuden Sie diese wertvolle Zeit nicht mit langatmigen Einleitungen, historischen oder philologischen Erwägungen oder mit Anekdoten, die zwar nett sind, deren praktischer Nährwert aber gering ist. Ihre Einleitung muß Ihre Zuhörer wie ein reißender Strom in das Thema hineinziehen. Sie muß Aufmerksamkeit erwecken und eine Erwartungshaltung schaffen.
Gute Prediger verwenden darum oft einen überproportional hoch erscheinenden Teil ihrer Vorbereitungszeit dafür, einen guten Einstieg zu finden. Viele Prediger haben freilich die merkwürdige Eigenart, zu meinen, etwas, was *sie* interessant, witzig oder bemerkenswert finden, fänden deswegen auch gleich *alle anderen* interessant, witzig oder bemerkenswert. Das ist keineswegs der Fall. Bitte starten Sie unter der Woche einen „Testballon" bei zwei oder drei repräsentativen Predigthörern, wie sie auf den Impuls reagieren, mit dem Sie in Ihrer nächsten Predigt einsteigen wollen!

3. Formulieren Sie für sich ein Ziel Ihrer Predigt.

Ziel der Predigt

Jeder Prediger sollte *in einem Satz* beantworten können, was er mit seiner Predigt konkret bei seinen Zuhörern erreichen will. Mir hat einmal ein Pastor gesagt, er *wolle* bei seinen Zuhörern gar nichts erreichen. Ich habe ihm geantwortet, dann solle er bitte nicht auf die Kanzel steigen, er würde Gott und den Zuhörern die Zeit stehlen. Gott möchte Menschen durch Predigten aufrütteln, zur Buße führen, trösten, im Glauben stärken, einen nächsten Schritt zeigen. Der Prediger sollte sich dessen bewußt sein, daß er ein Werkzeug dieser Absicht Gottes ist und sollte das Ziel seiner Predigt so konkret wie möglich – am besten schriftlich – für sich formulieren. Und seine fertige Predigt sollte er daraufhin prüfen, ob sie dem gesteckten Ziel auch dient.

4. Entfernen Sie alles, was die Gedanken Ihrer Zuhörer auf ein Nebengleis führt.

Straffung

So wichtig und so reizvoll die eine Geschichte oder der andere Gedanke Ihnen auch zu sein scheint: *Kommen Sie so schnell wie möglich zum Punkt!* Die Ziellosigkeit vieler Predigten ist der häufigste Grund, warum Predigten überlang werden. Der Prediger meint, immer noch etwas „Interessantes" oder „Wichtiges" draufsetzen zu müssen. Sie müssen und Sie dürfen in einer Predigt nicht alles sagen, was Ihnen wichtig ist, sondern nur das Eine, das jetzt dran ist. Und wenn Sie Ihr Ziel erreicht haben, klopfen Sie es einmal fest und hören Sie auf. Manche Prediger sind wie Hühner, die am Zaun entlangrennen und den Ausgang nicht finden. Luthers Predigtregel war: „Tritt fest auf, mach's Maul auf, hör bald auf!"

Übersichtlichkeit

5. Gestalten Sie Ihre Rede übersichtlich.

Manche Leute vertreten die Ansicht, ein Satz in einer guten Rede dürfe nicht mehr als 13 oder 14 Wörter aufweisen. Ich glaube das nicht. Ein Satz darf ruhig länger sein, aber er darf keine langen *Nebensätze* haben. Daher: Vermeiden Sie lange Nebensätze!
Eine klare, nachvollziehbare *Gliederung* hilft dem Zuhörer, sich den Inhalt der Predigt besser zu merken. Gliederungsmöglichkeiten kennt die Rhetorik viele. In Ihrer Predigt können Sie entweder Vers für Vers am Text entlanggehen, was sich bei biblischen Geschichten sehr, bei schweren und unbekannten Texten jedoch weniger empfiehlt. Bei letzteren empfiehlt sich eher eine Dreiergliederung, die sich aus den verschiedensten Gründen immer wieder als die einfachste und einprägsamste erweist. Wenn Sie mehr als drei Punkte benutzen, kündigen Sie das vorher bitte unbedingt an, sonst schalten die Leute nach dem dritten Punkt ab!
Nennen Sie die einzelnen Überschriften – das hilft auch dem, der zwischenzeitlich einmal abgeschaltet hat, sich wieder einzuklinken –, und sagen Sie beim letzten Punkt, daß es der letzte ist. Die Aussicht, daß es „gleich geschafft" ist, hilft dem Zuhörer, noch einmal alle Kräfte zum Zuhören zu mobilisieren.

Lebendige Sprache

6. Verwenden Sie eine lebendige, „kantige" Sprache.

Eine Predigt ist nicht der Ort, um theologische Richtigkeiten oder ein wie auch immer geartetes Spezialwissen an den Mann bzw. an die Frau zu bringen. Predigtsprache soll ein Griff ins volle Leben sein!
Einige konkrete Tips: Drücken Sie nicht negativ aus, was Sie auch positiv sagen können! Evangelium heißt „gute Nachricht". Wie kommt es nur, daß so viele Predigten dem Inhalt nach weder positiv noch neu sind? Reden Sie *dynamisch,* das heißt: benutzen Sie Verben, wo immer es geht. (Gerade unter Theologen herrscht – wohl noch im Gefolge der Heidegger'schen Philosophie – eine ausgeprägte Substantivitis.) Reden Sie in der *Gegenwart* statt in der Vergangenheit. Gehen Sie sparsam mit „grauen" (ausdrucksarmen) Verben und *Hilfsverben* um. Bauen Sie durch Ihr Reden eine *Spannung* auf. Ziehen Sie das Verb in wichtigen Sätzen so weit nach vorne wie nur möglich. Benutzen Sie, wenn es geht, *direkte Rede.* Sprechen Sie *pointiert* und plakativ: „Zeigen" Sie den Leuten, worum es Ihnen geht, auch auf die Gefahr hin, daß Sie Dinge einseitig dar-

stellen. Die „andere Seite" können Sie nächste Woche darstellen. Seien Sie so *konkret* wie möglich. Vermeiden Sie Abstraktionen. – Man muß Ihrer Sprache abspüren, daß es Ihnen eine Lust ist, zu leben und zu glauben! (Wenn dies nicht der Fall ist, sollten Sie auch nicht predigen.)

Illustrationen

7. Verwenden Sie genügend Illustrationen und praktische Beispiele.

Jesus hat in seinen Predigten ständig Bilder, Illustrationen und aktuelle Bezüge eingebaut. Sie sind das Salz in der Suppe einer guten Predigt. Freilich muß man aufpassen, daß man hierbei nicht des Guten zu viel tut und die Suppe „überwürzt". Ich könnte Ihnen noch nach Jahren so manche amüsante Geschichte wiedergeben, die ein Prediger benutzt hat, was er damit freilich verdeutlichen wollte, hatte ich bereits einen Tag nach der Predigt vergessen.
Eher verwirrend wirkt es außerdem, wenn der Prediger in eine einzige Predigt zu viele Bilder hineinpackt. Generell gilt die Regel: Illustrationen müssen *wohldosiert* sein, sie müssen *verstehbar, wirklichkeitsnah* und *zumutbar* sein (bitte keine „Schocker" verwenden!). Wenn Sie Beispiele aus dem Gemeindeleben (oder aus Ihrer Familie) benutzen, wozu ich Ihnen Mut machen möchte, sehen Sie zu, daß Sie nicht etwas ans Tageslicht zerren, was den Beteiligten unangenehm ist.
Und schließlich: Seien Sie *humorvoll.* Guter Humor ist in der Kirche häufig Mangelware. Dabei gibt es kaum ein wirksameres Mittel, ein warmes, einladendes, freundliches Klima zu schaffen. Und nichts ist der Tatsache, daß Jesus den Tod besiegt und uns ein neues Leben geschenkt hat, gemäßer, als Freude und Humor. Eine Predigt, während der die Leute nicht wenigstens zwei- oder dreimal herzlich gelacht haben, ist für mich eine verlorene Predigt (traurige Anlässe natürlich ausgenommen).

Authentizität

8. Sagen Sie „Ich".

Interessanterweise ist kaum eine Predigtregel so umstritten wie diese. „Das Ich des Predigers gehört nicht in die Predigt, weil wir Christus und nicht uns selbst zu verkünden haben." Diesen und ähnlichen Unsinn habe ich in meiner Ausbildung immer wieder gehört. Aber das Wort muß Fleisch werden! Im Unterschied zur vorherrschenden theologischen Lehrmeinung wollen die Leute keine blutleere Botschaft hören, sondern wollen wissen, wie es dem Prediger mit seiner eigenen Botschaft ergeht.
Natürlich kann man diese Regel narzißtisch übertreiben. Aber im Prinzip gilt: Indem der Prediger „Ich" sagt, stellt er sich selbst mit unter die Botschaft, statt von oben herab etwas zu verkünden, was ihn selbst ganz offensichtlich nicht zu betreffen scheint. Bevor sich der Predigthörer den *Inhalten* der Predigt zuwendet, interessiert er sich vor allen Dingen dafür, ob der Prediger authentisch ist. Dazu muß dieser aber etwas von sich preisgeben.

Originalität

9. Seien Sie ungewöhnlich.

Nichts ist öder, als wenn man bei einer Predigt schon genau weiß, was als nächstes kommt. Ihre Zuhörer sind von Grund auf neu-gierig und diese Neugier ist zunächst nichts Negatives (negativ wird Neugierde erst, wenn wir uns in Dinge einmischen, die uns nichts angehen), sondern eine der positivsten Triebfedern für ihr persönliches Wachstum. Diese positive Neugierde Ihrer Zuhörer werden Sie nur befriedigen können, wenn Sie selbst neugierig sind. Versuchen Sie nicht krampfhaft, originell zu sein. Aber Sie sollten einen Bibeltext, den Sie auslegen, so lange meditieren, bis Sie selbst überrascht von dem sind, was da eigentlich steht (gerade dann, wenn sie ihn schon hundertmal gelesen haben!).
Predigen Sie das, was Sie gestern (oder vor kurzem) noch nicht wußten! Wer anderen etwas „beibringen" möchte, sollte zum Ausdruck bringen, daß er selbst ständig dazulernt. Manche Prediger predigen seit Jahren das gleiche und berufen sich dabei darauf, daß man dem Evangelium nichts Neues hinzufügen könne. Das halte ich für eine faule Ausrede. Freilich kann man dem Evangelium nichts Neues hinzufügen, aber es ist reich und vielfältig genug, daß wir ihm Zeit unseres Lebens immer wieder neue Seiten abgewinnen können.

Sprache, Tonfall, Argumentation

10. Vermeiden Sie es, „von oben herab" zu reden.

Der Eindruck, der Prediger rede „von oben herab", setzt sich aus einer Vielzahl von Faktoren zusammen, die Sie systematisch minimieren müssen. In vielen Kirchen fängt das bereits damit an, daß der Pastor von einer hoch über den Normalsterblichen schwebend angebrachten Kanzel buchstäblich herunterpredigt. Erschwerend wirkt sich eine Insidersprache aus, wie es beispielsweise die „Sprache Kanaans" ist. Merken wir denn nicht, daß wir, indem wir in unseren Predigten permanent Vokabeln benutzen, die niemand außerhalb der Kirche mehr benutzt oder kennt, diesen Menschen faktisch das Gefühl geben, nicht dazuzugehören?
Dazu kommt der Tonfall, den sich manche Prediger auf der Kanzel angewöhnt haben. Bitte fragen Sie Ihre Freunde und Lieben, ob Sie, wenn Sie predigen, den gleichen Tonfall verwenden wie sonst auch. Und wenn das nicht der Fall ist, ziehen Sie Konsequenzen daraus: Ändern Sie Ihren Kanzeltonfall (und nicht Ihren Alltagstonfall, wie manche sich leider zur Angewohnheit gemacht haben, denen man das Pastorendasein sogar noch beim Abendessen anmerkt).
Wenn Sie Menschen zur Umkehr rufen, tun Sie das in großer Demut! Wenn Sie von Sünden reden und davon, daß Menschen sich ändern müssen, stellen Sie sich mit ihnen unter dieses Urteil. Belassen Sie es dabei nicht bei einem allgemeinen „Auch ich bin Sünder", sondern machen Sie konkret, daß auch Sie zu kämpfen haben. Und bitte: Seien Sie fair! Viele Prediger verkaufen abweichende Positionen und Gegenargumente

oft unter Wert und tun sie allzu leichtfertig ab. Bedenken Sie: Ihr Gegner kann sich nicht wehren, aber Ihr Zuhörer wird die Qualität Ihrer Argumente prüfen, und wehe, Sie haben ein zu dünnes Brett gebohrt! Stellen Sie Gegenargumente in ihrer Stärke und nicht in ihrer Schwäche dar, bevor Sie sich daranmachen, sie zu entkräften oder gar zu widerlegen.

Leidenschaftlichkeit

11. Sorgen Sie dafür, daß Ihre Predigt in das Herz Ihrer Zuhörer dringt.

Viele Predigten sprechen primär den Verstand oder den Willen des Predigthörers an. Doch *einzusehen,* was gut ist, heißt noch lange nicht, das Gute auch zu *wollen.* Und das Gute zu wollen, heißt noch lange nicht, die *Kraft* zu haben, es auch zu tun. Darum sind auch Mahnungen und Appelle an das schlechte Gewissen in der Regel wenig hilfreich, ja sie wirken oft geradezu demotivierend. Die Menschen brauchen keine Appelle, daß sie eigentlich besser sein müßten. Das wissen sie in der Regel sehr genau, aber es fehlt ihnen die Kraft dazu.
Was die Leute viel eher brauchen als Appelle, ist vollmächtig zugesprochene Liebe. Diese Liebe darf allerdings nicht nur allgemein behauptet, sondern muß konkret erfahrbar sein, zum Beispiel auch in der Art der Gottesdienstgestaltung und in der Art, wie der Prediger seine Botschaft ausrichtet. Nur das Gefühl des bedingungslosen Angenommenseins gibt einem Menschen die Kraft, sich von seiner bisherigen Position zu lösen und wegzubewegen.
Sprechen Sie das Herz der Menschen an, indem sie positive (!) Emotionen wachrufen. Wecken Sie Vertrauen, vermitteln Sie Freude, sprechen Sie den Menschen ein vollmächtiges „Ja" Gottes zu und reißen Sie Horizonte auf: Schaffen Sie eine gespannte Erwartung, was Gott im Leben Ihrer Zuhörer tun kann. Reden Sie weniger *belehrend* und *appellativ,* sondern vielmehr *inspirierend.* Das Geheimnis einer inspirierenden Predigt ist Liebe: brennende Liebe zu Gott und eine ganz starke Liebe zu den Menschen, zu denen man predigt. Wenn Sie nicht leidenschaftlich lieben, sollten Sie auch nicht predigen. Was nützen kluge Worte und Ratschläge, wenn sie nicht aus der Liebe geboren werden?

Anwendbarkeit

12. Geben Sie Ihren Zuhörern immer etwas mit, das sie praktisch umsetzen können.

Dies schreibe ich bewußt direkt im Anschluß an das gerade eben über die Nutzlosigkeit moralischer Appelle Gesagte. Ich bin definitiv der Meinung, daß etwas, das nur aus schlechtem Gewissen heraus getan wird, nie und nimmer christlich sein kann. Auf der anderen Seite kranken viele Predigten daran, daß der Zuhörer am Schluß nicht weiß, welchen konkreten nächsten Schritt er tun soll. Interessanterweise gilt dies auch für Predigten, die zwar sehr stark den Willen der Zuhörer ansprechen, dabei aber sehr im allgemeinen bleiben, statt konkret zu werden. („Müßten wir nicht alle unseren Beitrag dazu leisten, damit es wieder friedlicher unter den Menschen zugeht? Punkt.") Dahinter steckt wahrscheinlich die Vorstellung des alten Sokrates, daß die Menschen schon wüßten, was sie tun sollen, wenn sie das Problem nur recht erkannt haben. Das aber ist mitnichten der Fall. Darum muß jede Predigt auf die Beantwortung der Frage hindrängen: „Was heißt das praktisch? Wie sieht das konkret aus? Wie wird das lebbar? Was ist der nächste Schritt?" Der Prediger soll seine Zuhörer einladen und nicht unter Druck setzen, aber er muß ihnen zeigen, wie es aussehen kann, wenn sie seiner Einladung folgen, sonst verpufft seine Botschaft wirkungslos im Raum.

Die richtige Länge

Eine oft gestellte Frage zum Schluß: Wie lange sollte eine gute Predigt dauern? Ich fürchte, da gibt es keine allgemeingültige Antwort. Ich gehöre nicht zu den Menschen, die sagen, eine Predigt dürfe nicht länger als 20 Minuten dauern (obwohl ich mich in der Regel daran zu halten versuche). Ich habe Predigten gehört, da habe ich nach einer Stunde bedauert, daß sie schon zu Ende war, und umgekehrt auch Predigten, bei denen ich mir schon nach zwei Minuten sehnlichst das Ende herbeiwünschte. Als Faustregel möge gelten: Halten Sie nie eine Predigt von mehr als 15 Minuten Länge, wenn Ihnen nicht eine qualifizierte Anzahl von Menschen gesagt hat, daß sie doch bitte länger predigen sollten!

Checkliste

1. Habe ich mich gut vorbereitet?
2. Habe ich einen interessanten Einstieg gefunden/geprüft?
3. Habe ich ein klares Ziel formuliert?
4. Habe ich alles entfernt, was die Gedanken meiner Zuhörer auf ein Nebengleis führt?
5. Ist meine Rede übersichtlich (Gliederung)?
6. Ist meine Sprache kantig und lebendig?
7. Habe ich genug Illustrationen und praktische Beispiele (auch aus der eigenen Gemeinde) eingesetzt?
8. Habe ich „Ich" gesagt?
9. Ist meine Predigt ungewöhnlich?
10. Rede ich irgendwie von oben herab?
11. Gelangt meine Botschaft in das Herz meiner Zuhörer?
12. Ist meine Botschaft praktisch umsetzbar?

Literaturtip: Eberhard Wagner, Rhetorik in der christlichen Gemeinde, Christliches Verlagshaus, ISBN 3-7675-7735-6

Die Predigtpraxis „interaktiver" gestalten

Predigt Schritt 3: Gestalten

Um die Wahrheit zu sagen: Wenn Ihr Pastor hier nicht mitmacht, werden Sie nur wenig Möglichkeiten haben, die im folgenden genannten Punkte umzusetzen. Aber je mehr Ihre Gemeinde von dem Konzept „Der Pastor *hält* den Gottesdienst" wegkommt und sich dem Konzept „Die Gemeinde *feiert* den Gottesdienst" annähert, desto mehr wird auch die scheinbar ureigenste Domäne des Pastors – die Predigt – zu einer Angelegenheit der *ganzen* Gemeinde.

„Ich frage mich, warum schlecht predigende Pastoren immer noch viel öfter predigen als gut predigende Nicht-Pastoren."

1. Bieten Sie einen Predigtvorbereitungskreis an.

In einem solchen Kreis werden die Texte des jeweils kommenden Sonntags vorab besprochen. (Das kann selbstverständlich auch in einem Hauskreis geschehen.) Dabei ist es zweitrangig, ob der Pastor daran teilnimmt oder auch nicht. Wichtig ist weniger, daß der Pastor durch diesen Kreis besser auf die Predigt vorbereitet wird (obwohl das meiner eigenen Erfahrung nach eine ganz hervorragende Möglichkeit ist!), als vielmehr, daß die *Gemeindeglieder* es werden. Die Motivation, genau hinzuhören, was der Pastor aus einem Predigttext „macht", den man selbst eine oder zwei Stunden lang intensiv mit anderen besprochen und bedacht hat, ist enorm. Auch ohne einen solchen Kreis gilt: Sie werden mit einer Predigt sehr viel mehr anfangen können, wenn Sie sich mit dem Predigttext bereits im Vorfeld eingehend auseinandergesetzt haben. Dazu müssen die Predigttexte natürlich vorher bekannt sein.

2. Bauen Sie ein Predigt-Recherche-Team auf.

Recherche-Team

Aufgabe dieses Teams ist es, zu den einzelnen Themen und Texten für die Prediger Daten, Fakten und Geschichten zusammenzustellen. Mitglieder dieses Teams können gleichzeitig auch Mitglied des Predigtvorbereitungskreises sein, müssen es aber nicht. Eine gute Predigt braucht enorm viel Recherchearbeit, die der Prediger alleine oft gar nicht leisten kann. Andererseits macht es bestimmten Gemeindegliedern vielleicht Freude, sich in ein Thema hineinzulesen, Archive, Bibliotheken oder das Internet zu durchforsten und zu sehen, wie die Ergebnisse ihrer Recherchen dem Pastor helfen, eine bessere Predigt zu halten.

3. Bieten Sie einen Hauskreis an, der Predigten „nacharbeitet".

Nachbearbeitung

Ein solches Angebot korrespondiert in gewisser Weise mit dem Predigtvorbereitungskreis, scheint mir aber fast noch wichtiger zu sein, weil in solchen Gruppen ein Bezug zwischen der Predigt und dem Alltag des Einzelnen hergestellt wird. Allein nimmt man sich das eine oder andere vielleicht auch vor, aber in der Praxis des Alltags gehen diese guten Vorsätze häufig verloren. Anders, wenn man in einer Gruppe miteinander konkrete Vereinbarungen trifft und sich auch darüber austauscht, welche Erfahrungen man damit gemacht hat.

Auch hier ist es relativ zweitrangig, ob der Pastor selbst an dem Kreis teilnimmt oder nicht. Zweifellos kann ein solcher Kreis dem Pastor ein konstruktives Feedback geben, was an seiner Predigt besonders gut und was verbesserungsbedürftig war, aber das ist gar nicht das Wesentliche. Wesentlich ist, daß eine Gruppe darüber redet, wie sie die Botschaft des Sonntags konkret in gelebtes Leben umsetzen kann. Dazu ist es gut, wenn entweder der Pastor oder der Kreisleiter vorbereitete Fragen verteilen, die auf die Umsetzung des Gehörten zielen.

Schriftliche Kurzfassungen

4. Ermuntern Sie Ihren Pastor, daß er seine Predigten nach dem Gottesdienst in schriftlicher Kurzfassung verteilt.

Die Formulierung der Predigtthesen ist eine Mehrarbeit, die sich wirklich lohnt. Ich selbst, der ich mit meiner Zeit ausgesprochen geize, praktiziere das seit über zwölf Jahren. In der Gemeinde werden diese Predigtthesen gesammelt, unter der Woche oft noch einmal nachgelesen oder an Menschen weitergegeben, die an dem Gottesdienst nicht teilnehmen konnten. Die Erstellung einer Kurzfassung wirkt sich auf die Qualität der Predigt aus: Sie zwingt den Prediger, seine Gedanken noch einmal auf den Punkt zu bringen und Unnötiges herauszukürzen. Vor allem merkt er schon im Vorfeld, wo seine Worte unklar und schwammig werden oder wo der rote Faden fehlt. Die Predigtthesen sind eine gute Möglichkeit, auch über die Grenzen der eigenen Gemeinde hinauszuwirken, außerdem bieten sie eine gute Grundlage für einen Predigtnacharbeitskreis oder auch ein Predigtnachgespräch (vgl. meinen Vorschlag Nr. 6).

Kassettendienst

5. Organisieren Sie einen Kassettendienst.

Jedes Auto ist eine potentielle Volkshochschule und geistliche Ausbildungsstätte. Die Anzahl der Predigten und Vorträge, die ich in den letzten Jahren auf langen Autofahrten oder auch bei Arbeiten zuhause gehört habe, geht in die Hunderte. Wirklich gute Predigten kann man sich dabei durchaus auch zwei- oder dreimal anhören. Darum sollten Sie, wenn es in Ihrer Gemeinde gute Predigten gibt, einen Kassettendienst einführen. Für eine solche Aufgabe lassen sich oft technikbegabte Jugendliche gewinnen. Der Kassettendienst ist nicht nur eine Hilfe, daß man sich die Predigt noch einmal anhören kann; man kann die Kassetten auch weitergeben an Menschen, die das jeweilige Thema gerade betrifft (und die, wie es meistens so geht, ausgerechnet an diesem Sonntag nicht da waren).
Doch der Kassettendienst hat auch eine evangelistische und diakonische Dimension: Kassetten mit evangelistischen Predigten kann man an nichtchristliche Freunde, die einen Gottesdienst oder eine andere Gemeindeveranstaltung noch nicht besuchen würden, weitergeben; und Alte und Kranke freuen sich, auf diese Weise an dem Gottesdienst ihrer Gemeinde teilnehmen zu können. Auch, wenn alte Menschen nicht mehr lesen können, können heute doch die meisten einen Kasset-

tenrecorder bedienen. Überspielgeräte mit doppelter Abspielgeschwindigkeit sind mittlerweile überall günstig zu haben. Professionelle Schnellkopierer hingegen kosten mehrere tausend Mark.

Predigtnachgespräche

6. Bieten Sie regelmäßig Predigtnachgespräche in Ihrer Gemeinde an.

Wenn der Pastor diese Gespräche nicht von sich aus möchte, sollten der Kirchenvorstand oder andere Gemeindeglieder ihm das eindringlich nahelegen. Ihre Gemeinde muß Möglichkeiten haben, mit dem Prediger ins Gespräch zu kommen. Wenn Sie einen „Kirchenkaffee" nach dem Gottesdienst anbieten, ist sicherlich auch Gelegenheit dazu, aber vermutlich wird ein solches Gespräch im Stehen nicht allzu tief gehen können. Der Pastor sollte bei Predigten, die ihm besonders wichtig waren, ein solches Nachgespräch anbieten, er sollte aber auch der Gemeinde die Gelegenheit geben, ein solches Nachgespräch spontan anzusetzen, wenn eine größere Anzahl von Gemeindegliedern Gesprächsbedarf sieht.

Feedback

7. Geben Sie der Gemeinde Möglichkeit zur Rückmeldung.

Legen Sie in Ihrer Gemeinde zum Beispiel „Feedback-Zettel" aus! Die Rückmeldungen, die ein Pastor auf seine Predigt bekommt, beschränken sich oft auf Klischees: „Sie haben mir aus dem Herzen geredet", „Heute hat's mir nicht gefallen", oder „Sehr schön gepredigt, Herr Pastor". In vielen Fällen bekommt er überhaupt nichts zu hören. Mancher Pastor mag ganz froh darüber sein, aber wenn er in der Gemeinde wirklich etwas erreichen will, dann darf er Rückmeldungen – auch negative – nicht scheuen. Sie tun manchmal weh, aber sie helfen uns entscheidend, das Angebot auf Dauer zu verbessern. Ich persönlich würde, wenn ich einen solchen Feedback-Zettel auslege, diesen nicht allein auf die Predigt beschränken, sondern auf den ganzen Gottesdienst beziehen. (Ein Muster für einen Feedback-Zettel finden Sie auf Seite 22.)
Eine Gemeinde, die die Qualität ihres Angebotes steigern möchte, muß auf dem Gebiet, das sie verbessern möchte, negative Kritik zulassen. Wer sich gegen jegliche Kritik immunisiert, verbaut sich jede Möglichkeit, zu wachsen und voranzukommen. Es muß Räume geben, in denen Brüder und Schwestern liebevoll ihre Kritik vorbringen können. Das ist zum einen in den bereits erwähnten Predigtnachgesprächen oder im Hauskreis möglich. Der Pastor kann aber auch einige Gemeindeglieder seines Vertrauens bitten, ihm regelmäßig Feedback zu seinen Gottesdiensten zu geben (ähnlich, wie ich es oben von Bill Hybels geschildert habe), und diese Rückmeldungen in besonderer Weise berücksichtigen.

Reihenpredigten

8. Schalten Sie um von Perikopen- auf Reihenpredigten.

In der evangelischen Landeskirche wird nach der sogenannten „Perikopenordnung" gepredigt, die sich am Kirchenjahr orientiert. Jeder

Sonntag hat ein eigenes Thema, das in sechs aufeinanderfolgenden Jahren durch jeweils einen anderen Text beleuchtet wird, bevor die Reihe wieder von vorn anfängt. Der große Vorteil dieses Verfahrens ist, daß der Pastor nicht immer über seine Lieblingsthemen sprechen kann.

Doch dieser bunte Wechsel an Themen bringt nicht nur Vielfalt, sondern auch Verwirrung. Denn wenn Sie das Thema einer Predigt wirklich interessiert, hören Sie erst nach einem Jahr die Fortsetzung! Die benachbarten Sonntage im Kirchenjahr stehen (außer in Festzeiten) in keinem nachvollziehbaren Zusammenhang untereinander, so daß an einem Sonntag von der Taufe, am nächsten von der Liebe und dann wiederum vom Jüngsten Gericht die Rede sein kann. Es ist wie bei einem Puzzle ohne Vorlage: An jedem Sonntag wird sozusagen ein Stück (der Predigttext) des gesamten Puzzles (die Bibel) unter die Lupe genommen. Am Ende der Predigt aber wird dieses Stück wieder in den Karton zurückgelegt, ohne daß irgendein kontinuierlicher Versuch gemacht wird, die einzelnen Teile zu einem Ganzen zusammenzufügen. Nach Monaten und Jahren hat die Gemeinde vielleicht jedes einzelne Stück des Puzzles irgendwann einmal betrachtet, aber sie hat immer noch keine klare Vorstellung von dem Ganzen.

Die Gemeindeaufbauforschung hat gezeigt, daß die Einführung von thematischen Reihenpredigten, in denen biblische Bücher fortlaufend ausgelegt oder bestimmte Themen über mehrere Wochen hinweg behandelt werden, oft einen enormen Schub im Gemeindewachstum mit sich bringt. Nach dem Grund muß man nicht lange suchen: Die Teile, die der Zuhörer mit jeder Predigt an die Hand bekommt, hängen mit denen der benachbarten Wochen zusammen. So wird es ihm ermöglicht, in relativ kurzer Zeit die Botschaft der Bibel in Zusammenhängen zu begreifen. Machen Sie Ihrem Pastor Mut, sich wenigstens von Zeit zu Zeit immer einmal wieder von der Perikopenordnung zu lösen! Sie ist nicht verbindlich vorgeschrieben.

Wenn Ihr Pastor sich nicht auf Reihenpredigten einläßt, müssen Sie in den sauren Apfel beißen und sich mit der Perikopenordnung vertraut machen. Denn ab einer bestimmten Anzahl von Teilchen macht Puzzlespielen nur Spaß, wenn man die Vorlage vor Augen hat. Eine Vorstellung von dieser „Vorlage" zu gewinnen, kostet einen erheblichen Energieaufwand, der von den meisten Gemeindegliedern nicht zu erwarten ist. Aber in den Landeskirchen ist ein Ende der Perikopenpredigt nicht abzusehen. Hier wird wohl bis auf weiteres gepuzzelt werden. Das heißt: Das engagierte Gemeindeglied wird sich in diesem Fall wohl oder übel daran machen müssen, den Aufbau der Perikopenordnung zu erlernen.

Dazu rate ich Ihnen folgendes Ein-Jahres-Programm: Jeder Woche im Kirchenjahr sind, wie gesagt, sechs Predigttexte zugeordnet, dazu kommt noch der sogenannte Wochenspruch. (Einen Überblick über die Wochensprüche und Predigttexte finden Sie im Evangelischen Gesangbuch.) Warum nehmen Sie sich nicht jeden Tag einen dieser sieben Texte vor und führen eine Art Tagebuch zum Kirchenjahr? Im Wochenspruch verdichtet sich sozusagen das „Thema" der betreffenden Woche. Nachdem Sie in einer Woche alle sechs zugehörigen Predigttexte sowie den Wochenspruch betrachtet haben, haben Sie einen guten Überblick gewonnen, worum es in der Woche geht. Sie können flankierend dazu eine Auslegung der Wochensprüche (etwa Wilhelm Stählins Predigthilfen, Band 4) lesen. Nach einem Jahr haben Sie ein Handbuch vor sich, das Ihnen als „Vorlage" hilft, die Predigtpuzzlesteine richtig einzuordnen.

Ob Reihen- oder Perikopenpredigt: In jedem Fall sollten die Gemeindeglieder vorher wissen, was sie in dem Gottesdienst, den sie besuchen, erwartet. Kündigen Sie daher den Text oder das Thema, über das im Gottesdienst gepredigt wird, vorher an (im Gemeindeblättchen, in den Mitteilungen des Gottesdienstes oder per Aushang). Es hilft Ihnen, sich besser auf den Gottesdienst einzustellen und im Idealfall sogar, sich darauf vorzubereiten.

Gebet für den Pastor

9. Beten Sie für Ihren Pastor.

Das sollte jeder Gottesdienstbesucher für sich tun. Beschweren Sie sich nie über eine schlechte Predigt, wenn Sie nicht Ihren Teil zu einer guten Predigt beigetragen und intensiv für Ihren Pastor gebetet haben. Für einen Gebetskreis in der Gemeinde oder einen Hauskreis, der sich auf Predigtvorbereitungen konzentriert, sollte das Gebet für den Prediger eine Selbstverständlichkeit sein.

In einer Freikirche habe ich kürzlich erlebt, daß im Gottesdienst die ganze Gemeinde in einer Gebetsgemeinschaft vor der Predigt für ihren Prediger betete. Das wird dort regelmäßig gemacht, was mich sehr beeindruckt hat, weil ich merkte: Hier müht sich nicht nur einer für alle, sondern auch alle für einen. (Übrigens hat der traditionelle Gottesdienst hierfür eigens einen Platz: Die sogenannte „Salutatio", das ist der wechselseitige Segen, in dem der Pastor sagt: „Der Herr sei mit euch", und die Gemeinde antwortet: „Und mit deinem Geist". Haben Sie das schon einmal bewußt als Fürbitte für Ihren Pastor gebetet?)

Gesprächszeiten

10. Bieten Sie kurze Gesprächszeiten während oder direkt nach der Predigt an.

Das ist gewöhnungsbedürftig für beiden Seiten: für den Prediger *und* für die gottesdienstliche Gemeinde. Aber warum soll der Prediger nur rhetorische und nicht auch einmal echte Fragen in seiner Predigt stellen, auf die er auch eine Antwort erwartet?

Einen Schritt weiter geht die Anregung, mitten in die Predigt eine Gesprächseinheit einzubauen: Nachdem der Pastor eine Fragestellung entwickelt hat, hält er in seiner Predigt kurz inne und bittet, daß sich die Gottesdienstteilnehmer in kleinen Gruppen von vier oder fünf Personen

über die angesprochene Frage austauschen. Anschließend fährt der Pastor mit seiner Predigt fort.
Oder trauen Sie sich, eine offene Fragerunde im Anschluß an die Predigt anzubieten! Mit dieser Form haben wir vor allem in unserem „sucherorientierten" Gottesdienst gute Erfahrungen gemacht. Auf diese Weise kommen Sie mit den Leuten wirklich ins Gespräch und predigen sie nicht nur an. Wichtig bei einer solchen Fragerunde ist, daß sowohl die Fragen als auch die Antworten *kurz* sind. Sie sollten die Fragerunde außerdem bereits im Vorfeld auf eine bestimmte Anzahl von Fragen oder Minuten festlegen. Voraussetzung für die Durchführung eines solchen Elements ist, daß die Predigt entsprechend kürzer ist.

Gesprächsgottesdienste

11. Noch radikaler: Führen Sie ein Rundgespräch.

Eine Gemeinde, die Erfahrung mit dem Gespräch im Gottesdienst hat, kann auch gelegentlich zu einem *Gesprächsgottesdienst* einladen. Dabei ist jeder Gottesdienstteilnehmer eingeladen, nach einer kurzen Einführung des Pastors, die Sachproblem und biblische Aussage verbindet, seine eigenen Gedanken zu äußern. Hierbei können „Spielregeln" vereinbart werden (z. B. „Nicht länger als eine Minute pro Beitrag"). Der Pastor – oder wer auch immer den Gottesdienst leitet – hat dabei die Aufgabe, das Gespräch zu strukturieren oder zusammenzufassen. Dieses Modell hat sich beispielsweise in Hauskreisen oder auf Wochenendfreizeiten bewährt.
Kürzlich überraschte mich ein befreundeter Pastor mit der Aussage, er werde am nächsten Sonntag nicht predigen, sondern seine Gemeinde fragen, was sie mit seiner letzten Predigt gemacht habe. Er hatte den Predigthörern eine „Hausaufgabe" gegeben, und über diese Erfahrungen wollte er mit den Leuten im nächsten Gottesdienst reden. Zunächst wies ich diesen Gedanken weit von mir (und erwog im Geheimen, ob nicht möglicherweise ein bißchen Faulheit hinter der Absicht meines Kollegen steckt). Dann fiel mir ein: Auch in den Gottesdiensten der ersten Gemeinde wurde nicht so sehr gepredigt, sondern man tauschte sich vielmehr aus. Und was hilft es, der Gemeinde Woche für Woche einen neuen hochgeistlichen Input zu geben, wenn sie den vorigen noch gar nicht richtig verdaut und verarbeitet hat? Das Argument mit der Faulheit zieht auch nicht, denn ein gutes öffentliches Gespräch zu führen ist fast noch schwerer, als einen Monolog zu halten, und muß sehr gut vorbereitet werden.

Prediger-Alternativen

12. Wenn Ihr Pastor nicht predigen kann, suchen Sie mit ihm zusammen nach geeigneten Alternativen.

Ich glaube, ich hänge mich nicht allzusehr aus dem Fenster heraus, wenn ich behaupte, daß eine Vielzahl unserer Pastoren keine guten Prediger sind. Und umgekehrt habe ich erlebt: Eine Vielzahl wirklich guter

Prediger sind keine Pastoren. Ich frage mich, warum die schlecht predigenden Pastoren immer noch viel öfter predigen als die gut predigenden Nicht-Pastoren. Vielleicht hat das etwas damit zu tun, daß der Pastor mit kaum etwas so sehr identifiziert wird (und auch sich selbst identifiziert) wie mit seiner Predigt. Das aber halte ich für grundfalsch. Der Pastor soll der *Regisseur* der Gemeinde sein, er muß nicht unbedingt gleichzeitig auch der *Hauptdarsteller* sein. Ich kenne eine Vielzahl wirklich guter Pastoren, die dennoch schlechte Prediger sind.

Es ist meine feste Überzeugung, daß in unseren Gemeinden die Leute *die* Aufgaben übernehmen sollten, für die sie Gott begabt hat. Unser Blick sollte nicht primär darauf gerichtet sein, welche Aufgaben gerade erledigt werden müssen. Wir sollten zunehmend *gaben-* und nicht so sehr *aufgabenorientiert* denken. Der Pastor darf hierbei keine Ausnahme sein. Auch bei ihm müssen wir schauen: „Was kann er gut, und was kann er nicht so gut?", und seine Aufgaben entsprechend definieren. Wenn Ihr Pastor beispielsweise ein hervorragender Seelsorger ist und darüber hinaus vielleicht noch gut organisieren kann, dann sollte er seinen Schwerpunkt dort setzen und nicht unbedingt bei der Predigt.

Dazu aber muß jedermann klargemacht werden, daß es nichts Ehrenrühriges ist, kein guter Prediger zu sein. Das Anforderungsprofil an einen Pastor ist so hoch, daß er die entsprechenden Gaben überhaupt nicht alle mitbringen *kann*. Er ist nun einmal keine „eierlegende Wollmilchsau", die neben Seelsorge, Katechetik, Jugend-, Kinder- und Altenarbeit, Erwachsenenbildung, Organisation und Verwaltung, Mitarbeiterführung, Evangelisation, Gruppen- und Lobpreisleitung so nebenbei auch noch eine Superpredigt hinlegt. Wer weiß: Vielleicht ist Ihr Pastor gar kein so schlechter Prediger, wie Sie bislang dachten, sondern die Gemeinde läßt ihm nur viel zu wenig Vorbereitungszeit für seine Predigt. Wenn Sie von Ihrem Pastor also gute Predigten erwarten, dann sagen Sie ihm auch, welche seiner vielen Dienste Sie von nun an selbst zu übernehmen bereit sind, damit er sich entsprechend besser vorbereiten kann. Sie wollen einen Bill Hybels oder einen Theo Lehmann? Dann geben Sie Ihrem Pastor auch die 15-20 Stunden, die er dazu benötigt, eine wirklich gute Predigt vorzubereiten!

Nun gibt es aber Pastoren, die auch dann nicht gut predigen, wenn sie sich 40 Stunden lang vorbereitet haben. Es ist einfach nicht ihre Gabe. Was ist dann zu tun? Die Ältesten seiner Gemeinde sollten ihn liebevoll darauf ansprechen und mit ihm zusammen nach Möglichkeiten suchen, wie er die Schwergewichte seines Dienstes nach und nach in eine Richtung verlagern kann, die ihm auch selbst mehr Erfüllung bringen wird. Von heute auf morgen wird sich das nicht ändern lassen. Aber ein Pastor, der erkannt hat, daß er nicht gut predigen kann, sollte seiner Gemeinde auf jeden Fall den Gefallen tun, daß er nur kurz (10-12 Minuten) predigt. Und er sollte zusammen mit seinen Schlüsselmitarbeitern gleichzeitig nach geeigneten Alternativen Ausschau halten.

Vielleicht muß man gar nicht so weit Ausschau halten: Vielleicht haben Sie ohnehin zwei Pastoren – dann sollten diese eine entsprechende Aufgabenteilung vornehmen. Oder es finden sich einige im Kreis Ihrer Mitarbeiter und Ältesten, die eine wirkliche Predigtgabe haben. Sie sollten eine entsprechende Fortbildung zum Prediger absolvieren. Insgesamt aber sollten Sie in Ihrer Gemeinde im Zweifelsfall weniger darauf schauen, wer predigen darf (oder wer predigen will), als vielmehr darauf, wer predigen *kann.* Und wer predigen kann, sollte sich die Genehmigung möglichst bald besorgen.

Laienprediger gibt es nicht nur in den verschiedensten Freikirchen, auch wenn es dort sehr viel üblicher als in Landeskirchen ist, daß auch einmal ein Nichtpastor predigt. Landeskirchler können sich im Kreis von Lektoren und Prädikanten Ihres Kirchenkreises umschauen, wenn ihnen eigene geeignete Leute derzeit noch fehlen. Hören Sie sie sich an, wenn sie woanders predigen und machen Sie die besten von ihnen – das heißt die, die am besten zu Ihrer Gemeinde und Ihren Bedürfnissen passen – zu Ihren „Hofpredigern". Wenn es wirklich die Gemeinde ist, die den Gottesdienst feiert – und nicht nur der Pastor, der ihn „hält" –, dann darf es nicht an der fehlenden Vorbereitungszeit, dem fragwürdigen Amtsverständnis oder der Eitelkeit des Pastors liegen, daß an einem Sonntag nur die zweitbeste Predigt gehalten wird, die in Ihrem Haus eigentlich gehalten werden könnte.

Schlüsselelement 6: Die Prophetie

Prophetie Schritt 1: Verstehen

Im Unterschied zum allgemeinen Sprachgebrauch ist Prophetie („Die Prophezeiungen des Nostradamus") nicht gleichbedeutend mit „die Zukunft voraussagen". Die Gabe der Prophetie ist vielmehr eine „besondere Fähigkeit, die Gott einigen Gliedern am Leib Christi gibt, die sie befähigt, eine Botschaft Gottes für sein Volk unmittelbar durch den Heiligen Geist zu empfangen und weiterzugeben" (Peter Wagner). Das Thema der Prophetie ist die in eine konkrete Situation hinein gesprochene Offenbarung von Gottes Wort und Willen.

„Leider hat die Kirche aus Angst vor Mißbrauch schon sehr früh auf dieses Instrumentarium verzichtet."

Während in der charismatischen Bewegung in den siebziger Jahren eine Erneuerung des Gebets (einschließlich des Sprachengebets) stattfand und in den achtziger Jahren vor allem der Dienst an Kranken und das Gebet um Heilung in das Blickfeld geriet, trat in den neunziger Jahren vor allem das prophetische Reden in den Vordergrund.

„Christliches Bleigießen"

Zum erstenmal begegnete mir das Phänomen solcher prophetischen Rede in den achtziger Jahren. Jemand hatte auf einer Gemeindefreizeit „ein Bild empfangen" und teilte es uns mit. Achtzig Leute saßen im Kreis und rätselten herum, was dieses Bild wohl zu bedeuten hätte. Einander teils widersprechende Deutungen garniert mit einer Handvoll Bibelsprüchen ließen mich dieses Phänomen damals als eine Art „christliches Bleigießen" verstehen: Jeder deutet den Schatten an der Wand anders, und bei genügend imaginativen und assoziativen Fähigkeiten bekommt man immer etwas heraus, was stimmt.

Beispiel gefällig? Ich sehe beispielsweise eine Tischdecke (ich sehe im Moment, wo ich dies niederschreibe, wirklich eine vor mir). Interpretationsmöglichkeit A: „Gottes Liebe deckt unsere Sünde zu." Möglichkeit B: „Das Tischtuch zwischen uns darf nicht zerschnitten werden." Möglichkeit C: „Du deckst vor mir einen Tisch im Angesicht meiner Feinde." Möglichkeit D: „Der Tisch ist gedeckt, wir sind alle eingeladen" usw. Ich mache mich anheischig, zu nahezu jedem beliebig ins Gespräch gebrachten Begriff spontan eine Handvoll Deutungen und Bibelverse auf den Tisch zu legen, die mehr oder weniger dazu passen und eigentlich immer „stimmen". Eine Gruppe von noch mehr (und noch phantasievolleren) Menschen wird diese Liste beliebig erweitern können.

Auffallende Harmlosigkeit

In einer Gemeinde erlebte ich, wie eine „Prophetin" vor ihrem geistigen Auge einige Kleiderhängerchen mit Kinderkleidern sah. Die Gemeinde reagierte darauf mit höflichem Interesse, aber doch eher hilflos („Werdet wie die Kinder", „Ich will euch weiße Kleider anziehen"...). Fast überall, wo ich prophetisches Reden erlebt habe, sagte Gott der jeweiligen Gemeinde, sie sei eine Oase in der Wüste, ein Licht auf dem Berge oder was auch immer – ein Tatbestand, der angesichts oft gut besuchter Gottesdienste ziemlich offensichtlich war und zu dem man keine gesonderte Offenbarung des Herrn bedurfte. Und oft bekam ich den Eindruck, daß der Prophet noch fleißig weiterredete, als der Herr schon längst zu reden aufgehört hatte.

Was mich überdies stört, ist die furchtbare Harmlosigkeit vieler solcher Worte. „Ich sehe eine Wiese voller Blumen" und „Gottes Liebe scheint wie die Sonne"... – das klingt nicht gerade nach dem messerscharfen Instrumentarium, mit dem die alttestamentlichen Propheten ihren Gemeinden und den Mächtigen ihrer Zeit zu Leibe rückten.

Merkwürdige Unheilspropheten

Doch die Unheilspropheten, die ich erlebt habe, waren meist noch schlimmer: Ich habe mitbekommen, wie Menschen „im Geist" finstere Endzeitreden hielten und Pech und Schwefel auf all jene herabredeten, die sich nicht bekehren von ihren bösen Wegen. Ein Bekannter von mir hat bereits drei (!) der „zwei Zeugen" aus Offenbarung 11,3 kennengelernt. Wüste Beschimpfungen der Gemeinde („Tut von mir das Geplärr eurer Lieder"...) schienen mir – trotz biblischer Querverweise – auch eher von einem etwas überspannten Wesen des jeweiligen Propheten als wirklich vom Geist Gottes herzurühren.

Der biblische Befund

Ich habe viele „Prophetien" in den letzten Jahren gehört, und nur die wenigsten haben mich berührt, ergriffen oder gar überzeugt. Einige freilich haben es. Meiner prinzipiellen Skepsis gegenüber dieser Art von geistlicher Rede – die ich bis heute nicht ganz abgelegt habe – wird dabei scharf widersprochen durch den biblischen Befund:

- „Und es soll geschehen in den letzten Tagen, spricht Gott, da will ich ausgießen von meinem Geist auf alles Fleisch; und eure Söhne und Töchter sollen weissagen (wörtlich: prophetisch reden) und eure Jünglinge sollen Gesichte sehen und eure Alten sollen Träume haben." (Apostelgeschichte 2,17)
- „Gott hat in der Gemeinde eingesetzt erstens Apostel, zweitens Propheten, drittens Lehrer, dann Wundertäter, dann Gaben, gesund zu machen, zu helfen, zu leiten und mancherlei Zungenrede." (1. Korinther 12,28)
- „Strebt nach der Liebe! Bemüht euch um die Gaben des Geistes, am meisten aber um die Gabe der prophetischen Rede! Bemüht euch um die prophetische Rede und wehrt nicht der Zungenrede. Laßt aber alles ehrbar und ordentlich zugehen." (1. Korinther 14,1.39.40)
- „Den Geist dämpft nicht. Prophetische Rede verachtet nicht. Prüft alles, und das Gute behaltet." (1. Thessalonicher 5,19-21)
- „Das Zeugnis Jesu aber ist der Geist der Weissagung (wörtlich: der Geist der Prophetie)." (Offenbarung 19,10)

An diesen und ähnlichen Versen kann ich nicht vorbei. Ganz offensichtlich sieht das Neue Testament in der Gabe der Prophetie ein Instrumentarium von derartig profunder Wichtigkeit für den Leib Christi, daß man der Prophetie sogar Priorität über alle anderen Gaben einräumen soll.

Rückzug auf rechte die Lehre

Das ist ein erstaunlicher Befund angesichts einer Kirche, in der das Phänomen seit den Zeiten des (falschen) Propheten Montanus (Mitte des 2. Jahrhunderts) fast völlig von der Bildfläche verschwand. (Zur Zeit der Reformation gab es Ansätze dazu, die aber im Keim erstickt wurden.) Man konzentrierte sich statt dessen auf die rechte Lehre: Es ist leichter, Gottes Wort zu *lehren* als es zu *übermitteln.* Der Rückzug auf das bereits offenbarte Wort Gottes ist dem gegenüber allemal die sichere Seite.
Zweifellos ist das in der Heiligen Schrift überlieferte Wort Gottes Grundlage und Prüfstein jeder prophetischen Rede. Aber die Angst vor falschen Propheten sollte uns nicht über die Tatsache hinwegtäuschen, daß das Neue Testament öfter vor falschen Lehrern als vor falschen Propheten warnt!

Gottes Reden in konkrete Situationen hinein

Die Kirche braucht beides: Das sauber ausgelegte, in der Bibel überlieferte grundlegende Wort Gottes mit seinen ewigen Wahrheiten, und das aktuelle, in die jeweilige Situation hineingesprochene Wort Gottes hier und jetzt. In der Bibel findet sich eben nicht unbedingt die Antwort auf die Frage, welchen Weg wir im Einzelfall als Gemeinde heute gehen sollen. Es findet sich nicht die Antwort auf die Frage, welche Entscheidung in einer wichtigen Lebensfrage für mich die richtige ist.
Die Bibel gibt die großen Leitlinien vor. Für die einzelnen Entscheidungen im alltäglichen Leben des Christen oder der Gemeinde gab Er uns Weisheit, Verstand, Intuition, Brüder und Schwestern und eben: Prophetie. Leider hat die Kirche aus Angst vor Mißbrauch und ganz gewiß auch aus Unsicherheit und aus dem Bedürfnis nach Kontrolle heraus – sehr zu ihrem eigenen Nachteil – schon sehr früh auf dieses Instrumentarium weitgehend verzichtet.

Propheten in der Geschichte

Natürlich gab es immer wieder prophetische Menschen: *Franz von Assisi* mit seinen Visionen, Liedern und Zeichenhandlungen, *Joachim von Fiore* oder *Katharina von Siena* sind herausragende Beispiele der Prophetie, aber eben doch Ausnahmen. Zur Zeit der Reformation wurden alle prophetischen Bewegungen von Luther und Calvin erbittert bekämpft. Hier mag wohl weniger biblische Erkenntnis als vielmehr die Angst, einen nicht mehr kontrollierbaren Flächenbrand ins Leben zu rufen, Pate gestanden haben. Insgesamt hat die Prophetie in der Kirchengeschichte einen radikalen Bedeutungsverlust erfahren.

Prophetisch begabte Menschen heute

Bis heute haben Menschen mit prophetischem Anspruch für die große Masse der Christenheit einen eher exotischen Touch. Sie werden von vielen geliebt, aber von noch mehr Menschen mißtrauisch beäugt. Beispiele aus der Neuzeit wären für mich *Jim Wallis,* der Gesellschaftsprophet und Leiter der „Sojourners"-Kommunität im Armenviertel von Washington D. C.; die Brüder *Philip und Daniel Berrigan,* die vor allem in den sechziger und siebziger Jahren scharf gegen den Vietnamkrieg und die Aufrüstung protestierten; *John Wimber,* von dem glaubhaft berichtet wird, daß er bisweilen Buchstaben auf der Stirn seiner Gesprächspartner las; *Richard Rohr,* dessen Reden und Bücher voll von Weisheit und zupackender, vitaler Kraft sind; *Jack Deere,* der Theologieprofessor, der sich vor einigen Jahren auf dramatische Weise bekehrte und mittlerweile weltweit Prophetieseminare durchführt. (Fragen Sie mich nicht, warum ich hier lauter Amerikaner aufzähle.)

Die gesellschaftliche Dimension

Im Alten Testament gibt es einen ganz offensichtlichen *Bezug zwischen Politik und Prophetie.* Inmitten eines kulturellen Umfeldes, in dem ein Potentat uneingeschränkte Macht über das Wohl und Wehe seines Volkes hatte, schuf Gott in Israel mit dem Prophetenamt eine Institution, die sozusagen „Narrenfreiheit" besaß. Der Prophet war der einzige, der dem König deutlich entgegentreten und ihn zur Buße aufrufen durfte – eine „Spielregel", an die sich im Laufe der Geschichte freilich nicht jeder König hielt. Die kritische Funktion der Prophetie wurde in späteren Zeiten vom König auf die Reichen und Mächtigen überhaupt ausgeweitet.
Ein anderes wichtiges Korrektiv bildeten die Propheten gegenüber einer Priesterkaste, die übermächtig zu werden drohte. Sie betrieben *Kultkritik,* wo der jüdische Glauben zum religiösen Betrieb zu verkommen drohte und die bloße Traditionspflege an die Stelle der lebendigen Gottesbeziehung trat. Diese beiden Rollen – Kultkritik und Sozialkritik bzw. Kritik an den Mächtigen – sollten auch bei der heutigen Ausübung des Prophetenamtes nicht unter den Tisch fallen. Auch wenn sie im Neuen Testament etwas in den Hintergrund treten – „Blümchenwiese" und „Gottes Liebe scheint auf uns alle" ist auf Dauer einfach zu wenig. Zur Prophetie gehört ein geschärfter Blick und ein waches Bewußtsein für die Vorgänge in Kirche und Gesellschaft.

Zurück zur Bibel

Wir müssen in der Frage der Prophetie in unseren Gemeinden biblischer werden. Wir müssen konstatieren, daß es prophetische Rede gibt, daß prophetische Rede für die Gemeinde von eminenter Wichtigkeit ist und müssen eine Strategie entwickeln, wie wir das prophetische Reden in unseren Gemeinden zum Leben erwecken.
Die Bibel berichtet uns von verschiedenen Formen prophetischen Redens und Handelns:

- Worte der Weisung (etwa Apostelgeschichte 13,1-3)
- Worte der Verheißung (etwa Offenbarung 21,1-5)
- Worte der Mahnung und Stärkung (etwa Apostelgeschichte 15,32)
- Worte des Gerichts (etwa Daniel 7)
- Kultkritik, Königskritik, Sozialkritik (quer durch die alttestamentlichen Propheten)
- Prophetische Lieder (etwa Lukas 1,67-79)
- Prophetische Taten (etwa Jeremia 27)

- Bildhafte Visionen (etwa Apostelgeschichte 10, insbesondere V. 10-16)
- Bibelworte, die genau zur Lage paßten (etwa Apostelgeschichte 2,15-21)
- „Worte der Erkenntnis" (etwa Johannes 1,48)

Reden aus Eingebung

Prophetie, und das stört mich als Verstandesmensch ganz erheblich, ist alles andere als eine exakte Wissenschaft und auch nicht wissenschaftlich nachprüfbar. Vielleicht ist überhaupt das ganze Wort zu großspurig (und vor allem zu vorbelastet: An Amos oder Jesaja hat mich noch keiner der Propheten, denen ich begegnet bin, erinnert, auch jene nicht, die ich für authentisch hielt). Vielleicht sollte man in diesem Zusammenhang, wie von verschiedenen Seiten vorgeschlagen, lieber von *Reden aus Eingebung* sprechen.

Für welche Wortwahl wir uns auch immer entscheiden, wichtig ist, daß prophetische Rede nach dem Befund des Neuen Testaments *geprüft* werden muß. Die Tatsache, daß es falsche Propheten und noch viel mehr falsche Prophetien gibt, hat nicht zur Folge, daß wir die Prophetie ganz aus unseren Gemeinden verbannen sollen, wohl aber, daß wir die Prophetie prüfen müssen. Dazu möchte ich Ihnen im folgenden zehn Kriterien an die Hand geben, so wie sie sich mir aus dem Studium der Bibel sowie aus meiner Erfahrung auf diesem Gebiet heraus darstellen.

Prophetie Schritt 1: Verstehen

Zehn Kriterien für den Umgang mit Prophetie

„Das Wort der Bibel verhält sich zu aktueller Prophetie wie ein fertig gebautes Haus zu der Gestaltung seiner Inneneinrichtung."

1. Kein Wort der Eingebung, das von Gott kommt, darf und wird dem bereits in der Bibel offenbarten Wort Gottes widersprechen.

Auch wenn wir beides brauchen, das schriftlich überlieferte und das aktuell gesprochene Wort Gottes, ist ersteres doch unüberholbar. „Nachdem Gott vorzeiten und auf vielerlei Weise geredet hat zu den Vätern durch die Propheten (gemeint sind die alttestamentlichen Propheten), hat er in diesen letzten Tagen zu uns geredet durch seinen Sohn" (Hebräer 1,1+2). Jesus Christus ist die eine, unüberholbare Wahrheit Gottes. Nach ihm kommt keine *prinzipiell* neue Offenbarung Gottes mehr. Die großen Linien sind festgelegt, die tiefsten Geheimnisse sind enthüllt. Das Wort der Bibel verhält sich zu aktueller Prophetie wie ein fertig gebautes Haus zu der Gestaltung seiner Inneneinrichtung. Das Haus wird innerlich ausgestaltet, aber es werden keine weiteren Räume hinzugefügt.

Falsche Prophetie oder falscher Prophet?

2. Wir müssen deutlich unterscheiden zwischen falscher Prophetie und falschen Propheten.

Auch ein Mensch mit einer echten prophetischen Gabe kann sich hin und wieder irren. Das ist durchaus nachvollziehbar, denn „wir alle verfehlen uns alle mannigfaltig" (Jakobus 3,2). So wie auch ein Mensch mit der Gabe der Seelsorge in einzelnen Fällen einen falschen Rat geben oder ein Mensch mit einer guten Predigtgabe auch öfter mal Unsinn reden oder ein Mensch mit der Gabe der Barmherzigkeit in bestimmten Situationen lieblos reagieren kann, so wird ein Mensch mit prophetischen Gaben immer wieder auch einmal *falsche Prophetien* abgeben. Das macht ihn weder zum Scharlatan noch zum falschen Propheten. Er irrt sich einfach. Ein *falscher Prophet* hingegen hat in der Regel überhaupt keine Christusbeziehung, in vielen Fällen ist er psychisch krank oder – ein Phänomen, das bei Menschen mit seherischen Fähigkeiten relativ häufig vorkommt – okkult belastet. Er tritt mit dem Anspruch auf, Christus zu dienen (und ist subjektiv vielleicht sogar davon überzeugt), dient aber anderen Mächten. Freilich scheint Matthäus 24,24 nahezulegen, daß die Botschaft falscher Propheten manchmal von Zeichen und Wundern und – so wird man wohl getrost hinzufügen können – dem Eintreten des zuvor Geweissagten begleitet werden kann. Letzteres ist also kein absolutes Kriterium, um den Propheten zu beurteilen. Es bedarf der Gabe der Unterscheidung, um hier das Gesunde und das Kranke auseinanderzuhalten.

Aufbau des Leibes Christi

3. Echte Prophetie baut den Leib Christi auf und eint ihn, falsche Prophetie hingegen verwirrt, spaltet und zerstört ihn.

Darum mahnt der Apostel Paulus in 1. Korinther 14,1+3: „Strebt nach der Liebe! Bemüht euch um die Gaben des Geistes, am meisten aber um die Gabe der prophetischen Rede! Wer aber prophetisch redet, der redet den Menschen zur Erbauung und zur Ermahnung und zur Tröstung." Prophetie, die nicht im Geist der Liebe gesprochen ist, disqualifiziert sich selbst. Ich habe manche Propheten getroffen, die weniger von Gottes Geist als vielmehr von einem Richtgeist getrieben zu sein schienen. Prophetie muß der Erfüllung des Vermächtnisses Jesu dienen, so wie es sich im hohepriesterlichen Gebet Jesu ausdrückt, „daß alle eins seien" (Johannes 17,21).

4. Mißtrauen Sie allen triumphalistischen sowie allen Untergangsprophetien.

Ausrichtung auf den Alltag

Ich weiß nicht, wie oft ich Propheten eine Erweckung des Christentums in Deutschland habe voraussagen hören. Am eindrücklichsten hörte ich dies von Loren Cunningham, dem Gründer von „Jugend mit einer Mission", der vor ein paar Jahren auf einem Kongreß in Nürnberg Deutschland geradezu zur Speerspitze einer unmittelbar bevorstehenden weltweiten Erweckung erkor. Nun ist Loren Cunningham zweifellos ein geistlicherer Mann als ich, aber an dieser Stelle hat er sich ganz offensichtlich geirrt, auch wenn derartige Prophetien in großer Regelmäßigkeit ausgesprochen werden.
Auf der anderen Seite wurde der Weltuntergang zu allen Zeiten immer wieder erwartet und herbeigeredet. Nicht nur die Zeugen Jehovas haben mit derartigen Voraussagen einen Flop nach dem anderen erlebt. Das Phänomen wird sich mit der Jahrtausendwende eher noch potenzieren. Gehen wir doch einfach mal davon aus, daß Gottes Wirken nicht nur darin besteht, umwälzende geschichtliche Veränderungen (weltweite Erweckung, totale Katastrophe...) herbeizuführen. Sein Handeln und Führen ist im Regelfall viel stärker auf den alltäglichen Bedarf unseres Lebens und unserer Gemeinden ausgerichtet.

5. Achten sie auf den Tonfall des Propheten.

Authentischer Tonfall

Das Wort, das der Prophet ausspricht, muß auf der einen Seite nach Gott klingen, auf der anderen Seite nach ihm selbst. Um mit dem letzteren anzufangen: So wie es immer ein schlechtes Zeichen ist, wenn ein Mensch beim Beten oder beim Predigen eine andere Sprache benutzt oder einen anderen Tonfall anschlägt, als er das sonst tut, so auch bei der prophetischen Rede.
Gottes Geist benutzt Menschen nicht so, daß er sie ihrer Persönlichkeit entkleidet. Er redet vielmehr durch ihre Persönlichkeit hindurch (was auch erklärt, warum so manche prophetische Rede in einer recht ärmlichen sprachlichen Gestalt daherkommt: Wenn ein Mensch sonst eher einfach strukturiert ist, wird er nicht plötzlich zum Sprachvirtuosen, wenn er prophetisch redet). Die Prophetie muß also im Munde des Propheten irgendwie „natürlich" klingen, auch wenn prophetisches Reden nichts „Natürliches" ist. Auf der anderen Seite muß die prophetische Rede auch *nach Gott* klingen. Ich muß aus ihr den Herzschlag Gottes herausspüren können, sein Werben um uns, seine unendliche Liebe, die er in Jesus Christus

offenbart hat. Auch bei den alttestamentlichen Propheten war dies der grundlegende Tenor. Wir erinnern uns meist an ihre Gerichtsprophetien, weil sie ziemlich dramatisch klingen. Wir sollten uns aber auch erinnern, daß diese in der Regel eine Konsequenz daraus waren, daß ihre vorhergehenden „sanfteren" Worte in den Wind geschlagen wurden.

Geistliche Früchte

6. Achten Sie auf die Früchte.

Einmal: *im Leben des Propheten.* Was wissen Sie darüber? Entspricht er selber seinen Ermahnungen? Wie ist sein Lebenswandel? Hat er ein Herz für Gottes Sache? Und: Hat er ein Herz für die Menschen? Das „Reden aus Eingebung" erwächst aus einem inneren Hören. Ein Mensch, der aus Eingebung redet, hat ein Ohr auf die Menschen gerichtet, mit denen er redet, und das andere Ohr auf Gott, von dem her er redet. Das möchte ich einem Propheten abspüren. Und achten Sie auch auf die Früchte, die das Reden eines Propheten *im Leben der Gemeinde* hervorruft: Wie reagieren reife, ernsthafte Christen darauf? Baut die Prophetie auf, stärkt sie den Glauben, ermutigt sie zu guten Taten? Verdammt sie oder überführt sie ihre Adressaten? (Ein wichtiger Unterschied!) Werden Menschenleben positiv verändert? Und vor allem: Trifft ein, was der Prophet verheißen hat?
Letzteres ist aber, wie wir gesehen haben, lediglich ein Kriterium, um *die Prophetie,* nicht aber, um *den Propheten* zu beurteilen. Im Alten Testament galt ein Prophet, der falsch geweissagt hatte, unweigerlich als falscher Prophet und durfte gesteinigt werden. Im Neuen Testament hingegen wird dadurch, daß der Geist nicht nur auf einige wenige auserwählte Geistträger, sondern auf die *ganze* Gemeinde ausgegossen wird, der Einzelne erheblich entlastet; freilich scheint die „Treffsicherheit" der Propheten dadurch auch geringer geworden zu sein. Der Prophet lebt seit Pfingsten nicht mehr so gefährlich – er ragt aber auch nicht mehr derart über den Rest der Gemeinde hinaus wie die Propheten des Alten Bundes. Darum sind uns Namen wie Amos oder Jesaja sehr viel vertrauter als beispielsweise Leute wie Agabus oder Luzius von Kyrene.

Kontext der Prophetie

7. Achten sie auf den Kontext der Prophetie.

Das Wort der Eingebung muß nicht nur im Einklang mit den biblischen Wahrheiten stehen. Das, was der Prophet aus Eingebung geredet hat, muß auch zu dem Schema passen, wie Gott in dieser Gemeinde, diesem Hauskreis etc. bereits wirksam ist. Gott ist auch ein Gott der Kontinuität. Er wird, wenn er in einer Gemeinde bereits spürbar tätig ist und sich einiges bewegt, nicht von heute auf morgen das Ruder in eine total andere Richtung werfen, weil ein Prophet mit einer anderen Tagesordnung kommt. Prophetische Worte sind wie fehlende Puzzleteile: Sie müssen ins Gesamtbild der Gemeinde passen und sollten mehr Fragen beantworten als aufwerfen.

8. Der Prophet redet nicht auf unseren Wunsch hin, sondern allein aus göttlichem Antrieb heraus.

Göttlicher Antrieb

Im „Hirt des Hermas", einer Schrift aus dem zweiten Jahrhundert, die lange Zeit als heißer Kandidat für die Kanonisierung (= Einbeziehung in die Bibel) gehandelt wurde, heißt es: „Wer sich von Menschen nach ihren Wünschen befragen läßt, hat als falscher Prophet zu gelten; denn der echte Prophet redet nur in der Kraft Gottes aus eigenem Antrieb" (mand 11). Wir sollten sehr kritisch sein mit Menschen, die sich aufsuchen lassen, damit man sie nach einem göttlichen Wort befragt. In der Bibel wird uns kein einziger solcher Fall überliefert. Im Gegenteil: Dort, wo es geschieht (etwa in 1. Samuel 28), sind ganz offensichtlich okkulte Kräfte im Spiel.

9. Eine wichtige Prüffrage lautet: Ordnet sich der Prophet unter?

Bereitschaft zur Prüfung

Nirgendwo steht in der Bibel: „Ordnet euch den Propheten unter." Statt dessen heißt es: „Ordnet euch den Ältesten unter" (1. Petrus 5,5 u. ö.). Quer durch das Neue Testament hindurch sind es die *Ältesten,* die die Gemeinde leiten, und nicht Propheten (wobei der Begriff „Älteste" oft gleichbedeutend mit dem der „Pastoren" gebraucht wird). Die Gemeinde soll nach dem übereinstimmenden Zeugnis des Neuen Testaments weder durch Propheten noch durch Prophetien geleitet werden (wobei ein Gemeindeleiter natürlich auch prophetische Gaben haben kann, die er in Seelsorge und Predigt einsetzen kann).
Wie gesagt: Ein Prophet kann sich irren, und das wird unter Umständen sogar relativ häufig der Fall sein. Darum ist es wichtig, daß er sich unterordnen kann und Korrektur durch andere zuläßt. Alles in allem hat die *ganze* Gemeinde der Gläubigen das Recht, jede Prophetie zu prüfen (1. Korinther 14,29; vgl. 1. Johannes 4,1). Es liegt in der Natur der Materie, daß der Prophet sein Wort nur in bedingtem Maße selber prüfen kann. „Der Christus im Herzen des Bruders ist stärker als der Christus im eigenen Herzen" (Dietrich Bonhoeffer). Es darf nicht darum gehen, daß der Prophet recht behält und daß sein Ego gepflegt wird, sondern daß Gottes Stimme sich auf alle Fälle durchsetzt.

10. „Die Geister der Propheten sind den Propheten untertan."

Rücksicht auf Ordnungen

Dieses Prinzip aus 1. Korinther 14,32 ist ein wichtiges Kriterium. So „geisterfüllt" kann ein Prophet gar nicht sein, daß er nicht mehr an sich halten kann, die Kontrolle über sich selbst verliert und keine Rücksicht mehr auf die Ordnung des Gottesdienstes, die Weisung der Ältesten oder die Gefühle der anderen Gemeindeglieder zu nehmen bräuchte. Die Prophetie ist ein freies Reden Gottes, das aber in eine gute Ordnung eingebunden werden muß, wenn sich die Stimme des Propheten nicht gegenüber der Stimme Gottes verselbständigen soll.

Prophetie Schritt 2: Nachvollziehen

Workshop „Prüfet die Geister"

„Mit Hilfe der zehn Kriterien sollten Sie ein brauchbares Werkzeug zur Hand haben, die folgenden Fälle zu beurteilen."

Im folgenden möchte ich Ihnen zehn konkrete Situationen vorstellen, die ich Sie bitte, selbst zu beurteilen oder in Ihrer Gruppe zu besprechen. Diese Übung soll Ihnen dabei helfen, in Ihrem Umgang mit Prophetie in der Gemeinde sicherer zu werden.
Ebenso wie die Prophetie selbst ist allerdings auch die *Beurteilung* der Prophetie keine exakte Wissenschaft, wie Sie schnell merken werden. Mit Hilfe der oben entwickelten zehn Kriterien sollten Sie aber ein brauchbares Werkzeug zur Hand haben, ein relativ sicheres Urteil in diesen Fragen zu fällen. Absolut sichere Antworten gibt es auf diesem Gebiet allerdings nicht.

Fall 1

- *Peter ist auf einem christlichen Kongreß als Referent eingeladen. Er soll einen Vortrag halten und hat sich gut darauf vorbereitet. Kurz bevor sein Vortrag beginnen soll, ruft ihn die Kongreßleitung in das Sitzungszimmer. „Wir haben zusammen gebetet und hatten den Eindruck, wir sollten heute morgen die Anbetungszeit verlängern und deinen Vortrag von 60 auf 30 bis 40 Minuten verkürzen." Peter ist ziemlich sauer, weil er auf die Schnelle nur schlecht etwas aus seinem Vortrag herauskürzen kann, ohne daß dieser an Substanz verliert. Außerdem findet er die Anbetungszeit lang genug. Wie soll er sich verhalten?*

Fall 2

- *Vor dem Gottesdienst steht ein junger Mann in einem weißen Gewand und einem Schild in der Hand an Ihrer Kirchtür. Auf dem Schild steht: „Bekehrt euch." Er verkündet mit lauter Stimme, daß das Gericht bald bevorstehe und daß es am Haus Gottes seinen Anfang nehmen wird. Sie haben den Mann noch nie gesehen. Sie wissen auch nicht, ob er den Gottesdienst zu besuchen gedenkt. Wie sollte man mit ihm umgehen?*

Fall 3

- *In Ihrer Gemeinde ist jemand, dessen Voraussagen schon erstaunlich oft eingetreten sind. Dieser Mensch hat ganz offensichtlich seherische Gaben. Er ist ein Mann des Gebetes und wird oft bei persönlichen Lebensfragen von Gemeindegliedern hinzugezogen, um zu sagen, was er „sieht".*

Fall 4

- *Pastor Christoph brütet über seiner Predigtvorbereitung. Eigentlich ist am kommenden Sonntag der 4. Teil einer Predigtserie über die Gleichnisse Jesu dran. Pastor Christoph fühlt sich aber aufgrund mehrerer Vorkommnisse in der Gemeinde innerlich gedrängt, über einen ganz anderen Text zu predigen. Der Eindruck ist sehr stark. Er hat noch mit niemandem darüber geredet und bittet Gott um Weisheit. Kurz darauf klingelt das Telefon und einer seiner Mitarbeiter, der die Gabe der Prophetie hat, sagt ihm, er habe den Eindruck, Pastor Christoph solle an diesem Sonntag nicht über den ursprünglich vorgeschriebenen Text predigen. Soll Pastor Christoph nun über das ursprünglich vorgesehene Gleichnis oder über den anderen Text predigen?*

• *Ihr Pastor sagt: „Bei uns wird jeden Sonntag in der Predigt die Gabe der Prophetie ausgeübt. Das genügt." Wie beurteilen Sie diese These?* **Fall 5**

• *Bei einer Gebetsandacht, bei der etwa 40-50 Menschen anwesend sind, gibt es auch eine Zeit, in der Gemeindeglieder ihre prophetischen Eindrücke äußern können. Sie haben plötzlich den Eindruck, daß Gott zu Ihnen sagt: „Gott möchte jemandem in unserer Mitte sagen, daß er anfangen soll, den Zehnten zu geben." Ihnen ist das Gefühl neu und Sie wissen nicht, wie Sie damit umgehen sollen. Was tun Sie?* **Fall 6**

• *Mitten im Gottesdienst steht plötzlich eine Frau auf, die Sie nicht kennen. Sie sagt: „Entschuldigen Sie, daß ich unterbreche, aber ich habe eben einen ganz massiven Eindruck gehabt, daß wir im Ablauf des Gottesdienstes nicht weiter fortfahren, sondern auf die Knie gehen und um eine Erweckung beten sollten."* **Fall 7**

• *Einige Älteste sind um einen Schwerkranken der Gemeinde versammelt. Sie beten für ihn und salben ihn, und einer nach dem anderen legt dem Kranken die Hände auf und segnet ihn. Der Kranke sagt plötzlich: „Ich habe plötzlich die Gewißheit, daß diese Krankheit nicht zum Tode ist." Einer der Ältesten sagt: „Den Eindruck hatte ich gerade auch. Laß uns für deine Heilung danken." Wie sollen die anderen damit umgehen?* **Fall 8**

• *Sie wollen in Ihrem Gemeindegottesdienst behutsam einige prophetische Elemente einführen, aber einige Gemeindeglieder sind strikt dagegen. Es kommt zu einer Allianz von traditionalistischen, liberalen sowie evangelikalen Gemeindegliedern, denen das Ganze zu „charismatisch" ist. Wie soll die Gemeinde damit umgehen?* **Fall 9**

• *Manche Christen sagen: „Seitdem es das Neue Testament gibt, ist die Gabe der Prophetie nicht mehr erforderlich und folglich auch nicht mehr vorhanden. In der Anfangszeit gab es noch Spuren davon, die aber auch da schon fast bedeutungslos waren. Mit der Einführung klarer kirchlicher Strukturen und eines verbindlichen Lehramtes hat sich das Thema Prophetie erübrigt und hat infolgedessen, wo es dennoch im Laufe der Kirchengeschichte auftauchte, immer wieder nur Unordnung und Verwirrung gestiftet." Wie beurteilen Sie diese These?* **Fall 10**

Prophetie Schritt 3: Gestalten

Prophetisches Reden in der Gemeinde entwickeln

„Durchbrechen Sie das Band des Schweigens, das in vielen Gemeinden um diese Gabe gewunden ist."

1. Machen Sie die Prophetie in Ihrer Gemeinde zum Thema.

Durchbrechen Sie das Band des Schweigens, das in vielen Gemeinden um diese Gabe gewunden ist. Erkennen Sie den Wert des prophetischen Redens als Aktualisierung des in der Bibel offenbarten Gotteswortes für sich und Ihre Gemeinde an. Legen Sie eine solide Grundlage, indem Sie in Hauskreisen darüber sprechen oder die Gabe der Prophetie zur Grundlage einer Predigt(serie) machen. Eine solide Lehre ist ein notwendiges Korrektiv gegenüber der Gefahr unkontrollierten Wildwuchses.

Um prophetische Gabe bitten

2. Bitten Sie Gott, daß er Menschen in Ihrer Gemeinde (vielleicht auch Sie selbst!) entsprechend begabt.

Paulus sagt, wir sollen uns nach den besten Gaben ausstrecken, am allermeisten aber nach der Prophetie (1. Korinther 12,31; 14,1). Welch ein Ungehorsam, daß wir diese Aufforderung in so vielen Fällen in den Wind geschlagen haben! Tun Sie an dieser Stelle öffentlich Buße und dann „lassen Sie den Geist aus der Flasche".

Prophetisch begabte Christen sammeln

3. Suchen Sie in der Gemeinde die Menschen zusammen, die die Gabe der Prophetie haben.

Bei einigen Leuten ist das vielleicht ganz offensichtlich, bei vielen wird dies eher im Verborgenen der Fall sein (vor allem, wenn Prophetie in Ihrer Gemeinde bislang kein Thema war). Ein Gabenseminar kann helfen, Menschen mit einer latenten Anlage zu prophetischen Eindrücken herauszufiltern. Sammeln Sie diese Leute in einem Kreis, wo man in einem angstfreien Raum experimentieren kann. Indem man sich gegenseitig ermutigt, Erfahrungen austauscht und korrigiert, kann sich die Gabe bei denen, in denen sie angelegt ist, leichter entwickeln.

Im kleinen Rahmen beginnen

4. Fangen Sie mit der Ausübung der Gabe der Prophetie in kleineren, vertrauten Kreisen an.

In den Gottesdienst sollte die Prophetie erst Einzug halten, wenn sie zu einem völlig selbstverständlichen Bestandteil vieler anderer Gemeindekreise geworden ist. Der Hauskreis, die regelmäßige Gebetsandacht im kleinen Rahmen, das wöchentliche Gebetsfrühstück einiger Mitarbeiter oder eine Wochenendfreizeit scheint mir der geeignete Rahmen zu sein, das Reden aus Eingebung in einer Gemeinde einzuführen.

Bibelstudium intensivieren

5. Leiten Sie Ihre potentiellen „Propheten" dazu an, ihr Studium der Heiligen Schrift zu intensivieren.

Ein Mensch, der sich anschickt, Gottes Wort hier und jetzt zu verkündigen, muß tief vertraut sein mit der Stimme seines Herrn und mit der Art und Weise, wie er spricht. Nur so kann er die Stimme Gottes in seinem Herzen von anderen „inneren Stimmen" unterscheiden. Wenn Gott in der Gegenwart spricht, geschieht dies immer in Kontinuität zu der Art und Weise, wie er in der Vergangenheit gesprochen hat.

Mit biblischen Motiven beginnen

6. Lassen Sie Menschen, die anfangen, prophetisch zu reden, in ihrem öffentlichen Reden im Gottesdienst zunächst „hart an der Bibel" bleiben.

Später, wenn sie im prophetischen Reden erfahren und einigermaßen geübt sind, können sie dazu übergehen, auch andere Bilder und Eindrücke weiterzugeben. Zunächst aber sollten sie sich darauf beschränken, Bibelverse mitzuteilen, die Gott Ihnen als für die jetzige Situation besonders wichtig aufs Herz gelegt hat. Auch in einer späteren Phase sollten prinzipiell keine prophetischen Eindrücke weitergegeben werden, die der prophetisch Redende nicht mit mindestens zwei Bibelversen abdecken kann („aus zweier Zeugen Mund..."). Ein Mensch, der für sich in Anspruch nimmt, Gottes Wort und Willen hier und jetzt auszusprechen, muß sich mit schlafwandlerischer Sicherheit in dem bereits *offenbarten* Wort und Willen Gottes auskennen.

Demut prüfen

7. Lassen Sie im Gottesdienst nur Menschen prophezeien, deren prophetisches Urteil sich in der Vergangenheit mehrfach erwiesen hat und die einen demütigen Geist haben.

Als „Sprachrohr Gottes" zu fungieren, kann schnell stolz und vermessen machen. Ein wichtiges Kriterium der Demut ist, wie der „Prophet" mit Korrektur umgeht und ob er sich ohne zu Zögern der Gemeindeleitung unterordnet. Jeder Prophet muß bereit sein, sein eigenes Ego hintan zu stellen, damit sich Gottes und nicht seine eigene Stimme durchsetzt.

Gesellschaftliche Entwicklungen studieren

8. Leiten Sie Ihre Propheten an, sich sehr bewußt mit den derzeitigen gesellschaftlichen und kirchlichen Entwicklungen auseinanderzusetzen.

Je besser jemand über die Lage und die Trends in Gesellschaft und Kirche informiert ist, desto besser kann Gott ihn gebrauchen, gezielt in eine bestimmte Situation hineinzusprechen. Es geht nicht an, daß unsere Prophetien sich ausschließlich auf unser Gemeinden und auf das große Thema des Kommens des Reiches Gottes bzw. des Gerichtes beschränken und die Ebene der „Welt" einfach auslassen. Eine Gemeinde, die Salz und Licht sein möchte, muß auch ein Wort zur Kirche und Gesellschaft haben.

Prophetien aufschreiben lassen

9. Lassen Sie die Teilnehmer des Gottesdienstes, die einen prophetischen Eindruck empfangen zu haben meinen, diesen aufschreiben und einem der Verantwortlichen geben.

Dieser soll den Zettel dann nach entsprechender Prüfung vorlesen. Mit einem solchen Verfahren vereinen Sie mehrere Vorteile. Erstens wird damit verhindert, daß sich die Person, die die Prophetie erfahren hat, in den Vordergrund stellt (eine häufige Gefahr!). Zweitens kommen so keine Menschen zu Wort, die Sie nicht kennen oder deren Hintergrund Ihnen fragwürdig erscheint. Drittens können Sie eine Auswahl vornehmen. Zwei oder drei Prophetien sind 1. Korinther 14,29 zufolge in einem Gottesdienst genug. Die Auswahl könnte entweder dazu dienen, eine gewisse Bandbreite des Redens Gottes herauszustellen, oder ein „Thema" zu akzentuieren, das sich, durch mehrere Prophetien unterstützt, zu verdichten scheint. Ein vierter Vorteil ist es, daß auf diese Weise Menschen, die sich aus Unsicherheit nicht trauen würden, ihren Eindruck an die Gemeinde weiterzugeben, leichter zum Zug kommen. Die Verantwortung wird geteilt: Es liest ja jemand anders vor, und die Prophetie wird zuvor geprüft. Und ein fünfter Vorteil, der nicht zu unterschätzen ist: Es geht auf diese Weise alles ordentlich und völlig unspektakulär zu.

Mit Irrtümern rechnen

10. Haben Sie keine Angst, sich lächerlich zu machen.

Wenn Sie anfangen, prophetische Gaben in Ihrer Gemeinde zu fördern und einzusetzen, werden Sie nicht umhinkommen, sich lächerlich zu machen. Selbst der „treffsicherste" Prophet wird sich immer wieder einmal irren. Menschen, die nur eine latente prophetische Gabe haben, noch viel öfter. Gemeinden, in denen die Gabe der Prophetie bereits entwickelt ist und einigermaßen regelmäßig ausgeübt wird, reden von einer „Trefferquote" von rund 80 Prozent. Sollten wir um der 20 Prozent „Ausschuß" willen die 80 Prozent guten Worte gar nicht erst zulassen?

Wenn Sie in der Gemeinde eine solide Lehre darüber haben, daß Propheten nicht irrtumslos sind, daß ihre Eingebung deswegen geprüft werden muß (was aber auch nicht in jedem Fall verhindert, daß die Prophetie falsch ist!), daß jene 80 Prozent echten Gottesworte das Risiko der 20 Prozent allemal wettmachen, dann schaffen Sie einen angstfreien Raum, in denen der Prophet frei reden kann.

Die anderen 20 Prozent sind übrigens durchaus auch von geistlichem Nutzen: Sie helfen dem Propheten, demütig zu bleiben. Und die Wachheit der Gemeinde wird geschärft, so daß sie ein angeblich geoffenbartes Gotteswort nicht in einer Haltung des passiven Ausgeliefertseins hinnimmt, sondern lernt, die Botschaft zu prüfen und in aller Demut selbst ein Urteil zu entwickeln.

***Literatur*:**

Philippe Madre, Worte der Erkenntnis – warum und wie (Vier-Türme-Verlag, ISBN 3-87868-367-7).
Gemeindeerneuerung 39 (Januar-März 1991), ein ausgezeichnetes Themenheft zum Thema Prophetie (GGE).
Jack Deere, Von Gottes Stimme überrascht (Projektion J, ISBN 3-89490-140-3).

Schlüsselelement 7: Das Glaubensbekenntnis

Bekenntnis Schritt 1: Verstehen

Eines Tages machte der Teufel mit seinem Freund einen Spaziergang. Sie sahen, wie sich vor ihnen ein Mann bückte und etwas aufhob. „Was hat dieser Mann gefunden?" fragte der Freund. – „Ein Stück Wahrheit", sagte der Teufel. – „Beunruhigt dich das nicht?" fragte der Freund. – „Nein, durchaus nicht", sagte der Teufel. „Ich werde ihm gestatten, ein religiöses Glaubensbekenntnis daraus zu machen."

„Ein Stück Wahrheit kann leicht in Lüge umschlagen, wenn es in ein starres Bekenntnis gefaßt wird."

Eine erschütternde Erkenntnis: Ein Stück Wahrheit kann leicht in Lüge umschlagen, wenn es in ein starres Bekenntnis gefaßt wird! Wie viele „Wahrheiten" und Bekenntnisse mag es geben, die dem Wortlaut nach zwar durchaus korrekt sind, innerlich aber sind sie ausgehöhlt und blutleer? Glaubensbekenntnisse sind zwar lehrreich und notwendig, aber sie sind gleichzeitig auch gefährlich. Selbst wenn das, was in ihnen ausgesagt wird, durchaus richtig ist, schaden sie manchmal mehr, als sie nützen. Warum ist das so?

„Ausgestopfte Wahrheiten"

Ich glaube, daß die Wahrheit sich zu den festen Formeln eines Glaubensbekenntnisses wie das Leben zu einem Museum voller ausgestopfter Tiere verhält. Zweifellos lehren uns die ausgestopften Tiere eine Menge über die Vielfalt des Lebens. Und doch verbergen sie das Wesentliche, und wehe, jemand wollte all sein Wissen über das Leben aus der Ansicht – oder gar aus dem Besitz – ausgestopfter Tiere herleiten. Manchmal habe ich den Eindruck, daß wir Christen uns aber eben so verhalten.

Das apostolische Glaubensbekenntnis

Ich will das im folgenden anhand des sogenannten apostolischen Glaubensbekenntnisses entwickeln, das das *verbreitetste* Bekenntnis der Christenheit ist. Es stammt übrigens keineswegs von den zwölf Aposteln, wie der Name und die Legende uns glauben machen wollen („Zwölf Apostel – zwölf Sätze"), sondern ist in seinen wesentlichen Zügen erst seit dem Ende des vierten Jahrhunderts bekannt und eine Weiterentwicklung des seit dem dritten Jahrhundert benutzten „Romanums". Die einzelnen Aussagen dieser Bekenntnisse sind allerdings deutlich älter.
Das hohe Alter und die weite Verbreitung des apostolischen Glaubensbekenntnisses sind für viele Menschen ein Grund, es der Bibel nahezu gleichzustellen – sozusagen als deren „Kurzfassung". Angesichts dieser Tatsachen bekommt man Hemmungen, sich kritisch dazu zu äußern. Wer hat schon Lust, sich von einem Bekenntnis zu distanzieren, das über die Jahrhunderte vielen Millionen von Christen offensichtlich sehr wichtig war? Es waren gute Leute, die dieses Bekenntnis formuliert haben, und manch einer hat sich unter dem Einsatz von Leib und Leben dafür eingesetzt, daß es über die Jahrhunderte erhalten blieb.

Eine Kurzfassung der Bibel?

Ich möchte gleich sagen, daß meine Bedenken gegenüber dem Glaubensbekenntnis *nicht* darin begründet liegen, daß ich die darin aufgeführten *Inhalte* nicht glauben könnte. Ich persönlich habe weder nachhaltige Probleme mit der Jungfrauengeburt, noch mit der Höllen- oder Himmelfahrt Christi und auch nicht mit Jesu Wiederkunft am Ende der Zeit oder dem Jüngsten Gericht. Schwierigkeiten habe ich vielmehr damit, daß das Glaubensbekenntnis den stillschweigenden Anspruch erhebt, in wenigen Sätzen die wichtigsten Inhalte des christlichen Glaubens auf den Punkt zu bringen.

Luther beispielsweise schrieb in seinem Großen Katechismus: „Siehe, da hast du das ganze göttliche Wesen, Willen und Werk mit ganz kurzen und doch reichen Worten abgemalet." Meine These ist, daß das Glaubensbekenntnis diesen Zweck gerade *verfehlt.* Luthers Urteil zum Trotz: Wenn man das, was am christlichen Glauben am allerwichtigsten ist, in zwölf Sätzen zusammenfassen wollte, müßte man andere Dinge sagen als ausgerechnet diese. Das möchte ich im folgenden begründen.

Der Ursprung des Glaubensbekenntnisses

Das apostolische Glaubensbekenntnis, so wie wir es in vielen Kirchen Sonntag um Sonntag aufsagen und wie es alle Konfirmanden seit den Zeiten Luthers zu lernen aufbekommen haben, wurde ursprünglich übrigens keineswegs in jedem Gottesdienst aufgesagt. Es wurde zunächst als Taufbekenntnis in den christlichen Gottesdienst eingeführt und diente dazu, einen Menschen, der neu in die christliche Gemeinde aufgenommen wurde, auf den „richtigen" Glauben zu verpflichten, das heißt, sicherzustellen, daß er nicht einer der seinerzeit vorherrschenden Irrlehren anhing.

Jeder der zwölf im apostolischen Glaubensbekenntnis genannten Sätze gibt ein spiegelverkehrtes Zeugnis damals weitverbreiteter Irrlehren wider: Gott ist der Schöpfer (damals gab es die Irrlehre, der gute Erlösergott sei ein Gegenspieler des bösen Schöpfergottes), Jesus wurde wirklich Mensch und war doch göttlichen Ursprungs (daher ist die Jungfrauengeburt so wichtig), er hat wirklich (und nicht nur scheinbar) gelitten – ein Fakt, der geschichtlich datierbar ist, nämlich unter Pontius Pilatus. Er ist auferstanden (was damals wie heute von vielen Leuten hinterfragt wurde), er hat durch seinen Heiligen Geist die christliche Gemeinde ins Leben gerufen (das wendet sich gegen alle die, die ein Christentum ohne Gemeinde leben wollen), und am Ende kommt das Gericht (und nicht etwa die Allversöhnung, ein ewiger Kreislauf der Wiedergeburten oder die Rückkehr zu unserem „göttlichen Ursprung").

In jener Zeit, als sich das Christentum erst noch finden mußte, war es bis in die Spitzen der Kirche hinein jahrhundertelang sehr umstritten, was als christlich zu gelten hatte und was nicht. In solchen Situationen, in denen Irrlehren sehr stark – ja zeitweise sogar übermächtig – wurden, sah sich die Kirche gezwungen, die für sie wesentlichen Inhalte des christlichen Glaubens zusammenzufassen. Derartige Auseinandersetzungen waren zwar nicht der einzige, aber doch ein wesentlicher Anlaß zur Bildung kirchlicher Bekenntnisse.

Schwierigkeiten mit dem Glaubensbekenntnis

Bekenntnis Schritt 1: Verstehen

Mit diesen einleitenden Worten ist das Problem vieler Glaubensbekenntnisse angedeutet: Sie sind oft in einer bestimmten Frontstellung formuliert. Indem man konkurrierende Irrlehren abwehren wollte, ließ man sich doch von den Vertretern dieser Irrlehren die Themen diktieren, die dann in den einzelnen Bekenntnissen mehr oder minder breiten Raum einnahmen. Damit aber ergeben sich für uns etliche Probleme:

„Von der Liebe Gottes ist im apostolischen Glaubensbekenntnis nicht mit einem einzigen Wort die Rede."

1. Glaubensbekenntnisse sind oft perspektivisch verzerrt.

Die starke Konzentration auf die Abwehr von Irrlehren verleiht gerade den klassischen Glaubensbekenntnissen eine ungute „Schlagseite". Die zur Zeit ihrer Formulierung umstrittenen Themen werden verständlicherweise stärker behandelt als damals unbestrittene. So aber werden die klassischen Glaubensbekenntnisse in ihrer thematischen Auswahl gerade *nicht* dem Anspruch gerecht, *das Ganze* des christlichen Glaubens auf den Punkt zu bringen. Vielmehr werden vor allem die zu einer ganz bestimmten Zeit besonders umstrittenen Punkte thematisiert – und andere wichtige Fragen fallen unter den Tisch, weil sie seinerzeit entweder allgemein akzeptiert oder überhaupt nicht im Blick waren.

2. Die klassischen Glaubensbekenntnisse geben oft Antworten auf Fragen, die nicht mehr die unseren sind.

Antwort auf ungestellte Fragen

Viele thematische Frontstellungen früher formulierter Glaubensbekenntnisse sind heute nicht mehr aktuell. Das gilt bereits für Bekenntnisse der sechziger Jahre dieses Jahrhunderts, das gilt erst recht für ein Bekenntnis wie das Apostolikum. Einige Inhalte dieses Bekenntnisses sind auch heute noch umstritten und daher „bekenntnisreif" – etwa die Auferstehung Jesu von den Toten, die Notwendigkeit der Gemeinde für den christlichen Glauben oder die Frage des zukünftigen Gerichtes.

Aber beispielsweise die vom Apostolikum zurückgewiesene These, daß der Schöpfer- und der Erlösergott zwei einander bekämpfende Götter seien, habe ich noch nie jemanden im Ernst vertreten hören. Auch daß Jesus nur einen Scheinleib hatte und darum nicht wirklich gelitten hat, hat mir gegenüber noch niemand behauptet. Die Irrlehren aus der Zeit der frühen Kirche gibt es zum guten Teil nur noch bedingt, dafür sind andere hinzugekommen, die im klassischen Glaubensbekenntnis nicht deutlich genug abgewehrt werden, weil dafür keine Fragestellung vorhanden war.

In ihrer Frontstellung gegen Irrlehren haben die kirchlichen Bekenntnisse überdies immer wieder Einseitigkeiten gegen Einseitigkeiten gesetzt. Gerade Luther und seine Reformatoren handelten hier oft nach dem Motto: „Auf einen groben Klotz gehört ein grober Keil." Was aber fangen wir mit dem groben Keil an, wenn der „Klotz" mittlerweile gar nicht mehr da oder doch zumindest längst nicht mehr so grob ist?

Ausgrenzung

3. Bekenntnisse grenzen leicht aus.

Das ist beim Apostolikum dem geschichtlichen Ursprung nach sogar durchaus intendiert: Der Täufling legt ein Bekenntnis davon ab, daß er den *richtigen* Glauben (und nicht den der Irrlehrer) angenommen hat. Insofern definieren Bekenntnisse, wer „dazugehört" und wer nicht. Diesen Charakter hat das Glaubensbekenntnis bis heute behalten. Statt *inklusiv* das zu betonen, was alle Christen eint, bekommt es leicht ein geradezu „protestantisches" Pathos: „Das glauben wir hier, und wenn ihr das nicht auch glaubt, dann gehört ihr eben nicht dazu!"
Hier komme ich sehr ins Fragen, ob dies das richtige Signal ist. Wie muß sich ein im Glauben noch sehr zaghafter Besucher in unserem Gottesdienst fühlen, wenn alle anderen vollmundig dieses Bekenntnis sprechen? Im Glaubensbekenntnis wird ein Zaun gezogen, und zwar an durchaus umstrittenen Grenzmarken. Muß ein Mensch, der Christ sein will, wirklich an all diese Dinge glauben wie die Jungfrauengeburt, die Höllen- und Himmelfahrt oder die Wiederkunft Christi? Besteht darin das Wesen des Christseins?

Anfällig für Irrtümer

4. Was in Bekenntnissen steht, muß nicht immer richtig sein.

Auch, wenn es immer wieder anders behauptet wird: Glaubensbekenntnisse haben nicht den gleichen Wahrheitsgehalt wie das Wort der Bibel. Sie müssen sich vielmehr auf ihre Nähe zur Bibel überprüfen lassen. Erstaunlich ist, daß auch alte und verdienstvolle Bekenntnisse diesen Test keineswegs immer bestehen.
Nur einige Beispiele: Muß man im „ersten Glaubensartikel" zu Gott, dem Vater, nicht doch mehr sagen, als daß er „allmächtig" ist? Die Allmacht Gottes ist gerade kein spezifisch *christliches* Bekenntnis, sondern Allgemeingut fast aller Religionen. Unterscheidend anders wird der Gottesbegriff erst, wenn wir Gott mit dem Juden- und dem Christentum als „barmherzig", „treu" und den Menschen leidenschaftlich „liebend" bezeichnen. Erst dann wird das Wort „allmächtig" relativiert und verliert viel von seiner einseitig harten Bedeutung.
Zum „zweiten Glaubensartikel": Ist Jesus wirklich nur unser „Herr" und nicht auch unser „Bruder"? Und nimmt nicht wiederum das Wort „Bruder" dem Wort „Herr" die einseitige Härte? Das ist doch das Entscheidende der Inkarnation, daß Gott in Jesus nicht nur der „Gott über uns" bleibt, sondern als „Gott bei uns" an unsere Seite tritt. Und kann man wirklich ein Bekenntnis zu Jesus als unserem Bruder und Herrn sprechen, ohne auch nur mit einem einzigen Satz auf sein Leben und seine Lehre einzugehen? Vom Leben Jesu wird uns im Apostolikum nichts berichtet – außer, daß er von der Jungfrau Maria geboren wurde, daß er litt und daß er starb. Auch fehlt – und das ist mir besonders schmerzhaft – jegliche Sinndeutung des Todes Jesu. Die Vergebung der Sünde wird ja gerade nicht an dieser Stelle, sondern beim dritten Artikel unter dem Thema

„Kirche" verhandelt – eine durchaus fragwürdige Ortszuweisung, denn damit ist es nicht mehr die Person Jesu, sondern viel mehr die Organisation Kirche, die uns Vergebung der Sünde vermittelt. Eine für das dritte und vierte Jahrhundert sehr charakteristische Akzentverschiebung, als es darum ging, die Macht der Kirche zu festigen.
Unter der Überschrift „Heiliger Geist" schließlich werden im Apostolikum nur Aussagen über die Kirche und die Zukunft der Welt gemacht. Über den Heiligen Geist selbst wird dort überhaupt nichts ausgesagt, was innerkirchlich bis heute zu einer weitgehenden Sprachlosigkeit im Blick auf den Heiligen Geist geführt hat, ja sogar zu einer ausgesprochenen Skepsis gegenüber jedweder Theologie des Heiligen Geistes. Das deckt sich nicht mit dem biblischen Befund.

5. Das Glaubensbekenntnis berührt die Menschen heute nicht mehr.

Fremdartige Sprache

Wenn sich im Laufe der Zeit die Fragestellungen verändern, bleiben die Bekenntnisse, die als Antwort auf frühere Fragen formuliert wurden, zwar immer noch wahr, aber sie interessieren kaum einen Menschen mehr. Sie sind von einer sterilen Wahrheit, der keiner widerspricht, die aber auch keinen mehr aufregt. Wir sprechen Sonntag für Sonntag das Glaubensbekenntnis, aber es rührt kaum jemanden mehr so richtig an. Es kommt nicht von Herzen und es geht nicht zu Herzen. Dazu kommt, daß sich die Sprache im Laufe der Zeit gewandelt hat. Verstehen wir unter „Himmel", „Reich des Todes", „Gericht" oder „Gemeinschaft der Heiligen" wirklich noch das gleiche wie die Menschen der Bibel bzw. der frühen Kirche? Hier herrscht enormer Erklärungsbedarf, wenn es nicht dazu kommen soll, daß die Menschen, die das Glaubensbekenntnis mitsprechen, damit ständig falsche Inhalte assoziieren.

6. Die klassischen Glaubensbekenntnisse arbeiten mit einem unbiblischen Glaubensbegriff.

Unbiblischer Glaubensbegriff

In der Abwehr gegen die Irrlehren der damaligen Zeit verschob sich die Bedeutung des Wortes „Glauben" sehr stark in die Richtung von Satzwahrheiten, die man eben „glauben" mußte, um als richtiger Christ zu gelten. Wenn im apostolischen Glaubensbekenntnis von „Glauben" die Rede ist, dann eben nicht – wie in der Bibel – im Sinne von „Vertrauen", sondern im Sinne von „Fürwahrhalten". Das aber ist mehr als nur eine perspektivische Verzerrung. Denn das Fürwahrhalten ist im christlichen Glauben dem Vertrauen gegenüber allemal sekundär.
Wenn Menschen Jesus um Hilfe baten, dann hat er sie nicht gefragt: „Glaubst du auch an die Jungfrauengeburt?" oder „Hältst du alle alttestamentlichen Gebote für gleichermaßen inspiriert?" bzw. „Was verstehst du überhaupt unter Inspiration?" – Nein, was er bei ihnen suchte und teilweise auch fand, war Glauben im Sinne von Vertrauen, und auf dieses Vertrauen hin hat er ihnen umstandslos die Liebe Gottes zuge-

sprochen. Und umgekehrt: Wenn Jesus zu Menschen gesagt hat „Dein Glaube ist groß", oder „Dein Glaube hat dir geholfen", dann waren das interessanterweise meist Leute, die von den alten Überlieferungen und Glaubensinhalten kaum eine Ahnung, aber dafür ein um so größeres Vertrauen hatten (vgl. Matthäus 8,10; 15,28 und andere).

Unvollständigkeit

7. Viele Dinge, die für den christlichen Glauben von zentraler Wichtigkeit sind, sind im apostolischen Glaubensbekenntnis überhaupt nicht erwähnt.

Ich hatte bereits darauf hingewiesen, daß im Glaubensbekenntnis beispielsweise vom Wirken Jesu und seiner Botschaft überhaupt nicht die Rede ist. Selbst das Sterben und Auferstehen Jesu wird nicht so sehr in seiner Bedeutung *für uns,* sondern vielmehr als bloßes – eben fürwahrzuhaltendes – Ereignis dargestellt. Die für Jesus so wichtige Frage der *Sünde und Vergebung* wird in einem Nebensatz kurz vor Schluß abgehandelt: „(Ich glaube...) an die Vergebung der Sünden und das ewige Leben. Amen." Es fehlt jeder Hinweis darauf, daß das ewige Leben nicht erst nach dem Tode anfängt und wie es aussieht; die *Frage, wie man Christ wird,* wird nicht beantwortet, und daß es eine *Freude* ist, Christ zu sein, entnimmt man dem apostolischen Glaubensbekenntnis ebensowenig wie die zentrale Bedeutung der Bibel, des Gebetes und des Dienstes für *das christliche Leben.*
Schließlich wird überhaupt nicht entfaltet, was es bedeutet, daß Gott unser Vater und Schöpfer ist. Die Frage unserer Verantwortung für die Schöpfung wird nicht angesprochen. Mag sein, daß auch dies eine zeitgebundene Fragestellung ist, die damals überhaupt nicht im Blick war, aber muß man zum „ersten Glaubensartikel" heute nicht doch viel mehr sagen? Das sind alles keine Nebensächlichkeiten, so daß man sich die Frage stellen muß, inwieweit das apostolische Glaubensbekenntnis wirklich geeignet ist, das auszudrücken, was wir als Christen heute glauben. Ja, man muß sogar noch einen Schritt weitergehen und sagen:

Am Zentrum vorbei

8. Das apostolische Glaubensbekenntnis verfehlt das Zentrum des christlichen Glaubens.

Das Zentrum des christlichen Glaubens ist die Liebe Gottes, die uns auf verschiedene Weisen begegnet und die uns wiederum zu Liebenden macht. Von der Liebe Gottes ist im apostolischen Glaubensbekenntnis jedoch nicht mit einem einzigen Wort die Rede! Ebensowenig ist davon die Rede, daß *wir* Gott und unseren Nächsten wie uns selbst lieben sollen. Wir haben hier also eine „Zusammenfassung" des christlichen Glaubens, die nicht von der Liebe redet.
Der Schweizer Theologe und Dichter Kurt Marti hat einmal gesagt: „Mir ist kein Glaubensbekenntnis einer christlichen Konfession bekannt, dessen Haupt- und Zentralsatz lautet ‚Gott ist Liebe' (1. Johannes 4, 8.16)." Und er fügte hinzu: „Dementsprechend sieht die Kirchen- und Kon-

fessionsgeschichte auch aus." Es ist nicht nur bedenklich, es ist geradezu „gefährlich, daß sich Christen im Gottesdienst immer wieder feierlich einer Glaubensaussage vergewissern, die an der Mitte der christlichen Botschaft vorbeizeigt und die diesen Mangel auch durch andere Vorzüge nicht wettmachen kann" (Christoph von Lowtzow).

Keine einende Kraft

9. Das Glaubensbekenntnis ist nicht (mehr) in der Lage, die Kirche zu einen.

Die hohe ökumenische Akzeptanz des Apostolikums hat von Anfang an eher historische und kirchenpolitische als inhaltliche Gründe gehabt. Die orthodoxe Kirche sprach ohnehin von Anfang an ein anderes, nämlich das nizänisch-konstantinopolitanische Glaubensbekenntnis. Das gemeinsame Bekenntnis der evangelischen und katholischen Kirche wiederum hinderte diese nicht daran, im dreißigjährigen Krieg oder in anderen blutigen Auseinandersetzungen ohne Rücksicht aufeinander loszugehen, nicht besser, als man mit Andersglaubenden verfuhr, um sie zu „bekehren" und auf das „richtige" Glaubensbekenntnis zu verpflichten.
Wo immer die Liebe um des Glaubens willen Schaden nahm, war dies die direkte oder indirekte Folge dessen, daß nicht die Liebe Gottes, sondern irgendwelche fürwahrzuhaltenden Glaubensaussagen in die Mitte des christlichen Glaubens gerückt wurden. Heute gehen die Kirchen in Mitteleuropa zwar nicht mehr aufeinander los, aber das Glaubensbekenntnis hat auch nicht die Kraft, die Kirche zu einigen. Wo so etwas wie Einheit heute überhaupt erfahren werden kann, geschieht dies in aller Regel dort, wo die Prioritäten wieder umgedreht werden und im Umgang miteinander die Liebe wieder über die unterschiedlichen Glaubensaussagen gestellt wird. (Was nicht bedeutet, daß man deswegen die unterschiedlichen Glaubensaussagen als unwichtig ansieht, wohl aber, daß sie für den *Umgang* miteinander nicht mehr die entscheidende Rolle spielen dürfen.)
Es kann nicht die Aufgabe eines Einzelnen sein, an dieser Stelle einen Alternativvorschlag zu machen. Im Moment ist das Apostolikum im Dialog der Kirchen ohne Alternative. Aber wäre es nicht ein ökumenisches Konzil wert, sich einmal darüber zu verständigen, wie die großen Kirchen die wesentlichen Inhalte des christlichen Glaubens *heute* gemeinsam formulieren würden? Mag sein, daß man sich nur auf eine Kurzformulierung einigen könnte, aber es wäre allemal eine bessere Alternative als das Apostolikum mit seinen vielen aufgezeigten Schwächen.

Ein abstrakter Wahrheitsbegriff

10. Die Wahrheit läßt sich nicht endgültig formulieren.

Die Kirche braucht eine gute Lehre, und sie braucht auch gute Zusammenfassungen dessen, was sie inhaltlich glaubt. Wir glauben an Den, der von sich gesagt hat, er sei die Wahrheit, und erheben den Anspruch, daß unser Reden an Seiner Wahrheit irgendwie teilhat. Wenn unser Reden von Gott aber den Charakter eines unwiderruflichen Bekenntnisses erhält, dann gerät beides in Gefahr: sowohl die Liebe als auch die Wahrheit. Denn Wahrheiten über Gott können immer nur in zeitbedingten, menschlichen Worten ausgesagt werden. Endgültige Aussagen über Gott können wir nicht machen. Darum sagt Jesus „Ich *bin* die Wahrheit" und nicht „Ich vermittle euch die Wahrheit." Im christlichen Glauben geht es nicht um die Beziehung zu bestimmten Sätzen, sondern um die Beziehung zu einem Du. Und alle unsere Worte können hierzu nur Hilfsdienste leisten.

Christoph von Lowtzow schreibt: „Ich glaube, daß das Geheimnis Gottes durch unsere Bekenntnisse immer nur ‚umkreist' werden kann, und zwar durch aktuelles, das bedeutet unter anderem: situationsbezogenes Bekennen. Es wäre gefährlich, gerade im Gottesdienst den Eindruck zu erwecken, es könne anders sein und es gäbe die *eine* ewiggültige Aussage des christlichen Glaubens. Schon in der Bibel werden Gott und seine Menschwerdung in Jesus Christus nur ‚umkreist'. Markus spricht darüber inhaltlich anders als Johannes, und Paulus denkt anders als Jakobus – und dies nicht nur in ‚Akzentuierungen'." Und das ist auch gut so. Gott ist größer als alles, was wir von ihm begreifen und bekennen. Wenn man im christlichen Gottesdienst also ein Element des Bekennens einführt, dann müßte dieser Relativität allen menschlichen Redens von Gott auch nach außen hin Rechnung getragen werden.

Stellen Sie sich vor, ein Mensch oder eine Gruppe macht eine Erfahrung mit Gott. Er bzw. sie kleiden diese Erfahrung in Worte. Sie sagen damit: „So haben wir Gott erlebt." Sie selbst werden ihres Glaubens gewisser, andere werden von ihren Worten inspiriert und ermutigt, und das ist gut so. Doch muß ein Mensch, der solch ein Glaubensbekenntnis formuliert, und auch einer, der es nur hört, offen dafür bleiben, daß Gott ihm vielleicht ganz anders begegnen will. Gott ist größer als unsere Erfahrungen mit ihm. Und Gott muß auch größer bleiben als unser Bekenntnis von ihm. Wenn ein Glaubensbekenntnis mich dazu führt, daß Gott mich nicht mehr überraschen kann, dann – ich verweise auf meine Eingangsgeschichte – hat der Teufel gesiegt.

Ein religiöses Bekenntnis ist ein Wegweiser, der den Weg zur Wahrheit zeigt. Menschen, die krampfhaft den Wegweiser umklammern, werden daran gehindert, auf die Wahrheit zuzugehen, weil sie irrtümlicherweise glauben, sie schon zu besitzen. Spricht das gegen Wegweiser? Nein, keineswegs. Aber wir dürfen Wegweiser nicht überschätzen. Ein altes Sprichwort sagt: „Der Weise zeigt auf den Mond, doch der Idiot sieht nur den Finger." Wir müssen für beides sorgen: Daß der Finger in die richtige Richtung zeigt, und daß die Menschen innerhalb wie außerhalb der Kirche nicht so sehr auf den Finger sehen als vielmehr auf den Mond, den er uns zeigt. Dazu wäre es vielleicht hilfreich, öfters mal einen anderen Finger zu verwenden.

Ein eigenes Glaubens-bekenntnis entwickeln

Bekenntnis Schritt 2: Nachvollziehen

Ziel dieses Abschnitts ist es, daß Sie es lernen, Ihren Glauben selbst zu formulieren. Bevor Sie dies tun, sollten Sie sich überlegen, welches Ziel Ihr Bekenntnis haben soll. Vielleicht haben Sie auf den vorangegangenen Seiten vermißt, daß ich auch etwas Positives zum Glaubensbekenntnis sage. Probleme habe ich mit der konkreten, fest verankerten Praxis, wie ich sie beschrieben habe. Ich habe keine Probleme damit, daß man überhaupt Glaubensbekenntnisse formuliert und im Gottesdienst spricht. Im Gegenteil: Ich halte dies für notwendig. Bekenntnisse im Gottesdienst haben meiner Auffassung nach sieben mögliche Zielrichtungen:

„Es ist kein Zeichen von geistlicher Reife, wenn Ihr persönliches Bekenntnis über die Jahre hinweg gleichbleibt."

1. Zunächst einmal dient ein Glaubensbekenntnis der *Selbstvergewisserung* über die Grundlagen des eigenen Glaubens. Es ist gut, sich von Zeit zu Zeit immer wieder einmal deutlich zu machen, worin der Kern des eigenen Glaubens letztlich besteht.

2. Ein Glaubensbekenntnis kann und soll außerdem *anderen zum Glauben Mut machen* und ihren Glauben stärken. Es kann dazu von eigenen Erfahrungen reden, darf allerdings sprachlich nicht ausgrenzend wirken.

3. Ein Glaubensbekenntnis kann dazu dienen, *die Einheit der Kirchen zu unterstreichen.* Dazu bedarf es, wie oben bereits erwähnt, eines Konsenses zwischen den verschiedenen Kirchen.

4. Ein Glaubensbekenntnis kann *anläßlich einer Taufe* gesprochen werden und klarmachen, auf welchen Gott sich der Täufling einläßt.

5. Ein Glaubensbekenntnis kann in einer *kritischen Situation* betonen, wofür Christen aufzustehen und einzutreten haben. Ein solches Bekenntnis kann Bekenntnisse, die den Kern des christlichen Glaubens beschreiben, wohl ergänzen und zuspitzen, nicht aber ersetzen.

6. Ein Glaubensbekenntnis kann eigene *Schuld* und eigenes Versagen beim Namen nennen (so wie etwa das „Stuttgarter Schuldbekenntnis" nach dem zweiten Weltkrieg). Naturgemäß ist ein solches (Schuld-)Bekenntnis – wie das eben erwähnte – ausgesprochen zeit- und situationsgebunden.

7. Ein Glaubensbekenntnis kann schließlich dazu dienen, *Gott zu rühmen.* Die Bibel ist voll von solchen „Doxologien" (= Bekenntnisse, die die Größe Gottes preisend hervorheben).

Drei Kernfunktionen

In unserem Zusammenhang sind für mich vor allem die Aspekte 1, 2 und 7 interessant. Ein Bekenntnis wird entweder in Hinblick auf mich selbst, in Hinblick auf andere oder in Hinblick auf Gott gesprochen. Im Idealfall verbinden sich alle drei Aspekte. Die Aufgabe wäre also, ein Bekenntnis zu finden, das den eigenen Glauben so liebevoll beschreibt, daß andere dadurch in ihrem Glauben bestärkt und Gott dadurch gepriesen wird. Hierzu zwei Übungen:

Das persönliche „Zeugnis"

1. Ein persönliches „Zeugnis" entwickeln

Bitte schreiben Sie auf, wie Sie zum Glauben gefunden haben. Erzählen Sie Ihre Geschichte. Und zwar kurz! Länger wird Ihre Geschichte auf Dauer ganz von selbst. Sie müssen lernen, die Dinge auf den Punkt zu bringen. Orientieren Sie sich an folgenden Fragen, die Sie bitte jeweils mit maximal drei bis fünf Sätzen beantworten.

1. Wie war Ihr Leben ohne Christus? (Welche geistigen Einflüsse haben Sie geprägt? Welche Einstellungen hatten Sie dem Leben und anderen Menschen gegenüber?)
2. Was hat Sie dazu bewogen, sich zu überlegen, ob nicht Gott bzw. Jesus die Antwort auf Ihre Bedürfnisse sein könnte?
3. Wie haben Sie Christus in Ihrem Leben erfahren?
4. Wie sieht Ihr Leben aus, nachdem Sie Christ geworden sind?
5. Warum sollte ein anderer Mensch mit Christus leben?

Üben Sie dieses „Zeugnis" in Ihrem Hauskreis in Zweier- oder Dreiergruppen ein. Geben Sie sich gegenseitig Rückmeldung, wie das Zeugnis auf den jeweils anderen wirkt und verbessern Sie es entsprechend. Damit haben Sie ein Rüstzeug an der Hand, das Sie nicht mehr hilflos davorstehen läßt, wenn andere Sie nach Ihrem Glauben fragen.

Das persönliche „Bekenntnis"

2. Ein eigenes Glaubensbekenntnis entwickeln

Und nun schreiben Sie bitte „Ihr" Glaubensbekenntnis auf. Überlegen Sie, zu wem hin Sie Ihr Bekenntnis in erster Linie sprechen wollen. Soll es in erster Linie Gott rühmen, dient es primär Ihrer Selbstvergewisserung oder soll es andere im Glauben ermutigen? Gehen Sie in Ihrer Formulierung ruhig an der klassischen Reihenfolge von Vater, Sohn und Heiligem Geist entlang. Diese dreigliedrige Form findet sich bereits im Neuen Testament und war das Grundgerüst nahezu aller früh- und altkirchlichen Bekenntnisse. Wenn es Ihnen hilft, orientieren Sie sich dabei an folgenden Fragen, lassen Sie sich aber in ihren Gedanken dadurch kein „Korsett" anlegen:

Vater: *Was bedeutet es für mich, daß Gott mein Vater ist? Welche anderen Bilder für Gott haben für mich eine wichtige Bedeutung? Welche Eigenschaften hat Gott? Woher weiß ich, daß er mich liebt? Was bedeutet es für uns, daß Gott der Schöpfer aller Menschen ist? Was bedeutet es in diesem Zusammenhang, daß wir Menschen „Sünder", das heißt von Gott getrennte Wesen sind? Was bedeutet es für unseren Umgang mit der Umwelt, daß Gott der Schöpfer der Natur ist? Wie ordnen wir modern-pantheistische Bestrebungen ein,*

die Gott mit irgendwelchen Naturkräften gleichsetzen? In welcher Beziehung steht Gott, unser Vater, zu den anderen Göttern, die in dieser Welt geglaubt werden?
Sohn: *Was aus dem Leben und der Lehre Jesu ist mir unaufgebbar wichtig? Welchen Anspruch hat Jesus erhoben? Was bedeutet sein Sterben und Auferstehen für mich? Ist der Auferstandene eine lebendige Realität für mich? Wie vermittelt Jesus uns Frieden mit Gott? Wie lautet sein Beziehungsangebot an mich? Wie wird man Christ? Welche Hoffnung vermittelt er?*
Heiliger Geist: *Wer ist der Heilige Geist? Was ist sein Ziel im Leben eines Menschen? Wie wirkt der Heilige Geist? Wodurch spricht er? Was tut er? Wozu und womit begabt er? Wovon ist das christliche Leben geprägt? Was bedeutet in diesem Zusammenhang der „Leib Christi", die Gemeinde? Wie bleibe ich Christ, nachdem ich es geworden bin? Was wird von mir erwartet? Was kann ich erwarten?*

Das sind nur einige Kernfragen. Vielleicht fallen Ihnen noch andere ein. Schreiben Sie auf drei getrennten Blättern zunächst, was Ihnen in den Sinn kommt. Dann bringen Sie es in eine geeignete Form, das heißt in eine flüssige Sprache und in eine möglichst kurze Fassung. Als Richtwert mögen zwei- bis dreihundert Worte Gesamtumfang dienen. Das apostolische Glaubensbekenntnis ist wesentlich kürzer, läßt aber auch alle Formulierungen weg, die begründenden oder argumentativen Charakter haben. Überlegen Sie, ob Sie diesen Weg auch beschreiten wollen. Merzen Sie auf jeden Fall von den vielen guten Gedanken, die Sie haben, konsequent alles aus, was für Sie zwar persönlich wichtig ist, aber keinen allgemeingültigen Anspruch erhebt.

Ein gemeinsames Glaubensbekenntnis

Tauschen Sie sich mit anderen über das Ergebnis aus. Vielleicht versuchen Sie sogar – etwa im Hauskreis oder auf einer Wochenendfreizeit – ein gemeinsames Glaubensbekenntnis zu formulieren. Aber Vorsicht: Das braucht Zeit! Ein solches gemeinsames Bekenntnis wird Ihre Gruppe fester zusammenschweißen, es wird aber auch jeden Einzelnen nötigen, in der Formulierung Kompromisse zugunsten der anderen zu machen. (Falls es Sie interessiert, wie ich diese Aufgabe lösen würde, finden Sie einen Vorschlag in meinem Buch „Glaube hat Gründe" auf Seite 175.)
Bitte schreiben Sie „Ihr" Glaubensbekenntnis von Zeit zu Zeit immer wieder einmal um, vielleicht in halbjährlichem oder jährlichem Abstand oder wann immer sich ein aktueller Anlaß ergibt. Es ist kein Zeichen von geistlicher Reife, wenn Ihr persönliches Bekenntnis über die Jahre hinweg gleichbleibt. Es zeigt eher, daß Sie nichts hinzugelernt haben oder daß sie die Mühe scheuen, ihren Glauben immer wieder neu einer gewandelten Zeit sprachlich anzupassen.

Bekenntnis Schritt 3: Gestalten

Zehn Variationen des Glaubensbekenntnisses

„Die christliche Wahrheit läßt sich nicht in einem einzigen Bekenntnis einfangen."

Das Bekenntnis ist ein Urakt des Glaubens. Darum hat das Bekenntnis von Anfang an in den christlichen Gottesdienst hineingehört. Im Neuen Testament finden sich Dutzende meist sehr kurze Bekenntnisformeln, die größtenteils dem gottesdienstlichen Umfeld entnommen sind. Längere Bekenntnisse finden sich etwa in Philipper 2,6-11, in 1. Timotheus 3,16, oder 1. Petrus 2,22-25. Die Tatsache, daß es so viele *verschiedene* Formeln sind, sagt freilich sehr viel aus. Ich finde es gut und biblisch, wenn es im Gottesdienst der Gemeinde Jesu Elemente des Bekennens gibt. Aber wir müssen die Glaubensbekenntnisse in unseren Gottesdiensten *variieren!*
Übrigens: Das Apostolikum war früher ein reines Taufbekenntnis und keineswegs ein regelmäßiges liturgisches Stück des Gemeindegottesdienstes. Fordern Sie eine konservative Gemeinde also nicht zu einer *Neuerung* auf, sondern dazu, endlich wieder zum Guten und Alten und Biblischen zurückzukehren, indem Sie das apostolische Glaubensbekenntnis durch andere Bekenntnisse und vor allem auch durch verschiedene Arten des Bekenntnisses ergänzen:

Nizäno-Konstantinopolitanum

1. An Hochfesten der Kirche könnte *das Nizänisch-Konstantinopolitanische Glaubensbekenntnis* gesprochen werden, das zwar an vielen Stellen ähnliche Schwächen aufweist wie das apostolische, aber doch theologisch reicher und sprachlich schöner ist. Der Vorteil dieses Bekenntnisses liegt nicht zuletzt auch in seiner ökumenischen Akzeptanz.

Jüdisches Bekenntnis

2. Warum aber nicht von Zeit zu Zeit auch das *jüdische Glaubensbekenntnis* sprechen?

> *„Höre, Israel, der HERR ist unser Gott, der HERR allein. Und du sollst den HERRN, deinen Gott, liebhaben von ganzem Herzen, von ganzer Seele und mit all deiner Kraft."* (5. Mose 6, 4-5)

Zugegeben: Das Wort „Jesus" kommt in diesem Bekenntnis nicht ein einziges mal vor. Und trotzdem habe ich den Eindruck, daß diese 29 Worte das Anliegen auch des christlichen Glaubens möglicherweise besser auf den Punkt bringen als die 103 Worte des Apostolikums oder so manches andere noch längere Bekenntnis der Christenheit.

Mittelpunkt des Lobpreises

3. Sie könnten das Glaubensbekenntnis von Zeit zu Zeit zum *Mittelpunkt Ihres Lobpreisteiles* machen (damit haben wir in unserer Gemeinde gute Erfahrungen gemacht). Dazu könnte man eine der vielen biblischen Doxologien, aber natürlich auch jedes andere Glaubensbekenntnis verwenden, das den Charakter des Rühmens Gottes hat. Beispiele für biblische Doxologien sind etwa Johannes 1,1ff, Römer 8,38f oder Philipper 2,5ff. Andere Beispiele finden Sie unter den zum Stichwort „Lobpreis" aufgeführten Bibelstellen (Seite 132).

Taufbekenntnis

4. Wenn Sie nicht das Apostolikum als *Taufbekenntnis* nehmen wollen, können Sie vielleicht mit Mitarbeitern Ihrer Gemeinde ein eigenes Taufbekenntnis entwickeln, das ansprechender wirkt, weil es vielleicht mehr von der Liebe Gottes redet, in einer inklusiveren Sprache (und nicht so sehr in der Sprache der Ketzerabwehr) gehalten ist und speziell die Bedeutung der Taufe und des Glaubens für den Täufling akzentuiert. Wenn Erwachsene getauft werden, sollten sie in eigenen Worten formulieren, wie sie zum Glauben gefunden haben und warum sie sich taufen lassen wollen.

Sammlung von Bekenntnissen

5. Fertigen Sie sich eine *Sammlung zeitgenössischer Glaubensbekenntnisse* an und setzen Sie diese in Ihren Gottesdiensten ein. Es gibt sehr geeignete Bekenntnisse quer durch die ganze Literatur, angefangen von Bonhoeffers berühmten „Ich glaube, daß Gott aus allem, auch aus dem Bösesten, Gutes entstehen lassen kann..." (aus „Widerstand und Ergebung") über das Bekenntnis des Ökumenischen Rates der Kirchen von 1961 bis hin zu Bekenntnissen Jörg Zinks (etwa in: Zink/Röhricht „Was Christen glauben", ISBN 3-579-01299-1), Ernesto Cardenals oder Hans Küngs.

Bekenntnis der „United Church of Christ"

6. In diesem Zusammenhang habe ich ein sehr schönes *Bekenntnis der United Church of Christ* (einem Zusammenschluß verschiedener Mainline-Churches in den USA) gefunden, das ich Ihnen gerne zur Ergänzung Ihrer gottesdienstlichen Bekenntnisse weitergebe:

Wir glauben an Gott,
den Vater unseres Herrn Jesus Christus
und unseren Vater, und bezeugen seine Taten:
Er ruft die Welten ins Dasein.
Er schafft den Menschen nach seinem Bild
und legt ihm vor die Wege zum Leben und zum Tod.
In Liebe strebt er danach,
alle Menschen von ihrer Ziellosigkeit zu befreien.
Er richtet Menschen und Völker nach seinem Willen,
den er durch Propheten und Apostel verkündet.

In Jesus Christus, dem Mann von Nazareth,
unserem gekreuzigten und auferstandenen Herrn,
ist er zu uns gekommen.
Er hat unser gemeinsames Los auf sich genommen,
überwindet Sünde und Tod und versöhnt die Welt.

Er verleiht uns seinen Heiligen Geist,
der die Kirche Jesu Christi schafft und erneuert.
Er vereint die Menschen aller Zeiten,
Sprachen und Rassen in seinem Bund.

Er ruft uns in seine Kirche,
damit wir die Kosten der Nachfolge tragen
und die Freude der Nachfolge erfahren.
Er macht uns zu seinen Mitarbeitern
im Dienst an den Menschen.
Er läßt uns an Christi Taufe teilhaben
und den bösen Mächten widerstehen.
Er läßt uns aller Welt das Evangelium predigen
und an seinem Tisch essen.
Er verbindet uns mit seinem Leiden und Sieg.
Er verspricht allen, die ihm vertrauen,
Vergebung der Sünden und Überfluß an Gnade.
Er gibt Mut im Kampf um Gerechtigkeit und Frieden.
Er zeigt seine Gegenwart in Anfechtung und Freude.
Er läßt uns bleiben unter seiner Herrschaft, die kein Ende hat.
Ihm sei Lob, Ehre und Anerkennung. Amen.

Gemeinsam erarbeitetes Bekenntnis

7. Selbstverständlich können Sie auch – wie auf Seite 183 angeregt – ein in *Gruppen* oder auf *Gemeindefreizeiten* erarbeitetes Glaubensbekenntnis im Gottesdienst sprechen. Dabei kann es entweder eine(r) stellvertretend für die gesamte Gemeinde, oder alle können es gemeinsam sprechen (dann müssen die Texte natürlich vervielfältigt vorliegen). Klar, daß bei Konfirmationen ein von *Konfirmanden* selbst formuliertes Bekenntnis eingebracht werden sollte. Und eine Gruppe, die einen Gottesdienst wesentlich mitgestaltet, darf sich natürlich aussuchen, welches Glaubensbekenntnis sie in „ihrem" Gottesdienst sprechen will. So wird etwas von der Vielfalt des christlichen Glaubens deutlich und vor allem auch etwas davon, was in dieser Gemeinde *wirklich* geglaubt wird.

Persönliches Bekenntnis

8. An die Stelle des gemeinsamen Bekenntnisses sollte in Gottesdiensten von Zeit zu Zeit auch ein *persönliches Bekenntnis* treten. In frommen Kreisen wird so etwas gerne „Zeugnis geben" genannt – ein weiteres Unwort aus der Sprache Kanaans, das für Menschen heute ein unnötiges Hindernis aufstellt. Kein Mensch außerhalb der Kirche redet heute von „Zeugnis geben" (außer in der Schule, was nicht gerade zur Beliebtheit dieses Wortes beiträgt). Nennen wir es „Erlebnis- oder Erfahrungsbericht" oder neudeutsch „Statement" oder „persönliches Bekenntnis": Hier, wo „Glaubensbekenntnis" auf der Agenda steht, könnte es seinen natürlichen Platz im Gottesdienst finden. An dieser Stelle könnte in modern gestalteten Gottesdiensten auch ein kurzes *Interview* durchgeführt werden, in dem ein Gemeindeglied über seinen persönlichen Glauben befragt wird.

Gesungenes Bekenntnis

9. Oder: *Singen* Sie doch, was Sie glauben! Warum soll ein gemeinsames Glaubensbekenntnis immer nur gesprochen werden? Auch dies ist eine alte Tradition. Im Evangelischen Gesangbuch findet sich neben dem sogenannten „Glaubenslied" (EG 183) von Martin Luther, das musikalisch recht kompliziert gehalten ist, das sehr viel eingängigere Lied von Rudolf Alexander Schröder „Wir glauben Gott im höchsten Thron" (EG 184). An modernem Liedgut erwähne ich nur „Gott ist anders als wir denken", „Wir bekennen Gott, den Vater" *(We believe in God, the father),* „Wir glauben dich Gott als Mensch unter Menschen" (L. und J. Petzold), „Gott liebt diese Welt" (W. Schulz), „Daran glauben wir" (S. Fietz), sowie überhaupt alle Vertrauenslieder im engeren Sinne.

Kurzformeln des Glaubens

10. Aus dem neutestamentlichen Gottesdienst kennen wir viele *Kurzformeln* des Glaubens (die bekannteste ist „Jesus Christus ist der Herr"). Ich kann mir vorstellen, daß die *Predigt* dazu dienen könnte, die Gemeindeglieder auf die eine oder andere Kurzformel des Glaubens „einzuschwören". Ein solches Glaubensbekenntnis könnte am Ende der Predigt stehen – als etwas ausführlichere Antwort der Gemeinde an Stelle des „Amen".

Abwechslung macht Freude

Die Lateiner sagen: „Variatio delectat" – Abwechslung macht Freude! Ich denke, die Abwechslung verschiedener Formen des Glaubensbekenntnisses im Gottesdienst macht nicht nur Freude, sondern hat auch einen theologischen Sinn: Zum einen hält sie das Bewußtsein dafür offen, daß alles menschliche Reden von Gott – und also auch unser Bekennen – vorläufig ist und ergänzungswürdig bleibt. Die christliche Wahrheit läßt sich nicht in einem einzigen Bekenntnis einfangen. Darum ist es sachgemäß, die biblische Wahrheit immer wieder von verschiedenen Seiten zu beleuchten. Wir halten ja auch nicht immer nur die gleiche Predigt über denselben Text.

Zum andern macht der Einsatz verschiedener gottesdienstlicher Bekenntnisse es einem Außenstehenden wahrscheinlich leichter, zu uns zu stoßen, weil es ihm verschiedene Zugänge zum Glauben ermöglicht. Er merkt: Der Glaube ist nie ein für allemal fertig formuliert. Es gibt verschiedene legitime Weisen, sich dem Glauben zu nähern, und keine von ihnen ist gegenüber den anderen absolut im Recht, sondern diese verschiedenen Weisen ergänzen einander bzw. legen sich gegenseitig aus. Ein Außenstehender würde das Glaubensbekenntnis so nicht als „Zaun" erleben, der um den christlichen Glauben herumgezogen wird, sondern als offenstehende Tür, durch die einzutreten er herzlich eingeladen ist.

Weiterführende Literatur:
Jörg Zink, Das christliche Bekenntnis. Ein Vorschlag
Kreuz-Verlag, Stuttgart 1996, ISBN 3-7831-1488-8

Abendmahl Schritt 1: Verstehen

Schlüsselelement 8: Das Abendmahl

„Der Befehl Jesu lautet ‚Nimm und iß', und nicht ‚Nimm, wenn du verstehst'."

Über das Abendmahl sind zahllose Bücher und Abhandlungen geschrieben worden. Ich habe viele davon gelesen und eigentlich fast alle anschließend enttäuscht zur Seite gelegt. Nahezu ausnahmslos hatte ich den Eindruck: „Der hat es also auch nicht verstanden." Je dicker und gelehrter das Buch war, desto stärker war in der Regel dieser Eindruck.
Und ich habe nicht den Ehrgeiz, auf den nächsten Seiten den ersten wirklich überzeugenden Abendmahlsentwurf der Theologiegeschichte zu liefern. Ich werde einfach einige Bausteine zusammentragen, was ich über das Abendmahl verstanden zu haben glaube. Ein alles erklärendes System, das keine Fragen mehr offen ließe, habe ich zu dieser Frage nicht zu bieten.

Abendmahl als „mysterion"

Das Abendmahl ist und bleibt ein *mysterion* (ein Geheimnis), wie die kirchliche Tradition von Anfang an betont hat. Die Geheimnisse Gottes müssen wir nicht verstehen, sondern wir sollen sie anbeten, sagt Melanchthon. Das heißt nicht, daß es am Abendmahl nichts zu verstehen gäbe, wohl aber, daß es sich all unseren Versuchen, es auszuloten und in ein abgeschlossenes Gedankengebäude zu pressen, beharrlich entzieht.
Der Befehl Jesu lautet „Nimm und iß", und nicht „Nimm, wenn du verstehst". Schon die Suche nach der richtigen Bezeichnung erweist sich, wie wir noch sehen werden, als schwierig: Sollte man nicht besser vom „Herrenmahl", der „Eucharistie" oder der „Kommunion" sprechen? Auch wenn theologisch einiges dafür spräche, einen anderen Begriff zu verwenden, gebrauche ich das Wort „Abendmahl", da es die weiteste Verbreitung und den geringsten hochkirchlichen Beigeschmack hat.

Anregungen für die eigene Praxis

Ich habe die Überschrift des folgenden Abschnitts bewußt subjektiv formuliert. Ich erhebe, wie gesagt, nicht den Anspruch, in der Abendmahlsfrage den Stein der Weisen gefunden zu haben, und überlasse es Ihnen, ob Sie mir in den folgenden Punkten folgen wollen oder nicht. Ich würde mich eher wundern, wenn sie es an allen Stellen täten. Andererseits sollten Sie sich überlegen, inwieweit Sie das, was das Neue Testament uns vom Abendmahl in den ersten Gemeinden berichtet, in Ihrer Gemeinde wiederfinden. Wenn Sie mit der Abendmahlspraxis Ihrer Gemeinde rundum zufrieden sind, freue ich mich aufrichtig mit Ihnen. Wenn nicht, werden Sie auf den folgenden Seiten möglicherweise einige hilfreiche Anregungen finden.

Zehn Bausteine meines Abendmahlsverständnisses

Abendmahl Schritt 1: Verstehen

1. In die Feier des Abendmahls sind vier biblische Überlieferungsströme eingeflossen:

- das Passamahl des Alten Bundes,
- die Tischgemeinschaften des irdischen Jesus,
- das letzte Mahl Jesu vor seinem Tod,
- die Erscheinungsmahle des auferstandenen Jesus.

Dies ist insofern wichtig zu wissen, als eine einseitige Konzentration auf *das letzte Mahl Jesu vor seinem Tod* zu kurz greift. Die Beziehung des Abendmahls zur jüdischen *Passafeier* ist in den letzten Jahren vor allem durch den jüdisch-christlichen Dialog wiederentdeckt worden. Zweifellos hat Jesus die jüdische Passafeier zum Ausgangspunkt genommen, als er das Abendmahl einsetzte. Bei allen Unterschieden gibt es eine Menge Parallelen: In der Feier des Abendmahls ist wie im Passafest die Freude über die Befreiung, die Entlastung von Angst und Gebundenheit sowie die Hoffnung auf Gottes heilsames Handeln lebendig. Wie Gott sein Volk im alten Bund aus der Knechtschaft in Ägypten geführt hat (vgl. 2. Mose 12), so erlöst er uns durch Jesus aus der Knechtschaft der Sünde und schafft einen neuen Bund (vgl. 1. Korinther 5,7).

Das letzte Mahl Jesu vor seinem Tod ist aber auch nicht zu trennen von der *Tischgemeinschaft* des irdischen Jesus mit „Zöllnern und Sündern". In Mahlzeiten, wie sie etwa in Markus 2,13-17 (Levi), in Lukas 19,5-10 (Zachäus) oder auch im Gleichnis Jesu vom verlorenen Sohn (Lukas 15,23.25) berichtet werden, wird die Sendung Jesu sichtbar: Er ist gekommen, zu suchen und selig zu machen, was verloren ist.

Die *Erscheinungsmahle* des Auferstandenen schließlich (vgl. Lukas 24, 30.42f; Johannes 21,13) verdeutlichen, worum es im Abendmahl in profunder Weise geht: um die Gegenwart des Lebendigen und Auferstandenen (und nicht nur um eine Totengedenkfeier), um Vergebung, um eine neue Beauftragung sowie um den Blick auf die zukünftige Welt Gottes, die Jesus uns als ein einziges, großes Fest darstellt.

„Die sich im Gespräch vollziehende Anteilnahme sowie die frohe Atmosphäre des Festes gehören mit zu dem Zeichen, in das Jesus seine Gegenwart hineinverhieß."

2. Das Abendmahl war in seinen Ursprüngen in eine festliche Mahlzeit eingebettet.

Einbettung in eine festliche Mahlzeit

In Fortführung der Tischgemeinschaft Jesu mit den Zöllnern und Sündern feierten die ersten Christen das Abendmahl als Fest der Gemeinschaft mit Gott und untereinander, indem sie es in eine festliche Mahlzeit einbetteten (vgl. Apostelgeschichte 2,42ff und 1. Korinther 11,17ff). Wir müssen uns das bildhaft vorstellen: Man gönnte sich Muße, sprach miteinander, genoß Essen und Trinken, erlebte Freundschaft und erfuhr inmitten dieser frohen Atmosphäre die Gegenwart Jesu. Diese Weichenstellung ist mir ausgesprochen wichtig: Als Jesus sagte „Dies bin ich, mein Leib, mein Blut", da bezogen sich diese Worte nicht so sehr auf die „Elemente" Brot und Wein, sondern vielmehr auf das gesamte „Setting". Die sich im Gespräch vollziehende Annahme und Anteilnahme, die Geborgenheit beieinander sowie die frohe Atmosphäre des Festes gehören mit zu dem Zeichen, in das Jesus seine Gegenwart hineinverhieß!

Nicht in den durch die korrekten Worte gewandelten „Elementen" Brot und Wein, sondern in dieser gemeinsamen Feier wird die Gegenwart Jesu erfahren. Ich bin mir noch nicht sicher, ob wir deswegen jede Abendmahlsfeier mit einer Mahlzeit verbinden sollten (vor allem frage ich mich, wie so etwas in größeren Gemeinden praktisch durchführbar sein soll). Aber in einer Zeit, in der unsere Abendmahlspraxis weithin geprägt ist von individueller Abkapselung statt von gegenseitiger Zuwendung, in der ein „Schnellimbiß am Altar" die frohe Muße einer Mahlzeit und eine oftmals beklemmende Atmosphäre die Festlichkeit der frühchristlichen Abendmahlsfeier verdrängt haben, und wo man an einer trockenen Hostie schmecken und sehen soll, „wie freundlich der Herr ist", müssen wir uns ernsthaft überlegen, ob diese Art, Abendmahl zu feiern, noch dem entspricht, was Jesus ursprünglich damit wollte.

Christlicher Glaube ist unkultisch

3. Das Christentum ist seinem Wesen nach unkultisch.

Es ist nicht ganz einfach, das Wort „Kult" zu definieren. Nach einer Definition Christoph von Lowtzows bezeichnet dieses Wort „eine religiöse Zeremonie, durch die eine Annäherung an Gott vollzogen werden soll, oder umgekehrt, die Gott dazu bewegen soll, sich dem Menschen zu nähern". Nach der übereinstimmenden Botschaft des Neuen Testamentes ist der Mensch jedoch überhaupt nicht in der Lage, sich – durch welche Anstrengungen auch immer – Gott zu nähern. Auf der anderen Seite: Gott ist den Menschen durch seinen Sohn Jesus Christus unüberholbar nahe gekommen. Das bezeichnet ja das Wort „Gnade" seinem Wortsinn nach: „Gott naht sich."

Durch die Versöhnungstat Jesu hat jeder Glaubende einen unmittelbaren Zugang zu Gott. Darum ist das Christentum seinem Wesen nach unkultisch. Für Jesus gab es weder besondere Orte (vgl. Johannes 4,21ff) noch heilige Gegenstände (vgl. Matthäus 15,17ff) noch besondere Verrichtungen (vgl. Lukas 11,37ff), mittels derer man sich Gott nähern kann. Das frühe Christentum übernahm diese Grundeinstellung Jesu: Im ganzen Neuen Testament wird die Möglichkeit verneint, Gott im Kult näher zu sein als im Alltag. Der gesamte Hebräerbrief widmet sich der Aufgabe, nachzuweisen, daß das, was der alttestamentliche Kult wollte, in Jesus erfüllt und erledigt ist. Der Gottesdienst hat den Charakter der Feier der Liebe Gottes und führt die Glaubenden nicht ins religiöse Abseits, sondern stärkt sie für den Gottesdienst im Alltag der Welt (vgl. den „vernünftigen Gottesdienst", den Paulus in Römer 12,1f beschreibt).

Im Laufe der Kirchengeschichte aber wurde aus dieser Feier der Liebe Gottes dann doch wieder ein „Kult": Der Priester murmelte die geheimen

Worte *hoc est corpus meum* („dies ist mein Leib") und verwandelte so Brot und Wein in Leib und Blut Jesu. Das Kirchenvolk nahm diese Worte als geheimnisvollen Zauber auf: „Hokuspokus". In einer Art Symbiose wurde beides befriedigt: Das priesterliche Bedürfnis nach Macht und Einfluß und das Bedürfnis des Kirchenvolkes nach geheimnisvollen Riten und frommem Erschauern. So sagt denn auch Dostojewskijs Großinquisitor zu dem wiedergekommenen Christus: „Wir haben deine Tat verbessert und sie auf dem Wunder, dem Geheimnis und der Autorität gegründet." An keiner Stelle wird dies derart deutlich wie im Abendmahl. Nirgendwo anders ist unser Gottesdienst so kultisch wie hier. Was wir daher entwickeln bzw. wiederentdecken müssen, ist eine unkultische Abendmahlsfeier.

4. In den ersten Jahrhunderten gab es keine ausgeprägte Abendmahlslehre.

Die Lehre kam erst später

Abendmahl war zunächst einfach etwas, was *erlebt* und *gefeiert* wurde. Doch im Laufe der Zeit wurden diese Erlebnisse mehr und mehr in Summierungen und Lehrformeln zusammengefaßt. Dagegen ist an sich nichts einzuwenden, solange solche Zusammenfassungen sich unmittelbar auf die an ihrem Ausgangspunkt stehende Erfahrung beziehen. Doch haben summierende Formeln und Lehrsätze die Tendenz, sich zu verselbständigen. Sie werden zu autonomen Begriffen, aus denen man weitere Folgerungen ableitet, die man in ein gedankliches System zu pressen versucht und über die man leicht zu streiten beginnt.

Praktisch sieht das so aus: Ganz am Anfang der Christenheit stand eine lebendige *Erfahrung:* „Jesus ist in der gemeinsamen Feier des Abendmahls in besonderer Weise gegenwärtig – gerade so, wie er es verheißen hat." Daraus wurde im Laufe der Zeit die *Summierung* abgeleitet: „Jesus ist in Brot und Wein gegenwärtig." Zum *System* wurde das Ganze in der Lehre von der wundersamen Wandlung von Brot und Wein in Jesu Leib und Blut durch die richtige „Einsetzung". Es kam zu *autonomen Begriffen* wie „Realpräsenz" oder „Transsubstantiation" (beides sind Begriffe, die erklären sollen, wie Jesus in Brot und Wein leiblich gegenwärtig sein soll). Eine hieraus resultierend *Streitfrage* war beispielsweise, ob man, wenn einem bei einer Abendmahlsfeier Brot und Wein ausgehen und man davon nachholen muß, diese „nachkonsekriert" werden müssen (das heißt, daß man über ihnen noch einmal die Einsetzungsworte spricht, da sie sonst nicht wirklich zu Leib und Blut Jesu werden).

Diese Art von Fragen beschäftigt die Theologiegeschichte seit gut anderthalb Jahrtausenden. Sie sind dem Neuen Testament völlig fremd. Und der überwältigende Teil der Christen hat sie zu keiner Zeit verstanden. Man redet – wie mein Lehrer Dietrich Ritschl es einmal genannt hat – über „Ableitungen von Ableitungen" einer Ursprungserfahrung, und öffnet damit dem Mißverstehen, dem Streit und dem Aberglauben Tor und Tür. Als *mysterion,* als Geheimnis bedarf das Abendmahl einer sehr unmittelbaren, sich ganz dicht an der Erfahrung aufhaltenden Sprache. Ich habe nichts gegen differenzierte Begriffe und Gedankensysteme, aber sie müssen „geerdet" sein und sich ohne allzu große Umstände wieder auf die Ursprungserfahrung zurückführen lassen.

Abendmahlslehren dürfen nicht trennen

5. Lehrmeinungen über das Abendmahl dürfen uns nicht trennen.

Das Johannesevangelium überliefert uns in seinem 17. Kapitel das sogenannte „hohepriesterliche Gebet". Dieses hat den Charakter eines Vermächtnisses Jesu. Kurz vor seiner Gefangennahme und seinem Tod spricht er in einem ergreifenden Gebet noch einmal seine tiefste Sehnsucht aus. Ein wesentlicher Bestandteil dieses „letzten Willens" ist Jesu Wunsch nach Einheit seiner Gemeinde (vgl. die Verse 11+20-23). Ich bin der Überzeugung, daß Jesus das Abendmahl als Mahl der Einheit der Christen eingesetzt hat. Niemand wurde ausgeladen. Sogar Judas durfte an diesem Mahl teilnehmen! Und können Sie sich vorstellen, daß Jesus einen seiner Jünger hinausgeschickt hätte, weil er nicht das richtige Abendmahlsverständnis hatte?

Sehr wahrscheinlich hätten nicht nur Petrus und Johannes, sondern auch Jesus selbst ziemlich entgeistert geguckt, wenn man sie gefragt hätte, ob im Abendmahl nun eine *Transsubstantiation* oder eine *Konsubstantiation* stattfände. Der ganze Abendmahlsstreit ist absurd und tragisch. Sie haben vermutlich schon einmal gelesen, daß sich die Reformation an der Frage aufgesplittert hat, ob die Worte „Dies ist mein Leib" wörtlich oder symbolisch aufzufassen seien. Ob das Brot also wirklich der Leib „ist" (so Luther) oder nur den Leib „bedeutet" (so Zwingli und Calvin). Luther war an dieser Stelle eisern: Trotzig schrieb er mit Kreide das Wort *IST* vor sich auf den Tisch, und damit war die Diskussion mit Zwingli abgebrochen. Doch wie gehen wir mit Worten um wie „Ich bin die Tür", „Ich bin der Weinstock" oder „Ich bin das Licht der Welt"? Wollen wir hier auch einen Gegensatz zwischen „ist" und „bedeutet" aufreißen – einen Gegensatz, den es übrigens im Aramäischen, also in der Sprache, die Jesus damals sprach (und die man zur Zeit der Reformation noch nicht genauer kannte), überhaupt nicht gibt?

Die kirchliche Basis versteht schon lange nicht mehr, worüber man sich hier eigentlich streitet. Bis heute ist die Abendmahlsfrage kirchentrennend wie nur wenige andere: Ich habe einige Semester an einer lutherischen Hochschule studiert – dort war ich zwar zu den Gottesdiensten eingeladen, durfte aber am Abendmahl nicht teilnehmen. In Bayern gibt es ein Kloster, in dem die Mönche nach zwei verschiedenen Riten Eucharistie feiern – allerdings nie zusammen. Wenn ich dort zu Besuch war, konnte ich mir aussuchen, wo ich Abendmahl feiern wollte. Und auch das war nicht leicht, denn ich bin ja etwas drittes, nämlich evangelisch. Und in so manchen katholischen Kirchen habe ich zwar predigen, nicht aber am Abendmahl teilnehmen dürfen. („Mit Recht", werden einige katholischen Kollegen vielleicht sagen, wenn sie dieses Buch und insbesondere dieses Kapitel über mein Abendmahlsverständnis gelesen haben.) Ich selbst kann mit solchen Erfahrungen leben. Ich denke aber, daß es der Kirche immens schadet, wenn sie den im Vermächtnis Jesu geäußerten Willen nach Einheit so leichtfertig aufs Spiel setzt. Jesus wollte mit dem Abendmahl seine Jünger einen und stärken. Es ist nicht schlimm, wenn wir nicht genau verstehen, was im Abendmahl geschieht. Schlimm ist nur, wenn wir uns einbilden, wir *würden* es verstehen, und die auf diese Weise entstehenden Klügeleien auch noch zur kirchentrennenden Frage erheben.

Der Begriff „Sakrament"

6. Um es rundheraus zu sagen: Ich glaube nicht an „Sakramente".

Ich halte diesen Begriff in der Abendmahlsdiskussion weder für besonders hilfreich, noch entstammt er der Bibel. Darum verspüre ich ihm gegenüber auch keine besondere Treuepflicht. Seiner ursprünglichen Bedeutung nach ist ein *sacramentum* ein Geldbetrag, den ein Prozessierender an einem heiligen Ort zurücklegte und der bei Verlust des Prozesses den Göttern zufiel. Daraus leitete sich dann die Bedeutung eines „kultisch festgelegten, verpflichtenden Weiheaktes" ab. Es war der Kirchenvater Tertullian, der um das Jahr 200 herum diesen Begriff in die christliche Sprache einführte. Damit aber wurde eine verhängnisvolle Weichenstellung vollzogen: Während das Wort *sacramentum* bei Tertullian noch sowohl das Heilsgeschehen in Christus als auch einzelne kultische Handlungen wie Taufe und Abendmahl bezeichnet (und er sich – wie die Alte Kirche insgesamt – hütete, eine ausgeprägte Abendmahls- und Sakramentslehre zu entwickeln), verschob sich im Lauf der Zeit der Akzent mehr und mehr auf letzteres. Das Abendmahl wurde zunehmend als Wiederholung des für unsere Sünden erbrachten Kreuzesopfers verstanden – und zwar war es mehr und mehr der *Mensch,* der diese Opfergabe brachte.
Wo eine solche Opfergabe dargebracht wird, bedurfte es dann natürlich auch wieder eines Priesters, der wiederum ganz bestimmte Qualitäten aufzuweisen hatte, etc. Auf einmal war das Christentum doch wieder zum Kult geworden! Die theologische Diskussion verlor mehr und mehr an Bodenhaftung. Längst redete man nicht mehr über Erfahrungen, auch nicht über deren Summierungen, sondern war auf der Ebene der „Ableitungen von Ableitungen" angekommen. Am absurdesten und tragischsten ist für mich in der Abendmahlsfrage der Streit der Theologen, wie genau sich die Wandlung von Brot und Wein in den Leib und das Blut Jesu vollzieht, eine Frage, die nicht nur unglaublich viel gedankliche und kreative Energie gebunden, sondern ganze Kriege heraufbeschworen hat und – wie bereits gesagt – bis auf den heutigen Tag die Kirchen voneinander trennt.

Wie viele Sakramente?

7. Wenn es denn „Sakramente" gibt, dann sind es ganz gewiß mehr als zwei – und auch mehr als sieben.

Diese Aussage steht scheinbar im Widerspruch zu der eben von mir gemachten, derzufolge ich nicht an Sakramente glaube. Das hat etwas damit zu tun, daß sich in der Kirche mit der Zeit – vor allem unter dem Einfluß Augustins – ein neues, anders geartetes Sakramentsverständnis einbürgerte. Augustin verstand darunter ein „sichtbares Wort" *(verbum visibile)* Gottes, das heißt eine Verleiblichung bzw. Materialisierung dessen, was uns sonst nur auf dem Weg des Hörens zugeeignet wird. Gott, so die Auffassung Augustins, begegnet uns nicht nur durch das Medium des Wortes. Dieses Wort inkarniert sich vielmehr in verschiedene „Sakramente", durch die wir es sinnlich erfassen können.
Ich persönlich halte Augustins Sakramentsverständnis für einen der überzeugendsten Entwürfe, die zu diesem Thema abgeliefert wurden. Freilich entzieht es sich meiner Auffassungsgabe, warum er für dieses „sichtbare Wort" ausgerechnet den Begriff des Sakraments gewählt hat. Wahrscheinlich aus dem gleichen Grund, aus dem auch ich diesen Begriff von Zeit zu Zeit benutze: weil er ihm von der Tradition her vorlag. Wenn wir den Begriff „Sakrament" *gegen* seine Ursprungsbedeutung so füllen wollen, wie Augustin es tat, eben als *verbum visibile,* als verleiblichtes und sinnenhaft erfahrbares Wort, *dann* glaube ich in der Tat an „Sakramente"! Aber dann gibt es jede Menge davon und nicht nur zwei. Dann kann mir jedes Stück Welt, durch das Gott mich anspricht, zum „Sakrament" werden. Neben den direkt von Jesus eingesetzten „evangelischen" Sakramenten Taufe und Abendmahl ganz gewiß auch die „katholischen" Sakramente der Absolution, der Ehe, der Priesterweihe, der Firmung und der letzten Ölung – aber meiner Auffassung nach noch viel mehr!
Die *Person Jesu* war *das* Sakrament schlechthin. Und die *Gemeinde* als der Leib Jesu ist selbstverständlich auch Sakrament. Oder das Gebet. Die Segnung. Der Lobpreis. Die Krankensalbung. Das Opfer. Oder alle möglichen Ordinationen, nicht nur diejenige des Priesters. Jeder Mensch kann mir zum Sakrament werden – schließlich ist er zum Bilde Gottes geschaffen –, nicht zuletzt Kinder. Auch die Kunst kann sakramentalen Charakter bekommen. Oder die Natur. Die Geburt. Der Tod.
Es gibt eine Fülle von Orten und Medien, durch die Gott an uns herantritt und wo er sich manifestiert. Entsprechend war die Anzahl der Sakramente lange Zeit umstritten: zwei, fünf, sieben, neun, zwölf, ja der Mystiker Hugo von St. Viktor schlug im zwölften Jahrhundert nicht weniger als dreißig Sakramente vor. Wichtig, und darin ist die Kirche sich bei allem Streit um das rechte Sakramentsverständnis immer einig gewesen, ist die strenge Bezogenheit des Sakramentes auf das überlieferte Wort der Heiligen Schrift. Dieses Wort ist Kriterium, Maßstab und Korrektiv aller anderen Gottesbegegnung. Es ist aber nicht die *einzige* Art, wie Gott uns begegnet.

Das Abendmahl häufig feiern

8. Jesus hat ganz offensichtlich gewollt, daß wir das Abendmahl regelmäßig und häufig feiern.

„Dies tut zu meinem Gedächtnis", sagte Jesus. Entsprechend verhielt sich die erste Christenheit: „Sie brachen das Brot hin- und her in den Häusern", „Sie blieben beständig in der Apostel Lehre und im Brotbrechen" etc. – solche Formulierungen finden sich von Anfang an wie selbstverständlich in der Apostelgeschichte. Jesus wollte, daß wir das Abendmahl feiern, und zwar in einer gewissen Regelmäßigkeit und Häufigkeit (Apostelgeschichte 20,7 beispielsweise spricht von jedem Sonntag). Die in vielen Kirchen verbreitete Praxis, das Abendmahl nur zwei- oder viermal im Jahr zu feiern, ist unbiblisch und hat in der Abendmahlsfrömmigkeit zu schlimmen Folgen geführt.
Gott sei Dank geht der Trend derzeit dahin, das Abendmahl wieder öfter zu feiern, in manchen Gemeinden sogar wöchentlich. In diesem Zusammenhang möchte ich erwähnen, daß das Abendmahl anfangs in den *Häusern* und nicht in den gottesdienstlichen Versammlungen gefeiert wurde. Der klassische Ort des Abendmahls ist eigentlich der *Hauskreis* und nicht der Gottesdienst! Auch dies ist so ziemlich die exakte Umkehrung insbesonderer landeskirchlicher Praxis, derzufolge jedes Abendmahl, das nicht im Gottesdienst gefeiert wird, der ausdrücklichen Genehmigung des Pastors bedarf.

Das Evangelium in gebündelter Form

9. Im Abendmahl spiegelt sich das gesamte Evangelium in gebündelter Form wider.

Ich sehe vor allem sieben Dimensionen des Abendmahls. Diese sieben Aspekte sind sozusagen die „Ursprungserfahrungen" des Abendmahls:

- Das Abendmahl ist ein Erinnerungsmahl (Anamnese).
- Das Abendmahl ist ein Vergebungsmahl (Absolution).
- Das Abendmahl ist ein Danksagungsmahl (Eucharistie).
- Das Abendmahl ist ein Stärkungsmahl (Konfirmation).
- Das Abendmahl ist ein Befähigungsmahl (Vokation).
- Das Abendmahl ist ein Gemeinschaftsmahl (Kommunion).
- Das Abendmahl ist ein Hoffnungsmahl (Antizipation).

Ich kann diese Aspekte nur in wenigen, knappen Sätzen erläutern. Jesus wollte, daß wir das Abendmahl „zu seinem *Gedächtnis*" feiern. Wo steht eigentlich geschrieben, daß Jesus damit nur das Gedächtnis seines Todes meinte? Sollten sich die Jünger nicht vielmehr all dessen erinnern, was sie mit ihm zusammen erlebt hatten? Nicht nur an das letzte Mahl, sondern an die *vielen* gemeinsamen Mahlzeiten, die sie zusammen mit ihm feierten!

Natürlich vergegenwärtigen wir uns im Abendmahl auch dessen, was Jesus am Kreuz für uns getan hat. Wir halten uns damit vor Augen, wie groß die Liebe ist, mit der Gott uns liebt, und daß diese Liebe größer ist als unsere Sünde und unser Ungenügen. In jedem Abendmahl können wir deswegen auch die Erfahrung der Vergebung machen: „Das Blut Jesu macht uns rein von aller Sünde" (1. Johannes 1,7) – dies hören wir nicht nur, sondern können es in Brot und Wein wirklich verinnerlichen. Aber wir dürfen unseren Blick nicht auf die „Elemente" Brot und Wein fixieren.
Staunenswert ist doch nicht zuletzt dies, daß Gott Tischgemeinschaft mit uns Sündern hält. Schon früh hat darum das Abendmahl den Namen „Eucharistie", das heißt *Danksagung,* erhalten. So wie Jesus Brot und Wein nahm und „dankte", so tritt die Gemeinde mit Brot und Wein vor Gott, um ihn zu loben und ihm zu danken für die durch Jesus eröffnete Tischgemeinschaft, für die Vergebung und das neue Leben, das er durch sein Kommen, seinen Tod und seine Auferstehung ermöglicht hat. Ebenfalls sehr früh hat die Kirche außerdem auf den *stärkenden* Charakter des Abendmahls hingewiesen.
Bereits gegen Ende des ersten Jahrhunderts bezeichnete Ignatius von Antiochien das Abendmahl als „Heilmittel zur Unsterblichkeit". Wieviel Kranke und seelisch Beladene haben bis heute durch den Empfang des heiligen Abendmahls Trost und Stärkung, ja innere wie äußere Heilung erfahren! Eine Dimension, die es heute noch einmal ganz neu wiederzuentdecken gilt. In jedem Abendmahl liegt außerdem eine *Berufung.* Diese Berufung reicht von der Aufforderung „Geh hin und sündige hinfort nicht mehr" über die Befähigung zum Dienst in Vollmacht bis hin zur Ermächtigung zu einem neuen Leben aus der Gemeinschaft mit Gott heraus.
Das Abendmahl ist *Gemeinschaftsmahl* in einem doppelten Sinn. Zum einen können wir in dieser Feier die Nähe Jesu in besonderer Weise erfahren. In dieser gemeinsamen Bewegung auf Christus zu aber kommen wir uns auch untereinander nahe und erleben uns als Brüder und Schwestern Jesu. Schließlich ist das Abendmahl ein Zeichen der *Hoffnung,* ein Mahl der Vorfreude auf den Himmel. Das Neue Testament stellt den Himmel als ein großes, gemeinsames Fest vor. Im Abendmahl strahlt diese künftige Welt bereits in unsere gegenwärtige Welt hinein. Das Abendmahl ist – in aller Vorläufigkeit! – die Einübung in die neue Gemeinschaft der begnadigten Sünder, in die große Feier der zukünftigen Welt. Jedes Abendmahl soll einen Vorgeschmack der künftigen Freude und Gemeinschaft der Menschen mit Gott bilden.

Freudenfest oder Trauerveranstaltung

10. Innerhalb der verschiedenen Dimensionen des Abendmahls besteht ein Gefälle.

Das Abendmahl zielt ganz eindeutig auf Befreiung, auf Gemeinschaft und Freude. Vom Tod Jesu ist dort insofern die Rede, als er *zu unserem Heil* notwendig war. Von unserer Sünde ist nur insofern die Rede, als sie uns *vergeben* wird. Von unserer Schwachheit und Not richtet sich der Blick dankbar auf das Eingreifen Gottes in unser Leben, auf sein Angebot eines Lebens in Fülle und letztlich die kommende Welt Gottes. Das heilige Abendmahl galt von Anfang an nicht primär der Erinnerung an Jesu Sterben, sondern der Erfahrung seiner Gegenwart und der Freude auf sein Kommen.

Warum um alles in der Welt haben wir daraus nur so eine Trauerveranstaltung gemacht? Warum bleibt der Blick der Christen im Abendmahl überwiegend auf den Tod Jesu und unsere Sünde und unsere Schwachheit gerichtet? Warum ist vielerorts die *Feier* zur bloßen *Feierlichkeit* degeneriert? Warum gemahnen die pflichtfrommen Mienen und die dunklen Anzüge so vieler Abendmahlsbesucher mehr an eine Beerdigung als an ein Fest? Warum feiern wir keine festlichen Mahlzeiten mehr? Warum gibt es geschmacksarme Hostien statt Brot?

Mal ganz ehrlich: Wenn *diese* Feier den Himmel abbilden soll, fängt mancher doch ernsthaft an, über die Optionen der Hölle nachzudenken. Eine Vielzahl von jüngeren Menschen, mit denen ich über dieses Thema gesprochen habe, empfinden einen ausgesprochenen Horror vor dem Abendmahl! Und ich habe die Vermutung, daß es nicht wenigen älteren Menschen ebenso ergeht. Oder warum wird bei uns das Abendmahl so selten gefeiert?

Ich habe meine Antwort auf diese Frage gefunden: Weil von den eben beschriebenen sieben Aspekten des Abendmahls den Menschen heute höchstens noch die ersten beiden bewußt sind und weil es einfach nicht erlebt wird, was es heißt, ein Fest der Danksagung, der Stärkung, der Befähigung, der Gemeinschaft und der lebendigen Hoffnung zu feiern. Darum brauchen wir dringend eine Abendmahlsreform. Eine Reform, die nicht so sehr auf die Theorie des Abendmahls setzt, sondern auf eine Praxis, die die vergessenen Dimensionen des Abendmahls wieder erlebbar macht.

Abendmahl Schritt 2: Nachvollziehen

Ein Abendmahl-Lernprogramm

„Wenn Ihnen diese Übungen gefallen, zwingt Sie niemand, damit aufzuhören."

Die sieben Übungen dieses Lernprogramms orientieren sich an den sieben Aspekten des Abendmahls, wie ich sie auf den Seiten 195-196 beschrieben habe. Ich möchte Sie einladen, daß Sie vor jedem Abendmahl, das Sie in Zukunft besuchen, jeweils einen der von mir genannten Übungen durchführen.
Nehmen Sie das Ergebnis jeweils bewußt mit in die Abendmahlsfeier. Wahrscheinlich werden Sie erleben, daß Sie auf diese Weise neue Erfahrungen mit dem Abendmahl machen.

Erinnerung

1. Übung: Sich erinnern, was Jesus für uns getan hat

Fertigen Sie eine Liste all der Dinge an, die Sie mit Gott erlebt haben, insbesondere jener Dinge, für die Sie ihm besonders dankbar sind. Fangen Sie damit an, was Jesus nach dem Zeugnis des Neuen Testamentes für Sie getan hat, gehen Sie dann über die großen Linien Ihres Lebens hin zu den „kleinen Dingen", die Ihnen in letzter Zeit geschenkt wurden. Lob und Dank müssen kultiviert werden, und das beginnt immer damit, daß wir uns erinnern. Reservieren Sie sich jeden Tag mindestens fünf Minuten Ihrer stillen Zeit, um Jesus für all das zu danken: Beten Sie diese Liste täglich durch und ergänzen Sie sie von Zeit zu Zeit.
Wenn Sie dann zum nächsten Abendmahl gehen, danken Sie währenddessen für alles, was Ihnen von Ihrer Liste noch im Kopf geblieben ist.

Vergebung

2. Übung: Vergebung weitergeben

Abendmahl ist ein Fest der Vergebung. Sie könnten als Übung für diesen Bereich einmal eine Beichte ablegen. Probieren Sie, wie sich das für Sie „anfühlt". Einen Beichtspiegel finden Sie auf Seite 83. Wenn Ihnen diese Übung noch zu schwer ist oder wenn Sie ohnehin regelmäßig zur Beichte gehen, mache ich Ihnen einen zweiten Vorschlag:
Im Vaterunser wird – ähnlich wie im Gleichnis vom Schalksknecht – ein Zusammenhang zwischen Gottes Vergebung und unserer Vergebungsbereitschaft hergestellt. Jesus sagt: „Wenn du deine Gabe auf dem Altar opferst und dort kommt dir in den Sinn, daß dein Bruder etwas gegen dich hat, so laß dort vor dem Altar deine Gabe und geh zuerst hin und versöhne dich mit deinem Bruder und dann komm und opfere deine Gabe" (Matthäus 5,23f). Mein Vorschlag: Versöhnen Sie sich bis zum nächsten Abendmahl wenigstens mit *einem* Menschen, mit dem Sie bislang tiefergehende Schwierigkeiten hatten. (Sie müssen ja nicht gleich mit Ihrem größten Feind anfangen!)
Wenn Sie dann zum nächsten Abendmahl gehen, freuen Sie sich über den neu gewonnenen Bruder oder die neu gewonnene Schwester, und lassen Sie sich durch die Vergebung Gottes befreien, mit einem weiteren Menschen die Versöhnung zu suchen.

3. Übung: Danke sagen

Dank

Kaufen Sie sich einen Block mit Papier, auf dem oben das Wort „Danke!" gedruckt steht. Wenn Sie einen Computer haben, können Sie sich solches Papier selber herstellen. Schreiben Sie in jeder Woche bis zum nächsten Abendmahl mindestens zwei solcher Dankesbriefe an Menschen, die das wahrscheinlich überhaupt nicht erwarten. Diese Briefe müssen nicht lang sein, aber von Herzen kommen.
Wenn Sie dann zum nächsten Abendmahl gehen, schreiben Sie kurz vor dem Gottesdienst *Gott* einen solchen Danke-Brief. Beziehen Sie sich dabei auf die Briefe, die Sie in den letzten Wochen für diese Übung geschrieben haben. Hinter allem, was Sie Menschen verdanken, steht letztendlich ein treusorgender Gott.

4. Übung: Sich selbst etwas Gutes tun

Stärkung

Diese Übung wird Ihnen hoffentlich Spaß machen: Tun Sie sich selber etwas Gutes! Nehmen Sie einen Tag frei und machen Sie eine Wanderung durch eine schöne Gegend oder tun Sie irgend etwas anderes, was Ihnen Kraft gibt und Freude macht. Vielleicht erfüllen Sie sich einen langgehegten Wunsch, kaufen Sie sich etwas „Nutzloses", was Sie sonst nie für sich getan hätten (etwa die Halbjahresgebühr für ein Fitneßstudio, ein Theaterabo oder ein Wochenende in Paris). Begehen Sie einen exzessiven Akt der Selbstliebe und spüren Sie die Kraft, die Ihnen daraus zuwächst.
Wenn Sie dann zum nächsten Abendmahl gehen, denken Sie an dieses Schöne und vergegenwärtigen Sie sich: „Gottes Liebe zu mir ist auch exzessiv! Er möchte mich mit diesem Abendmahl stärken und aufbauen. Er möchte das ganze Potential, das in mir liegt, freisetzen, damit ich ein erfülltes, fröhliches Leben lebe."

5. Übung: Sich über seinen Platz in der Gemeinde klarwerden

Befähigung

Überprüfen Sie Ihre Mitarbeit in der Gemeinde: Sind Sie am richtigen Platz eingesetzt? Dabei ist Voraussetzung, daß Sie Ihre Gaben kennen. Machen Sie einen Gabentest oder besuchen Sie ein Seminar, das Ihnen beim Entdecken und Einsetzen Ihrer Gaben hilft. Machen Sie ausfindig, inwieweit Sie am falschen Platz mitarbeiten und leiten Sie einen geordneten Rückzug von dieser Position ein (das heißt: Lassen Sie nicht mit einem Schlag alles stehen und liegen, sondern sehen Sie zu, daß möglichst bald jemand anderes diese Position übernehmen kann). Sprechen Sie mit jemandem von der Gemeindeleitung darüber, wofür Gott Sie mit Ihrem spezifischen Gabenprofil geschaffen hat und sehen Sie zu, daß Sie bald anfangen, genau an dem Ort mitzuarbeiten, für den er Sie begabt hat.
Wenn Sie dann zum nächsten Abendmahl gehen, machen Sie sich klar: Gott beruft Sie. Das Abendmahl ist eine wichtige Wegzehrung auf unserem Weg der Nachfolge. Gott möchte, daß wir ein Leben zu seiner Ehre

und zum Besten unserer Geschwister leben. In seiner Gnade hat er es so gefügt, daß ein solches Leben gleichzeitig für uns selbst die größte Erfüllung mit sich bringt. Ist das nicht super?

Gemeinschaft

6. Übung: Geschwisterliche Gemeinschaft einüben

Menschliche Gemeinschaft basiert entweder auf Sympathie oder auf gemeinsamen Interessen. Die Gemeinschaft der Glaubenden hingegen basiert darauf, daß alle Christen Jesus zum Bruder bzw. Gott zum Vater haben. So *sollte* es zumindest sein, wobei sich Sympathie- und Interessenszirkel auch in der Gemeinde sehr oft verselbständigen. Durchbrechen Sie die Cliquenwirtschaft in Ihrer Gemeinde, indem Sie im kommenden Monat nach jedem Gottesdienst wenigstens *einen* Menschen ansprechen und ein paar Minuten mit ihm reden, mit dem Sie sonst erst einmal nicht so ohne weiteres Kontakt gesucht hätten.
Wenn Sie dann zum nächsten Abendmahl gehen, erinnern Sie sich daran, daß Gott mit Ihnen genauso umgeht. Er hat Sie zuerst geliebt. Und dadurch sind Sie schon ein ganzes Stück verwandelt und liebenswerter geworden. Sie können sogar schon auf Menschen liebevoll zugehen, die Ihnen zunächst nichts bedeutet haben!

Hoffnung

7. Übung: Das kommende Fest einüben

Feiern Sie eine Party, einfach nur so: Zur Ehre Gottes und aus purer Lust am Leben! Laden Sie Christen zu diesem Fest ein, aber auch gezielt Nichtchristen, und sehen Sie zu, daß die Stimmung so richtig gut ist! In Matthäus 9,9-13 wird eine solche Feier von Christen und Nichtchristen geschildert: Jesus war mittendrin und voller Freude dabei, ebenso wie bei der Hochzeit zu Kana (Johannes 2,1-11). Es gibt kaum etwas, was den Himmel so gut abzubilden vermag, wie ein gutes Fest!
Wenn Sie dann zum nächsten Abendmahl gehen, erinnern Sie sich an dieses Fest und sagen Sie sich: Ein solches Fest soll dieses Abendmahl auch sein. Es soll einen Vorgeschmack auf den Himmel bieten, und ich will mich von nichts und niemandem davon abbringen lassen, dieses Fest so zu sehen, und meinen Teil dazu beizutragen, daß dieses Fest gelingt.

Wissen Sie, was das Schöne an diesem Lernprogramm ist? Sie probieren für eine begrenzte Zeit einmal etwas völlig Neues aus, und wenn es Ihnen gefällt, zwingt Sie kein Mensch, mit dieser Übung aufzuhören. Sie intensivieren Ihr Leben, davon bin ich überzeugt, und vielleicht auch Ihre Abendmahlserfahrung. Lassen Sie sich einfach einmal darauf ein...

Zur Weiterarbeit: In meinem Buch „Glaube hat Gründe" habe ich auf den Seiten 192-195 eine „Abendmahlsphantasie" entwickelt, die das hier Gesagte ergänzt.

Die Gestaltung der Abendmahlsfeier

Abendmahl Schritt 3: Gestalten

Das Abendmahl ist ein Schatz der Kirche, der allerdings erst wieder gehoben werden muß. Im folgenden möchte ich Ihnen acht Vorschläge machen, wie das Abendmahl in Ihrer Gemeinde zu einer Erfahrung werden kann, die Menschen nachhaltig verändert und ihre Freude an Gott und der Gemeinde intensiviert.

„Wie kann das Abendmahl zu einer Erfahrung werden, die die Menschen verändert und ihre Freude an Gott und der Gemeinde intensiviert?"

1. Entwickeln Sie eine Abendmahlskultur in kleinen Gruppen.

In der Urgemeinde wurde, wie wir gesehen haben, das Abendmahl überhaupt nur in kleinen Gruppen – genau gesagt: in Hausgemeinschaften – gefeiert. Ich halte es für falsch, daß die Einsetzung des Abendmahls in vielen Kirchen im Regelfall allein dem ordinierten Pastor obliegt. Das ist – ob wir es wahrhaben wollen oder nicht – ein Relikt der römischen Kirche, derzufolge das Abendmahl ein Opfer ist, das nur ein Priester darbringen kann und darf. Darum, liebe Pastoren: Geben Sie Ihre Kreisleiter frei, ja ermutigen Sie sie, innerhalb Ihrer Gruppen und auf Freizeiten Abendmahl miteinander zu feiern! Vereinbaren Sie der guten Ordnung halber, daß Sie darüber informiert werden, wo das geschieht.
Und, liebe Kreisleiter: Liegen Sie Ihren Pastoren in den Ohren, daß Sie innerhalb Ihrer Gruppen und auf Freizeiten Abendmahl miteinander feiern können. Lassen Sie diesen wichtigen Bereich christlicher Spiritualität in Ihrer Gruppe nicht einfach brachliegen. Und bringen Sie Erfahrungen, die Sie auf diese Weise machen, in die Gesamtgemeinde ein. Ich bin davon überzeugt, daß eine Neubelebung der Abendmahlskultur in der Gesamtgemeinde von einer Belebung der Abendmahlskultur in den Gemeindegruppen ausgehen wird.

2. Machen Sie das Abendmahl in Ihrer Gemeinde zu einem Fest.

Ein Fest

Ich habe versucht, deutlich zu machen, daß die neutestamentliche Abendmahlsfeier von Festlichkeit, Freude und Liebe geprägt war. Das ist heute vielerorts signifikant anders. An die Stelle der Feier ist eine merkwürdige Feierlichkeit getreten, die es einem eng ums Herz werden läßt. Ich kenne Menschen, die prinzipiell zu keinem Abendmahlsgottesdienst gehen, weil sich dabei regelmäßig ein Schatten über ihre Seele legt. Diesen Bann und jenen unheilvollen Hang zur bedrückten Stimmung während des Abendmahls müssen wir brechen. Das Problem ist: Die Stimmung beim Abendmahl wird von den Leuten erzeugt, die daran teilnehmen. Die aber sind oft seit Jahrzehnten auf diese „traurige" Form des Abendmahls eingestellt, und das können Sie nicht von heute auf morgen ändern.
Anstoßen können Sie eine solche Entwicklung aber beispielsweise durch eine Predigtserie: Predigen Sie zum Beispiel über die sieben Dimensionen des Abendmahls, und feiern Sie in der achten Woche ein festliches Abendmahl. Das wird Sie einen großen Schritt voranbringen. Ein anderer Weg ist, daß Sie gezielt einzelne Veranstaltungen mit Abendmahl anbieten, in denen Sie eine Vision schaffen, was Abendmahl eigentlich sein könnte.

Warmherzige Atmosphäre

3. Schaffen Sie eine Atmosphäre der Zuwendung, Freundlichkeit und Wärme.

Sehr viel größer als das Bedürfnis nach Ehrfurcht und „heiligen Schauern" ist meiner Einschätzung nach bei den Gottesdienstbesuchern das Bedürfnis nach Intimität und erfahrbarer Nähe Gottes. Dies gilt für den gesamten Gottesdienst, aber in besonderer Weise für das Abendmahl. Damit trifft sich das Bedürfnis des modernen Menschen sehr stark mit dem, was das Abendmahl seiner ursprünglichen Absicht nach sein sollte: ein Ort der Gottesbegegnung, eine Erfahrung voller Liebe, Wärme und Geborgenheit. Diese Erfahrung kann nicht mit Methoden hergestellt werden. Sie bleibt unverfügbare Gnade Gottes. Andererseits gibt es Symbole, Gesten und Kommunikationsformen, die eine solche Erfahrung unterstützen, und wieder andere, die ihr eher im Weg stehen.
Achten Sie darauf, welche Art von Musik während des Abendmahls gespielt wird, wie die Beleuchtung ist, ob der Tisch festlich gedeckt ist, was der oder die Austeiler anhaben etc. Ganz wichtig ist, wer das Abendmahl austeilt – nur der Pastor? Nur der Kirchenvorstand? Nur ältere Leute? Und mit welcher Miene wird dies getan? Schaffen Sie Verbundenheit unter den Menschen, die gemeinsam das Abendmahl feiern: Sprechen Sie sich den Friedensgruß zu. Wenn Sie im (Halb-)Kreis stehen, lassen Sie den Kelch von Nachbar zu Nachbar mit einem kurzen freundlichen Wort weitergeben. Wenn der Pastor ein Schlußvotum zur Entlassung spricht, reichen Sie sich gegenseitig die Hand und schauen Sie Ihren beiden Nachbarn kurz freundlich in die Augen. Meiden Sie alles, was Distanz und ein Gefühl der Unbehaglichkeit hervorruft. Fördern Sie hingegen alle Formen, die die Gemeinschaft und die Freude an Gott unterstreichen!

Gemeinsame Mahlzeiten

4. Kultivieren Sie gemeinsame Mahlzeiten in Ihrer Gemeinde.

Bei unseren Bemühungen, das Abendmahl wieder in eine festliche Mahlzeit zu integrieren, müssen wir in unseren Gemeinden zunächst eine Kultur des Miteinanderessens entwickeln. Streben Sie an, daß jeder Hauskreis mindestens einmal im Monat miteinander ißt. Bieten Sie ebenfalls einmal im Monat ein gemeinsames Essen nach dem Gottesdienst an. Laden Sie mindestens einmal pro Woche ein anderes Gemeindeglied zum Frühstück, Abendessen oder zum Kaffeetrinken ein.
Die bevorzugte Art, wie Jesus mit Menschen Gemeinschaft pflegte, war es, mit ihnen zu essen. Böswillige Zungen nannten ihn deshalb einen „Fresser und Weinsäufer" (Matthäus 11,19). Wo immer eine solche Kultur des Miteinanderessens entwickelt wird, ändert sich das Gesicht einer Gemeinde. Wir sollten unsere Bemühungen zunächst darauf richten, die gemeinsame Mahlzeit in unseren Gemeinden wiederzuentdecken und dann in einem zweiten Schritt versuchen, das Abendmahl in dieses gemeinsame Essen zurückzuholen.

5. Grenzen Sie andere Christen nicht aus.

Einheit

Anders als viele meiner Mitchristen habe ich nichts gegen eine Vielfalt von Konfessionen. Ich mag bunt blühende Wiesen lieber als floristische Monokulturen. Die Vielfalt der Konfessionen spiegelt die Vielfalt der Menschen wider, die den gleichen Gott auf verschiedene, ihnen und ihrer Sozialisation entsprechende Weise anbeten und verehren. Unterschiedlichkeit in der Form muß nicht trennen, wenn man sich über die verbindende Mitte einig ist.
Ich war gerade in den USA und habe fünf blühende Gemeinden besucht: Eine reformierte, eine baptistische, eine unabhängige, eine lutherische und eine charismatische. Ich habe dabei eine ganz intensive Gemeinschaft mit diesen Gemeinden erlebt und war nicht überrascht, als ich feststellte, daß die Pastoren dieser Gemeinden teilweise untereinander regen Kontakt hielten und sich regelmäßig austauschten. Keiner von ihnen hätte ein Problem gehabt, mit den anderen zusammen Abendmahl zu feiern. Statt das Abendmahl zum Symbol der Kirchentrennung zu machen, sollte es genau umgekehrt sein: In einer Vielfalt von Kirchen sollte der Abendmahlstisch das sichtbare Symbol des Verbindenden und der gemeinsamen Mitte sein: Wir alle sind trotz unterschiedlichster Frömmigkeitsformen letztlich Menschen, die von Gottes Hand in den Mund leben.
In unserer Gemeinde darf jeder das Abendmahl mitfeiern, der die Einladung Jesu gerne annehmen möchte. Wir fragen dabei nicht nach seiner Konfession, denn wir sind nicht der Meinung, daß das Abendmahlsverständnis eines Menschen oder gar seine Mitgliedschaft in der „richtigen" Kirche die Gegenwart Jesu im Abendmahl begründet.

6. Probieren Sie verschiedene Formen des Abendmahls aus.

Verschiedene Formen

Wer sagt es, daß die Form, die Sie in Ihrer Gemeinde seit Jahrzehnten praktizieren, heute noch die richtige ist? „Einmal gut, immer gut?" Hier einige Variationsmöglichkeiten:

- *Die Austeilung in Gruppen vorne am Altar:* Dies ist wohl die verbreitetste Form der Abendmahlsausteilung. Die Menschen kommen in Gruppen, deren Größe je nach Gottesdienstraum variiert, nach vorne und empfangen dort im Halbkreis das Abendmahl.

- *Das wandernde Gottesvolk:* Die Menschen kommen durch den Mittelgang nach vorne zum Altar, empfangen dort Brot und Wein und gehen über die Seitengänge zurück an ihre Plätze.

- *Die Tischrunde:* Der Altar steht im Idealfall in der Mitte, zumindest so weit vorne, daß die Gemeinde sich in ganzen Kreisen um ihn herum stellen kann. Bei dieser Form des Abendmahls steht der Austeilende hinter dem Altar, der entsprechend hergerichtet sein sollte.

- *„Die Speisung der 5000":* Die Gottesdienstbesucher bleiben an ihren Plätzen sitzen und Brot und Wein werden zu den Menschen gebracht bzw. durch die Reihen gereicht.
- *Der Empfang im Knien:* Diese Geste symbolisiert einerseits Dankbarkeit, andererseits die Ehrfurcht angesichts des in der Feier des Abendmahls gegenwärtigen Herrn. Hierfür brauchen Sie allerdings entsprechende Kniebänke.
- *Abendmahl in Tischgruppen:* In kleinen Gemeinden sowie in Hauskreisen oder auf Freizeiten bietet es sich an, in Gruppen von 6-8 Personen an Tischen zu sitzen, auf denen Brot und Wein entweder bereitstehen oder im Verlauf der Feier gedeckt werden. Wenn Sie diese Form des Abendmahls praktizieren, ist der Schritt zur Integration in eine festliche Mahlzeit nicht groß.
- *Das Angebot der Einzelsegnung beim Abendmahl,* vgl. hierzu Seite 220.

Wer ist „unwürdig"?

7. Lehren Sie in Ihren Gemeinden, wann man „unwürdig" am Abendmahl teilnimmt.

In 1. Korinther 11,27-29 heißt es: „Wer nun unwürdig von dem Brot ißt oder aus dem Kelch des Herrn trinkt, der wird schuldig sein am Leib und Blut des Herrn. Der Mensch prüfe aber sich selbst, und so esse er von diesem Brot und trinke er aus diesem Kelch. Denn wer so ißt und trinkt, daß er den Leib des Herrn nicht achtet, der ißt und trinkt sich selber zum Gericht." An dieser Stelle gibt es die merkwürdigsten Ängste und Theorien. Machen Sie sich und der Gemeinde zunächst bitte klar, daß es nicht einen einzigen Menschen gibt, der des Abendmahls wirklich würdig ist! Was wäre das auch für eine Vermessenheit, wenn sich einer tatsächlich hinstellen und sagen würde: „Ich bin der Tischgemeinschaft Gottes (oder gar des Blutes Jesu) würdig!" Nein, es ist ganz anders: Das Abendmahl ist eine Einladung Jesu an Sünder! Das Abendmahl feiern wir überhaupt nur, weil wir unwürdig *sind:* „Herr, ich bin nicht wert, daß du in mein Haus kommst, aber sprich nur ein Wort, so wird meine Seele gesund."
Wenn wir dies zugrundelegen, stellt sich allerdings die Frage, was Paulus mit jener „Unwürdigkeit" meint, mittels derer wir uns beim Abendmahl selbst zum Gericht essen und trinken. 1. Korinther 11 zeichnet ein ziemlich klares Bild: Zu den Abendgottesdiensten in Korinth brachte jeder etwas zum Essen mit. Aber in Korinth wurden diese mitgebrachten Nahrungsmittel nicht etwa geteilt, sondern jeder aß das, was er selbst mitgebracht hatte. Während die Sklaven wegen ihrer Arbeit in der Regel später kamen als die Freien und auch oft nichts mitbringen konnten, fingen die Reichen schon einmal an zu speisen, dabei tranken sie ordentlich von ihrem mitgebrachten Wein, so daß die einen schließlich betrunken und die anderen hungrig waren (Vers 21). Anschließend wurde in diese Situation hinein gemeinsam Abendmahl gefeiert – ein blanker Hohn.

Hier sagt Paulus, daß sich die Korinther am Leib des Herrn – das heißt an der Gemeinde! – versündigen! Unsere „Würdigkeit" oder „Unwürdigkeit" entscheidet sich nicht an unserer bürgerlichen Wohlanständigkeit, sondern darin, daß wir die Gemeinde als Leib Jesu achten! Am Abendmahl teilnehmen und gleichzeitig die Brüder und Schwestern, mit denen man zusammen feiert, würdelos behandeln oder den Leib Christi spalten, *das* ist unwürdig. Jeder soll beim Abendmahl mitfeiern dürfen, der die Einladung Jesu an seinen Tisch annehmen möchte – aber er muß sich dessen bewußt sein, daß Jesus ihm in der Feier des Abendmahls Brüder und Schwestern zur Seite stellt, die er mit Würde und Liebe zu behandeln hat, sonst ißt und trinkt er sich selbst zum Gericht.

Toleranz in Streitfragen

8. Seien Sie in Streitfragen über die richtige Form tolerant.

Diese Fragen können überhaupt nur deswegen so erbittert diskutiert werden, weil in vielen Kirchen noch weithin ein kultisches Verständnis des Abendmahls vorherrscht: Wenn man die falschen Worte spricht, eine falsche Handbewegung macht, nicht die richtigen „Elemente" verwendet, dann ist das Abendmahl nicht stiftungsgemäß eingesetzt und daher ungültig. Ein völlig anderes Bild ergibt sich, wenn man unkultisch vom Abendmahl denkt. Dann kommt es nicht so sehr auf den richtigen Umgang mit den richtigen Elementen an, sondern darauf, daß das Abendmahl in Glaube, Liebe und Hoffnung gefeiert wird. Dann relativieren sich Fragen wie folgende:

- *Einzelkelch oder Gemeinschaftskelch?* Die Debatten über diese Frage nehmen kein Ende. Ich persönlich bin ein Fan des Gemeinschaftskelches, kann aber verstehen und nehme es wahr, daß dies durchaus nicht jedermanns Ding ist. Die Lösung ist so einfach, wenn man die Frage theologisch nicht so hoch hängt: Bieten Sie *beides* an! Wenn Sie Brot und Wein nicht gerade durch die Reihen geben, ist dies problemlos zu organisieren.
- *Wein oder Saft?* Hierfür gilt im Prinzip das gleiche. Wußten Sie, daß in der Bibel gar nicht von „Wein" die Rede ist, sondern lediglich vom Kelch bzw. von der „Frucht des Weinstocks"? Auch hier: Hängen Sie die Frage theologisch nicht so hoch, sondern bieten Sie beides an. Es gibt genügend Leute, die aus gesundheitlichen oder anderen Gründen keinen Alkohol trinken. Geben Sie Ihnen eine Chance, am Abendmahl teilzunehmen, ohne daß Sie die anderen deswegen zwingen, auf Wein zu verzichten.
- *Trinken oder Intinktion (Einstippen des Brotes in den Wein)?* Hier gibt es Hardliner, die behaupten, wer das Brot nur in den Wein einstippt, habe nicht wirklich „getrunken" und daher kein richtiges Abendmahl gehabt. Auch diese Ansicht kommt von einem kultischen Verständnis des Abendmahls her. Ich selber bin froh um die Möglich-

keit der Intinktion, da sie mir die Gelegenheit gibt, auch dann am Abendmahl teilzunehmen, wenn ich erkältet bin, Bläschen im Mund oder andere Gründe habe, mich selbst und andere nicht zu infizieren. (Nebenbei erwähnt, halte ich die Intinktion auch für eine echte Alternative zu dicken Lippenstiftspuren am Kelchrand.)

- *Brot und Wein oder nur Brot?* Ich habe nie verstanden, warum die katholische Kirche ihren Gläubigen das Abendmahl nur in „einerlei Gestalt", das heißt nur in Form von Brot reicht. Zwei Begründungen habe ich dafür gehört: Zum einen heißt es in den Einsetzungsworten des Abendmahls, daß Jesus den Kelch „nach dem Abendmahl" nahm, daß er also gar nicht dazugehört. Die andere Begründung steht in diametralem Gegensatz zu der ersten: Ihr zufolge ist das Blut Jesu so heilig, daß es nicht aus Versehen verschüttet werden darf. Wie dem auch sei: Obwohl ich prinzipiell dafür bin, das Abendmahl „in beiderlei Gestalt" auszuteilen, halte ich es für eine zusätzliche Option für die Gottesdienstbesucher, daß jemand nur das Brot ißt und den Kelch einfach an seinen Nachbarn weiterreicht, ohne daraus zu trinken.

Im 30. Kapitel des 2. Chronikbuches findet sich die Geschichte der Erneuerung des Passafestes durch den König Hiskia. Hiskia brachte die Juden nach einer langen Zeit der Abwendung von Gott auf den rechten Weg und ließ den verwahrlosten Tempel wieder instandsetzen und reinigen. Dann feierte er mit dem Volk das Passafest, und es stellte sich heraus, daß die Menschen nicht mehr wußten, wie man Passa feiert. Sie kannten die Riten nicht mehr. Für ein kultisches Verständnis von Gottesdienst bedeutet das das Aus. Wer die Riten nicht richtig feiert, dem begegnet Gott nicht.
Um so erstaunlicher ist das Gebet, das Hiskia in diesem Zusammenhang spricht: „Der Herr, der gütig ist, wolle gnädig sein allen, die ihr Herz darauf richten, Gott zu suchen, den Gott ihrer Väter, auch wenn sie nicht die für das Heiligtum nötige Reinheit haben" (V. 18f). Hiskia bekommt vom Schreiber der Chronik gute Noten für seine Frömmigkeit. Wenn er bereits um das Jahr 700 vor Christus eine derart freie Einstellung haben konnte, wieviel mehr sollte dies für uns gelten, die wir durch Christus freien Zugang zu Gott haben und deswegen an keine kultischen Vorschriften mehr gebunden sind!

Weiterführende Literatur:
Jörg Zink, Zum Abendmahl sind alle eingeladen. Warum ziehen die Kirchen Grenzen?
Kreuz-Verlag, Stuttgart 1997, ISBN 3-7831-1583-3

Schlüsselelement 9: Der Segen

Segen Schritt 1: Verstehen

Einer der wichtigsten Aufträge Gottes an seine Gemeinde findet sich in 4. Mose 6,27. Dort heißt es: „Ihr sollt meinen Namen auf die Israeliten legen, daß ich sie segne." Dieses Wort ist an die „Söhne Aarons" gerichtet, das heißt an die Priester, aber spätestens mit dem Neuen Testament erstreckt sich dieser Auftrag auf alle Christen. Schließlich sind wir durch Jesus in ein allgemeines Priestertum berufen worden (vgl. 1. Petrus 2,5.9; Offenbarung 1,6). Grund genug, in unseren Gemeinden und Gottesdiensten mit dem Segen viel verschwenderischer umzugehen!
In der Tat gibt es in der traditionellen Gottesdienstliturgie viele Stellen, die wir im weitesten Sinne als „Segen" interpretieren können – freilich wird das von kaum einem Uneingeweihten bemerkt. Der Segen ist wie ein versunkener Schatz, den es in unseren Gemeinden wiederzuentdecken, zu bergen und großzügig zu verschenken gilt.

„‚Segen empfangen' und ‚Segen geben' sind die beiden Seiten einer Münze."

Segen – was ist das?

Doch was ist das überhaupt – ein „Segen"? Die meisten Menschen können sich darunter kaum etwas rechtes vorstellen. Das Wort „Segen" kommt in unserer Alltagssprache zwar durchaus vor, aber das Verständnis, das sich dahinter verbirgt, ist ziemlich diffus: Wir reden beispielsweise vom „Kindersegen". Oder wir sagen: „Ach, wissen Sie: Meine neue Haushaltshilfe ist ein wahrer Segen!" – „Ohne den Segen vom Direktor läuft hier nichts." – „Der ganze Baum hängt voller Pflaumen; ich weiß gar nicht, wohin mit dem ganzen Segen."
Das ist alles ein bißchen augenzwinkernd dahergesagt, so als wüßten wir, daß wir das Wort jetzt falsch anwenden. Andererseits sind wir auch nicht in der Lage, es *richtig* anzuwenden. Segen, das umschreibt für uns so etwas wie „Glück, Gedeihen, Gnade und Schutz"; etwas, für das man selbst nichts kann, sondern was einem irgendwie „von oben" gewährt wird. In diesem Sinne bitten Paare um den Segen der Kirche für ihr Zusammenleben: Sie meinen damit Glück, Gedeihen, Gnade und Schutz. Dahinter steckt eine tiefe Ahnung: Ohne den Segen Gottes gelingt uns am Ende nichts. Wo aber gesegnet wird, wird Leben in Aussicht gestellt, wird ein gelingendes Leben zugesagt, gibt Gott selbst uns Anteil am Leben. Segensworte sind Worte, die unserem Leben Richtung geben. Und es sind eben nicht *nur* Worte, sondern mit diesen Worten wird eine Kraft übertragen. „Ich segne dich", heißt: „Ich übertrage auf dich die Kraft Gottes! Du darfst und du sollst aus der Kraft Gottes leben! Dein Leben soll gelingen!"

Funktioniert das wirklich?

Doch gibt es solche wirkmächtigen Worte überhaupt? Wie oft habe ich Ehepaare bei Trauungen gesegnet, um dann mitzuerleben, wie diese Ehen einige Zeit später doch in die Brüche gingen. Was habe ich also getan, als ich diese Ehen segnete? So daß ich mich schon oft fragte: „Was mache ich da eigentlich, wenn ich segne? Äußere ich einen frommen Wunsch oder geschieht da wirklich etwas Reales?" Wie viele Gottesdienste werden Sonntag für Sonntag gehalten und wie viele Segen gesprochen – sähe das Leben der Menschen wirklich anders aus, wenn der Segen unterbleiben würde?

In der Bibel kommt das Wortfeld „Segen" bzw. „segnen" zwar ausgesprochen häufig vor, das dahinterstehende Verständnis aber ist sehr uneinheitlich und teilweise sogar gegensätzlich. Auch das Neue Testament bietet hier keine Lösung des Problems, denn hier kommt der Begriff des Segens nur 28mal vor, also ziemlich selten im Vergleich mit dem Alten Testament, wo sich die Wortgruppe „segnen" etwa 640 mal findet. Und in diesen 28 Stellen spiegelt sich die gleiche Vielfalt, wie man sie bereits im Alten Testament beobachten kann.

Mein eigener Zugang zum Thema

Als ein Freund klarer Begriffe und sauberer theologischer Definitionen war ich lange Zeit ein ausgesprochener Segens-Skeptiker. Das begann sich erst zu ändern, als mich vor einigen Jahren ein Pastorenkollege einlud, an einem Segnungsgottesdienst teilzunehmen – und zwar als Mitglied des Segnungsteams. Da ich ihn als einen Menschen kennengelernt hatte, der mit beiden Beinen auf dem Boden stand, erstaunte es mich, daß er dieser Praxis, die ich bislang nur vom Hörensagen kannte, etwas abgewinnen konnte. Ich erzählte ihm von meinen Zweifeln, er grinste mich an und sagte: „Sie und ich, wir können uns jetzt stundenlang gegenseitig mit Bibelworten beharken. Sie würden Vernunftsargumente ins Feld führen, und ich würde meine Erfahrungen dagegenhalten. Sie würden mich nicht überzeugen, und ich würde Sie nicht überzeugen. Aber fest steht, daß das Segnen eine wichtige biblische Praxis ist. Darum lassen Sie jetzt mal Ihre Theologie und Ihre Argumente vorübergehend beiseite und machen Sie die Sache einfach einmal mit, und danach können wir gerne darüber reden."
So ließ ich mich darauf ein und war zutiefst berührt von dem, was ich erlebte. Ich merkte, wie viel der persönliche Zuspruch den Menschen gab, denen wir die Hände auflegten, wie gestärkt und ermutigt sie in ihren Alltag zurückgingen. Und ich habe im Laufe der Jahre festgestellt, daß solche Veränderungen nicht nur im Subjektiven (das heißt, in der Einstellung der Menschen zu ihren Problemen) stattfanden, sondern auch im Objektiven: Menschen konnten plötzlich Dinge, die sie vorher nicht konnten, Lebenssituationen wandelten sich, sogar Krankheiten wurden geheilt. Beileibe nicht immer, aber doch signifikant häufig.

Wer segnet, wird verändert

Dietrich Bonhoeffer hat einmal gesagt: „Das segnende Wort verwandelt den, der es ausspricht." Ich erfuhr diese Wahrheit am eigenen Leibe. Gleich bei meinem allerersten Segnungsdienst merkte ich, wie sehr diese Praxis auch mich selbst veränderte. „Segen geben" und „Segen empfangen" erscheinen mir heute wie die beiden Seiten *einer* Münze. Wenn es heißt „Ich will dich segnen ... und du sollst ein Segen sein" (1. Mose 12,2) – dann kann man diesen Satz auch umkehren: „Segne, und du wirst Segen erfahren." Ich beschloß damals, diese Erfahrung des Segnens viel stärker in mein Leben zu integrieren, und selbstverständlich auch in meine gottesdienstliche Praxis.

Leitlinien zu einer biblischen Segenspraxis

Segen Schritt 1: Verstehen

Ich habe im Laufe der Zeit einige Leitlinien zu einer biblischen Segenspraxis entwickelt, die ich Ihnen gerne weitergeben möchte. Die Aussagen der Bibel zum Thema „Segen" halte ich immer noch für äußerst uneinheitlich – das heißt, Sie können für fast jede der von mir gemachten Behauptungen einen Bibelvers aufführen, der ihr widerspricht –, aber einige Aussagefelder verdichten sich zu einem zwar nicht restlos widerspruchsfreien, aber alles in allem doch ziemlich klaren biblischen Befund.

„Wir sollten das Segnen nicht den Pastoren überlassen."

Eine Definition

1. Ich beginne mit dem Versuch einer Definition des Wortes „Segen":

„Segen" ist eine Kraftübertragung, in der mir ein spürbares Eingreifen Gottes in mein Leben zugesagt wird. Mit dem Segen geht oft eine übernatürliche, von Gott ausgehende Förderung des menschlichen Tuns und Ergehens einher, auf jeden Fall wird durch den Segen unser Gottesverhältnis intensiviert. Die Folge des Segens ist in aller Regel, daß mein Leben vermehrt Frucht abwirft für Gott und meine Mitmenschen.

Wer sich bewußt segnen läßt, kann erleben, wie sich seine *Beziehung* zu Gott intensiviert, wie sich seine *Einstellung* zu den äußeren Umständen um ihn herum ändert, aber auch, wie sich diese *Umstände* um ihn herum zum Besseren ändern. Letzteres geschieht zwar nicht immer, aber sehr häufig. Die Worte des Segens bewirken in unserem Leben etwas Positives, das wir nicht selbst machen können.
Manche Menschen meinen, das nicht nötig zu haben. Sie versuchen, aus eigener Kraft zu leben. Ihr Motto lautet: „Sich *regen* bringt Segen." Nun redet die Bibel viel vom Sich-Regen. Aber Segen ist *mehr* als das Ergebnis unserer eigenen Anstrengung. Es muß etwas hinzukommen zu unseren Fähigkeiten und zu unserer Hände Arbeit, wenn das Leben wirklich gelingen soll. Gesegnete Menschen erfahren, daß es etwas Größeres gibt als unsere eigene Anstrengung und daß alle Tüchtigkeit und aller Fleiß nichts bringen, wenn dieses Größere nicht unsere Arbeit umgreift. „Alles ist an Gottes Segen und an seiner Gnad gelegen", heißt es in einem Gesangbuchlied. Das schließt unser eigenes Zutun nicht aus, aber all unsere Anstrengung bringt nichts, wenn Gott uns seinen Segen vorenthält.

Wort und Zeichenhandlung

2. Die Segenshandlung besteht aus einem wirkmächtigen Wort, das von einer Zeichenhandlung begleitet wird.

Es gibt dabei verschiedene äußere Formen des Segnens:

- Der Segnende erhebt seine Hand/Hände vor dem Segensempfänger.
- Der Segnende legt seine Hand/Hände auf den Kopf des Segensempfängers.

- Der Segnende legt seine Hand/Hände auf die Schulter(n) oder den Arm oder bei Bitten um Heilung evtl. auch auf andere Körperteile des Segensempfängers (bitte unbedingt Schamgrenzen beachten!).
- Der Segnende hält dem Segensempfänger eine oder beide Hände.
- Der Segnende macht ein Kreuzzeichen über dem Segensempfänger.
- Der Segnende betet frei und dieses Gebet geht in einen Segen über.
- Der Segnende segnet mit einem biblischen Segenswort (eine Liste finden Sie weiter unten auf Seite 219).
- Der Segnende segnet mit dem trinitarischen Segen („Ich segne dich im Namen des Vaters, der Sohnes und des Heiligen Geistes").
- Der Segnende segnet mit einem frei gesprochenen Segen (evtl. verbunden mit einem prophetischen Wort).
- Der Segnende geht von einem Bibelvers aus und formuliert anhand dieses Verses ein freigesprochenes Segenswort.

Nicht die Form des Segens ist entscheidend, sondern erstens die biblische Fundierung (der Segen muß nicht in Worten der Bibel ausgedrückt werden, muß sich aber an der in der Bibel geoffenbarten Wahrheit orientieren), zweitens der zeichenhafte Ausdruck der Zuwendung Gottes, und drittens schließlich die intensive innere Beziehung mindestens eines der an der Segenshandlung Beteiligten zu Gott.

Segen und Leiden

3. Segen und Leid sind kein Widerspruch.

Segen ist weder eine Garantie für Erfolg, noch wird durch ihn ein magisch wirkendes Schutzschild um mich herum aufgebaut, der mich gegenüber allen äußeren Widerfahrnissen unverwundbar macht. Segen *ist* ein Schutz, aber nicht immer im Sinne von äußerer Bewahrung vor Unfällen, Schicksalsschlägen, Krankheit oder ähnlichem. Das alles kann Segen *auch* bewirken, aber im Zentrum ist mit dem Wort Segen etwas sehr viel Umfassenderes angesprochen. „Der HERR behüte dich" heißt: „Gott schütze dein Leben vor der Macht des Bösen. Gott schütze dich in allem, was dir begegnet, davor, daß deine Seele Schaden nimmt, daß du in Versuchung fällst und dein Glaube verlorengeht, deine Liebe erkaltet oder deine Hoffnung zerrinnt."
Auch ein Gesegneter kann Leid und Unglück erleben. Zeigen Sie mir *einen* Gesegneten der Bibel, der nicht gelitten hätte! Allen voran litt *der* Gesegnete schlechthin, nämlich unser Herr Jesus Christus. Und doch hat Gott ihn und die anderen begleitet und getragen – teilweise bis in den Zerbruch hinein, und er hat etwas aus ihrem Leben und auch aus ihrem Leiden gemacht. Er hat sie in einer viel tieferen Weise „behütet", als uns das zunächst einfällt, wenn wir an den Schutz Gottes im Segen denken.

Für mich ist es keine Frage: Leiden kommt nicht von Gott, sondern vom Teufel. Wenn es neben dem biblischen Befund irgendetwas gibt, das mich an die Existenz eines Teufels glauben läßt, dann die Erfahrung des Leides. Mir ist völlig uneinsichtig, wie Menschen Leiden für Gottes Willen halten können. Es gibt eine bestimmte Färbung des Christentums, die will uns einreden, daß Leiden Segen bringt. Glauben Sie das nicht! Leiden ist kein Segen. Leiden kommt daher, daß wir in einer Welt leben, die gerade *nicht* unter der Herrschaft Gottes steht. Deswegen bitten wir ja: „Dein Reich komme!"

Freilich kann Gott, der alles in seinen Händen hält, das Leiden eines Menschen *benutzen,* um ihn und andere zu segnen. Das Leiden ist nicht Gottes primärer Wille, aber es kann zum „Umweg" werden, den Gott um unserer selbst oder um anderer Menschen willen beschreitet. Aus Leiden *kann* Positives erwachsen, aber daß dies geschieht, ist keineswegs zwangsläufig, sondern eben – Segen.

Gottes Zuwendung

4. Das Entscheidende am Segen ist nicht, ob ich Gutes erfahre oder ob es mir schlecht ergeht, sondern daß ich inmitten dieser äußeren Umstände erlebe, daß Gott selbst mich anspricht, daß er mit mir ist.

Äußeres *Wohlergehen* kann jemanden dankbar, aber auch träge, satt und selbstzufrieden machen. *Leiden* kann einen Menschen wachsen und reifen, aber auch innerlich verdorren lassen. Beide Erfahrungen sind in sich noch kein Segen, doch können sie uns ebenso zum Segen wie zum Fluch werden. Der Segen Gottes kann bewirken, daß ich körperlich gesund werde. Er kann bewirken, daß meine seelischen Wunden heilen, daß mein Denken gesund wird, daß meine Beziehungen geheilt werden und daß mein Glaube wächst. Erstaunlich oft haben wir diese Erfahrung gemacht: Als wir Gott wirklich beim Wort genommen und einander gesegnet haben, hat er spürbar eingegriffen und eine Wendung zum Positiven bewirkt. Und doch haben wir für diese Wendung zum Guten vorher keine Garantie; sie ist uns auch nicht versprochen.

Das Entscheidende beim Segen ist nicht die äußere Wendung zum Guten, so oft sie der Gesegnete auch erleben mag. Das Entscheidende ist, ob wir in unseren äußeren Umständen, im Guten wie im Schlechten, Gott begegnen und ob unsere Beziehung zu ihm und zum Leben überhaupt intensiver und positiver wird. Das kann durchaus auch durch negative Ereignisse geschehen. Segen heißt: Gott wendet sich uns zu und hilft uns auf, er geht mit uns und läßt uns seine Kraft erfahren, er leitet uns und läßt uns ans Ziel kommen – und das alles auf eine spürbare, reale Art und Weise. *Gott selbst* – seine erfahrbare Gegenwart – ist letztlich der Segen! Wenn es mir nur um die äußere Besserung geht, wenn es mir nur um die Gaben geht, die Gott gibt, dann werde ich den Segen nicht erfahren. Wer gesegnet werden will, dem sollte es zunächst einmal um *Gott selber* gehen.

Die Antwort des Menschen

5. Wenn Gott uns segnet, möchte er, daß wir ihm antworten.

Der Segen Gottes ist nichts, was man einmal empfängt und dann fest in der Tasche hat. Gerade an den Wendepunkten des Lebens (Taufe, Konfirmation und Trauung) sind viele Leute leider genau dieser Ansicht: „Wenn man *einmal* gesegnet ist, kann nichts mehr schiefgehen. Der Segen ist eine Garantie, daß alles gut geht." Das aber ist zu kurzschlüssig gedacht. Das ist weder in der Bibel so, noch entspricht es unserer Lebenserfahrung. In Wirklichkeit ist die Sache doch etwas mühsamer. Der Segen, in dem uns das Leben zugesprochen wird, ist lediglich der „Startschuß". Dieses Wort eröffnet einen ganzen Dialog, und nur, wenn wir in diesem Dialog bleiben, werden wir den Segen wirklich erfahren.

Immer wieder erlebe ich es, daß Traupaare erstaunt reagieren, wenn ich sage: „Wissen Sie, was Sie da tun, wenn Sie um den Segen Gottes bitten? Wenn Gott Sie segnet, möchte er in ein Gespräch mit Ihnen treten. Wen Gott segnet, den provoziert er zu einer Antwort, und er will, daß wir diese Antwort nicht nur mit dem Mund, sondern mit unserem ganzen Leben geben." Ich glaube, daß das viele Leute übersehen: Sie nehmen den Segen gerne als eine kirchliche Serviceleistung in Anspruch, aber verstehen ihn nicht als Gesprächsangebot Gottes, das es aufzugreifen gilt. Doch erst in diesem Dialog entfaltet sich die Segenswirklichkeit.

In beiden Sprachen der Bibel steht für „Segnen" und für „Loben" das gleiche Wort (griechisch *eulogein,* hebräisch *barakh).* Das Wort „segnen" wird in beiden Richtungen verwendet: von Gott zu uns als Segen und von uns zu Gott als Lob und Dank. Segnen ist also wirksames Sprechen von oben nach unten wie von unten nach oben. Der Lobpreis ist das dem Segen Gottes korrespondierende Tun des Menschen. Im Lobpreis wird Gott sozusagen „gesegnet". Im Segen gibt uns Gott das, was wir uns nicht selbst geben können. Im Lobpreis geben wir Gott, was er sich nicht selbst geben kann. Segen ist eine einseitige Eröffnung eines ganzen Kreislaufs von Geben und Nehmen innerhalb einer intakten Beziehung.

Zuspruch und Anspruch

6. Der Segen ist nicht nur Zuspruch, sondern auch Anspruch.

Vor allem die Vätergeschichten im ersten Mosebuch zeigen uns: Das in Vollmacht ausgesprochene Wort des Segens wirkt unwiderruflich und unbedingt. Dennoch kennt die Bibel auch *Bedingungen* des Segens: Etwa in 5. Mose 28,1f.15f wird der Segen an den Gehorsam gegenüber Jahwe gebunden. Dies ist nur auf den ersten Blick ein Widerspruch. Unbedingtheit und Bedingtheit des Segens sind keine Gegensätze. Gottes Segenswille gilt zwar unbedingt und unwiderruflich, aber auf der Seite des Menschen hängt viel davon ab, ob und wieweit er sich für den Segen Gottes öffnet. Ein Bild hierzu: Ein Wasserfall hat eine gewaltige, unbedingte Kraft. Aber er kann eine Flasche nicht füllen, die verschlossen ist. Er kann sie höchstens zerstören.

Gott kann nur dort segnend an uns wirken, wo wir uns für ihn öffnen und ihn an uns handeln lassen, das heißt in dem Maße, wie wir uns seinem Wort aussetzen und uns auf es einlassen. Gott kann uns die Hände nur füllen, wenn wir sie freihaben. Das bedeutet oft, daß wir sie erst einmal leeren müssen von all dem wertlosen Plunder, mit dem wir sie vorher gefüllt haben, daß wir die falschen Sicherheiten loslassen, an die wir uns klammern. Darum finde ich es eine schöne Geste, wenn Menschen beim Segen die Hände wie eine geöffnete Schale vor sich halten. Diese Geste ist ein unausgesprochenes Gebet: „Meine Hände sind leer, bitte fülle *du* sie."

Die Bedeutung des Glaubens

7. Der Segen Gottes braucht einen „Landeplatz" bei uns, und das ist der Glaube.

Worte des Segens sind keine magischen Formeln, die allein aufgrund der Tatsache, daß sie ausgesprochen wurden, auf jeden Fall wirken. Gott hat sie vielmehr an unseren Glauben gebunden. Dieser Glaube ist auf beiden Seiten wichtig: bei dem Segnenden und beim Segensempfänger. Der Segnende braucht den Glauben und die innere Gewißheit, daß Gott durch ihn segnen kann und will. Und, meist noch wichtiger: Derjenige, der den Segen empfängt, braucht den Glauben und die innere Bereitschaft, Gott an sich arbeiten und sich von ihm verändern zu lassen.
Sowohl zu dem einen wie zu dem anderen mag es Ausnahmen geben. Gott hat seinen Segen im Lauf der Geschichte auch an und durch Menschen bewirkt, die *nicht* glaubten. Oft lag es daran, daß der eine – der Segnende oder derjenige, der den Segen empfing – ein so starkes Vertrauen hatte, daß er für den anderen sozusagen „mitglaubte". Aber das sind Ausnahmen. In der Regel greift Gott nicht in das Leben eines Menschen ein, wenn der Glaube ihm nicht den Weg bereitet (vgl. Markus 6,5f).

Segen als Beauftragung

8. Der Segen macht uns nicht zu religiösen Endverbrauchern, sondern ist immer auch Beauftragung, das Empfangene weiterzugeben.

„Ich will dich segnen, und du sollst ein Segen sein", heißt es in der Abrahamsgeschichte (1. Mose 12,2). Gott segnet uns nicht, um uns in unserem Egoismus oder in unserer individualistischen Grundhaltung zu bestätigen, sondern – wie es im Epheserbrief heißt – damit wir „etwas seien zum Lob der Herrlichkeit Gottes" (vgl. Epheser 1,3.6+12).
Lobpreis ist – wie wir weiter oben gesehen haben – die angemessene Antwort des Menschen auf Gottes Segen. Der Lobpreis, so lernen wir aus Epheser 1, erfolgt nicht nur mit dem Mund, sondern er ist ganzheitlich; er umfaßt unser ganzes Sein und Tun und deswegen auch den Umgang mit unseren Mitmenschen. Das heißt, wenn ich selbst Segen empfangen will, muß ich auch bereit sein, den Segen, den ich erfahre, an andere weiterzugeben. Das muß nicht unbedingt heißen, daß ich hingehe und anderen Menschen buchstäblich die Hände auflege; aber es bedeutet, daß ich als Empfänger des Segens Gottes aufgefordert bin,

das Empfangene mit anderen zu teilen. Mit dem Segen, den Gott auf uns legt, ist es ähnlich wie mit der Freude: Sie vermehrt sich, wenn man sie teilt. Ob jemand gesegnet ist, erkennt man nicht an dem, was er hat, sondern an dem, was er weitergeben kann.

Auftrag an alle Gläubigen

9. Wir sollten das Segnen nicht den Pastoren überlassen.

Der Segen hat seinen ursprünglichen Sitz im Leben nicht im Kultus, sondern im Familienverband der Sippe. Nicht nur *Priester,* sondern auch (den Priestern gegenüber oft kritisch eingestellte) *Propheten* und vor allem *Väter* segnen im Alten Testament. Im Neuen Testament sind *alle* Gläubigen aufgefordert, priesterlich zu leben, das heißt, zwischen Gott und den Menschen zu vermitteln. Das ist das, was Luther das „allgemeine Priestertum" aller Gläubigen genannt hat. Dazu gehört neben Seelsorge, Fürbitte und Verkündigung auch der Auftrag, zu segnen. Die Vollmacht zum Segnen hat im Prinzip jeder, der glaubt und der selbst schon den Segen Gottes in seinem Leben erfahren hat. Andererseits scheint es Menschen mit besonderer Segensfähigkeit zu geben. Dies sind meiner Erfahrung nach oft Leute mit einer seelsorgerlichen und in vielen Fällen auch mit einer prophetischen Gabe.

Allgemeiner Segen und Einzelsegnung

10. Der allgemeine Segen am Schluß des Gottesdienstes verhält sich zur konkreten Einzelsegnung wie die Generalbeichte zur Einzelbeichte.

Die Einzelsegnung ist konkreter, persönlicher und auf eine spezifische Situation zugeschnitten. Dabei machen viele die Erfahrung, daß das, was ihnen persönlich zugesprochen wird, sie stärker und unmittelbarer anspricht als das, was allen oder vielen zur gleichen Zeit gesagt wird. Im Blick auf den Schlußsegen im Gottesdienst darf daraus nicht der Schluß gezogen werden, daß dieser etwas Minderwertiges sei. Er ist gute biblische Praxis.

Meine Erfahrung ist, daß sich Einzelsegnung und allgemeiner gottesdienstlicher Segen gegenseitig ergänzen und bereichern. Die Erfahrung der Einzelsegnung läßt mir den allgemeinen gottesdienstlichen Segen neu wichtig werden, und ich erfahre ihn mehr als zuvor als persönlichen Zuspruch. Auf der anderen Seite erinnert mich gerade das „Der Herr segne dich" am Ende des Gottesdienstes (das seiner Zielrichtung nach nicht individuell gemeint ist, sondern das Volk Gottes als Ganzes meint) daran, daß wir als Christen keine isolierten Einzelexistenzen sind, sondern auf unserem Wege durch die Woche mit anderen zusammen unterwegs sind. Der Segen gehört deswegen in den Sendungsteil des Gottesdienstes. Ein einleitender Satz wie „Geht hin und tragt weiter, was ihr hier erfahren habt!" macht deutlich, wofür wir den Segen am Ende des Gottesdienstes erbitten.

Drei Bibelarbeiten für den Hauskreis

Segen Schritt 2: Nachvollziehen

Um das hier Gesagte zu vertiefen, empfehle ich Ihnen, das Thema „Segen" für einige Wochen in Ihrem Hauskreis auf die Tagesordnung zu nehmen. Dabei wäre es hilfreich, eine Konkordanz bei der Hand zu haben, um weitere relevante Stellen nachschlagen zu können.
Zumindest sollten Sie das Thema in Ihre persönliche stille Zeit aufnehmen. Solange Sie sich allerdings allein damit beschäftigen, werden Sie die vorgeschlagenen Übungen nicht machen können. Sie würden, gerade bei diesem Thema, etwas verpassen! Die Übungen fänden – wie so vieles in unseren Gemeinden – nur im Kopf statt, und das wäre nicht einmal die „Hälfte der Miete".

„Was würden Sie tun, wenn jemand Sie bäte, ihn zu segnen?"

Bibelarbeit A

4. Mose 6,22-27: Erfahrungen mit dem Segen

1. In welchen Situationen meines Lebens habe ich Segen erfahren?
2. Was ist Segen?
3. Was ist der Unterschied zwischen Segen und Fürbitte?
4. Kann man sich selbst segnen?
5. Was empfinde ich nach dem Segen im Gottesdienst? Gewissensfrage: Was wäre anders geworden, wenn der Segen im letzten Gottesdienst, den ich erlebt habe, unterblieben wäre?
6. Kann ich mir vorstellen, daß es bei uns zu einer gängigen gemeindlichen Praxis wird, daß wir uns die Hände auflegen und einander segnen? Was würde ich von dieser Praxis halten?
7. Was würde ich tun, wenn mich jemand bäte, ihn zu segnen?

Übung im Anschluß: *Die Hauskreisteilnehmer bilden Zweiergruppen (Wenn es nicht aufgeht, macht der Leiter mit, sonst nicht). Ein Partner schließt die Augen, der andere legt ihm versuchsweise die Hände auf: Auf den Kopf, auf die Schulter(n) oder seitlich an die Oberarme, auf Kopf und Schulter, Stirn und Rücken, mit einer Hand, mit beiden Händen, sanft, fester, fest. Dabei denkt er (er sagt es nicht!): „Gott segne dich." Der Partner mit den geschlossenen Augen gibt Rückmeldung, was ihm dabei angenehm und was ihm weniger angenehm ist. Er selbst kann ausprobieren, ob es ihm lieber ist, im Stehen oder im Knien gesegnet zu werden. Er kann den „Segnenden" auch bitten, Gesten zu wiederholen, wenn er sich nicht schlüssig ist. Wenn er „seine" Geste gefunden hat, wechseln die Partner die Rollen. Im Anschluß an diese Übung tauscht sich die Gruppe über die gemachten Erfahrungen aus.*

Bibelarbeit B ***1. Mose 12,1-4: Voraussetzungen und Folgen des Segens***

1. Wer kann/darf/soll segnen?
2. Der Segen ist in unserem Text verbunden mit dem Auszug. Gibt es konkrete Schritte, die ich erst gehen müßte, um den Segen zu erfahren?
3. Wie verhalten sich Unbedingtheit (Zuspruch) und Bedingtheit (Anspruch) des Segens zueinander?
4. Der Segensempfang beinhaltet bei Abraham die Berufung, den Segen weiterzugeben. Stimmt das in meinem Leben?
5. Warum schreibt Paulus an seinen Schüler Timotheus: „Die Hände lege niemandem zu bald auf!" (1. Timotheus 5,22)? *Rechtfertigt* oder *hinterfragt* das unsere gegenwärtige gemeindliche Praxis?
6. Welche Hilfestellung könnte die Gemeinde geben, damit „Segen" wieder zu einer realen Erfahrung für uns wird?
7. Woran erkennt man einen gesegneten Menschen?

Übung im Anschluß: *Die Hauskreisteilnehmer stellen sich in einem großen Kreis auf. (Die Teilnehmer sollten etwas Abstand voneinander haben.) Im Hintergrund spielt leise Musik (ich empfehle Lobpreismusik). Jeder, der möchte, kann auf ein Gruppenmitglied seiner Wahl zugehen und es um einen Segen bitten. Er kann sagen, wofür er diesen Segen möchte, er kann aber auch ganz allgemein um einen Segen bitten. Der Segnende legt der Person die Hände auf und sagt: „Ich segne ich im Namen des Vaters, des Sohnes und des Heiligen Geistes." Wichtig: Keiner, der an dieser Übung teilnimmt, muß sich segnen lassen, aber wer um einen Segen gebeten wird, lehnt dies nicht ab.*

Bibelarbeit C ***1. Mose 32,23-32: Segen und Leid***

1. Warum kämpfte Gott mit Jakob?
2. Warum besiegte Gott Jakob nicht sofort?
3. Warum gab Jakob den Kampf nicht auf?
4. Warum verletzte Gott Jakob an der Hüfte?
5. Warum benannte Gott Jakob (Der An-sich-Reißer) um in Israel (Gotteskämpfer)? Wo ist der Unterschied?

6. Woran hat sich mein Charakter entwickelt?
   a. Durch An-mich-Reißen.
   b. Durch Leid oder Enttäuschung.
   c. Durch ein Ringen mit Gott.
   d. Durch Gottes Segen.
   e. Durch ...
7. Wo stehe ich derzeit im Kampf um den Segen:
   a. Renne ich gerade weg?
   b. Versuche ich den Segen selbst in die Hand zu nehmen?
   c. Kämpfe ich mit einem Dämon?
   d. Kämpfe ich mit Gott?
   e. (Wo) „hinke" ich?
   f. Erfahre ich den Segen?

Übung im Anschluß: *Die Hauskreisteilnehmer tauschen sich darüber aus, was sie im Moment gerade belastet und wozu sie den Segen Gottes derzeit besonders nötig brauchen. Wer gesegnet werden möchte, sagt dies, stellt sich in die Mitte des Raumes; die anderen stellen sich um ihn herum und legen ihre Hände auf seinen Arm, seine Schulter, auf den Kopf oder stellen sich mit segnend erhobenen Händen um ihn. Es beginnt eine Gebetsgemeinschaft, in der jeder, der dies möchte, für die Person in der Mitte beten und/oder ihn mit einem Bibelvers, prophetischen Eindruck oder einem Segenswort stärken kann. Der Leiter der Gruppe oder eine andere, vorher ausgedeutete Person beendet dieses sehr persönliche Gebet unter Handauflegung mit dem trinitarischen Segen („Ich segne dich im Namen des Vaters, der Sohnes und der heiligen Geistes, Amen.").*

Segen Schritt 3: Gestalten

Zehn Tips für eine intensivere Segenspraxis

„Daß man sich gegenseitig segnet, sollte ebenso selbstverständlich werden wie das gemeinsame Gebet."

1. Wenn Sie in Ihrer Gemeinde mit der Praxis der Einzelsegnung erst anfangen, holen Sie sich Anregungen von außen.

Nehmen Sie – beispielsweise an Kirchentagen oder bei vergleichbaren Veranstaltungen, auf denen ein solches Angebot gemacht wird – an einem Segnungsgottesdienst teil oder besuchen Sie, falls vorhanden, dort die Segnungskapelle. Nehmen Sie andere Leute aus Ihrer Gemeinde dazu mit! Besuchen Sie Seminare und Fortbildungsangebote zu diesem Thema, etwa in evangelischen Kommunitäten wie Selbitz oder Gnadenthal, auf Wochenendfreizeiten der Geistlichen Gemeindeerneuerung oder wo auch immer sich Gelegenheit dazu bietet. Was es mit dem Segen auf sich hat, lernt man nicht über die Theorie, sondern allein durch die Praxis.

Gemeindeseminare

2. Führen Sie ein Gemeindeseminar oder eine Gemeindefreizeit zum Thema „Segen und Segnen" (selbstverständlich mit anschließender Praxis!) durch.

Auf einer solchen Freizeit sollten in einem ersten Schritt die Erfahrungen, Erwartungen und Befürchtungen der Teilnehmer im Blick auf das Thema abgerufen werden. In einem zweiten Schritt könnte dann eine biblische Grundlegung erfolgen (Referat plus Bibelarbeitsgruppen), um die Teilnehmer dann in einem dritten Teil sehr behutsam (und natürlich ohne Verpflichtung) in die Praxis der Einzelsegnung einzuführen. Überhaupt bietet es sich an, Freizeiten, Seminare etc. mit einem Gottesdienst zu beenden, der das Angebot der Einzelsegnung enthält. Ich habe dies sogar auf Konfirmandenfreizeiten durchgeführt – mit erstaunlichen Auswirkungen!

Lehre in Hauskreis und Predigt

3. Flechten Sie in allen Hauskreisen Ihrer Gemeinde eine außerplanmäßige Einheit zum Thema „Segen" ein, oder halten Sie – wenn Sie Pastor sind – eine Predigtreihe zu diesem Thema (bzw. ermuntern Sie Ihren Pastor, eine solche zu halten).

Hierfür können Sie die drei auf den Seiten 215-217 angeregten Bibelarbeiten zugrundelegen. So sehr wir dem Geheimnis des Segens nur dadurch auf die Spur kommen, daß wir uns ganz praktisch trauen, uns gegenseitig zu segnen, so sehr stimmt auch, daß es der vorhergehenden und begleitenden Lehre bedarf, damit Menschen sich überhaupt auf den Weg machen und sich auf diese Praxis einlassen. Die Lehre ist auch wichtig, um die verschiedenen Erfahrungen besser einordnen zu können.

Segen anbieten

4. Bieten Sie – wenn Sie seelsorgerlich tätig sind – Menschen an, sie zu segnen.

Die meisten wissen überhaupt nicht, daß ihnen diese Option zur Verfügung steht. Ich bin fest davon überzeugt, daß diese Praxis das Leben vieler Menschen verändern wird, weil es ihren Glauben froher, ihre Liebe intensiver und ihre Hoffnung stärker macht. Gerade Kranken und anderen Menschen in Not möchte ich nicht nur meine Worte mit auf den Weg geben. Wie viel intensiver ist für sie doch die Erfahrung des unter Handauflegung zugesprochenen Segens, die sie die Liebe Gottes bis ins Körperliche hinein spüren läßt!

Integration in die Gottesdienste

5. Machen Sie Segnungen zu einem regelmäßig wiederkehrenden Bestandteil Ihrer Gottesdienste.

Segnen Sie neue Mitarbeiter im Gottesdienst ein. Bieten Sie Gemeindegliedern, die wegziehen, an, sie zu segnen. Informieren Sie Ihre Gemeinde, daß es das Angebot der Kindersegnung gibt. Bieten Sie im Anschluß an besondere Gottesdienste an, daß Menschen sich segnen lassen können usw. – Suchen Sie viele kreative Wege, den Segen in Ihren Gottesdiensten zu etwas völlig Normalem werden zu lassen.

Segensworte sammeln

6. Sammeln Sie Segensworte.

Eine schöne Sammlung von handlichen Kärtchen mit Segensworten hat Ruth Bär herausgegeben: „Greifbare Segensworte" (Christliches Verlagshaus, ISBN 3-7675-8105-1). Hier finden Sie über 150 Segen für allerlei Anlässe. Ein kleines Register erleichtert das Finden des jeweils „passenden" Wortes. Im folgenden finden Sie eine Liste von 23 biblischen Segen (die Texte sind auf der Diskette, die ich auf Seite 133 erwähnte):

23 biblische Segen:

4. Mose 6, 24-26	Jesaja 54,10
Josua 1,5	Römer 1,7b
Josua 1,9	Römer 15,13
Nehemia 8,10	2. Korinther 13,13
Psalm 5,12-13	Philipper 4,7
Psalm 17, 6+8	1. Thessalonicher 5,23-24
Psalm 20, 2-3.5+6b	2. Thessalonicher 2,16-17
Psalm 90, 13-14.17	2. Thessalonicher 3,16
Psalm 115,12-15	1. Petrus 5,10-11
Psalm 121,7-8	2. Petrus 1,2
Jesaja 41,10	Hebräer 13,20-21
Jesaja 43,1+2	

Segnungsteams

7. Lassen Sie den Segnungsdienst im Zusammenhang mit Veranstaltungen möglichst von zwei Leuten zusammen versehen.

Besonders geeignet für solche „Segnungsteams" sind meiner Erfahrung nach Christen, die die Gabe des Gebets, der Seelsorge, des Hirtendienstes, der Unterscheidung oder der Prophetie haben. (Näheres zu diesen Gaben finden Sie im „Gabentest" von Christian A. Schwarz, der ebenfalls in der Edition „Kirche für morgen" erschienen ist.) Eine der beiden Personen kann sich dabei auf das Gebet, die andere auf die Segnung konzentrieren. Wenn Kranke um einen Segen bitten, können sie auch gesalbt werden. Die Salbung ist – weil die Spuren und ggf. der Geruch noch eine Weile bleiben und nachwirken – eine besonders sanfte, nochmals intensivierte Form der segnenden Zuwendung. Dazu gibt es eigens leicht parfümierte Öle, im Zweifelsfall tut es aber auch Olivenöl, das man in ein kleines Fläschchen abgefüllt hat.

Segnung und Abendmahl

8. Integrieren Sie das Angebot der Einzelsegnung in Ihre Abendmahlsliturgie.

In unserer Gemeinde stellen wir bei jedem Abendmahl mehrere Segnungsteams an die Seiten unseres Altarraumes. Die Gottesdienstbesucher haben nun die Gelegenheit, nachdem sie das Abendmahl empfangen haben, zu einem dieser Teams zu gehen, dort kurz ihr Anliegen zu nennen, für das sie gesegnet werden möchten. Dieses Anliegen kann etwa ein Problem sein, das einen beschäftigt, eine Aufgabe, die vor einem liegt, eine Entscheidung, die man treffen muß, oder was auch immer. (Man kann sich selbstverständlich auch „einfach nur so" segnen lassen.) Danach betet einer aus dem Segnungsteam für die betreffende Person und der andere legt ihr die Hände auf und spricht entweder einen situationsspezifischen Segen, so wie Gott es ihm gerade eingibt, oder er sagt einfach (möglichst unter Namensnennung): „Ich segne dich im Namen des Vaters, des Sohnes und des heiligen Geistes." (Die Situation ist ja bereits in dem vorausgegangenen Gebet aufgegriffen worden.) Die Gottesdienstbesucher können sich aussuchen, ob sie den Segen im Stehen oder im Knien empfangen wollen. Es können auch Ehepaare oder Familien zusammen den Segen empfangen. Das Abendmahl geht während dieser Zeit ganz normal weiter. Das klingt alles recht kompliziert, hat sich aber bei uns in der Praxis sehr schnell eingependelt.

Ein theologisches Bedenken, das bei diesem Verfahren auftauchen könnte, ist, daß das Angebot der Einzelsegnung dem Abendmahl „etwas nehme". Richtig ist, daß beides Formen sind, in denen die Zuwendung Gottes bis ins Leibliche hinein erfahren werden kann. Warum diese sich gegenseitig etwas nehmen sollen, kann ich nur bedingt nachvollziehen. Wenn meine Frau mich in den Arm nimmt und mir anschließend einen Kuß gibt, wird der Umarmung durch den Kuß auch nichts genommen, oder? Meiner Meinung nach nimmt die Einzelsegnung dem Abendmahl genausoviel oder genausowenig wie der Schlußsegen oder irgendein anderer Teil des Gottesdienstes, aber wenn ein nennenswerter Teil Ihrer Gemeinde dieser Auffassung ist, sollten Sie es hier nicht zum Streit kommen lassen.

Versuchen Sie es statt dessen mit einem kombinierten Lobpreis- und Segnungsteil am Ende von Gottesdiensten, in denen kein Abendmahl angeboten wird, oder mit Segnungen im Anschluß an den Gottesdienst.

„Winkelmessen" vermeiden

9. Vermeiden Sie eigene Segnungsgottesdienste.

Dieser Ratschlag wird Sie vielleicht etwas überraschen. Doch so gut ich diese Art von Gottesdiensten im Prinzip finde, wenn man sie in der Gemeinde anbietet, kommunizieren sie – ähnlich wie sogenannte Lobpreisgottesdienste – im Grunde die falsche Botschaft: Einzelsegnung als ein Angebot für einige Wenige, die ein besonderes Bedürfnis haben und sich deshalb in bestimmten „Winkelmessen" (= Privatgottesdiensten) treffen. So etwas kann für eine Phase des Übergangs bisweilen sinnvoll sein, auf Dauer hingegen muß gelten, daß unsere normalen Gottesdienste für diese Elemente geöffnet müssen. Natürlich kann man Einzelsegnungen auch im Anschluß an den Gottesdienst anbieten, sollte aber auch hier aufpassen, daß das Ganze nicht den Charakter einer Sonderveranstaltung für „Exoten" bekommt.

Segnung als gemeindlicher Lebensstil

10. Ziel Ihrer Bemühungen sollte sein, daß die Praxis der Einzelsegnung über kurz oder lang in Ihrer Gemeinde etwas völlig „Normales" wird.

Egal, ob Sie Ihren normalen Sonntagsgottesdienst feiern, ob ein Hauskreisteilnehmer in der Gruppe von seiner Not berichtet, ob Ihnen ein Gemeindeglied im Einzelgespräch erzählt, daß es vor einer wichtigen Entscheidung steht, ob Sie jemanden neu in eine Mitarbeitergruppe aufnehmen oder ob Sie nach einer gelungenen Freizeit einen Schlußgottesdienst feiern – daß man sich gegenseitig segnet, sollte für Christen ebenso selbstverständlich werden wie das gemeinsame Gebet.
Für alle genannten Vorschläge gilt freilich, daß sie *Angebotscharakter* haben und auch behalten sollen. Da es hier um eine sehr nahe, ja intime Form der Zuwendung Gottes geht, haben namentlich wir Christen in der westlichen Welt bisweilen Probleme damit. Bitte machen Sie niemandem Druck! Keiner *muß* sich segnen lassen und niemand sollte sich moralisch dazu verpflichtet fühlen! Gott ist auch dann mit uns, wenn wir uns nicht die Hände auflegen lassen. Der Segen unter Handauflegung ist keine „höhere Weihe", sondern lediglich eine Hilfe, dieses Mit-Sein Gottes für uns ein Stück mehr erfahrbar zu machen. Wer auf diese Hilfe verzichten möchte, braucht sich nicht gedrängt zu fühlen, sollte aber auf der anderen Seite denjenigen, die diese Hilfe gerne in Anspruch nehmen, Raum und Freiheit dazu lassen – und zwar nicht an den Rändern des Gemeindelebens, sondern in dessen Mitte.

Kollekte Schritt 1: Verstehen

Schlüsselelement 10: Die Kollekte

„Geld an sich ist neutral, aber es gibt kein ‚Geld an sich'."

Vielleicht werden Sie sich wundern, daß ich ein Kapitel über dieses Thema in mein Buch über den Gottesdienst aufnehme. Es mutet merkwürdig an: In einer Reihe mit so hohen und heiligen Themen wie „Segen", „Bekenntnis", „Lobpreis" und „Abendmahl" taucht auf einmal das Geld auf. Das fühlt sich für viele in etwa so an, wie wenn der Pastor mit einer Flasche Bier in der Hand auf die Kanzel ginge: Es schaudert einen ein wenig. Und doch gehört das Thema hierher. Und zwar aus zwei einfachen Gründen: Erstens kommt in nahezu jedem Gottesdienst eine Kollekte vor. Und zweitens hat unsere Beziehung zu Gott (und somit auch unser Gottesdienst) sehr viel mit unserem Umgang mit Geld zu tun.

Wozu Geld gut sein kann

Gott kann unser Geld auf vielfache Weise benutzen. Er gebraucht es etwa, ...

- um unser Vertrauen auf ihn zu stärken;
- um unsere Vertrauenswürdigkeit zu entwickeln;
- um uns seine Liebe zu zeigen;
- um Christen durch Teilen zu verbinden;
- um unserem Leben durch Not oder Überfluß eine Ausrichtung zu geben;
- um die Not anderer zu lindern;
- um anderen Menschen einfach eine Freude zu machen;
- um andere durch unsere Großzügigkeit auf Seine Liebe hinzuweisen;
- um die Mittel bereitzustellen, daß das Reich Gottes wachsen kann;
- um unsere Hingabe zu steigern.

Es stimmt also nicht, wenn manche Leute sagen: „Das Geld ist die Wurzel allen Übels." In 1. Timotheus 6,10 heißt es vielmehr: „Die *Geldgier* ist *eine* Wurzel allen Übels." Nicht das Geld an sich ist schlecht, sondern unser Umgang damit macht es schlecht. Geld an sich ist neutral, aber es gibt kein „Geld an sich". In der Hand von Menschen (und zwar bereits, wenn sie diese nur danach ausstrecken) verliert es seine Neutralität. Der Umgang mit ihm gerät dann entweder zum Gottesdienst oder zum Götzendienst.

Eine kleine Theologie des Geldes

Kollekte Schritt 1: Verstehen

1. Geld ist ein wichtiges biblisches Thema.

Über 700 Bibelworte beziehen sich direkt auf unseren Umgang mit Geld. Auch Jesus hat, was das Geld anbetrifft, nie eine idealistische Sicht gehabt. Er hat nicht auf den Umgang mit Geld verzichtet, er hat die Zahlung von Steuern befürwortet, und seine Jüngerschar hatte einen Kassenwart. Von den 29 im Neuen Testament überlieferten Gleichnissen Jesu reden 13 über den rechten Gebrauch der irdischen Güter. Das hat den einfachen Grund, daß unser Umgang mit Geld und unser geistliches Wachstum ganz offensichtlich miteinander zusammenhängen.
Doch so häufig die Bibel auch vom Geld redet, eigentlich geht es in allen diesen Stellen – gerade auch dann, wenn vom „Teilen" und „Geben" die Rede ist –, gar nicht um Geld, sondern um etwas ganz anderes. Es geht letztlich um unsere *Hingabe,* um unser *Vertrauen,* um unsere *Freiheit* und unsere *Liebe.* Wie oft führen wir Christen diese großen Worte im Mund! Die Frage, ob es nur leere Worte sind oder nicht, entscheidet sich nicht zuletzt an unserem Umgang mit Geld.

„Beim Geben geht es gar nicht um Geld, sondern um Hingabe, Vertrauen, Freiheit und Liebe."

2. Geld ist nicht nur Geld.

Mammon

Es nimmt vielmehr unsere Gefühle, Gedanken, Seele, Nerven in Beschlag. Wenn wir über Geld reden, werden wir ängstlich oder ärgerlich. Es scheint ein direkter Nerv von unserem Geldbeutel hin zu jedem Winkel unseres Lebens zu führen. Woran liegt das? Es liegt daran, daß Geld wie kaum etwas anderes in dieser Welt Macht über unser Leben haben kann. Viele Menschen haben es zu ihrem Abgott gemacht, einem Gott, der seine eigenen Gebote hat, seine eigene Liturgie und seinen eigenen Katechismus. Diesen Abgott nennt Jesus „Mammon".
Jesus sagt uns sehr deutlich, wir können nicht ihm und gleichzeitig dem Mammon dienen, denn beide fordern eine verschiedene Art der Hingabe. So wenig Geld an sich ein Abgott ist, so schnell können wir es jedoch dazu machen. Geld hat nur die Macht über uns, die wir ihm einräumen. In dem Maße aber, wie wir ihm Einfluß auf unser Leben einräumen, mutiert das Geld zum Mammon, zu einer Macht, die alle Züge eines Götzen an sich trägt:

- Mammon verspricht uns, daß er uns versorgt.
- Mammon verspricht uns, daß er uns schützt.
- Mammon verspricht uns gelingendes Leben und Erfüllung.
- Mammon gibt unserem Leben die Ziele vor.
- Wie jeder Gott hat auch Mammon Gebote, die seine Anhänger zu befolgen haben.

Doch haben Sie auch nur *einmal* gehört, daß ein Mensch auf dem Sterbebett gesagt hat: „Es hat sich gelohnt, für Geld zu leben"?

Was Geld nicht vermag

3. Geld ist ein guter Diener, aber ein schlechter Herr.

Mag sein, daß es eine Binsenweisheit ist, daß Geld nicht glücklich macht. Warum aber geben wir ihm immer wieder doch so gern eine Chance? Wahrscheinlich haben wir es alle schon erfahren: Wer sich auf die Versprechungen Mammons verläßt, *ist* letztlich verlassen. Mammon ist ein Lügner, und eigentlich sollten wir es wissen:

- Jeder weiß zum Beispiel, daß die wirklich wichtigen Dinge im Leben nicht käuflich sind. Und auch für die „unwichtigen Dinge" scheint das vorhandene Geld merkwürdigerweise nie auszureichen. Geld kann uns nicht versorgen.

- Jeder weiß, daß er mit allem Geld der Welt nicht verhindern kann, daß er morgen vielleicht schon tot, krank, behindert oder unglücklich ist. Geld kann uns nicht schützen.

- Mammon ist wie eine Droge: Eine beglückende Anfangsdosis in unserer Vene, und sehr bald werden wir alles tun, um mehr zu bekommen. Die Glücksgefühle werden kürzer und seltener, die Zeiten dazwischen immer härter.

- Mammon versklavt uns, gleich, ob wir Geld haben oder nicht. Der Arme, der sich nach Geld ausstreckt, ist unzufrieden, neidisch und unfrei. Mit zunehmendem Wohlstand aber merkt er, daß der gewonnene Besitz ihn nicht wirklich befreit, sondern belastet. Besitz muß verwaltet, unterhalten und behütet werden. Ich kenne keinen Menschen, dem Geld wirklich erfülltes Leben gebracht hätte.

- Die Gebote Mammons sind gnadenlos. Die Mehrzahl der Menschen, die diesen Geboten folgen, bleiben auf der Strecke: Jeder kennt diese traurigen Gestalten, die dem Geld nachrennen und einen gehetzten, friedlosen Eindruck machen. Und wieviel unserer Krankheiten und Herzinfarkte gehen auf das Konto Mammons?

- Dabei ist das Ziel, das Mammon uns vor Augen führt, ein überaus trügerisches. Seine Fähigkeit, uns glücklich zu machen, ist überaus begrenzt und vor allem immer nur vorübergehend. Denn was immer wir auch erreichen, uns holt in der Regel schnell die Unzufriedenheit wieder ein. Es ist wie bei der Geschichte von „Hase und Igel". Wann immer wir angekommen sind, ruft bereits der stachlige Igel: „Ich bin schon da. Laß uns noch eine Runde rennen." Am Ende dieser Kette von sinnlosen Rennen steht der Tod.

- Auch das wissen wir: Leichenwagen haben keine Anhänger. Ein Ziel, für das es sich wirklich zu leben lohnt, muß uns bereits *in* der Zeit erfüllen und dabei gleichzeitig in die Ewigkeit hineinragen. Mammon ist nicht in der Lage (und hat auch gar kein Interesse daran), diese Anforderungen auch nur ansatzweise zu erfüllen.

Wen oder was beten wir an?

4. Geld ist ein Ausdrucksmittel unserer Anbetung.

Unser Umgang mit dem Geld ist Teil unseres Gottesdienstes. Es gibt drei grundsätzliche Medien, mit deren Hilfe wir Gott anbeten: unsere Worte und Lieder, unsere Handlungen und unser Besitz. Wenn Sie wissen wollen, wer der wahre Gott in Ihrem Leben ist und wen Sie wirklich anbeten, stellen Sie sich diese drei Fragen:

- Wieviel Zeit nehme ich mir zum Gebet?
- Wofür setze ich meine Gaben und meine Zeit überwiegend ein?
- Wohin geht mein Geld?

In unserem Zusammenhang interessiert uns nur die dritte Frage. Meine These ist: Wohin wir unser Geld geben, das beten wir an. Jeder Mensch gibt intuitiv sein Geld an den Gott, an den er glaubt. Unser Geld ist, so oder so, ein Medium der Anbetung. Deswegen sagt Jesus: „Wo dein Schatz ist, da ist auch dein Herz" (Matthäus 6,21). Das ist eine gute Nachricht: Wo mein Geld hingeht, wird auch mein Herz hingezogen.
Wenn ich es gezielt in das Reich Gottes investiere, dann wird mein Herz – ähnlich wie beim Lobpreis – ein gutes Stück mitgezogen. Unser Geld kann zu einem Mittel werden, durch dessen Hilfe uns Gott verwandelt. (Bitte verstehen Sie mich nicht falsch: Das hat nichts damit zu tun, daß ich mir den Himmel erkaufen könnte. Die *rettende* Gnade ist umsonst, die *verwandelnde* Gnade aber erfordert mein Einverständnis und mein Mittun.)

Freiheit von Bindungen

5. Unser Geld gehört nicht uns.

Ich zögere fast, dies hinzuschreiben, so selbstverständlich müßte das für uns Christen sein. Aber ich weiß aus dem eigenen Leben, daß es keineswegs so selbstverständlich ist. An kaum einem Punkt (mit Ausnahme vielleicht noch der Sexualität) hat Gott solche Probleme, die Herrschaft, die wir ihm über unser Leben eingeräumt haben, auch wirklich anzutreten, wie in der Frage des Geldes. Dabei will Gott in seiner Gnade überhaupt nicht, daß wir unser ganzes Geld abgeben (jedenfalls in der Regel nicht). Wir sollen nicht *arm* werden, sondern *frei!*
Es geht Gott weniger darum, uns das Geld aus dem Portemonnaie zu ziehen (meinen wir wirklich, er bräuchte das?), sondern er möchte es von unserem *Rücken* holen. Es soll uns nicht mehr beherrschen und versklaven und belasten. Darum möchte Gott, daß wir auf finanziellem Gebiet ein Zeichen seiner Herrschaft in unserem Leben aufrichten. Ein Zeichen unserer Befreiung. Ein Zeichen, daß der alte, versklavende Gott durch einen neuen, befreienden Gott abgelöst wurde. Dieses Zeichen ist der sogenannte „Zehnte".

Die Tradition des „Zehnten"

6. Der „Zehnte" ist nicht etwas, was wir Gott abgeben, sondern etwas, was wir Gott zurückgeben.

Eigentlich gehört Gott alles. Die zehn Prozent unseres Geldes, die wir abgeben, sind dafür lediglich ein Zeugnis. Menschen mit der Gabe des Gebens und der freiwilligen Armut werden mit Freude mehr als diese zehn Prozent geben, für die anderen gilt erst einmal der Zehnte. Diese Tradition geht in der Bibel bis auf Abraham zurück (vgl. 1. Mose 14,20). Sie ist in den mosaischen Gesetzen festgeschrieben (vgl. 3. Mose 27,30ff und 5. Mose 14,22ff). Im Neuen Testament wird diese Praxis kaum erwähnt, vielleicht, weil sie als selbstverständlich vorausgesetzt wird, vielleicht aber auch, weil die ersten Christen in dieser Hinsicht noch viel radikaler waren. Diese Radikalität war freilich eine freiwillige Übereinkunft und kein Gebot Gottes. Ich bin der Meinung, was Gott wirklich von uns erwartet, ist das Zeichen des Zehnten.
Ich verdanke Pastor Daniel Brown aus Aptos (Kalifornien) dazu ein sehr einprägsames Bild: Stellen Sie sich vor, Sie sind krank und Ihr Nachbar kocht für Sie mit und bringt Ihnen eine Auflaufform mit Essen. Der Nachbar versorgt Sie. Sie können mit gutem Gewissen essen, was er Ihnen bringt. Seinetwegen können Sie die Reste sogar in einem Tuppertopf aufheben. Nur *eines* sollten Sie nicht tun: Die Auflaufform behalten. Das wäre unverschämt. Die Auflaufform gehört ihm. Jedenfalls würde der Nachbar Ihnen, wenn Sie sich so verhielten, wahrscheinlich kein zweites Mal ein Essen vorbeibringen.
„Der Zehnte", sagt Daniel Brown, „ist die Auflaufform. Und der ‚Nachbar' ist Gott. Streng genommen gehört das ganze Essen ihm. Aber wir können es für uns gebrauchen. Wir können etwas zurücklegen, wir können auch teilen. Wie wir wollen. Aber die ‚Auflaufform' will er zurück. Und wenn wir hierin treu sind, werden wir die Erfahrung machen, daß Gott uns jeden Tag neu versorgt, daß er uns die Auflaufform immer wieder neu füllt." Es soll Leute geben, die stolz darauf sind, den Zehnten zu geben. Das ist genauso absurd, wie wenn jemand stolz darauf wäre, seinem Nachbarn die ihm gehörende Auflaufform zurückgegeben zu haben. Der „Zehnte" ist nicht etwas, das wir Gott *abgeben,* sondern etwas, das wir Gott *zurückgeben.* Er gehört ihm und hat nie jemand anderem gehört.

Haushalterschaft, Zehnter, Opfergabe

7. Die Bibel unterscheidet zwischen unserer allgemeinen „Haushalterschaft", unserem „Zehnten" und unserer „Opfergabe".

Der Begriff der *Haushalterschaft* zielt auf unseren Umgang mit Geld insgesamt. Auch wenn Gott nur erwartet, daß ich ihm zehn Prozent meiner Einkünfte zurückgebe, so soll ich mit den restlichen 90 Prozent verantwortlich umgehen. Auch sie gehören Gott, auch wenn er sie unserer Verfügung überläßt. Zu dieser Frage ließe sich ein eigenes Buch schreiben, und in unseren Gemeinden wäre es dringend nötig, Beratungsdienste

aufzubauen, die uns dabei helfen, schuldenfrei zu bleiben, eine geeignete Altersversorgung aufzubauen, den Unterschied zwischen Lebensfreude und Verschwendung zu lernen, etc.
Der *Zehnte* ist – wie gesagt – das, was ich Gott zurückgebe als Zeichen Seiner Herrschaft auch über meine Finanzen. Es ist das, was Gott von mir erwartet. In der Bibel ging der Zehnte überwiegend an den Tempel. Daraus folgt für mich, daß auch unser Zehnter in erster Linie in die Gemeinde fließen sollte, die unser geistliches Zuhause ist: Wo wir geistliche Nahrung bekommen, wo wir wachsen, wo man sich um unsere Kinder kümmert, und wohin wir uns wenden, wenn wir in Not geraten.
Die *Opfergabe* schließlich ist eine Gabe über den geforderten Zehnten hinaus. Solche besonderen Opfergaben können anläßlich besonderer Bedürfnisse in der Gemeinde oder besonders schöner Ereignisse im eigenen Leben erfolgen. Wer Gott von Zeit zu Zeit Opfergaben gibt, hat deswegen noch nicht die Gabe des Gebens. Diese liegt erst dort vor, wenn ein Mensch regelmäßig und freudig weit über seinen Zehnten hinaus gibt. Etwa 14 Prozent der Christen haben diese Gabe und etwa 5 Prozent die noch darüber hinausgehende Gabe der freiwilligen Armut. Menschlich gesprochen, erfreut die Opfergabe Gott in besonderer Weise: Weil wir ihm nämlich etwas geben, was er überhaupt nicht erwartet. Die Opfergabe ist nach der Aufhebung des Opferkultes wirklich rein freiwillig und sollte genau wie all unser Geben nie aus schlechtem Gewissen oder aus einem Gefühl der Verpflichtung heraus, sondern allein aus Dankbarkeit, Freude und Hingabe erwachsen: „Einen fröhlichen Geber hat Gott lieb" (2. Korinther 9,7).

Biblische Verheißungen

8. Gott will unsere Gaben reichlich segnen.

Die Tatsache, daß ein Mensch sich von der Herrschaft Mammons löst und mit dem Zehnten ein Zeichen der Herrschaft Gottes in seinem Leben aufrichtet, ist so außergewöhnlich und erscheint in einer Welt des Raffens und Hortens derartig absurd, daß Gott dies unter einen besonderen Segen gestellt hat. An kaum einen anderen Punkt knüpft die Bibel so deutliche Verheißungen an unser Verhalten wie an diesem: „Ehre den HERRN mit deinem Gut und mit den Erstlingen all deines Einkommens, so werden deine Scheunen voll werden und deine Kelter von Wein überlaufen" (Sprüche 3, 9-10). „Bringt aber die Zehnten in voller Höhe in mein Vorratshaus, auf daß in meinem Hause Speise sei, und prüft mich hiermit, spricht der HERR Zebaoth, ob ich euch dann nicht des Himmels Fenster auftun werde und Segen herabschütten die Fülle" (Maleachi 3,10).
Und auch Jesus drückt es ganz ähnlich aus: „Gebt, so wird euch gegeben. Ein volles, gedrücktes, gerütteltes und überfließendes Maß wird man in euren Schoß geben" (Lukas 6, 38). Dazu fällt mir folgende Geschichte ein:

Ich ging als Bettler von Tür zu Tür die Dorfstraße entlang. Da erschien in der Ferne ein goldener Wagen wie ein schimmernder Traum, und ich wußte, daß du es bist, Gott, der König der Könige. Hoffnung stieg in mir auf: Die schlimmen Tage waren vorbei! Ich würde zu essen bekommen, ohne betteln zu müssen; ja mehr noch: ein Leben aus der Fülle! Gewiß würdest du mich an Deinem Reichtum teilhaben lassen.
Der Wagen hielt an, wo ich stand. Dein Blick fiel auf mich und mit einem Lächeln stiegst du aus. Endlich fühlte ich mein Lebensglück kommen. Da strecktest du plötzlich die rechte Hand aus und sagtest: „Was hast du mir zu schenken?" Ein böser Scherz: Du, der König, betteltest bei einem Bettler! Ich war verlegen, stand unentschlossen da, nahm schließlich aus meinem Beutel ein winziges Reiskorn und gab es dir. Du nahmst es und fuhrst weiter. Ich war bitter enttäuscht. Du warst kein Gott, der gibt, sondern ein Gott, der nimmt.
Doch wie groß war mein Erstaunen, als ich am Abend meinen Beutel umdrehte und zwischen all dem wertlosen Plunder das kleine Korn wiederfand – es war zu Gold verwandelt. Da weinte ich bitterlich, daß ich nicht den Mut gefunden hatte, dir alles zu geben.

Verstehen Sie mich recht: Ich vertrete hier kein „Wohlstandsevangelium". Meine Botschaft lautet nicht: „Gib, und du wirst reich." Leider wird so ein Unsinn in einigen christlichen Kreisen tatsächlich verkündigt. Eine solche Botschaft zielt – bewußt oder unbewußt – auf unsere Gier, nicht auf unseren Gehorsam. Alles, was ich sagen will, ist, daß Gott, wenn wir gehorsam und vertrauensvoll unseren Zehnten geben, uns nicht hängen lassen, sondern segnen wird. Dieses Versprechen ist nicht dem gegeben, der darauf seinen persönlichen Reichtum aufbauen will, sondern demjenigen, der Angst hat, das Geben des Zehnten könnte ihn in finanzielle Bedrängnis bringen.
Das Geld, das wir Gott zurückgeben, ist nicht einfach „weg", sondern es ist *investiert,* so wie wir Saatgut investieren, um danach eine um so reichere Ernte einzufahren. Es kann sein, daß wir in der Folge unseres Gebens ungeahnte materielle Segnungen erfahren – ich könnte Ihnen viele Geschichten erzählen, wo dies ganz offensichtlich der Fall war –, es kann aber auch sein, daß diese Segnung in einer unbändigen Freude oder in dem neu gewonnenen Gefühl der Freiheit besteht, die jemand erfährt, der von der gnadenlosen Herrschaft Mammons und vom Sorgengeist oder überhaupt von Geiz und Neid frei geworden ist. Auf jeden Fall werden Dinge in unserem Leben geschehen, von denen wir sagen werden: „Ich kann gar nicht verstehen, wie das gekommen ist. Ich kann es mir nur so erklären, daß Gott meinen Zehnten auf wunderbare Weise gesegnet hat."

Einen persönlichen Finanzplan entwickeln

Kollekte Schritt 2: Nachvollziehen

1. Der Zehnte

„Wenn Sie Gott zunächst nur netto vertrauen wollen, ist das okay."

a. Bitte überlegen Sie – für sich allein, zusammen mit Ihrem Ehepartner oder in Ihrer Kleingruppe – wieviel Prozent Ihrer Einkünfte Sie bislang für das Reich Gottes gegeben haben. (Selbstverständlich können Sie die von Ihnen bezahlte Kirchensteuer dazurechnen. Ich erwähne diesen Punkt nur, weil ich diese Frage oft gestellt bekomme.) Wenn Ihnen der Sprung von der so festgestellten Zahl auf zehn Prozent zu groß erscheint, dann springen Sie kürzer. Setzen Sie sich eine andere Marke, die für Sie eine Herausforderung bedeutet, die Sie aber nicht überfordert: Vielleicht fünf oder sieben Prozent. Und dann steigern Sie die Dosis von Jahr zu Jahr um ein weiteres Prozent!

Brutto oder netto?

b. Entscheiden Sie selbst, ob Sie Ihren Zehnten vom Brutto oder vom Netto geben wollen. Oder vom „steuerpflichtigen Brutto". Im Alten Testament wurde der Zehnte „von den ersten Früchten" gegeben, das heißt vom Brutto. Wenn Sie aber Gottes Verheißung zunächst nur netto vertrauen wollen, ist das okay. Anders als die Kirchensteuer ist der Zehnte kein Gesetz. Erstere ist auf den Pfennig genau festgelegt. Wenn Sie nur 50 Pfennig weniger geben wollen, müssen Sie aus der Kirche austreten. Der Zehnte hingegen gibt Ihnen Spielraum zur Selbsteinschätzung, und er läßt Ihnen die Freiheit zur progressiven Steigerung. Es ist Ihre Entscheidung, wie Sie im Detail vorgehen wollen. Nur denken Sie an das Prinzip von Saat und Ernte, wie Paulus es für unser Geben in 2. Korinther 9,6-11 entwickelt: Wer wenig sät, wird auch wenig ernten.

Mögliche Sonderfälle

c. Liegen bei Ihnen möglicherweise Sonderfälle vor, die Sie zu einem Kompromiß zwingen? Solche Sonderfälle können beispielsweise dann vorliegen, wenn ein Mensch übermäßig hoch verschuldet ist oder wenn der Ehepartner ein absoluter Gegner des Zehntengebens ist. Für solche Sonderfälle lassen sich schlecht allgemeine Prinzipien aufstellen. Sie sollten Sie in der Seelsorge oder in Ihrer Kleingruppe besprechen.

Als Gemeinde den Zehnten geben

d. Diskutieren Sie, ob Ihre Gemeinde nicht auch das Prinzip des Zehnten beherzigen und mindestens zehn Prozent ihrer Einkünfte an außergemeindliche Projekte abgeben sollte. Dies legt sich besonders dann nahe, wenn Ihre Gemeinde beispielsweise einen Missionar ausgesandt hat, ein Projekt in einer Armensiedlung am Stadtrand unterstützt oder ähnliches. Vermutlich wird ein solcher Vorschlag recht heftige Reaktionen bei Ihrem Kirchenvorstand hervorrufen. Ich finde aber, daß eine Gemeinde, die von ihren Gliedern das Geben des Zehnten erwartet, hier mit gutem Beispiel vorangehen sollte. Lassen Sie aber dem Kirchenvorstand – wie den anderen Gemeindegliedern auch – Zeit, eine solche Entscheidung in Ruhe reifen zu lassen.

2. *Haushalterschaft*

Persönlicher Finanzplan

a. Erstellen Sie – gegebenenfalls mit seelsorgerlicher Hilfe – zusammen mit Ihrem Partner einen persönlichen Finanzplan. Wieviel Prozent Ihrer Einkünfte wollen Sie ausgeben für die verschiedenen Bereiche Ihres Lebens? Diskutieren Sie folgenden Vorschlag – er bezieht sich auf ein Netto-Jahreseinkommen von zwischen 24.000 – 60.000 DM – und ändern Sie ihn auf Ihre persönlichen Gegebenheiten ab:

- Haus oder Wohnung (32% des Nettoeinkommens)
- Lebensmittel (15% des Nettoeinkommens)
- Auto (15% des Nettoeinkommens)
- Schuldentilgung (5% des Nettoeinkommens)
- Lebensversicherung / Altersversorgung (5% des Nettoeinkommens, vorausgesetzt, Sie sind in der gesetzlichen Rentenversicherung)
- Freizeit/Unterhaltung (7% des Nettoeinkommens)
- Kleidung (5% des Nettoeinkommens)
- Gesundheit/Sport (5% des Nettoeinkommens)
- Sparen (5% des Nettoeinkommens)
- Verschiedenes (6% des Nettoeinkommens)

Achtung: Dieser Plan umfaßt genau 100 Prozent des Nettoeinkommens. Der Zehnte ist also bereits *vorher* abgezogen. Wenn Sie den Plan an einem Punkt überziehen, müssen Sie gleichzeitig überlegen, an welchen Stellen Sie einsparen wollen. (Die Zahlen entnahm ich dem sehr informativen Buch von Larry Burkett, Ratgeber Christ und Geld, Schulte und Gerth, ISBN 3-87739-101-X.)

Sinnvoll sparen

b. Überlegen Sie, wie Sie *sinnvoll sparen* können, ohne dabei geizig zu werden. (Geiz ehrt Gott nicht, sondern ist eine Sünde, auch wenn er sich meist als Sparsamkeit tarnt.)

- Kaufen Sie nie das neueste Modell. Sie zahlen dafür unverhältnismäßig mehr.
- Studieren Sie Testberichte.
- Handeln Sie Rabatte, Nachlässe etc. aus.
- Vergleichen Sie Preise, achten Sie auf Sonderangebote, Räumungsverkäufe etc.
- Kaufen Sie keine minderwertige Qualität.
- Sparen Sie bewußt Energie.

- Warten Sie technische Geräte, so wie es in der Anleitung steht.
- Stoppen Sie sinnlose Ausgaben für Rauchen, Lottospielen, Boulevardblätter etc.
- Überprüfen Sie Ihre Bank und Ihre Versicherungen, ob sie wirklich günstig sind.
- Meiden Sie Schulden, wenn es nur irgendwie geht.

Klug investieren

c. Spenden Sie nicht nur einfach, sondern investieren Sie klug und gezielt. Auch der Bauer sät nicht *irgendwo* hin, sondern dorthin, wo ihm der Boden offen und fruchtbar erscheint. Egal, ob Sie Greenpeace, Brot für die Welt, die Aktion Sorgenkind, Ihre Gemeinde oder ein Patenkind in der Dritten Welt unterstützen, gehen Sie klug vor und fragen Sie sich immer, an welcher Stelle Ihr Geld die größte Wirkung für das Reich Gottes bzw. für die Ziele, die Sie unterstützen wollen, entfaltet.

Wachsende Gemeinden

d. Diskutieren Sie in Ihrem Kreis die These: „Eine Investition in wachsende Gemeinden vor Ort ist gleichzeitig auch die beste Investition, die man für die Dritte Welt tätigen kann, weil dort die Spendenbereitschaft gerade auch für Drittweltprojekte besonders hoch ist und sich das eingesetzte Geld folglich multipliziert. Auf diese Weise kommt bei den Armen am Ende erheblich mehr an, als wenn ich es ihnen direkt geben würde."

3. Opfergaben

Achtung: Die folgenden Vorschläge sind wirklich nur Vorschläge, mit deren Hilfe Sie Ihre Opferbereitschaft entwickeln und ausweiten können. Sie sollten diese Schritte nur gehen, wenn Sie dazu eine innere Freiheit empfinden!

Befristetes Leben auf Minimalniveau

a. Versuchen Sie – nach Absprache mit Ihrem Partner natürlich – einmal für einen Zeitraum von zwei bis drei Monaten mit dem absoluten Minimum zu leben und alle nicht unbedingt notwendigen Ausgaben zu vermeiden, ohne dabei anderen Leuten auf der Tasche zu liegen. Ich könnte mir vorstellen, daß sich Ihre Prioritäten nach dieser Zeit deutlich verschieben. Sie merken, worauf Sie überraschend problemlos verzichten können und worauf nicht. Und Sie merken, wieviel finanziellen Spielraum Sie tatsächlich zur Verfügung haben.

Dankbarkeit

b. Das rechte Opfer erwächst aus Dankbarkeit. Darum: Wenn Sie Ihre Opferfähigkeit steigern wollen, denken Sie nicht über das Opfer nach, sondern darüber, wofür Sie Gott dankbar sind. Reflektieren und meditieren Sie seine Wohltaten. Erzählen Sie anderen davon, was er Ihnen Gutes getan hat. Beginnen Sie Ihre tägliche Stille Zeit mit einer ausgiebigen Zeit des Dankes. Dank muß kultiviert werden, sonst geht er inmitten unserer Wünsche und unserem Hang, Dinge selbstverständlich zu nehmen, unter. Wo der Dank kultiviert wird, erwächst Freude. Und an dieser Freude entzündet sich unsere Bereitschaft zu neuer Hingabe.

Besondere Ereignisse

c. Nehmen Sie *besondere Ereignisse* in Ihrem Leben (Hochzeit, Geburt eines Kindes, Geburtstag etc.) zum Anlaß, Gott ein besonderes Dankopfer zu bringen. Eine andere Möglichkeit, darüber nachzudenken, ob ein freiwilliges Opfer nicht angebracht wäre, sind besondere Bedürfnisse Ihrer Gemeinde (Kirchbau, finanzieller Engpaß, neues Personal, besondere „Wunschlisten" für Sachspenden etc.).

Progressive Selbstbesteuerung

d. Entwickeln Sie ein System der „progressiven Selbstbesteuerung". Ron Sider hat in seinem Buch „Der Weg durch das Nadelöhr" vorgeschlagen, ein selbst festgelegtes Minimum zu verzehnten und dann den Prozentsatz für jede darüber hinaus verdienten 2000.-- DM/Sfr. um weitere 5 Prozent anzuheben. (Sie finden dieses Modell dargestellt bei Manfred Beutel: Leidenschaft einüben, C & P-Verlag, ISBN 3-928093-42-8). Ich finde dieses Modell bewundernswert, es ist mir persönlich aber (noch) zu hart. Doch was halten Sie für den Anfang von folgendem System: 10 Prozent des Normalverdienstes, sowie 25 Prozent auf alle außerordentlichen Einkünfte (Nebenverdienste, Zinsen, Dividenden ...)? Reden Sie einfach einmal mit Gott darüber!

Großzügig geben lernen – wie macht man das?

Kollekte Schritt 3: Gestalten

Die Art von Gottesdienst und Gemeindearbeit, die in diesem Buch beschrieben wird, erfordert einen erheblichen Aufwand an Zeit, Mitarbeitern, Know-how und Geld. Sie können, um die Prinzipien dieses Buches in die Tat umzusetzen, relativ klein beginnen. Doch Sie können nicht klein *bleiben.* Sie werden eine Fülle von Menschen anziehen, diese Menschen werden ihre Bedürfnisse mitbringen, denen Sie zu begegnen haben. Sie werden neue Dienste entwickeln. Ein höherer Qualitätsstandard im Einsatz von Musik oder auch in Ihren Druckerzeugnissen kostet seinen Preis. Sie werden mehr Räume brauchen, mehr Liederhefte, mehr Know-how, die Porto-, Telefon- und Kopierkosten werden in die Höhe schnellen etc. Und wahrscheinlich werden Sie die Erfahrung machen, daß die Geldmittel nicht einmal annähernd mit dem steigenden Bedarf mitwachsen werden.

„Ich träume von einer Gemeinde, in der das Geld kein großes Thema mehr ist, weil großzügiges Geben wie selbstverständlich geschieht."

Ein verdrängtes Thema

Für mich grenzte es fast an ein Brotwunder, als ich vor einiger Zeit entdeckte, daß in unserer Gemeinde sich der Gottesdienst- und Gruppenbesuch und damit auch der Arbeitsaufwand in wenigen Jahren mehr als verfünffacht hatte, die hereinkommenden Geldmittel in dieser Zeit aber – von einer relativen Erhöhung der Sonntagskollekte abgesehen – weitgehend gleichgeblieben waren. Es wurde Zeit, das Geld in unserer Gemeinde auf eine ganz neue Weise zu thematisieren.
Es ist eigentlich beschämend: Für viele Gemeindeglieder kommt es einer zweiten Bekehrung gleich, wenn sie nach viel Schulung, Predigt und Gespräch schließlich bereit sind, finanziell pro Woche mehr für die Gemeinde zu geben, als eine Eintrittskarte fürs Kino kostet. Ich träume von einer Gemeinde, in der das Geld nicht ständig ein Thema sein muß, in der nicht gerührt und geschüttelt werden muß, um die Gemeindeglieder zu verstärktem Geben aufzufordern, sondern in der ein großzügiges Geben wie selbstverständlich geschieht.

Zeichen geistlicher Gesundheit

Die Kollekte bzw. Spendenfreudigkeit symbolisiert ein ganzes Stück weit die geistliche Kraft einer Gemeinde. Wie gelangen wir zu dieser Kraft? Ein festes Prinzip in unserer Gemeinde ist es, daß *Gäste* nichts zu geben brauchen. Wir tun alles, daß sie sich nicht dazu gedrängt fühlen. (Wir erheben die Kollekte zum Beispiel außerhalb des Gottesdienstraumes und nicht während des Gottesdienstes, obwohl letzteres aufgrund der „sozialen Kontrolle" durch die Banknachbarn nachweislich mehr Geld einbringt.) Doch wie verhält es sich bei jenen Gemeindegliedern, die eine Beziehung zur Gemeinde bzw. zu Christus haben, aber dennoch nichts oder nur wenig geben? Um diese Menschen soll es im folgenden gehen.

Hindernisse identifizieren

1. Finden Sie heraus, warum die Leute in Ihrer Gemeinde nicht geben.

Zweifellos gibt es Menschen, die kaum etwas geben *können,* weil sie buchstäblich auf dem letzten Loch pfeifen. Sei es Arbeitslosigkeit, seien die Kosten zur Pflege einer bestimmten Krankheit oder sei es die alleinstehende Mutter, die ihr Kind großziehen muß und keinen besonders gut bezahlten Job hat – finanzielle Knappheit und sogar echte Armut gibt es auch unter uns. Doch in vielen Fällen ist die Aussage „Ich kann einfach nicht geben" schlicht ein Zeichen für schlechte Haushalterschaft. Das Geld reicht für alles mögliche (die Hypothek auf das Haus, den Kabelanschluß, den Lotterieschein, eine neue CD, die etwas teurere Version des TV-Gerätes...), nicht aber für Gott und die Gemeinde.

Von den wenigen Fällen echter finanzieller Not abgesehen haben wir es in der Regel mit einem Problem der *Information* oder einem der *Motivation* zu tun. Wie ist das bei den Leuten in Ihrer Gemeinde: Sind sie über die biblischen Prinzipien des Gebens und der Haushalterschaft hinreichend aufgeklärt? Wissen sie, wo in ihrer Gemeinde zur Zeit „der Schuh drückt"? Und sind Ihre Leute von ihrer Gemeinde auch wirklich begeistert, so daß sie gerne bereit sind, finanzielle Opfer zu bringen?

Biblische Prinzipien lehren

2. Lehren Sie regelmäßig über die biblischen Prinzipien des Gebens und der Haushalterschaft.

Dies kann zum Beispiel in Form einer jährlichen Predigtserie erfolgen. Manche Gemeinden haben eigene Beratungsdienste eingerichtet, die interessierten Gemeindegliedern helfen, mit ihren Finanzen klarzukommen. Sollten Sie in Ihrer Gemeinde Einführungskurse für neue Mitglieder durchführen, dann sollte das Thema „Geben und Haushalterschaft" auf jeden Fall Bestandteil des Lehrplans sein.

Der wichtigste Grund für ein regelmäßiges Lehren über den rechten Umgang mit Geld liegt für mich darin, daß der Eindruck vermieden werden sollte, das Motiv, über Geld zu predigen, liege in einer speziellen Notlage der Gemeinde. Sie sollten möglichst nicht über Geld predigen, wenn Sie gerade dringend welches brauchen. Es sollte Ihnen, wenn Sie über Geld predigen, nicht um Geld gehen, sondern um das geistliche Wachstum Ihrer Gemeindeglieder.

Zusammenhang mit geistlichem Wachstum

3. Zeigen Sie auf, daß zum geistlichen Wachstum des Christen auch sein Umgang mit Geld gehört.

Manche Menschen denken, sie könnten geistlich reifen, indem sie sich diejenigen Bereiche heraussuchen, in denen sie wachsen wollen – und andere Bereiche halten sie eben zurück. Das ist ein ebenso verbreitetes wie falsches Konzept. Die Stärke einer Kette wird durch ihr schwächstes Glied bestimmt. Es nützt nichts, unsere Gebetszeit oder unsere gemeindlichen Aktivitäten mehr und mehr auszuweiten, wenn unser Umgang mit Geld der eigentlich wachstumshemmende Faktor ist. Paulus schreibt in 2. Korinther 8,7: „Wie ihr aber in allen Stücken reich seid, im Glauben und im Wort und in der Erkenntnis und in allem Eifer und in der Liebe, die wir in euch erweckt haben, so gebt auch reichlich bei dieser Wohltat" (gemeint ist eine Geldsammlung für die verarmte Gemeinde in Jerusalem). Das heißt auf deutsch: „Nicht noch mehr Erkenntnis oder Liebe oder Eifer, sondern ein vermehrtes Geben wird euch geistlich nach vorne bringen." Manche Pastoren haben Angst, ihren Gemeindegliedern zu nahe zu treten, wenn sie allzu deutlich über Geld reden. Doch wenn Sie wirklich *biblisch* predigen wollen, dann präsentieren Sie die biblische Botschaft bitte auch in ihrer ganzen Bandbreite. Eine ausgewogene biblische Lehre wird immer auch den Umgang des Christen mit seinem Geld beinhalten. Wenn Sie dies verschweigen aus Angst, man könne Ihnen vorwerfen, sie wollten doch nur Geld für die Gemeinde (natürlich wird man Ihnen diesen Vorwurf machen, Ihre Angst ist keineswegs unbegründet!), enthalten Sie Ihren Gemeindegliedern eine wesentliche Möglichkeit ihres spirituellen Wachstums vor.

Vertiefte Christushingabe

4. Motivieren Sie Ihre Gemeindeglieder, sich Christus tiefer hinzugeben.

Wenn Mammon, wie ich zu zeigen versucht habe, wirklich ein Götze ist, dann liegt der entscheidende Schlüssel zu unserem Portemonnaie in der Hingabe an einen Gott, der stärker ist als Mammon. Wie aber motivieren wir Menschen, sich Christus hinzugeben? Auf jeden Fall nicht, indem wir sie unter moralischen Druck setzen („Wir brauchen das Geld so dringend") oder ihnen eine schlechtes Gewissen machen („Solltest du als Christ nicht...?"). Hingabe an Christus wird nur dort entstehen, wo Menschen die Liebe Christi sehen, spüren und erfahren. Es gilt aber auch umgekehrt: Wir werden die Liebe Christi nur in dem Maß sehen, spüren und erfahren, wie wir bereit sind, uns hinzugeben.

Wecken Sie in den Menschen die Liebe zu Christus dergestalt, daß sie Lust bekommen, diese Liebesbeziehung zu intensivieren. Wenn sie in eine tiefere Beziehung zu Christus hineingeführt werden, wird sich das in ihrem alltäglichen Verhalten manifestieren, unter anderem auch in ihrem Umgang mit Geld. Vorsicht: Ich sage nicht, daß Menschen die biblischen Prinzipien des Gebens und der Haushalterschaft von selbst lernen, sobald nur die Hingabe stimmt. Sie lernen diese Prinzipien nicht durch zufällige Eingebung, sondern über eine solide und regelmäßige Lehre. Der Schlüssel aber dazu, daß Menschen diese Lehre auch umsetzen, liegt in der Liebe und Hingabe zu Christus.

Eine Vision vermitteln

5. Vermitteln Sie eine Vision.

Drei Männer arbeiten an einer Baustelle. Auf die Frage: „Was machst du da?" antwortet der erste: „Ich klopfe Steine." Der zweite antwortet: „Ich verdiene mir Geld." Und der dritte sagt: „Ich baue einen Dom."

Was meinen Sie: Welcher der drei Arbeiter wird am meisten persönliche Befriedigung aus seiner Arbeit erfahren? Wahrscheinlich sind wir uns einig, daß es der dritte ist. Es kommt nicht nur darauf an, was man tut,

sondern auch, welche Sicht man von dem hat, was man tut. Das gleiche gilt für das Geben. Wenn man drei Geber fragt, antwortet der erste vielleicht: „Ich gebe den von Gott geforderten Anteil meines Geldes." Der zweite sagt: „Ich bin Gott so dankbar, daß ich ihm etwas zurückgeben möchte." Und der dritte: „Ich sehe, daß Gott mich und mein Geld dazu gebrauchen will, sein Reich in dieser Welt zu bauen."
Der erste handelt aus Pflichtgefühl, der zweite – viel besser schon! – aus Dankbarkeit, der dritte aus Vision. Tun Sie sich und den Gebern in Ihrer Gemeinde den Gefallen, eine klare Vision von Ihrer Gemeinde zu präsentieren. Auf diese Weise haben Ihre Gemeindeglieder immer eine Menge aufregender Gründe vor Augen, warum sie mit an Bord sein sollten, wenn es darum geht, Ihre Gemeinde finanziell zu unterstützen.

Vertrauen – das wichtigste Prinzip

6. Schaffen Sie Vertrauen.

Ihre Gemeindeglieder brauchen die Gewißheit, daß mit ihren Geldern in der Gemeinde verantwortlich und in einer Gott ehrenden Weise umgegangen wird. Der leiseste Zweifel kann unermeßlichen Schaden anrichten. Ich weiß, wovon ich rede: In unserer Gemeinde hängt uns eine Unklarheit in finanziellen Dingen, die zwanzig Jahre zurückliegt, immer noch nach, obwohl mittlerweile kaum noch eine der damals involvierten Personen aktives Mitglied in der Gemeinde ist bzw. die meisten der heute Aktiven (inklusive des Pastors) damals noch Kinder bzw. Jugendliche waren. Lernen Sie daraus: Öffnen Sie die Bücher, legen Sie alles offen (inklusive der Pastorengehälter) und schaffen sie eine möglichst einfache, transparente Finanzstruktur. Geben Sie diese Daten nicht erst auf Nachfrage heraus, sondern bieten Sie ihre Einsichtnahme aktiv an. Legen Sie ein Blatt mit den wesentlichen Eckdaten Ihrer Gemeindefinanzen für jedermann zur Mitnahme aus. Signalisieren Sie Ihren Gemeindegliedern, daß sie ein Recht haben, zu erfahren, was mit ihrem Geld geschieht.

Das eigene Vorbild

7. Gehen Sie mit gutem Beispiel voran.

Sie werden ein erhebliches Problem haben, Ihre Gemeinde zum Geben zu motivieren, wenn Sie als Leiter nicht mit gutem Beispiel vorangehen. Ich erwarte von jedem leitenden Mitarbeiter im geistlichen Bereich, daß er zu den treuesten und zuverlässigsten Unterstützern seiner Gemeinde gehört. Ich erinnere mich an eine Pfarrkonferenz in Frankfurt, wo ein Pastorenkollege etwas blauäugig diese Frage ansprach. Es hingen buchstäblich Eiszapfen an der Decke, und man war sehr schnell bei der Hand, warum das Geben des Zehnten zum einen theologisch sehr fragwürdig und zum andern in der spezifischen Lebenssituation der einzelnen Pastoren kaum praktizierbar sei. Letzteres kann ich im Einzelfall nicht beurteilen. Aber ich fragte mich schon, wie Pastoren ihre Gemeinde zu verstärktem Geben motivieren wollen, wenn sie selbst nicht mit gutem Beispiel vorangehen.

Doch reden wir nicht nur von Pastoren: Warum kann ein verdienender Bibelkreisleiter die Arbeitsmaterialien für seinen Kreis nicht aus eigener Tasche bezahlen? Warum können keine ordentlichen Handzettel für eine Gemeindeveranstaltung gedruckt werden, sobald kein Geld mehr im Haushalt ist, wenn unter den Mitarbeitern der Veranstaltung fünf Leute sind, die ordentlich verdienen? Bitte, liebe Leiter: Gehen Sie nicht nur in Ihrem Umgang mit Ihrer Zeit, sondern auch im Umgang mit Ihrem Geld dem Rest der Gemeinde mit gutem Beispiel voran! Vielleicht wird es Sie schockieren, daß König David nicht nur großzügig gab, sondern das Volk auch genau wissen ließ, wieviel er gab. Das tat er nicht, um anzugeben, sondern um andere mitzureißen. Auf diese Weise erhob er die größte Kollekte, die je in einem einzigen Gottesdienst eingeholt wurde, nämlich umgerechnet fast 1 Milliarde Mark für den Tempelbau (vgl. 1. Chronik 29)!

8. Vermeiden Sie alle Arten von fragwürdigen Gimmicks und lassen Sie sich für Spenden keine Bedingungen nennen.

Vorsicht vor Gimmicks!

Unter einem „Gimmick" versteht man in diesem Zusammenhang eine kleine, pfiffige Beigabe, die einen zusätzlichen Kauf- bzw. Spendenanreiz bieten soll. Gimmicks operieren stets nach dem Prinzip: „Wenn Sie uns etwas geben, bekommen Sie auch etwas dafür." Solcher Art Anreize können nett sein, aber sie appellieren in der Regel an die dunklere Seite unserer Spendenfreudigkeit. Sie richten unseren Blick weg von den biblischen Motiven des Gebens (Dankbarkeit, Vision...) auf das, was ich selbst von meinem Geben habe bzw. bekomme.
Vor einiger Zeit habe ich die „Chrystal Cathedral" in Garden Grove (USA) besucht. Ein wahrhaft beeindruckender, ja ehrfurchtgebietender Bau. An jedem einzelnen der 10.661 Glasfenster und unter jedem der rund 2.000 Klappsessel sind die Namen der Spender eingraviert, um nicht zu sagen: verewigt. Zweifellos eine recht effektive Weise, um zu sehr viel Geld zu kommen. Aber worauf wird der Blick der Menschen bei diesem Verfahren gerichtet? Jesus sagt, daß beim Geben die Rechte nicht wissen soll, was die Linke tut. Daß Spenden hierzulande steuerlich absetzbar sind, nehme ich gerne als Geschenk aus Gottes Hand. (Die Rückzahlung befähigt mich, noch ein wenig mehr zu geben.) Aber insgesamt lese ich aus den Worten Jesu ein Verbot heraus, den Menschen für ihre Gaben einen anderen Anreiz oder Gegenwert anzubieten als dem, der in der Unterstützung der Sache selber liegt.
Darum lehne ich auch in der Regel Spenden ab, die mit Bedingungen verbunden werden („Wenn ich Geld für dieses Projekt gebe, dann muß das so und so laufen..."). Solche Spenden sind oft ein Zeichen dafür, daß der Spender über sein Geld Macht ausüben möchte und daß es ihm letztlich gar nicht um die Förderung der *Gemeinde,* sondern allenfalls um die Förderung seines eigenen *Traums* von der Gemeinde (und manchmal sogar noch um sehr viel narzißtischere Ziele) zu tun ist.

Die Gabe des Gebens

9. Ermutigen und fördern Sie Menschen mit der Gabe des Gebens.

Wenn Sie in Ihrer Gemeinde Gabenseminare durchführen, werden Sie auf einen gewissen Prozentsatz von Menschen stoßen, die die Gabe des Gebens haben. Dies ist eine besondere Fähigkeit, die sie befähigt, weit über den Zehnten hinaus materielle Dinge für das Reich Gottes fröhlich und großzügig weiterzugeben. Wie bei jeder Begabung in der Gemeinde kommt es darauf an, diese Menschen zu entdecken und das in ihnen liegende Potential freizusetzen. Das Problem ist nur: Während wir bei anderen Gaben ein solches Vorgehen für selbstverständlich halten, kommt uns das gleiche Verhalten fragwürdig vor, wenn es darum geht, einen potentiellen oder faktischen Geber in dieser Art zu fördern. Während also ein Pastor sich durchaus die Zeit nehmen würde, mit einem begabten Seelsorger oder Sänger über einen optimierten Einsatz seiner Gaben zu reden, bekommt er plötzlich Bauchschmerzen, wenn es darum geht, Menschen dafür zu gewinnen, ihr Geld für das Reich Gottes einzusetzen.
Bei manchen steckt die Angst dahinter, sich als Pastor zu sehr mit reichen Leuten einzulassen. Doch auch Jesus hat etliche wohlhabende Menschen um sich herum gehabt (und sein Dienst profitierte von ihrer Unterstützung). Vor allem aber sollten wir nicht vergessen, daß es bei einem wohlhabenden Menschen, der die Gabe des Gebens hat, genauso ist wie bei jedem anderen, der die Gelegenheit bekommt, seine Gabe zur Ehre Gottes einzusetzen: Es wird ihm eine unermeßliche Freude und Erfüllung bereiten, dieses zu tun und zu sehen, wie Gott seine Gabe benutzt, sein Reich und seine Gemeinde zu bauen.

Hilfe in Anspruch nehmen

10. Suchen Sie sich Hilfe.

Ich persönlich gehöre zu den Pastoren, die Mühe haben, ihre Hand aufzuhalten. Darum habe ich jahrelang das Thema „Geld" in unserer Gemeinde nie angesprochen. Mir ist allerdings bewußt geworden, daß ich mich damit meiner schnell wachsenden Gemeinde gegenüber versündigt habe. Ich darf nicht wegen persönlicher Ängste und Gefühlen des Unbehagens dem Aufbau meiner Gemeinde im Wege stehen. Doch so sehr ich auch dazulernen möchte, ich werde nie jener „charismatische Handaufhalter" sein, den es braucht, um das Wachstum der Gemeinde nicht am Geld scheitern zu lassen. Darum suchen wir derzeit für unsere Gemeinde jemanden, der uns nicht durch Geben, sondern durch Nehmen zum Segen wird, weil er die Gabe hat, mit Charme, solidem biblischen Wissen und großer Konsequenz das finanzielle Potential unserer Gemeinde freizusetzen. Eine echte Marktlücke in Deutschland wäre überdies eine unabhängige, integre christliche Fundraising-Organisation, die man zum Zweck der Motivation und Beratung der Gemeinde in Geldangelegenheiten von außen herbeiholt und zu Rate zieht. Schließlich muß nicht jede Gemeinde das Rad neu erfinden, wenn es darum geht, wie der einzelne Christ und die Gemeinde als Ganze ihren Umgang mit Geld optimiert.

Teil 3 3

Weitere 111 Tips zur Gottesdienst-gestaltung

Trotz der Fülle von Tips, die Sie bisher in diesem Buch finden konnten, sind viele Themenbereiche noch nicht angesprochen worden. Dieses Kapitel enthält ein „kaltes Büffet" an weiteren Vorschlägen, wie Sie Ihren Gottesdienst lebendiger gestalten können.
Im Unterschied zum vorangehenden Teil, in dem ich mich an Prinzipien orientiert habe, die nach meiner Überzeugung für alle Gemeinden gelten, sind meine Hinweise in diesem Kapitel etwas anderes: Vorschläge, aus denen Sie sich das aussuchen können, was in Ihre Situation paßt. Und wenn Sie meine Anregungen auf ganz andere Ideen bringen sollten, um so besser!

Teil 3: 111 praktische Tips

Die sogenannten „Äußerlichkeiten“

„Die Einladung Gottes an die Menschen muß sich bis in die äußeren Details hinein widerspiegeln.“

1. Fassen Sie einen Grundsatzbeschluß: „Wir wollen in unserem Gottesdienst nach und nach alles fördern, was einladend wirkt, und alles beseitigen, was ausladend wirkt.“ Die ganze Botschaft Jesu ist eine einzige Einladung Gottes an die Menschen, zu ihm zu kommen. Diese Botschaft muß sich in unseren Gottesdiensten bis in Details hinein widerspiegeln. Das fängt bei den Räumlichkeiten an. Ein Raum kann von einem Moment auf den anderen unsere Stimmung verändern, wenn wir ihn betreten, im Positiven wie im Negativen. Fragen Sie Menschen, die Ihren Kirchraum nicht kennen, wie er auf sie wirkt. Insider, die den Raum vielleicht schon jahrelang kennen, merken vieles gar nicht mehr. Ihr Raum hat eine Botschaft, und Sie sollten Sorge dafür tragen, daß diese Botschaft nicht im Widerspruch zu dem steht, was Sie in Ihren Gottesdiensten vermitteln wollen.

Uhrzeit

2. Wählen Sie eine geeignete Uhrzeit für den Gottesdienst. Wir haben unseren Gottesdienstbesuch schlagartig um 20 Prozent erhöht, indem wir die Anfangszeit von 9.30 auf 10 Uhr verlegten. Ich habe die Vermutung, daß eine Verlegung um eine weitere halbe Stunde eine ähnliche Folge haben würde. Das Wochenende ist für die meisten Menschen die einzige Gelegenheit, einmal richtig auszuschlafen. Für eine Familie mit zwei oder drei Kindern bedeutet es einen nicht unerheblichen Streß, pünktlich um 10 Uhr im Gottesdienst zu erscheinen. Wenn auch nur *einer* aus der Familie querschießt, dann wird der sonntägliche Kirchgang zur permanenten Quelle familiären Streites (und zwar proportional zur Frühe des Gottesdienstbeginns).

Abendgottesdienste

3. Experimentieren Sie mit Abendgottesdiensten. Der Sonntagabend bietet sich an, weil die Leute dann mit Sicherheit ausgeschlafen haben, und wenn sie das Wochenende über unterwegs waren, sind sie wieder daheim. Wenn der Gottesdienst um 18 Uhr beginnt, haben sie anschließend außerdem noch den ganzen Abend vor sich. Manche Gemeinden bieten samstagabends Gottesdienste an, doch das halte ich für einen eher ungünstigen Termin: Am Samstag kommt oft Besuch, die Sportschau lockt vor allem Männer und Jugendliche, und Wochenendfahrern paßt diese Termin ebenfalls nicht. Interessant scheint mir der Ansatz einiger Gemeinden, einen Abendgottesdienst für die Kerngemeinde *unter der Woche* anzubieten, um die Gottesdienste am Wochenende ganz auf Kirchendistanzierte auszurichten. Die „Willow Creek Community Church“ in den USA arbeitet etwa nach diesem System. Ob das auch für Deutschland eine sinnvolle Möglichkeit ist, ist noch nicht genügend erprobt. Gute Erfahrungen mit einem solchen Modell kenne ich vornehmlich aus Großstadtgemeinden, die sich stark aus Studenten rekrutieren.

Kirchgelände

4. Achten Sie darauf, daß das Kirchgelände besucherfreundlich ist. Das fängt mit einer ausreichenden Zahl von Parkplätzen an (das kann auf Dauer ein nicht zu unterschätzendes Wachstumshindernis werden!) und geht über die Gestaltung der Außenanlagen – bei uns haben wir ein Team von passionierten Hobbygärtner(inne)n, die sich in ihrer Freizeit sehr engagiert um diese Anlagen kümmern – bis hin zu der Frage, ob unsere Besucher sich bei uns ohne weiteres zurechtfinden können: Finden sie, ohne fragen zu müssen, den Gottesdienstraum, die Toilette, die Kinderbetreuung, den Büchertisch...? Sind große, ansprechende Schilder aufgehängt? Und fühlen sich alle Gemeindeglieder für die Sauberkeit des Kirchgeländes verantwortlich? Bill Hybels, der leitende Pastor in Willow Creek, ist dafür bekannt, daß er sich nach jedem Schnipsel bückt, den er in und vor seiner Kirche auf dem Boden sieht. Damit setzt er ein wichtiges Zeichen: Die Sauberkeit und Ansehnlichkeit unseres Gemeindegeländes ist Sache jedes einzelnen Gemeindegliedes. Es ist *unsere* Sache, daß unsere Besucher sich bei uns wohl fühlen.

Gabe der Gastfreundschaft

5. Sorgen Sie dafür, daß Menschen mit der Gabe der Gastfreundschaft die Verantwortung für die äußere Gestaltung des Gottesdienstraums übernehmen. Ein Gottesdienstraum, der kalt und häßlich wirkt, vermittelt das Bild eines kalten und häßlichen Gottes. Analoges gilt für einen ungepflegten, unsauberen und ungeschmückten Gottesdienstraum. Sorgen Sie dafür, daß Ihre Gottesdienstbesucher sich wohl fühlen. Man spürt den Unterschied, ob ein zu diesem Dienst verpflichteter Küster oder Kirchenvorsteher den Gottesdienstraum geschmückt hat oder jemand, der die Gabe der Gastfreundschaft hat. (Natürlich kann auch ein Küster oder ein diensthabender Kirchenvorsteher diese Gabe haben.) Die Gabe der Gastfreundschaft läßt sich nicht nur zuhause, sondern auch sehr gezielt in gemeindlichen Räumen einsetzen. Menschen mit dieser Gabe haben ein Auge, ein Herz und ein „Händchen" dafür, daß sich Gäste wohl fühlen.

Passende Symbole

6. Lassen Sie die äußere Gestaltung des Gottesdienstraumes das Kirchenjahr bzw. das Thema des Gottesdienstes widerspiegeln. Und zwar nicht nur zu Weihnachten oder Erntedank. Dies kann mit relativ einfachen Mitteln geschehen. Der Altarschmuck spielt hierbei eine wichtige Rolle, die Begrünung des Gottesdienstraumes oder auch verschiedene Wandbehänge und andere Symbole. Dazu muß die Gruppe, die das Schmücken des Raumes übernimmt, rechtzeitig vorher gesagt bekommen, was das Thema des Gottesdienstes ist.

Sitzordnung

7. Sorgen Sie für bequeme Sitzgelegenheiten. Wenn möglich, ersetzen Sie Holzbänke durch bequeme Stühle. Holzbänke kennt man außer von der Kirche eigentlich nur von den billigen Plätzen beim Fußball. Und natürlich von Bierzelten, aber im Gottesdienst gibt es nun einmal kein Bier und keine Bratwurst, die einen über diese Unbequemlichkeit hinwegsehen lassen. Die *Ausrichtung* der Sitze sagt überdies viel über die Theologie der Gemeinde aus: Sitzt die Gemeinde im Kreis um den Altar? Ist die Sitzordnung – wie im Kino oder Hörsaal – in geraden Reihen frontal nach vorne ausgerichtet oder in Halbkreisen, in U- oder V-Form? Eine Faustregel: Wenn irgendwie möglich, sollten die Gottesdienstbesucher so sitzen, daß sie wenigstens ein paar andere Gemeindeglieder anschauen können. Nur so wird etwas davon deutlich, daß es die *Gemeinde* ist, die den Gottesdienst feiert.

Licht *8. **Machen Sie es richtig hell.*** Es ist merkwürdig, daß viele Menschen ein dunkel-schummriges Licht für besonders spirituell halten. Vielleicht haben wir Christen uns zu lange in Katakomben, Grüften und düsteren Kathedralen aufgehalten, daß wir meinen, das müßte so sein. Doch in *meiner* Bibel steht: „Gott ist Licht!" Und das sollten wir durch freundliche, hellerleuchtete Räume deutlich machen. Licht wirkt nachweislich positiv auf die Psyche des Menschen. Es mag Gottesdienste geben (etwa an Weihnachten und in der Osternacht), in denen eine nur von Kerzen erhellte Kirche genau das Richtige ist. Aber in der Regel sollten unsere Gottesdienste „Lichtkuren" für die Seele sein. (Dieser Effekt muß ökologischen Erwägungen nicht widersprechen, sondern läßt sich durchaus auch mit Energiesparlampen erreichen.)

Sound *9. **Sorgen Sie für eine ordentliche Beschallung.*** Der protestantische Gottesdienst ist in besonderem Maße durch eine Hör-Kultur geprägt. Eine gute Mikrofonanlage (möglichst mit Umhängemikrofonen) sorgt dafür, daß der Pastor und die anderen Mitwirkenden des Gottesdienstes nuanciert sprechen können. Es gibt immer noch Puristen unter den Pastoren, die der Meinung sind, sie bräuchten keine akustische Verstärkung. Dies mag im Einzelfall sogar stimmen, wird aber in der Regel durch eine relativ eintönige Stimmlage, den sogenannten Kanzelton, teuer erkauft. Vorne ist es überdies oft zu laut und hinten zu leise. Wenn der Gemeindegesang mit Gitarren begleitet wird, muß dies über einen Tonabnehmer verstärkt werden, denn Gitarrenklänge dringen in einer auch nur halbwegs großen Kirche nicht nach hinten durch. Nicht zuletzt für die Schwerhörigen ist die Verstärkung über ein Mikrofon eine große Erleichterung.

Kleiderordnung *10. **Schaffen Sie jegliche Kleiderordnung in Ihrem Gottesdienst ab.*** Das gilt auch für *unausgesprochene* Kleiderordnungen. Ich bin definitiv dafür, daß wir uns für den Kirchgang schön und gepflegt anziehen. Das heißt aber nicht, daß wir das anziehen, was *eine Generation vor uns* als schön und gepflegt ansah. Lassen Sie Ihre Leute so kommen, wie *sie* selbst es schön finden. In deutschen Kirchen herrschen oft Grautöne und feierlich-altmodische Kleidung vor. Eine Äußerlichkeit, sagen Sie? Finde ich nicht. Im Buch der Weisheit Salomos 13,5 heißt es: „An der Größe und Schönheit der Geschöpfe wird ihr Schöpfer wie in einem Bild erkannt." Ob lebensfrohe Farben nicht ein besseres Bild von dem Gott vermitteln, den wir in diesem Gottesdienst feiern? Ohne zu Eitelkeit und Protz aufrufen, wünschte ich mir, wir Christen würden auch durch die Art, wie wir uns kleiden, ein wenig mehr ausdrücken: „Schaut, was ich für einen herrlichen Schöpfer habe!"

Das Vorfeld des Gottesdienstes

11. ***Der Pastor sollte – zumindest in kleineren Gemeinden – bereits geraume Zeit vor Gottesdienstbeginn kommen.*** Nur so kann er sich in Ruhe auf die Situation und auf Unvorhergesehenes einstellen, ohne Hektik die letzten Absprachen über den Ablauf des Gottesdienstes treffen, die Menschen begrüßen usw. Die Zeit vor und nach dem Gottesdienst ist unersetzlich wertvoll für den Kontakt des Pastors zu seiner Gemeinde. Für manches Gemeindeglied ist es der Höhepunkt der Woche, mit seinem Pastor ein paar persönliche Worte gewechselt zu haben.

„Wer neu in die Gemeinde kommt, bildet sich sein Urteil schon lange, bevor der eigentliche Gottesdienst beginnt."

12. ***Aus dem gleichen Grunde sollte der Leiter des Gottesdienstes auch nicht die letzte Viertelstunde vor dem Beginn des Gottesdienstes in der Sakristei mit anderen beten.*** In dieser Zeit kommen die meisten der Gottesdienstbesucher. Der Pastor – oder wer auch immer den Gottesdienst leitet – sollte präsent sein, sie mit Namen ansprechen, ihnen die Hand drücken und ein freundliches Lächeln für sie bereithalten. Ich halte sehr viel vom vorbereitenden Gebet vor dem Gottesdienst. Nur gerade in der letzten halben Stunde vor dem Gottesdienst sollte der Leiter des Gottesdienstes *nicht* daran teilnehmen. Eher sollte er morgens früher aufstehen oder die anderen Tage der Woche entsprechend nutzen.

Begrüßungsdienst

13. ***Richten Sie einen Begrüßungsdienst ein.*** Das ist einer der entscheidenden Dienste im Umfeld des Gottesdienstes. Die wichtigsten Leute einer Firma sind die mit dem Kundenkontakt. Bei der Firma AEG interessiert mich nicht, wer der Boß ist. Mit dem werde ich in aller Regel nie zu tun haben. Wer für mich wirklich wichtig ist, ist die Dame am Telefon, mit der ich spreche oder der Mann vom Kundendienst, der meine Waschmaschine repariert. Darum stellen Sie nicht *irgendjemanden* für den Begrüßungsdienst ab, sondern Menschen, die eine gewinnende, warmherzige Ausstrahlung haben. Wer neu in Ihre Gemeinde kommt, bildet sich sein Urteil schon lange, bevor der eigentliche Gottesdienst beginnt. Die Frage ob, von wem und auf welche Weise er begrüßt wird, spielt dabei eine Schlüsselrolle. Wichtig ist dabei das Lächeln, der Blickkontakt, die Kleidung, der feste Händedruck und das freundliche Wort. (So etwas kann man übrigens alles in bestimmtem Ausmaß trainieren.) Übrigens bevorzugen viele Menschen, von Personen begrüßt zu werden, die in etwa das gleiche Alter haben. Darum suchen Sie sich für Ihren Begrüßungsdienst bevorzugt Leute in einem mittleren Alter oder in dem Alter Ihrer Zielgruppe oder in einer guten altersmäßigen Mischung.

Freundlichkeit

14. ***Spornen Sie Ihre Gemeinde an, freundlich zu sein.*** Die Freundlichkeit läßt sich nicht auf ein paar Leute vom Begrüßungsdienst delegieren. Es muß Ihrer Gemeinde *als Ganzes* wichtig sein, daß die Menschen, die mit ihnen zusammen den Gottesdienst besuchen, dieses gern tun und auch gern wiederkommen. Das Problem ist: *Jede* Gemeinde hält sich für freundlich, aber ohne daß wir es vielleicht merken, bezieht sich diese Freundlichkeit meist nur auf ganz bestimmte Menschen. Die meisten Gemeinden sind, um es ganz deutlich zu sagen, ein Verbund verschiedener Cliquen und Grüppchen. So sehr ich das Kleingruppenprinzip in der Gemeinde bejahe und unterstütze, so darf es doch nicht dazu führen, daß man für die Leute, die am Sonntagmorgen etwas am Rand stehen, kein Wort und kein Lächeln parat hat. Es genügt nicht nur, daß Sie freundlich *untereinander* sind, Ihre Freundlichkeit muß auch offen nach außen sein.

Namensschilder

15. Benutzen Sie Namensschilder. In unserer Gemeinde *muß* kein Mensch ein Namensschild tragen, aber jeder, der eins haben will, bekommt es. (Die einzigen, denen wir das Tragen von Namensschilder nahelegen, sind die Leute vom Begrüßungsdienst sowie Mitarbeiter von Veranstaltungen, die einen hohen Anteil von Besuchern von außen haben.) Diese kleine Investition lohnt sich: Menschen können mit Namen angesprochen werden, ohne sich ständig vorstellen zu müssen. Kontakte können geknüpft werden, Beziehungen können wachsen, die Integration „Neuer" verläuft einfacher. Man kann Leute ansprechen, deren Namen man peinlicherweise schon wieder vergessen hat. Und, was noch viel wichtiger ist: Man erspart *anderen* Leuten die Peinlichkeit, einem zum wiederholten Mal nach dem Namen fragen zu müssen.

Anwesenheit

16. Besuchen Sie als Pastor den Gottesdienst Ihrer Gemeinde auch dann, wenn Sie nicht Dienst haben. Der Pastor prägt das Verhalten seiner Gemeinde nicht nur durch das, was er predigt, sondern auch durch das, was er vorlebt. Oft genug wird der Pastor an einem Wochenende dienstlich unterwegs sein, wobei ich dazu rate, dies nach Möglichkeit zu minimieren. Nur wenn der Pastor vorlebt, daß *ihm* der Gottesdienst wichtig ist, wird seine Gemeinde ihm glauben, daß der Gottesdienst auch für *sie* wichtig ist.

Hintergrundmusik

17. Lassen Sie 15-20 Minuten vor Gottesdienstbeginn leise Musik im Hintergrund laufen. Sowohl im Kino als auch vor Sportveranstaltungen, ja sogar bei Rockkonzerten wird im Vorfeld Musik gespielt. Man kann heute nicht in einem größeren Geschäft einkaufen, ja in manchem Hochhaus nicht einmal Fahrstuhl fahren, ohne daß leise Musik im Hintergrund läuft. Mancher steht auf dem Standpunkt, daß Kirche sich hier positiv abheben soll, indem sie eine „meditative Stille" vor dem Gottesdienst anbietet. Dieser Ansatz verkennt aber, wie sehr Musik heute zum Lebensgefühl der Menschen gehört. Entsprechend wird Stille von den meisten modernen Menschen eher als langweilig, ja manchmal sogar als bedrohlich empfunden. Wenn Sie wollen, daß die Leute sich entspannen und wohl fühlen, lassen Sie leichte (!) Musik vom Band laufen. Wenn Sie sie in die Stille einführen wollen, machen Sie hierzu lieber eine eigene Veranstaltung mit einer entsprechenden Einführung. Vor dem Gottesdienst sollte lieber kommunikatives Gemurmel, Lachen, Umarmen und ein allgemeines freundliches „Hallo" herrschen – mit entsprechender Hintergrundmusik. Selbst, wenn man sich im stillen

Gebet auf den Gottesdienst vorbereiten will, ist eine leise Musik für viele eine bessere Konzentrationshilfe als bloße Stille.

Kommunikationstraining

18. Schicken Sie Ihren Pastor auf ein Kommunikationsseminar. Dort wird er vor allem drei Dinge lernen: Erstens, wie er während des Gottesdienstes in *Kontakt* mit den Gottesdienstbesuchern kommt; zweitens, wie er seine Botschaft *relevant und zupackend* auf den Punkt bringt; und drittens, wie er seine *Körpersprache* mit dem in Übereinstimmung bringt, was er sagt. Das Problem ist: Die meisten Pastoren meinen, das hätten sie in ihrer Ausbildung gelernt. Ich habe mir sagen lassen, daß Rupert Lay, (derzeit beurlaubter) Jesuitenpater und einer der bestbezahlten Managementtrainer Deutschlands, seit Jahren so gut wie keine Seminare mehr für Pastoren hält, weil diese sich seiner Erfahrung nach kaum etwas sagen lassen. Sie halten sich auch so für gute Kommunikatoren und haben eine Fülle theologischer Begründungen für das, was sie machen, selbst wenn es falsch ist. Wenn Ihr Pastor anders ist (und davon gehe ich aus), dann setzen Sie die Finanzmittel frei, daß er seine kommunikativen Fähigkeiten weiter ausbaut.

Proben

19. Wenn Sie in Ihrem Gottesdienst viel mit „Nicht-Profis" arbeiten: Proben Sie. Bei allen Akteuren des Gottesdienstes ist Verstehbarkeit das oberste Gebot. Menschen, die nicht gewöhnt sind, vor einem größeren Publikum oder in großen Räumen zu sprechen, werden in den seltensten Fällen auf Anhieb „den richtigen Ton treffen". Da hilft nur: Üben, üben und nochmals üben. Solche Proben müssen keineswegs den Charakter einer lästigen Pflichtübung haben. Das Ausprobieren der Variationsmöglichkeiten der eigenen Stimme kann auch Spaß machen! Und die richtige Stimmlage ist – einmal eingeübt – immer wieder abrufbar.

Mitteilungen

20. Projizieren Sie die wichtigsten Mitteilungen vor Gottesdienstbeginn an die Wand. Statt im Gottesdienst viele Worte zu machen, kann es sehr viel effektiver sein, wenn die Besucher vor Beginn des Gottesdienstes die wichtigsten Mitteilungen bereits lesen können. Um der Papierflut zu entgehen, eignet sich hierfür am besten eine Projektion mit dem Tageslichtschreiber (Overheadprojektor) an eine freie Fläche der Wand. Bitte benutzen Sie ein Desktop-Publishing-Programm oder zumindest eine ordentliche Textverarbeitung, und tippen Sie die Termine nicht einfach lieblos herunter. Was großflächig projiziert wird, muß auch liebevoll und qualitativ hochwertig gestaltet werden. Die Projektion der wichtigsten Mitteilung kann eine eigene Ansage in vielen Fällen nicht verhindern – schließlich kommen viele Gottesdienstbesucher auf die letzte Minute –, wohl aber verkürzen und dadurch den Erinnerungseffekt steigern.

Teil 3: 111 praktische Tips

Tips für die Kinderarbeit

„Eine gute Kinderarbeit führt oft erst die Kinder und dann die Eltern an die Gemeinde heran."

21. *Räumen Sie der Kinderarbeit in Ihrer Gemeinde eine hohe Priorität ein.* Früher war es üblich, daß Eltern ihre Kinder mit in den Gottesdienst nahmen. Heute ist es oft so, daß eine gute Kinderarbeit zuerst die Kinder und dann ihre Eltern an die Gemeinde heranführt. Nicht selten sind Eltern dann sogar bereit, sich auf diesem Gebiet zu engagieren. Eine gute Kinder- und Jugendarbeit legt daher nicht nur eine solide christliche Grundlage im Leben der Kinder und Jugendlichen, sondern hat darüber hinaus oft den überaus erfreulichen „Nebeneffekt", daß ihre Eltern dadurch gewonnen werden können. Dies setzt allerdings voraus, daß eine Gemeinde nicht nur über eine attraktive *Kinderarbeit* verfügt.

Kinderbetreuung

22. *Bieten Sie parallel zum Gottesdienst immer einen Kindergottesdienst oder zumindest eine Kinderbetreuung an.* In manchen Gemeinden ist es immer noch üblich, daß der Kindergottesdienst anschließend an den Gottesdienst für Erwachsene angeboten wird. Der Grund dafür ist entweder, daß der Pastor auch den Kindergottesdienst selber hält oder daß man den Kindern keinen „Ersatzgottesdienst" in einem nicht-sakralen Raum ohne Orgel anbieten möchte. Letzteres Argument halte ich für vernachlässigenswert. Ersteres kann nur dann einen Sinn haben, wenn der Pastor eine besonders ausgeprägte Gabe für Kinder hat. Aber bedenken Sie den Preis, den Sie dafür zu zahlen haben: Wenn sich die Kinder nicht zur gleichen Zeit treffen wie die Erwachsenen, dann sperren Sie eine komplette Generation aus ihrem normalen Gottesdienst aus: nämlich die Eltern, die zwar durchaus Interesse hätten, den Gottesdienst zu besuchen, stattdessen aber zuhause auf ihre Kinder aufpassen müssen. Außerdem kann der Pastor nach dem Gottesdienst nicht ins Gespräch mit Gemeindegliedern kommen, da er sich dann um die Kinder kümmern muß – ein kaum verantwortbarer Aderlaß, wie ich finde. Sollten Sie niemanden haben, der in Ihrer Gemeinde einen Kindergottesdienst anbieten kann, dann sorgen Sie dafür, daß wenigstens eine Kinderbetreuung organisiert wird – gerade auch ältere Gemeindeglieder machen das bisweilen gesprochen gerne!

Krabbelgottesdienst

23. *Sehr viel besser als eine Kinderbetreuung ist freilich eine eigene Kinderkirche mit kleinkindgemäßem „Krabbelgottesdienst".* In unserer Gemeinde ist eine solche Kinderkirche aus einer Initiative von Eltern heraus entstanden, deren Kinder zu klein für den Kindergottesdienst waren. Die Kinderkirche hat sich binnen kürzester Zeit zu einem Renner entwickelt. Da in diesem Alter noch ein Elternteil bei den Kindern dabei sein muß, fanden sich zahlreiche neue Helfer- und Helferinnen für diese Arbeit. Aus der Fülle guter Literatur, die in den letzten Jahren zu diesem Thema erschienen ist, empfehle ich zum Einstieg das Buch „Kommt alle her. Zwölf fertige Krabbelgottesdienste" von Hans-Martin Köbler (Claudius-Verlag, ISBN 3-532-62137-7) und „Wir kleinen Menschenkinder. Neue religiöse Kinderlieder, Spiele, Geschichten, Verse, Gebete und Anregungen für die Praxis" von Rolf Krenzer und Detlev Jöcker (Menschenkinder-Verlag, ISBN 3-927497-76-2).

Verschiedene Altersgruppen

24. Bieten Sie den Kindergottesdienst in verschiedenen Gruppen an. Optimal ist, wenn es für jedes Kind bis zum Konfirmandenalter ein Angebot gibt, wobei in der Regel in einer Gruppe nicht mehr als drei bis vier Jahrgänge zusammengefaßt werden können, sonst bleiben die älteren Kinder erfahrungsgemäß weg. Wenn Sie nicht genügend Räume und Personal für ein solches Angebot haben, dann konzentrieren Sie Ihr Angebot um der Eltern willen auf die *jüngeren* Kinder, die man während der Gottesdienstzeit nicht unbeaufsichtigt zuhause lassen kann. Sehen Sie aber zu, daß es in Ihrer Gemeinde für die älteren Kinder dann wenigstens unter der Woche ein Angebot gibt, das Evangelium in einer ihrem Alter gemäßen Weise zu hören (etwa eine Jungschar).

Raum für Eltern mit Kindern

25. Wenn Sie die Räumlichkeiten dazu haben: Stellen Sie einen Raum zur Verfügung, in den Eltern mit ihren Kindern ausweichen können, wenn diese unruhig werden. In diesen Raum sollte der Gottesdienst übertragen werden (optimal: per Video, zumindest aber akustisch, indem man einen Lautsprecher in diesen Raum legt, der sich ein- und abschalten läßt). Manche Gemeinden haben auch die Möglichkeit, einen Teil ihres Gottesdienstraumes durch eine schalldichte Glaswand abzutrennen und den Gottesdienst dort hinein akustisch zu übertragen. Dies ist die teuerste, freilich auch beste Lösung. Schaffen Sie sich für den Ausweichraum und für die Kinderbetreuung einen Grundbestand an Spielsachen an (zum Beispiel durch Aufruf im Gemeindebrief: „Suche gebrauchte Lego- und Duplosteine"). Eine Wickelgelegenheit mit bereitliegenden Windeln ist ein weiteres Signal dafür, wie wichtig es Ihnen ist, daß auch Eltern mit kleinen Kindern in Ihren Gottesdienst kommen.

Gabe für Kinderarbeit

26. Lassen Sie nur Menschen mit einer besonderen Gabe für Kinder den Kindergottesdienst leiten. In den seltensten Fällen ist die Kinderarbeit die herausragende Gabe des Pastors. Bestandteil des Gabenprofils eines Kindergottesdienstleiters wären für mich: Herzenswärme, Kreativität, geistliche Kompetenz sowie Teamfähigkeit (falls, was ich empfehle, ein Team den Kindergottesdienst hält). Andere für die Kinderarbeit benötigte Fähigkeiten kann das Team beisteuern.

Mitarbeit von Männern

27. Setzen Sie bewußt auch Männer in der Kinderarbeit ein. Es ist keine Neuigkeit, hat sich aber in unseren Gemeinden scheinbar immer noch nicht herumgesprochen: Kinder brauchen nicht nur Frauen, sondern auch Männer als Bezugspersonen (ähnlich wie sie für eine gesunde seelische Entwicklung nicht nur Mütter, sondern auch Väter brauchen). Männer haben in der Regel eine andere Art, mit Kindern umzugehen, die das, was Frauen einbringen, in wichtiger Weise ergänzt.

Grundelemente des Kindergottesdienstes

28. Sorgen Sie für einen ausgewogenen Ablauf des Kindergottesdienstes. In jedem Kindergottesdienst sollten folgende vier Grundelemente vorkommen: *Erstens* eine Art *Kinderliturgie,* ein geistlicher Rahmen, in den die Stunde eingebettet ist. Wie dieser Rahmen aussieht, hat natürlich mit der

Prägung Ihrer Gemeinde zu tun: Eine Kerze wird angezündet, ein oder mehrere Lieder gesungen, ein Kinderpsalm oder ein Gebet wird gemeinsam gesprochen, Geburtstagskinder werden geehrt, Kinder können von dem erzählen, was sie bewegt, etc. *Dann* folgt der *Verkündigungsteil,* in dem den Kindern der Text oder das Thema des Sonntags nahegebracht wird. Dies kann durch Erzählen, Vorlesen oder Vorspielen geschehen. Beim Erzählen oder Vorlesen bieten sich ergänzende Medien wie eine Flanelltafel oder Overhead-Folien an (sehr schön sind die im Born-Verlag in Kassel zu nahezu allen bekannten Geschichten des Alten wie des Neuen Testamentes herausgegebenen bunten Overhead-Folien). Als *drittes* Element bietet sich ein *reflektierendes Gespräch* an: Der Text bzw. das Thema wird problematisiert und auf das Leben der Kinder übertragen. An dieser Stelle könnte auch ein Merkvers seinen Platz finden. Als *viertes* Element bietet sich eine *Kreativphase* an, in der das Gehörte und Besprochene noch einmal auf einer ganz anderen Ebene vertieft wird: Etwas wird gemalt oder gebastelt, das Stück wird nachgespielt, Rätsel werden gelöst, ein Singspiel wird eingeübt, die Kinder spielen etwas – erlaubt ist alles, was kreativ ist, den Kindern Spaß macht, Abwechslung bringt und einen nachvollziehbaren Bezug zum Thema des Sonntags hat.

Mitwirken im Hauptgottesdienst

29. Ziehen Sie die Kinder des Kindergottesdienstes immer wieder einmal im Hauptgottesdienst mit hinzu. In manchen Gemeinden sind die Kinder standardmäßig bei der Eingangsliturgie mit dabei. Ich halte das nur für eine mäßig gute Lösung, da ich die Vorzüge einer kindgemäßen Liturgie für größer halte als die des gemeinsamen Anfangs mit den Erwachsenen (es sei denn, dieser wird kindgerecht gestaltet). Aber die Kinder sollten immer wieder einmal im Gottesdienst auftauchen: Sei es, daß Sie ein Lied vorsingen oder ein eingeübtes Stück vorspielen, oder sei es, daß sie an einem besonderen Ereignis der Gemeinde (wie etwa an einer Taufe oder einem anderen Fest) teilnehmen.

Familiengottesdienste

30. Führen Sie etwa 4-6mal im Jahr einen Familiengottesdienst durch. Ein eigener Arbeitskreis der Gemeinde, in dem Vertreter verschiedener Jugend- und Kindergruppen sowie einige engagierte Eltern sitzen, könnte zunächst unter Anleitung des Pastors, später zunehmend unabhängig von ihm, die Gestaltung eines solchen Familiengottesdienstes übernehmen. (Bei uns ist es mittlerweile so, daß mir der Familienarbeitskreis nur noch mitteilt, was ich in dem Gottesdienst zu machen habe, wenn er nicht – was öfters vorkommt – den ganzen Gottesdienst in eigene Regie nimmt.) Der Familiengottesdienst setzt ein schönes Zeichen der Zusammengehörigkeit aller in der Gemeinde vorhandenen Gottesdienste. Schön ist es, wenn sich verschiedene Gemeindegruppen an diesem Gottesdienst beteiligen können – nicht nur die Kinder, sondern auch die Alten. Im Familiengottesdienst sollten eine kindgerechte Geschichte sowie eine erwachsenengerechte Kurzpredigt nicht fehlen.

Tips für die Anfangsphase des Gottesdienstes

Teil 3: 111 praktische Tips

„Wer andere langweilt, sündigt – besonders dann, wenn er es im Gottesdienst tut."

31. Verabschieden Sie sich von der Ein-Personen-Show. Dieses ganze Buch kann als ein einziges Plädoyer für diese Forderung gelten. Wenn Sie Pastor sind, dann übergeben Sie sukzessiv Teile des Gottesdienstes an andere Mitarbeiter: Die Lesung, den Lobpreis, die Fürbitten, die Mitteilungen ... – und warum nicht die ganze Liturgie? Ich bin der Meinung, daß der den Gottesdienst leitende Pastor nur drei Elemente selbst übernehmen sollte: die Begrüßung, die Predigt und den Segen. Und über den ersten Punkt würde ich auch noch mit mir reden lassen...

Schwarzer Talar

32. Reduzieren Sie die Verwendung des schwarzen Talars. In vielen Kirchen – auch in meiner – scheint der Pastor nicht unbedingt die Wahl zu haben, was er trägt. Es ist ihm vorgeschrieben. Wenn bei Ihnen ein schwarzer Talar vorgeschrieben sein sollte, dann denken Sie darüber nach, inwieweit Sie dessen Verwendung Schritt für Schritt zurückführen können. Schwarze Kleidung symbolisiert in unserem Kulturkreis Trauer, Ernst und Bedrohung. Der schwarze Talar kommt weder aus der Bibel – da ist eher von *weißen* Gewändern die Rede! – noch von Väterchen Luther, der in Hauptgottesdiensten durchaus einen *weißen* Talar trug (und nur in Universitätsgottesdiensten seinen schwarzen Professorenumhang anbehielt), sondern letztlich von einem preußischen König, der den evangelischen Pastoren im Jahr 1811 den schwarzen Talar als „Amtstracht" verordnete. Ich muß gestehen, daß es eine Fülle von Gottesdiensten gibt, in denen ich mich in einer „preußischen Amtstracht" reichlich wenig identisch fühle. Das mindeste, was Sie überdenken sollten, wäre die Einführung eines weißen Talars für besonders freudige und festliche Gottesdienste und für solche, an denen Kinder teilnehmen. Egal, welche Vorschriften es an dieser Stelle in Ihrer Kirche gibt: Machen Sie sich bewußt, daß die Menschen von Ihrer Kleidung auf Ihren Gott zurückschließen werden.

Langeweile

33. Beachten Sie das elfte Gebot, das da heißt: „Du sollst nicht langweilen!" Es gehört für mich zum Erschütterndsten, daß das mit Abstand häufigste Urteil der Deutschen über unsere Gottesdienste lautet: „Das ist alles so langweilig." Ich behaupte: Wer andere langweilt, sündigt. Ganz besonders dann, wenn er es im Gottesdienst tut. Er stiehlt den Gottesdienstbesuchern die Zeit und läßt eine hervorragende Gelegenheit ungenutzt, anderen die Liebe Gottes schmackhaft zu machen. Vor allem aber vermittelt er den Eindruck, wir hätten einen langweiligen Gott. Das Problem ist, daß Menschen, die andere langweilen, dies in der Regel gar nicht merken. Darum suchen Sie sich die fünf unkonventionellsten und interessantesten Leute Ihrer Gemeinde und bitten Sie sie, Ihnen in dieser Hinsicht regelmäßig Rückmeldung zu geben.

Erstes Musikstück

34. Sorgen Sie dafür, daß das erste Musikstück die Menschen inspiriert, ermuntert oder eine erwartungsvolle Haltung fördert. Dieses Musikstückstück gibt nämlich den „Ton" für den ganzen Gottesdienst vor. In vielen Gemeinden ist das „Orgelvorspiel" schon so traurig (und manchmal auch kläglich) gehalten, daß der Pastor Mühe haben wird, diese schwere Stimmung abzuschütteln und Freude und Lockerheit zu vermitteln. Weisen Sie Ihren Kirchenmusiker auf die besondere Verantwortung des „ersten Stückes" hin.

Begrüßung und Mitteilungen

35. Trennen Sie Begrüßung und Mitteilungen voneinander. In vielen Gemeinden ist es auch heute noch Unsitte, daß der Pastor am Anfang vor die Leute tritt: „Ich begrüße Sie recht herzlich in diesem Gottesdienst. Die Kollekte des vergangenes Sonntags betrug 72 Mark und 43 Pfennig. Ich weise Sie hin auf einige Veranstaltungen der kommenden Woche..." – Das ist leider kein Witz, sondern Vorgabe in der Liturgie vieler landeskirchlichen Gemeinden. Wieviel gespannte Anfangsaufmerksamkeit wird dadurch in die falschen Kanäle gelenkt! Niemanden interessiert am Beginn des Gottesdienstes, was *nach* dem Gottesdienst passiert. Bitte tun Sie sich den Gefallen und verbannen Sie die Mitteilungen weit ans Ende Ihres Gottesdienstes. Nutzen Sie den unglaublich wichtigen Moment der ersten Kontaktaufnahme mit Ihrer Gemeinde: Für diesen ersten Eindruck gibt es keine zweite Chance!

„Guten Morgen"

36. Wenn Sie den Gottesdienst leiten: Begrüßen Sie Ihre Gemeinde mit einem herzlichen „Guten Morgen." Und – schließlich hat man Kinderstube – lassen Sie sich mit einem ebenso herzlichen „Guten Morgen" antworten. In unserer Gemeinde machen wir das – fast ritualartig – seit einigen Jahren in jedem Gottesdienst. Das bricht das Eis und schafft gleich am Anfang eine Verbindung zwischen Gottesdienstleiter und Gottesdienstbesuchern. Und es setzt insofern ein Zeichen, als es die ungeschriebene (und falsche) Regel bricht, derzufolge ein Gottesdienstbesucher zwar zu singen, aber – außer „Ja und Amen" – nichts zu sagen hat. Außerdem schafft es ein Stück Normalität innerhalb eines Umfeldes, das für viele Menschen eine Menge an Ungewöhnlichem mit sich bringt.

Kontaktaufnahme

37. Bitte versäumen Sie es nicht, in den ersten Sätzen, die Sie im Gottesdienst reden, mit den Menschen in Kontakt zu kommen. Es gibt Theologen, die strikt gegen ein solches Vorgehen argumentieren. Der Pastor habe als Person gar nicht in Erscheinung zu treten und von daher auch nicht persönlich zu begrüßen. Am besten, man fange an mit den Worten „Im Namen des Vaters, des Sohnes und des Heiligen Geistes". Ich sehe das völlig anders. Ich halte es für unabdingbar wichtig, daß der Pastor mit seiner Gemeinde in Kontakt kommt. Sagen Sie Ihren Leuten, daß es Sie freut, daß sie sich an diesem verschneiten (oder furchtbar heißen) Tag auf den Weg gemacht haben – das ist nicht selbstverständlich. Nehmen Sie in irgendeiner Weise Kontakt mit Ihren Leuten auf. Bringen Sie sie zum Lachen. Stellen Sie ihnen eine Frage. Und bitte lesen Sie dazu nicht ab und benutzen nicht jede Woche die gleichen Worte („Ich begrüße Sie recht herzlich ..."). Gottesdienst soll ein kommunikatives Geschehen sein, und dazu müssen Sie die Weichen gleich am Anfang stellen.

38. Sorgen Sie für „Atmosphäre". Überlegen Sie genau, welche Atmosphäre im Umfeld Ihres Gottesdienstes herrschen soll, und überprüfen Sie mit Leuten, die hierfür ein Gespür haben, was im nächsten Gottesdienst getan oder unterlassen werden muß, um diese Atmosphäre zu erreichen. Ich nenne Ihnen einige Elemente, auf die wir in unseren Gottesdiensten gezielt hinarbeiten: Die Besucher sollen *gespannt und voller Erwartung* sein auf das, was kommt. Und gleichzeitig sollen sie sich *entspannen:* Sie sollen wissen, daß sie in unserem Gottesdienst in ein Klima eintauchen, das locker, gelöst und humorvoll ist. Sie sollen auch atmosphärisch spüren, daß sie nicht unter Druck gesetzt, sondern angenommen und aufgebaut werden. Mein Ziel ist, daß Leute, die nach 20 Jahren zum ersten Mal im Gottesdienst waren, beim Hinausgehen nur *eine* Frage haben: „Wann ist der nächste?" Es muß Spaß machen und den Leuten etwas bringen, zur Kirche zu gehen.

Atmosphäre

39. Stimmen Sie die Gottesdienstbesucher durch die Begrüßung auf die Inhalte des Gottesdienstes ein. Zieht sich vom Kirchenjahr oder vom Text der Predigt her ein Thema wie ein roter Faden durch den Gottesdienst? Dann sollte der Pastor es hier verraten und es nicht dem detektivischen Spürsinn des Einzelnen überlassen, ob er es herausbekommt. Gibt es heute eine Taufe oder Abendmahl? Sind andere Besonderheiten zu erwarten? Gibt es Dinge zu beachten, Irritationen oder andere Gefühle, die aufgegriffen werden müssen? Sind besondere Gäste im Gottesdienst? All dies könnte am Anfang des Gottesdienstes angesprochen werden. Aber bitte beachten Sie: Fassen Sie sich kurz. Die Begrüßung ist keine Co-Predigt. Jede Art von Langatmigkeit und Weitschweifigkeit sollten Sie als Gottesdienstleiter fürchten wie der Teufel das Weihwasser!

Einstimmung auf Inhalte

40. Wählen Sie ein mitreißendes erstes Lied. Ausnahmen mögen die wenigen Gottesdienste sein, in denen Trauer, Buße und feierlicher Ernst im Vordergrund stehen. Für das erste Lied gilt ähnliches wie für das Musikstück zum Eingang. Wenn schon das Eingangslied die Leute einschläfert, dann wird sie der Rest des Gottesdienstes auch nicht aufwecken (es sei denn, Ihr Pastor hält eine Predigt mit Donner und Feuer). Merke: Der Eingangsteil des Gottesdienstes soll die Menschen für die Gegenwart und das Wort Gottes *öffnen* und nicht zunageln. Es ist ein Irrtum, anzunehmen, daß die Menschen, die in den Gottesdienst kommen, gleich in der Lage sind, anzubeten. Um den „Leib Christi" zu wekken, ist es oft erst einmal notwendig, die „Leiber der Christen" zu wekken. Dazu ist das erste Lied in besonderer Weise geeignet.

Erstes Lied

41. Erstellen Sie eine eigene Liedersammlung für Ihre Gemeinde. In jeder lebendigen Gemeinde entwickelt sich mit der Zeit ein eigenes Liedgut, das in den seltensten Fällen von einem bereits vorhandenen Liederbuch abgedeckt wird. Die Jugendgruppe kommt begeistert vom Kirchentag, der Hauskreis von einem Gemeindekongreß, der Pastor hat in einer ande-

Liedersammlung

ren Gemeinde neue Lieder kennengelernt. All diese Lieder werden die Spiritualität einer Gemeinde prägen. Sie sollten im Gottesdienst vorkommen. Da hilft nur eine eigene Liedermappe und/oder Liedfolien, denn meiner Erfahrung nach finden sich selbst im günstigsten Fall in einem fertigen Liederbuch höchstens 30 Lieder, die in einer Gemeinde wirklich gesungen werden. Die Rechtslage in Deutschland ist derzeit so, daß es zumindest für die Gliedkirchen der EKD einen Sammelvertrag mit der VG Musik gibt, demzufolge einzelne Fotokopien für den gottesdienstlichen Gebrauch erlaubt, die Zusammenfassung solcher Kopien in feste *Sammlungen* aber verboten ist. Am besten, Sie fragen bei Ihrer Kirchenverwaltung oder bei den einzelnen Verlagen nach. Unsere Gemeinde hat für die Abdruckrechte bei einer Auflage von 300 Stück pro Lied im Schnitt 20-30 Mark (Text und Noten) bezahlt. Dafür haben wir nicht nur die Abdruckrechte, sondern auch ein gutes Gewissen und vor allem ein ganz individuelles, auf die Bedürfnisse unserer Gemeinde zugeschnittenes Liederheft.

Ringbücher

42. Wählen Sie für Ihre Liedersammlung eine Ringbuchfassung. So können Sie es später immer noch ergänzen und alte Lieder 'rauswerfen, wenn sich das Liedgut Ihrer Gemeinde „verschiebt". Das Format DIN A 5 ist handlicher und übersichtlicher als DIN A 4. Das Papier sollte etwas fester sein (zum Beispiel 110 Gramm), damit es nicht so leicht ausreißt (auch deswegen sollten Sie Schnellhefter vermeiden), und vier Ringe sind besser als zwei. Eine weitgehend alphabetische Anordnung erleichtert das Auffinden von Liedern. Lassen Sie für später hinzukommende Lieder ein paar Nummern zwischen den einzelnen Anfangsbuchstaben frei. Wenn sich ein Lied über zwei Seiten erstreckt, sollten diese *nebeneinander* stehen (das bringt zwar Abweichungen vom Alphabet, vermeidet aber lästiges Umblättern beim Singen). Ein alphabetisches Inhaltsverzeichnis, in dem ein Lied auch unter verschiedenen Titeln, unter denen das Lied möglicherweise bekannt ist, aufgeführt ist, und neben dem jeweils die Tonart steht, sollte nicht fehlen. Setzen Sie dabei möglichst die gleichen oder verwandte Tonarten direkt untereinander. Eine Alternative zu einem Liederringbuch ist es, jeden Sonntag einen eigenen „Fahrplan" zu drucken, auf dem auch die Lieder abgedruckt sind. Das ist allerdings sehr aufwendig und weniger umweltfreundlich.

Gesprochene Texte

43. Nehmen Sie in Ihre Liedersammlung auch häufig gesprochene Texte auf. Etwa Psalmen, Segenstexte, diverse Schuld- oder Glaubensbekenntnisse, Abendmahlsliturgien usw. Und setzen Sie auf die erste Seite einen „Herzlich-willkommen"-Text, der eventuelle Erstbesucher mit freundlichen Worten in Ihren Gottesdienst einführt.

Overheadfolien

44. Projizieren Sie die Liedertexte an die Wand. Dadurch haben die Gottesdienstbesucher beim Singen die Hände frei zum Mitklatschen, Schnipsen, Hände erheben etc. Damit sind die Ringbücher keineswegs überflüssig: Manch einer will die Noten sehen oder er kann die projizierten Texte nicht lesen. Darum ist es wichtig, daß Sie in Ihrem Gottesdienst beide Möglichkeiten anbieten. Wenn Sie Ihre Folien durch Prospekthüllen schonen, dann nehmen Sie bitte der besseren Durchsichtigkeit wegen *glasklare*, auch wenn diese teurer sind.

Mitarbeit der Gruppen

45. Beteiligen Sie – über das Jahr verstreut – verschiedene Gemeindegruppen an der Gestaltung der Gottesdienste. Es dient nicht nur dem Selbstbewußtsein der einzelnen Gruppen, sondern ist auch für den Rest der Gemeinde interessant, wenn eine Gemeindegruppe mithilft, einen Gottesdienst zu gestalten und sich dabei kurz (!) selbst vorstellt. Dies könnte etwa einmal im Monat geschehen, wobei eine gewisse Ausgewogenheit ratsam wäre, um die Vielfalt der Gemeinde widerzuspiegeln: Also im Januar die Konfirmierten, im Februar die Senioren, im März der Dritte-Welt-Arbeitskreis, im April ein Hauskreis, im Mai die Kinderkirche und im Juni der Besuchsdienst etc.

Nichtchristen

46. Beteiligen Sie auch Nichtchristen an der Gestaltung Ihres Gottesdienstes. Dieser Vorschlag findet nicht bei allen Gottesdienst-Profis Freunde. In Willow Creek beispielsweise wird dieser Gedanke weit von sich gewiesen: Menschen, die dort im Gottesdienst mitwirken, müssen Christen sein. Doch auch Simon Petrus wurde auf diese Weise gewonnen: Erst band ihn Jesus in die Mitarbeit (heute würden wir sagen: in die Sound-Regelung beim Predigtdienst) und in die Gemeinschaft der Jünger ein – und darüber kam Petrus zum Glauben (vgl. Lukas 5,1-11). Ich sehe zwei gewichtige Vorteile, wenn wir Nichtchristen in die Gottesdienstgestaltung mit einbinden: Erstens bringen sie den Geschmack der wirklichen Welt in den Gottesdienst (und nicht jener Welt, die wir Christen uns oft in Gedanken aufgebaut haben). In ihrer noch nicht christlich sozialisierten, unverbildeten Art sind sie meist sehr viel dichter an den Themen, den Fragen und dem Lebensgefühl der Gottesdienstbesucher dran als Menschen, die schon jahrelang Christen sind. Auf der anderen Seite erweist sich die eingehende Beschäftigung mit Inhalten des christlichen Glaubens als eine großartige Gelegenheit, diese Menschen zum Glauben zu führen, vor allem, wenn sie bei der Vorbereitung eine lebendige christliche Gemeinschaft erleben. Deshalb scheuen wir uns in unserer Gemeinde nicht, auch Menschen in die Gottesdienstgestaltung einzubinden, die noch keine lebendige Jesusbeziehung haben.

Sichtbarkeit der Akteure

47. Sorgen Sie dafür, daß man die Menschen sieht, die im Gottesdienst auftreten. Oft wird in Kirchen gerade an der Beleuchtung gespart. Alles ist in diffuses Halblicht oder in ein Einheitslicht getaucht, das die Menschen, die im Gottesdienst auftreten und etwas sagen, nicht sonderlich zur Geltung bringt. Pastoren werden in schwarze Gewänder gehüllt. Chöre werden nach hinten oder oben auf die Empore gestellt. Dafür werden teilweise sogar noch theologische Gründe hervorgebracht: „Schließlich geht es nicht um Menschen, sondern um das Wort." Zur

Glaubwürdigkeit des Wortes gehört aber auch die Glaubwürdigkeit dessen, der es verkündet, mit hinzu. Das heißt: Ich will seine Körpersprache sehen, seine Mimik und Gesten, sein Lächeln und seine Ernsthaftigkeit. In unserer Gemeinde arbeiten wir mit zwei bis drei Scheinwerfern, die wir links und rechts vom Altarraum aufgehängt haben. Diese lassen sich durchaus auch dezent einstellen. Gemeinden, die keine Bühne (bzw. keinen erhobenen Altarraum) haben, müssen zumindest bei künstlerischen und szenischen Aufführungen mit Aufbaubühnen arbeiten.

Positive Ausstrahlung

48. Sorgen Sie dafür, daß man allen am Gottesdienst Beteiligten die Lebenslust abspürt. Ich weiß, daß dieser Ratschlag von manchen Christen sehr kontrovers diskutiert werden wird. Und ich plädiere auch nicht für eine aufgesetzte Frömmigkeit, in der immer nur gelächelt wird. Wie aber sollen die Gottesdienstbesucher unserem Evangelium glauben, wenn man den Menschen, die im Gottesdienst etwas vortragen, nicht abspürt, daß sie zu dem, was sie vortragen, eine positive Beziehung haben und daß es ihnen Spaß macht, an diesem Gottesdienst mitzuwirken? Außerdem wirkt es nicht sonderlich authentisch, wenn der Pastor in den Ansagen mit gewichtiger Grabesstimme zum Gebetskreis einlädt, der Kirchenvorsteher sich für die Kollekte des vergangenen Sonntags bedankt, ohne dabei ein einziges Mal zu lächeln, oder der Chor mit Leichenbittermiene „Jesu meine Freude" singt.

Tempo

49. Halten Sie den Gottesdienst im „Fluß". Zur Lebenslust gehört auch ein gewisses Tempo. Schauen Sie sich einmal MTV an, wie dort Lebensintensität durch eine irrsinnig schnelle Abfolge von bunten Bildern und Eindrücken symbolisiert wird. Ob man es mag oder nicht, es ist das Lebensgefühl einer ganzen Generation, die wir als Kirche verlieren werden, wenn wir uns weiterhin so betuliche Gottesdienste leisten wie bislang. Bei den vielen unnötigen Pausen, die es in unseren Gottesdiensten gibt, hätten die Leute dieser Generation daheim an ihren Fernsehern schon längst „weitergezappt". Unser Gottesdienst braucht nicht hektisch zu sein, es darf auch Elemente der Stille geben (allerdings möglichst nicht in der Eingangsphase!), was wir aber unbedingt vermeiden müssen, sind tote Punkte. Der Gottesdienst braucht einen gewissen Fluß (Flow), um die Leute mit hineinzunehmen.

Thema

50. Bauen Sie den Gottesdienst um ein Thema. Jeder Gottesdienst sollte ein in sich stimmiges, bis in die Einzelzüge hinein durchkomponiertes Kunstgebilde sein, in dem sich die verschiedenen Elemente und Symbole gegenseitig erläutern und interpretieren. Der Psalm, der Sketch, die Predigt, das Segenswort, das Lied des Chores – alles das sollte zueinander passen und aufeinander verweisen. Normalerweise wird das Thema des Gottesdienstes durch die Predigt vorgegeben, in einzelnen Fällen kann auch ein bestimmter Anlaß (Kirchweih, Einführung eines neuen Kirchenvorstands, besondere Tage im Kirchenjahr etc.) das Thema vorgeben. Ich will nicht verschweigen, daß es auch eine Konzeption von Gottesdienst gibt, derzufolge sich nicht alles um *einen* Mittelpunkt zu drehen hat, sondern der wie eine Ellipse *zwei* Brennpunkte hat, nämlich Liturgie und Predigt, die durchaus in einer gewissen Spannung zueinander stehen dürfen. Ich halte das in der Regel für eine Überforderung des Gottesdienstbesuchers. Versuchen Sie einmal, mit Ihrem Auge zwei verschiedene Punkte im Raum gleichzeitig zu fixieren: Es wird Ihnen nicht gelingen. Genausowenig wird es Ihrer Seele gelingen, den Gottesdienst als Einheit wahrzunehmen, wenn Liturgie und Predigt nicht ganz eng aufeinander abgestimmt sind.

Vorabinformation

51. Geben Sie das Thema vorher bekannt. Nutzen Sie dazu den Gemeindebrief und den Gottesdienst unmittelbar vorher. Wenn Sie über einen Text predigen, sagen bzw. schreiben Sie gleich dazu, um was es bei diesem Text geht. (Kein Mensch kommt wegen eines *Textes!)* Auch wenn Sie so etwas langfristiger planen müssen, lohnt es sich doch auf jeden Fall. Es gibt immer gemeindliche „Randsiedler", für die ein gutes Thema ein wichtiges Motiv ist, einen Gottesdienst zu besuchen. Ihren „Insidern" ermöglicht dieses Verfahren, sich auf den Gottesdienst vorzubereiten, wenn sie es wollen (manch einer liest den Predigttext gerne schon vorher einmal durch). Außerdem kann man so gezielt Leute von außen einladen, für die das Thema vielleicht relevant ist.

Qualität

52. Geben Sie alle Ihr persönlich Bestes. Machen wir uns nichts vor: In christlichen Gemeinden nimmt man es mit der Qualität oft nicht so genau. Ich weiß, daß einige Leute mir eine solche Bemerkung tödlich übel nehmen werden, aber es herrscht unglaublich viel Mittelmaß und Halbherzigkeit in unseren Gottesdiensten. Es geht mir nicht um einen krankhaften Perfektionismus, wohl aber darum, daß Sie im Gottesdienst Ihre besten (das heißt für diesen Zweck am meisten begabten) Leute einsetzen und daß jeder der Beteiligten sein persönlich Bestes gibt. Das ist schlicht und ergreifend eine Frage der Liebe: der Liebe zu Gott und der Liebe zu den Menschen, die unsere Gottesdienste besuchen. Bedenken Sie: Was Gott tut, ist immer erste Qualität. Sollte bei uns, die wir ihn auf Erden vertreten, ein geringerer Standard gelten? Es geht in dieser Frage letztlich um die Ehre Gottes – und es geht um die Menschen, die uns anvertraut sind.

Teil 3: 111 praktische Tips

Die Eingangsliturgie – Hinweise für Landeskirchler

„Ziel ist nicht, die Liturgie auszuhöhlen, sondern sie für den modernen Menschen nachvollziehbar zu machen."

53. Überprüfen Sie, ob die Eingangsliturgie ihrem tiefsten Zweck gerecht wird. Dieser besteht darin, den Gottesdienstbesucher nicht nur mit dem Körper, sondern auch mit der Seele im Gottesdienst ankommen zu lassen. Seien Sie konsequent in der Umsetzung dieses Zieles (und lieber etwas inkonsequent in der Durchführung einer reinen Liturgie). Die Eingangsliturgie dient dazu, daß sich der Gottesdienstbesucher reinigen und entlasten läßt und sich öffnet für die Gegenwart und das Wort Gottes. Hieran gemessen wird man ehrlich sagen müssen, daß die meisten Eingangsliturgien diesem Maßstab nicht gerecht werden. Eine Vielzahl von Gottesdienstbesuchern bringt sie vielmehr wie eine Pflichtübung hinter sich. Das ist übrigens nicht nur bei jüngeren Besuchern der Fall: Auch und gerade bei Älteren höre ich immer wieder, daß sie „eigentlich wegen der Predigt" in den Gottesdienst kommen. Schön, daß die Predigt ihnen etwas gibt, aber welch vertane Gelegenheit, die Nähe und die Gegenwart Gottes in der Eingangsphase des Gottesdienstes zu erfahren!

Agende

54. Werfen Sie Ihre Agende weg. Dies nicht nur deswegen, weil die meisten Agenden (das sind die von den einzelnen Kirchen herausgegebenen Gebets- und Lesungsbücher zur Gottesdienstordnung) oft entweder sprachlich zum Davonlaufen oder theologisch ausgesprochen dünnflüssig sind. Das Problem liegt vielmehr im Prinzipiellen: Glauben Sie im Ernst, daß eine liturgische Kommission, die vor was weiß ich wieviel Jahren getagt hat, sowohl die Intention Ihres speziellen Gottesdienstes als auch die Situation der Gottesdienstbesucher an diesem speziellen Tag zu treffen vermochte? Eine Agende läßt sich immer nur als „Steinbruch" benutzen und kann Ihnen die Aufgabe nicht abnehmen, einen Großteil der Texte selber zu schreiben. Eine unter diesen Umständen verhältnismäßig brauchbare Agende ist diejenige der Evangelischen Kirche von Kurhessen-Waldeck. Freilich gilt auch hier, daß sich – aus den genannten prinzipiellen Gründen – nicht einfach alles übernehmen läßt.

Erläuterungen

55. Scheuen Sie sich nicht, einzelne Elemente der Liturgie kurz zu erläutern. Liturgische Puristen werden an dieser Stelle wahrscheinlich schmerzgepeinigt das Gesicht verziehen und diesen Vorschlag verächtlich als „Psychologisierung" abtun, aber Hand auf's Herz: Wie viele Menschen in unseren Gemeinden sind in der Liturgie so zu Hause, daß sie auf solche Hilfen verzichten könnten? In einer Zeit, in der es immer weniger Menschen gibt, die mit der kirchlichen Liturgie großgeworden sind, ist es oberstes Gebot, diese so einfach und verständlich zu halten, wie es nur geht. (Aus diesem Grunde bin ich auch dagegen, *Kyrie* und *Gloria* ohne vermittelndes Sünden-/Notbekenntnis und Gnadenverkündigung zu singen. Dies mag zwar für theologisch versierte Leute seinen guten Sinn oder in besonders feierlichen Gottesdiensten seinen Platz haben, für den „Normalverbraucher" aber stehen diese beiden Teile wie zwei starre Felsblöcke nebeneinander und bleiben in dieser

Zuordnung letztlich unverständlich.) Aber fassen Sie sich bei einer solchen Erläuterung kurz. Ein bis zwei Sätze müssen genügen (etwa: „An dieser Stelle pflegen wir Gott unsere Not hinzulegen / unsere Schuld zu bekennen. Wir tun dies mit den Worten des 51. Psalms..."). Ich halte es auch nicht für gut, in jedem Gottesdienst die *ganze* Liturgie zu erläutern, sondern am besten, man nimmt sich immer ein oder zwei exemplarische Stücke heraus.

Wendung zum Altar

56. Vermeiden Sie Wendungen zum Altar. Ich weiß, es ist hochliturgisch: Der Pastor wendet sich – beispielsweise beim Sündenbekenntnis – zusammen mit der Gemeinde zum Altar hin. Das hat mich schon als Kind immer wieder irritiert. Später lernte ich, daß er das deswegen tut, um an solchen Stellen zu zeigen, daß er sich mit der Gesamtgemeinde solidarisch fühlt, nicht für sie, sondern mit ihr betet. Eine nette Geste, aber für eine Generation, die nicht mehr von Radio, sondern von Video geprägt ist und etwas sehen will, schlichtweg unverständlich. (Kein Moderator im Fernsehen und kein Conferencier auf der Bühne stellt sich mit dem Rücken zum Publikum.) Die Menschen wollen den Pastor hören *und sehen,* was vorne passiert. Die Geste, die ihrem Ursprung nach Nähe symbolisieren sollte, schafft in der Praxis heute eine unnötige Distanz.

Eingangspsalm

57. Variieren Sie die Gestaltung des Eingangspsalms. Es muß nicht immer so sein, daß der Liturg einfach einen Psalm vorliest. Sie können – bei vorhandenen Texten oder Textfolien – den Psalm in zwei Gruppen sprechen lassen, oder der Liturg kann sich mit der Gemeinde abwechseln. Viele Psalmen sind im Evangelischen Gesangbuch abgedruckt. Die Gemeinde kann refrainartig immer wieder den gleichen Kehrvers wiederholen oder eins der vielen Psalmlieder aus dem Gesangbuch singen. Übrigens: „Psalmen" müssen nicht im Buch der Psalmen stehen. Im Buch Jesaja, in 1. Korinther 13 oder in Philipper 2,5-11 finden sich auch einige wunderschöne Hymnen, die dem Anspruch eines Eingangspsalms gerecht werden. Oder was halten Sie – ganz verwegen! – von einer Meditation von Jörg Zink (etwa aus: „Wie wir beten können"), Wilhelm Willms oder Lothar Zenetti?

Bittgebet

58. Reduzieren Sie das dem Eingangspsalm folgende Bittgebet („Kyrie eleison" = „Herr, erbarme dich") nicht auf ein Schuldbekenntnis. Das Kyrie ist von alters her der Ort der *Klage.* In der Klage spricht sich die existenzielle Situation des Beters aus: „So stehe ich vor dir." Im evangelischen Gottesdienst geht es an dieser Stelle darum, die eigenen Allmachtsphantasien abzubauen, seine Angewiesenheit auf Gott zu bekennen und sein Vertrauen zu Gott auszudrücken (Manfred Josuttis). Es geht darum, daß ich in den Gottesdienst immer die Ereignisse und Erlebnisse der vergangenen Woche mitbringe und sozusagen „ungereinigt" vor Gott stehe und für sein Reden und Handeln an mir oft verschlossen bin. Ich möchte vor Gott treten und erlebe in mir und an mir die Ambivalenz, daß ich es gar nicht *kann.* Die Schuldfrage ist nur *ein* Aspekt dieses Problems. Es ist durchaus möglich, daß einen Menschen im Moment gar nicht so sehr seine Schuld drückt (so ungern dies ein Pietist hören mag), sondern daß ihn vielmehr eine *Not* plagt, die er gerne vor Gott ausbreiten möchte. Auch dieser Mensch sollte sich in dem Ruf „Herr, erbarme dich" wiederfinden können.

„Entlastung"

59. Lassen Sie die Menschen sich nicht schlecht fühlen. Ich habe in einem eigenen Kapitel dieses Buches dargestellt, wie wichtig es mir ist, daß das Sündenbekenntnis in unseren Gottesdiensten einen Platz findet. Dies muß nicht gleich am Anfang des Gottesdienstes sein, freilich wird dies in der Mehrzahl aller landeskirchlichen Gottesdienste so sein. Manche Menschen äußern mir gegenüber ihre Bedrücktheit, wenn sie gleich am Anfang des Gottesdienstes auf ihre Schuld angesprochen werden. Sie fühlen sich in ihre Schranken verwiesen und ordentlich zurechtgestaucht. An dieser Stelle fällt mir auf, wie wenig wir es vermocht haben, unseren Gottesdienstbesuchern zu vermitteln, wie *entlastend* dieser Teil des Gottesdienstes sein will. Es geht doch darum, daß mir eine Last von den Schultern *genommen* und nicht darum, daß mir eine zusätzliche Last *aufgebürdet* werden soll. Als Christen sollten wir von Schuld immer nur im Horizont der Vergebung reden, und zwar so, daß dieser Horizont mächtiger wirkt als unser Reden von Schuld. So auf jeden Fall geschieht es im Neuen Testament, und alle andere Formen des Redens von Schuld sind tendenziell krankmachend. Vergessen wir nicht, daß das „Kyrie eleison" das griechische Äquivalent des hebräischen „Hosianna" ist – das heißt zwar wörtlich übersetzt „Herr, erbarme dich" bzw. „Herr, erhöre uns", ist aber in seinem Ursprung mehr ein Zuruf des Vertrauens und der Wertschätzung (vgl. Matthäus 21,9) als eine echte Bitte.

Bittruf

60. Probieren Sie beim Bittruf verschiedene Variationsmöglichkeiten. Etwa: Mehrere Sprecher treten ans Mikrofon und tragen abwechselnd ihre Bittrufe vor. Vielleicht zünden sie dabei jeweils eine Kerze an und stellen sie auf den Altar. Oder die Gemeinde antwortet nach jeder Bitte mit einem – möglichst mehrstimmigen – Kyriegesang. Im Evangelischen Gesangbuch unter der Nummer 178 finden Sie vierzehn solcher Gesänge. Selbstverständlich können Sie an dieser Stelle auch ganze Kyrie-Lieder singen wie beispielsweise „Meine engen Grenzen", „In Ängsten die einen" oder „Immer, wenn ich dein Wort höre". Oder was halten Sie an dieser Stelle von einer Gebetsstille, in der jeder aufgefordert wird, seine persönliche Not und Schuld vor Gott zu bringen?

„Ehre sei Gott in der Höhe"

61. Erweitern Sie das dem Gnadenzuspruch folgende „Ehre sei Gott in der Höhe". So, wie es in vielen Kirchen gesungen wird, ist es ein abgehacktes Stück, dessen Lobpreischarakter überhaupt nicht deutlich wird. Am besten, Sie singen es ganz – wie im Evangelischen Gesangbuch unter der Nummer 180.1 abgedruckt. Freilich ist dieses Lied den meisten

Gemeinden unbekannt (läßt sich aber lernen). Sie können es sich auch einfacher machen und anstelle des „Ehre sei Gott in der Höhe" das allseits bekannte „Allein Gott in der Höh sei Ehr" (EG 179) singen. Sie können auch beides hintereinander singen (dann von Lied 179 nur die Strophe 1), was textlich freilich eine Doppelung ist, aber von einer traditionellen Gemeinde wohl am schnellsten akzeptiert wird. Wofür auch immer Sie sich hierbei entscheiden: Stehen Sie zu diesem Punkt auf! Das unterstreicht auch psychologisch die Tatsache, daß Sie „Gott in der Höhe" jetzt die Ehre geben. Wie an anderer Stelle in diesem Buch erwähnt, erscheint mir hier die geeignetste Stelle, einen eigenen Lobpreisteil (siehe Seite 134) anzuschließen.

Wechselseitiger Segen

62. Ziehen Sie den wechselseitigen Segen („Der Herr sei mit euch" – „Und mit deinem Geist") an den Anfang der Eingangsliturgie. Ich finde den wechselseitigen Segen zwischen dem Liturgen und der Gemeinde im Rahmen des Gottesdienstes etwas Wunderbares. Im mittelalterlichen Gottesdienst wurde er im Laufe eines Gottesdienstes bis zu neunmal (!) gesprochen, und zwar jedesmal dann, wenn ein Einzelner aus dem Gottesdienstgeschehen in irgendeiner Weise heraustrat (auch wenn es sich dabei immer wieder um die gleiche Person handelte). Es ging und geht bei diesem Segen also nicht lediglich um eine Begrüßung, sondern um das gleichermaßen gewisse wie demütige Bekenntnis: „Das, was ich jetzt sagen oder tun will, soll euch zum Segen gereichen; ich trete hier andererseits aber nicht auf, ohne mich vorher von euch segnen zu lassen!" An dem einzigen Ort, an dem dieser wechselseitige Segen im normalen evangelischen Gottesdienst heute noch geblieben ist, ist er freilich ein Relikt: Er unterbricht völlig sinnlos die Struktur der Eingangsliturgie. Das hat geschichtliche Gründe: An dieser Stelle pflegte früher der Pfarrer im Rahmen des Gottesdienst zum erstenmal aufzutauchen und den Liturgen abzulösen. Klar, daß er erstmal seinen Segen erteilte und um den Segen der Gemeinde bat. In unseren Gottesdiensten aber ist der Pastor bereits seit einiger Zeit zugange. Auf jeden Fall habe ich noch nie erlebt, daß an dieser Stelle irgendwo ein neuer Liturg ins Spiel gekommen wäre. Daher plädiere ich dafür, den Wechselsegen an den Anfang der Liturgie zu ziehen. Die „Erneuerte Agende" der VELKD macht dazu einen schönen Vorschlag:

Liturg:	Im Namen des Vaters und des Sohnes und des heiligen Geistes.
Gemeinde:	*Amen.*
Liturg:	Unsere Hilfe steht im Namen des Herrn,
Gemeinde:	*der Himmel und Erde gemacht hat.*
Liturg:	Die Gnade unseres Herren Jesus Christus und die Liebe Gottes und die Gemeinschaft des Heiligen Geistes sei mit Euch allen!
Gemeinde:	*Und mit deinem Geist!*

Neues und Vertrautes

63. Alles in allem: Finden Sie ein gutes Mischungsverhältnis zwischen Vertrautem und Ungewohntem. Der große Vorteil von Liturgie ist, daß diese dem Gottesdienstbesucher ein vertrautes Gerüst anbietet, in das er sich betend hineinbergen kann. Er weiß im wesentlichen, was kommt, und das bringt ihn zur Ruhe. Es ist eine zu beobachtende Tatsache, daß darum auch Freikirchen über kurz oder lang eine Art von Liturgie ausbilden: Ein Gerüst von bewährten Hilfen, die Menschen in die Anbetung Gottes zu leiten und für das Wort Gottes zu öffnen. Ganz am Anfang (Seite 29) habe ich ein Plädoyer dafür gehalten, über die Inhalte und den Ablauf der Liturgie auf möglichst vielen Ebenen zu informieren. Das ist eine große Hilfe, freilich haben die Verstehensschwierigkeiten, die viele Menschen mit der Liturgie haben, nicht nur mit dem Kopf, sondern auch mit dem Lebensgefühl zu tun. Die Frage ist, ob man im Namen einer jahrhundertealten Tradition einfach darüber hinweggehen kann, daß sich dieses Lebensgefühl der Menschen heute geändert hat. Ein anderer Weg, Liturgie bewußt zu machen, ist, daß man einzelne Elemente variiert, etwa so, wie auf den vorherigen Seiten vorgeschlagen. Die Betonung liegt auf „*einzelne* Elemente". Machen Sie nicht die ganze Eingangsliturgie zur experimentellen Spielwiese, sondern nehmen Sie sich jeweils einen Teil der Liturgie heraus, experimentieren Sie damit und nehmen Sie wahr, was das mit Ihnen und Ihrer Gemeinde macht. Das bewahrt vor einschläfernder Routine; die Einbettung in die vertraute Liturgie aber erhöht die Bereitschaft der Gottesdienstbesucher, sich liturgisch auf etwas Neues einzulassen. Ziel der von mir aufgeführten Variationen ist nicht, die Liturgie auszuhöhlen und abzuschaffen, sondern sie reicher und für den modernen, in der Regel nicht kirchlich sozialisierten Menschen verstehbar und nachvollziehbar zu machen, daß auch er sich auf Dauer darin zuhause fühlen kann.

Taufen im Gottesdienst – Hinweise für Landeskirchler

Teil 3: 111 praktische Tips

64. Führen Sie Taufen nur im Rahmen Ihrer Hauptgottesdienste durch. In der Landeskirche hat sich leider eingebürgert, daß für Taufen – ähnlich wie bei Hochzeiten – eigene Taufgottesdienste durchgeführt werden. Eine verhängnisvolle Entwicklung, denn das hat dazu geführt, daß Taufen im allgemeinen Bewußtsein nicht mehr als Fest *der Gemeinde,* sondern als Familienfeste angesehen werden. Gott sei Dank gehen mehr und mehr Gemeinden dazu über, Taufen wieder im Rahmen des normalen Sonntagsgottesdienstes durchzuführen. Dies geschieht freilich oft gegen den erbitterten Widerstand vieler Familien, die sich scheinbar nichts Schlimmeres vorstellen können, als dieses privateste aller Feste zusammen mit der christlichen Gemeinde zu feiern. Dem können Sie nur fest entgegentreten, indem Sie in dieser Frage konsequent sind. Wenn Sie *eine* Ausnahme zulassen, dann bekommen Sie die Tür nicht mehr zu. In Deutschland wirkt übrigens die Formel „Bei uns macht man das so" sehr viel besser als alle inhaltliche Argumentation. Also fassen Sie einen Kirchenvorstandsbeschluß und machen Sie keine Ausnahmen mehr. Wenn Sie doch versuchen wollen, inhaltlich zu argumentieren, dann machen Sie deutlich, daß Taufe nach dem Neuen Testament und nach Lehre der Kirche die Inkorporation (Eingliederung) eines Menschen in die Gemeinde ist (1. Korinther 12,13) und daß letztere daher bei der Taufe sinnvollerweise anwesend sein sollte.

„Eine verhängnisvolle Entwicklung: Taufen werden oft nicht mehr als Fest der Gemeinde, sondern als Familienfeste angesehen."

Besondere Mühe

65. Sorgen Sie dafür, daß Taufgottesdienste besonders schöne Gottesdienste sind. Natürlich sollen, das ist die Philosophie dieses Buches, alle Ihre Gottesdienste schön, das heißt attraktive und inspirierende Erfahrungen sein. Dieses Anliegen verstärkt sich aber bei Taufgottesdiensten noch einmal in besonderem Maße. Denn wenn Sie die Taufen in Ihre normalen Gottesdienste integrieren, kommen – gleich ob Sie eine Kinder- oder eine Erwachsenentaufe durchführen – eine Menge Leute in die Kirche, die sonst nie in einen Gottesdienst gehen. Nicht selten erlebt man es, daß Menschen anläßlich einer Taufe zum erstenmal seit vielen Jahren wieder eine Kirche von innen sehen. Das ist eine großartige Möglichkeit, ihnen durch besonders ansprechende Gottesdienste etwas von dem Vorurteil zu nehmen, daß Kirche immer langweilig und unnormal ist. In unserer Gemeinde haben wir im Laufe der Jahre häufig erlebt, daß Menschen von einem Taufgottesdienst so angesprochen waren, daß sie immer wiederkamen und mittlerweile fest in unsere Gemeinde integriert sind. Das gelingt allerdings nur, wenn Ihre anderen Gottesdienste qualitativ nicht deutlich schlechter sind als Ihre Taufgottesdienste. Sonst sehen Sie die durch Ihren Taufgottesdienst angesprochenen Leute noch *einmal* – und dann nie wieder.

Zeitpunkt im Gottesdienst

66. Legen Sie Taufen in den Anfangsteil Ihres Gottesdienstes. In manchen Gemeinden finden die Taufen erst nach der Predigt statt. Das bringt vor allem bei Kindertaufen oft eine erhebliche Unruhe mit sich: Die Tauffamilie ist in der Regel nervös-gespannt, die Kinder werden unruhig – und das Ganze überträgt sich auf den Gottesdienst. Lösen Sie die Spannung, indem Sie die Taufe in den Eingangsteil des Gottesdienstes einbinden: Nach der Begrüßung – in der die Tauffamilie bzw. der Täufling selbstverständlich besondere Erwähnung findet – kommt das Eingangslied (das sinnvollerweise ein Tauflied sein sollte), dann ein Psalm und eine kurze Taufliturgie (Taufbefehl, Glaubensbekenntnis, Tauffragen, Selbstverpflichtung der Paten, Taufe). Im Anschluß an die Taufe folgt bei uns der Lobpreisteil und dann die Predigt. Zur Predigt sollte ein Elternteil mit dem Kind herausgehen können (und nicht, wie mancherorts üblich, die ganze Tauffamilie samt Paten!). Ein wichtiges Signal ist es, wenn für den Täufling und die anderen Kinder der Tauffamilie ein gutes Kinderprogramm oder eine gut organisierte Kinderbetreuung vorhanden ist (siehe die Tips zur Kinderarbeit auf Seite 246).

Kindergottesdienst

67. Beziehen Sie den Kindergottesdienst mit ein. Nicht nur für die Erwachsenen, sondern auch für die Kinder sollte an einem Taufsonntag ein schönes Programm stattfinden. Selbstverständlich werden alle Kinder, die im Gottesdienst anwesend sind, eingeladen, zur Taufe nach vorne zu kommen und sich in einem großen Kreis um die Tauffamilie zu stellen, damit sie genau sehen können, was geschieht. Bieten Sie den Eltern, die ihre Kinder zur Taufe mitgebracht haben, an, daß diese vor der Predigt in eine der vorhandenen Kindergruppen gehen können, eventuell in Begleitung eines Erwachsenen. Noch besser ist es natürlich, wenn Ihr Kindergottesdienst bei der Taufe selbst beteiligt ist, indem er etwa ein Lied singt, eine selbstverzierte Kerze überreicht oder was auch immer. Die Kindergruppe geht nach der Taufe hinaus in ihre Gruppenräume und kann alle Kinder aus der Taufgemeinde gleich mitnehmen.

Predigt

68. Halten Sie keine eigene Taufpredigt. Zwei Predigten sind weniger als eine. Die an dieser Stelle oft erfolgende Kurzpredigt verfehlt in der Regel ihren Zweck: Die Taufgemeinde ist nervös, will die Sache hinter sich bringen und hat keinen Nerv, sich jetzt auf die Ermahnungen des Pastors einzulassen, und die restliche Gemeinde ist nicht der sinnvolle Adressat einer Taufpredigt. Stellen Sie darum lieber in Ihrer „normalen" Predigt – wenn „alles vorbei" ist – einen Bezug zur Taufe her.

Paten

69. Bei Kindertaufen: Beziehen Sie die Paten mit ein. In unserer Gemeinde haben die Paten bei der Taufe nicht nur die Funktion, das Kind bei der Taufe zu halten. Zum einen legen sie ein Versprechen ab, für die christliche Erziehung des ihnen durch das Patenamt anvertrauten Kindes Sorge zu tragen. Das ist allgemein üblich. Da über die Füllung eines solchen Versprechens aber eine weitgehende Unklarheit besteht, sage ich recht deutlich, was ich darunter verstehe: „Das heißt konkret: Wollen Sie mit dem Kind und für das Kind beten, es vertraut machen mit der Heiligen Schrift und die Angebote unserer Kirche für Ihre Kinder in Unterricht, Kreisen und Kindergottesdienst wahrnehmen, so antworten Sie: ‚Ja, mit Gottes Hilfe.'" Sodann lasse ich die Paten nacheinander vor der Gemeinde laut ein Versprechen abgeben, etwa: „Wir wollen dafür Sorge tragen, daß du Gott und die Menschen liebgewinnst, so wie es uns Jesus vorgelebt hat. (+) Gott segne dich." Oder: „Gott lasse dich zu einem Menschen werden, der auf seinen Wegen wandelt. Wenn ich dir dabei helfen kann, will ich es tun. (+) Gott segne dich." An der Stelle, an der hier ein Kreuz (+) abgedruckt ist, tauchen die Paten ihren Daumen in das Taufwasser und zeichnen dem Kind ein Kreuz auf die Stirn. Dadurch werden die Paten am Taufakt selbst beteiligt; auch hier wird deutlich, daß nicht der Pfarrer, sondern die Gemeinde als Ganze die Taufe vollzieht. Es ist auch eine schöne Möglichkeit, daß eine(r) der Pat(inn)en den Taufspruch vorliest.

Persönliches Bekenntnis

70. Bei Erwachsenentaufen: Lassen Sie den Täufling ein persönliches Bekenntnis sprechen. Es gehört mit zum Ergreifendsten, wenn ein erwachsener Mensch in wenigen Worten erzählt, was ihn dazu bewogen hat, sich taufen zu lassen. Solche Erzählungen haben eine nicht zu unterschätzende Signalwirkung auf andere Besucher des Gottesdienstes. Gerade bei Taufen kommen ja oft Gäste, die dem Christentum nur bedingt verbunden sind. Für sie – und auch für andere gemeindliche „Randsiedler" – kann ein solcher Erfahrungsbericht ein wichtiger Anstoß sein. Auch für den Täufling ist ein solches öffentliches Bekenntnis ein wichtiger Schritt, der oft mit großer Unsicherheit, nach vollbrachter Tat aber mit großer Freude verbunden ist: „Ich habe vor einer großen Menge von Menschen Zeugnis von meinem Glauben und meiner Liebe zu Jesus abgelegt!" Und der Rest der Gemeinde freut sich ebenfalls, zu sehen und zu hören, daß das Evangelium wirklich Menschenherzen und Menschenleben verändert. Aber bitte gehen Sie mit dem Täufling seine kurze Rede vorher durch. Sie sollte zwei bis drei Minuten nicht überschreiten und könnte etwa folgende drei Elemente beinhalten: (a) Mein Leben vor Christus. (b) Was habe ich erlebt, daß ich mich auf Christus eingelassen habe? (c) Was bedeutet diese Taufe für mich?

Taufversprechen

71. Bei Erwachsenentaufen: Lassen Sie den Täufling ein eigenes Versprechen formulieren. Vorgegebene Fragen, die der Täufling nur mit „Ja" bzw. mit „Ja, mit Gottes Hilfe" beantwortet, haben bei aller Korrektheit etwas Starres, Unlebendiges. Ein selbstformuliertes (und vorher miteinander besprochenes) Versprechen des Täuflings bringt da eine ganz andere Lebendigkeit und Frische hinein.

Verpflichtung der Gemeinde

72. Verpflichten Sie die Gemeinde. Warum eigentlich soll nur der Täufling bzw. die Tauffamilie etwas versprechen? Warum verspricht nicht die Gemeinde, daß sie den Täufling in ihre Mitte aufnehmen will und mit ihm zusammen den Weg Jesu gehen möchte? Es wäre ein schönes Zeichen der Solidarität mit dem Täufling, wenn sich die Gemeinde – nachdem er sich zu Christus und seiner Gemeinde bekannt hat – auch zu ihrem neuen Mitglied bekennen und ihm ihre Wegbegleitung versprechen würde.

Den Täufling zeigen

73. Bei Kindertaufen: Tragen Sie das Kind durch die Kirche. Es gibt der Taufe einen besonderen *human touch,* wenn der Pastor das Kind nach der Taufe auf den Arm nimmt, es hochhält und einmal von vorne nach hinten durch die Kirche trägt. Immerhin wird das Kind in die Gemeinde hineingetauft. Warum sollen nur die Menschen in den ersten Reihen das neue Gemeindemitglied genauer ansehen können? (Da sitzen in der Regel ohnehin die, die das Kind näher kennen.) An dieser Stelle geht bei uns immer ein Lächeln durch die Kirche. Selbst vorher unruhige Täuflinge hören meist auf zu schreien, da es jetzt etwas zu gucken gibt. Und wenn der Pastor sich nicht ganz sicher fühlt, läßt er notfalls die stolze Mutter mit dem Kind durch die Kirche laufen.

Taufe und Glaube

74. Machen Sie deutlich, daß die Taufe auf den Glauben bezogen ist. Ob Erwachsenen- oder Kindertaufe: Beides macht mich nicht zum Christen. Christ werde ich erst, indem ich auf das große Ja Gottes, das er in Jesus Christus zu mir spricht, mit meinem Ja, mit meinem Glauben und meinem Leben antworte. Die Kindertaufe kann dabei in sehr schöner Weise versinnbildlichen, daß Gott schon lange, bevor wir „Ja" zu Ihm sagten, „Ja" zu uns gesagt hat. So verstanden, ist die Kindertaufe die ausgestreckte Hand Gottes über dem Leben eines Menschen, die es im Glauben dann später zu ergreifen gilt. Die Großtaufe wird weniger als ein Handeln Gottes als vielmehr als ein antwortendes Handeln des Menschen verstanden. Die Taufe ist hier nicht Sinnbild des Zuspruchs Gottes, sondern sie ist Bekenntnis und Selbstverpflichtung des Menschen. Man sollte in der Landeskirche beide Formen der Taufe nicht gegeneinander ausspielen, sondern gleichberechtigt nebeneinander stehenlassen, damit sie sich gegenseitig ergänzen. Auf jeden Fall sollte man bei der Taufe nicht versäumen deutlich zu machen, daß sie den Glauben des Menschen fordert.

Tauferinnerung

75. Erinnern Sie die Gemeinde an ihre Taufe. Gerade bei Erwachsenentaufen, aber auch bei mancher Kindertaufe erscheint es mir angebracht, die im Gottesdienst anwesende Gemeinde an ihre eigene Taufe zu erinnern. Dies kann in Form eigener Tauferinnerungsgottesdienste erfolgen oder in einer Befragung der Gemeinde. Das könnte etwa so aussehen:

Erkennt ihr in eurer Taufe das Zeichen der bedingungslosen Liebe Gottes zu euch, so antwortet: „Das erkennen wir."

Seht ihr, daß ihr mit eurem Leben oft weit hinter dem zurückgeblieben seid, was Gott für euch gewollt hat, so antwortet: „Das bekennen wir."

Wollt ihr mit diesem Gottesdienst neu anfangen, auf Gottes Verheißung zu vertrauen und auf sein Gebot zu hören, so antwortet: „Ja, mit Gottes Hilfe."

Glaubenskurse

76. Laden Sie Taufeltern zu einem Glaubenskurs ein. Taufeltern gehören seit Jahren zu den eifrigsten Besuchern unserer Glaubenskurse. Das hat Gründe. Eltern, die gerade ein Kind bekommen haben, sind in außergewöhnlichem Maße offen für religiöse Fragen. Etwas überwältigend Neues und Schönes ist in ihr Leben getreten, das sie dankbar sein läßt. Auf der anderen Seite wirft die Geburt eine Fülle von neuen Fragen auf, unter anderem die nach Gottes Begleitung und nach einer angemessenen religiösen Erziehung. Ich habe viele Eltern erlebt, die über die Erziehung ihrer Kinder ein ganzes Stück „fromm" geworden sind. Ein Glaubenskurs kann helfen, diese manchmal recht urwüchsige Frömmigkeit wieder in christliche Bahnen zu leiten.

Geschenke

77. Schenken Sie dem Täufling etwas Sinnvolles. In vielen Gemeinden ist es üblich, daß dem Täufling eine Taufkerze geschenkt wird. Das ist sicherlich ein netter Brauch, aber seien wir mal ehrlich: Was passiert damit? In der Regel endet eine solche Kerze irgendwo in einem Schrank. Selbst, wenn sie, was eigentlich Sinn der Sache ist, am Tauftag hervorgeholt wird, ist noch nicht viel gewonnen. In unserer Gemeinde steht es jedem frei, zur Taufe eine Taufkerze selbst mitzubringen. Statt einer Kerze schenken wir dem Täufling bei *Kindertaufen* eine Kinderbibel („Was uns die Bibel erzählt" von Kees de Kort, die Komplettausgabe wird für Taufzwecke von der Hessischen Landeskirche großzügig gesponsert, erkundigen Sie sich bei Ihrer Kirche, ob es dort Ähnliches gibt). Das zweite Kind einer Familie bekommt ein Buch mit Kindergebeten, das dritte eine CD mit christlichen Kinderliedern. Wir sind der Meinung, daß diese Gegenstände das Kind ab einem gewissen Alter durch das ganze Jahr begleiten und nicht nur an einem Tag im Jahr. Bei einem *Erwachsenen* muß man vorher absprechen, ob er schon eine gut lesbare Bibel hat. Andernfalls würde ich ihm ein gutes Buch schenken (meine persönlichen Favoriten sind neben meinem eigenen Buch „Glaube hat Gründe" Bill Hybels' „Der neue Weg" und Christian A. Schwarz' „Anleitung für christliche Lebenskünstler").

Teil 3: 111 praktische Tips

Der Verkündigungsteil des Gottesdienstes

„Was eine Predigt ist, definiert sich nicht durch eine bestimmte Form, sondern durch das, was bewirkt wird."

78. Wehren Sie der Inflation der Bibeltexte im Gottesdienst. Es ist gut gemeint, wenn in einem traditionellen evangelischen Gottesdienst zwei (oder gar drei!) Lesungen aus der Bibel vorgetragen werden, dazu kommt der Eingangspsalm, der Predigttext und so manches versteckte Bibelwort – etwa im Gnadenzuspruch – sowie im Bedarfsfall die besonderen Texte der Tauf- und Abendmahlsliturgie. Im Hintergrund dieser Fülle steht sicherlich die Absicht, deutlich zu machen, wie abhängig alles gottesdienstliche Geschehen vom Wort Gottes ist. Auf der anderen Seite fürchte ich, daß durch diese Menge an Bibelworten das genaue Gegenteil erreicht wird: Die Menschen werden für das Wort Gottes nicht sensibilisiert, sondern eher abgestumpft. Sie können diese Fülle überhaupt nicht aufnehmen, und ich erinnere mich, als Jugendlicher (und – ich wage es kaum zu gestehen – auch manchmal als Erwachsener) ob dieses „Bombardements" gestöhnt zu haben: „O nein, nicht *noch* ein Bibeltext!" Und das nicht, weil ich gering von der Bibel dachte, sondern weil ich – außer in der Predigt – nicht die Gelegenheit bekam, mich mit diesen Texten auch nur halbwegs adäquat auseinanderzusetzen. Ich kann darin – bei aller guten Absicht – keine Aufwertung, sondern eigentlich nur eine ungewollte Entwertung der Bibel im Gottesdienst sehen. Im Idealfall sollte im Gottesdienst nur *ein* Bibeltext vorkommen, bei dem gewissermaßen alle Fäden zusammenlaufen. Eine Ausnahme mag der Eingangspsalm sein, wenn denn die Versauswahl feinfühlig genug vorgenommen wurde, um sich in ihn hineinzumeditieren. Im Zweifelsfall würde ich ein einfühlsames Gebet in moderner Sprache einem sich lediglich vom Kirchenjahr her anbietenden Psalm vorziehen.

Zentraler Bibeltext

79. Lesen Sie den zentralen Bibeltext des Gottesdienstes zweimal vor. Lassen Sie diesen Text dabei von Personen vorlesen, die für diesen Dienst geschult worden sind. Daß er „herüberkommt", ist ein Hauptanliegen des Gottesdienstes und das sollte nicht als nebensächliche Aufgabe angesehen werden. In unserer Gemeinde haben wir die Inflation von Bibelworten im Gottesdienst dadurch eingeschränkt, daß wir in der Lesung bereits den Predigttext in einer modernen Übertragung (etwa die von Jörg Zink oder die bei uns sehr beliebte „Hoffnung für alle"; Luther würde heute wahrscheinlich die Gute Nachricht empfehlen) vorlesen, bei der Predigt kommt dann der gleiche Text noch einmal nach der Übersetzung Martin Luthers. Das heißt: Die Gemeinde hört den entscheidenden Text zweimal, und sowohl jene Hochkirchlicher, für die ein Gottesdienst ohne Lutherbibel nicht vollwertig ist, wie auch diejenigen, die sich mit der Sprache Luthers eher schwer tun, kommen zu ihrem Recht. Die eingängigere Übertragung läßt auch letztere Gruppe recht schnell den Sinn des Textes erfassen, um dann vor der Predigt die genauere, aber sprachlich nicht immer ganz einfache Luther-Übersetzung aufnehmen und genießen zu können. Im Übrigen ist es manchmal hilfreich, den Lesungstext in ein paar einleitende Worte einzubetten, die in zwanzig, dreißig Sekunden (keinesfalls mehr!) eine Fragestellung entwickeln, auf die der Text eine Antwort gibt.

Künstlerische Elemente

80. Vertiefen Sie den Zentraltext Ihres Gottesdienstes durch künstlerische Elemente. Im klassischen Gottesdienst geschieht die Vertiefung eines Bibeltextes durch einen zweiten Bibeltext, der den ersten erläutert und ergänzt. Im heutigen Videoclip-Zeitalter, in dem die Menschen stärker darauf aus sind, etwas zu sehen oder zu erleben, plädiere ich für den Einsatz von künstlerischen Elementen: Geeignet sind alle möglichen Formen von Szenen, Anspielen, Sprechrollen, pantomimischen Darstellungen etc., die in Ihrer Gemeinde möglich sind. Ein sehr schönes Buch zu diesem Thema ist in unserer Gemeinde entstanden: „So ein Theater" von Fabian Vogt (Projektion J, ISBN 3-89490-170-5). Eine Inhaltsbeschreibung von über 100 gottesdienstgeeigneten Theaterstücken gibt es ebenfalls bei Projektion J: „Willow Creek Theater. Drama, Sketche, Kabarett für kreative Gottesdienste" (ISBN 3-89490-174-8). Wenn Sie einen begabten Liedermacher haben, lassen Sie ihn ein passendes Lied zum Predigttext vortragen. Und wenn es denn unbedingt ein weiterer Text sein muß, dann nehmen Sie einen „Gegentext", eine Meditation, einen verfremdeten Bibeltext o. ä., der die Aufmerksamkeit der Gottesdienstbesucher schärft (Beispiel: „Die wunderbare Zeitvermehrung" von Lothar Zenetti, ISBN 3-7904-0308-3, oder andere Sammlungen von Variationen zur Bibel).

Bilder

81. Arbeiten Sie mit Bildern. In meinem Kapitel zur Predigt habe ich einiges über die Wirkkraft von Bildern gesagt (Seite 147), habe mich dabei aber vornehmlich auf den Einsatz von Bild*worten* und Beispielsgeschichten bezogen. Ein eigenes Element wäre der Einsatz von Bildern, die als Dia an die Wand projiziert (bitte vorher klären: Ist der Raum verdunkelbar, der Diaprojektor mit genügend Zoom und ohne Gebläse) oder als Postkarten an alle Gottesdienstbesucher verteilt werden (am besten beides). Eine riesige Auswahl an Bildern gibt es bei den Ton- und Bildstellen der einzelnen Landeskirchen. Dabei bieten sich vor allem drei Gebiete an: künstlerische Darstellungen, Landschafts- und Naturaufnahmen und Symbolbilder. Den Gottesdienstbesuchern sollte dabei die Gelegenheit gegeben werden, das Bild erst still zu betrachten, eventuell anhand einiger Leitfragen wie: „Was fällt mir sofort ins Auge?"– „Was löst das Bild in mir aus?" – „Was will mir das Bild sagen?" oder „Wo sehe ich mich selbst in diesem Bild?" Die Auslegung des Predigers sollte dabei sehr behutsam erfolgen, um das eigene Sehen nicht zu überdecken. Eine an die Auslegung anschließende Stille zum Weiter-Sehen sowie ein zusammenfassendes Gebet schließen die Bildbetrachtung ab.

Anschauliche Gegenstände

82. Setzen Sie in der Predigt anschauliche Gegenstände ein. Der katholische Priester Willi Hoffsümmer hat in einer Vielzahl von Büchern Predigtentwürfe zu allen möglichen Symbolgegenständen veröffentlicht (etwa: „144 Zeichenpredigten durch das Kirchenjahr", ISBN 3-7867-0995-5):

Von einer Wäscheklammer über ein altes Wagenrad bis hin zum Osterei schafft er es auf bewundernswerte Weise, den verschiedensten Alltagsgegenständen eine theologische Bedeutung zu verleihen.

Predigterinnerungen

83. Geben Sie den Gottesdienstbesuchern ab und zu etwas mit, was sie nach dem Gottesdienst an die Predigt erinnert. Mich begleitet bis heute ein Zimmermannsnagel, den ich vor Jahren in einem Karfreitagsgottesdienst bekam oder eine Postkarte mit der Jahreslosung, die im letzten Sylvestergottesdienst verteilt wurde. Ein Säckchen mit Salz nebst einer Streichholzschachtel, die ich einmal in einem Gottesdienst bekam, erinnern mich bis heute an den Auftrag Jesu, Salz und Licht zu sein. Die eben erwähnten Bücher von Willi Hoffsümmer halten auch hier ein Fülle von Ideen bereit.

Alternative Predigtformen

84. Benutzen Sie von Zeit zu Zeit Stilelemente wie Dialog- oder narrative (= erzählende) Predigten. Ich würde das nicht jeden Sonntag tun, aber ein gut gestalteter Dialog von Zeit zu Zeit kann eine mächtige Predigt sein. Ich erinnere mich an ein (fiktives) Streitgespräch, das ich mit einem Freund über die Pros und Contras der Auferstehung geführt habe. Dieses Streitgespräch dauerte über eine halbe Stunde, und die Gemeinde hörte bis zum letzten Augenblick gebannt zu. Eine ähnliche Bannkraft hat eine gut ausgearbeitete narrative Predigt. „Eine Geschichte ist doch keine Predigt", kann man manchmal hören. Warum eigentlich nicht? Was eine Predigt ist und was nicht, definiert sich nicht durch eine bestimmte *Form* der Rede, sondern dadurch, was durch diese Rede bewirkt wird. Und wenn eine gut erzählte Geschichte Menschen aufrüttelt und ihnen hilft, im Glauben, der Liebe oder der Hoffnung zu wachsen, ist das sehr wohl eine Predigt.

Momente der Stille

85. Schaffen Sie während Ihres Gottesdienstes kurze Momente der Stille. Stille ist für den geistlichen Menschen etwas Wunderbares. In einer Zeit, in der Menschen einer ständigen Beschallung durch das Radio und andere Geräuschquellen ausgesetzt sind, ist Stille besonders wichtig, wird aber andererseits von vielen als beunruhigend empfunden. Anders als für diejenigen unter uns, die schon seit Jahren Christen sind, ist Stille für viele Menschen von heute kein Wert in sich selber. Für sie ist eine einminütige Stille unter Umständen eher ein Vorbote der Hölle als des Himmels. Sie müssen darum *behutsam* an die Stille herangeführt werden. Die natürlichen Orte für Momente der Stille im Gottesdienst liegen beim Sündenbekenntnis, im „Herzstück" des Lobpreises, nach der Predigt oder zwischen Fürbitte und Vaterunser. Je nach Plazierung bekommt die Gebetsstille dann eine eigene Einfärbung und einen eigenen Charakter.

Stille einüben

86. Geben Sie Ihren Gottesdienstbesuchern Hilfen, um sie an die Stille heranzuführen. Die bloße Abwesenheit jeglicher Geräusche und Worte wird von vielen eher als beunruhigend denn als hilfreich erfahren. Darum kommt es darauf an, nicht nur still zu werden, sondern diese Stille zu *füllen.* Weiter oben habe ich etwas zu dem Einsatz von *Bildern* in der Predigt gesagt. Ein leises *Musikstück* – gegebenenfalls von CD – kann eine andere Hilfe sein, zur Ruhe zu kommen (auch wenn Sie es als paradox empfinden mögen, daß viele Menschen eine äußere Schallquelle brauchen, um innerlich ruhig zu werden). Eine *Frage* am Ende der Predigt, der man nachgehen kann, eine klare *„Arbeitsanweisung"*, woran man in der Stille denken soll (Sünden, Fürbitten etc.) oder eine *„gelenkte Phantasie"* sind nur einige von vielen Möglichkeiten, die es an dieser Stelle gibt.

Laienpredigt

87. Lassen Sie öfters auch einmal „Laien" in Ihrem Gottesdienst predigen. Menschen, die nicht im vollzeitlichen Dienst stehen, haben prinzipiell einen anderen Zugang zu Bibeltexten als Theologen und Pastoren. Sie kennen das Alltagsleben, das der normale Gottesdienstbesucher führt und das ihn prägt, aus eigener Anschauung. Dieser hohe Relevanzbezug macht das mangelnde theologische Wissen in der Regel wett und bildet eine wichtige Ergänzung zur theologischen und exegetischen Predigt des Pastors. Zweifellos ist nicht jeder Laie zum Predigen begabt (auch nicht alle, die eine offizielle Ermächtigung zum Predigen haben), aber das gilt auch für so manchen Pastor und spricht nicht generell gegen den Einsatz von Laien, sondern lediglich gegen den Einsatz predigtunbegabter Laien.

Mitschreiben

88. Motivieren Sie Ihre Gottesdienstbesucher, mitzuschreiben. Am besten tun Sie das, indem Sie ihnen bereits am Eingang einen „Gottesdienstfahrplan" in die Hand drücken, auf dem neben den wichtigsten Texten sowie den Mitteilungen und Veranstaltungen vor allem die Hauptthesen der Predigt *mit Lücken zum Ausfüllen* abgedruckt sind. In einigen Gemeinden erlebe ich es als völlig selbstverständlich, daß der Pastor während der Predigt sagt: „Unterstreichen Sie jenen Vers, machen Sie einen Kreis um das Wort ‚Gnade', oder fügen Sie diesen oder jenen Begriff in die leerstehende Zeile ein." Ein Mensch vergißt 95 Prozent von dem, was er nur gehört hat. Das Mitschreiben und das aktive Nachdenken beim Ausfüllen erhöht den Prozentsatz dessen, woran man sich erinnert, erheblich. (Wenn man dann darüber anschließend noch in einem Nachbereitungskreis oder beim Predigtnachgespräch diskutiert, ist es noch besser, und am wenigsten wird man eine Predigt vergessen, wenn man das Gehörte in die Tat umsetzt.)

Zeichengaben

89. Legen Sie genau fest, wie Sie in Ihrem Gottesdienst mit Zeichengaben wie Prophetie oder Zungenrede umgehen. (Dieser Rat gilt natürlich nur für Gemeinden, in denen diese Dinge überhaupt ein Thema sind.) Lassen Sie sich in diesen Fragen von den Kriterien des Paulus leiten: Ordnung, Verständlichkeit, Überprüfung, Unanstößigkeit – und ich würde Paulus interpretierend hinzufügen: eine größtmögliche Natürlichkeit. Hier muß es einfach klare Vorgaben seitens der Gemeindeleitung geben, sonst gerät Ihnen der Gottesdienst aus den Fugen.

Bewegung

90. Sorgen Sie für Bewegung im Gottesdienst. Ein bißchen mehr „Ekstase" in unseren Gottesdiensten täte den meisten Gemeinden ganz gut. Wir dürfen unsere gepflegte mitteleuropäische Kultiviertheit nicht zur Norm unserer religiösen Lebensäußerungen machen. David tanzte vor der Bundeslade, die ersten Christen tanzten in den Gottesdiensten und an bestimmten Feiertagen sogar auf den Friedhöfen. Die maximale Bewegung in vielen Gottesdiensten ist das Aufstehen beim Glaubensbekenntnis oder das Weiterreichen des Kollektenkorbes – und das ist einfach zu wenig. Selbst der Pastor kommt mit einem Minimum an Bewegungen aus. Sehr lebendig wirkt das natürlich nicht. Ich habe einmal erlebt, wie ein Profi aus dem Theater einen Gottesdienst besuchte und das „Stellungsspiel" des Pastors von seinem – freilich recht einseitigen – Standpunkt aus beurteilte. Es war vernichtend. Er sagte: „Dieser Mann hätte aus seinem Gottesdienst so viel mehr machen können, wenn er sich mehr bewegt und ‚den Raum eingenommen' hätte." In Familiengottesdiensten, auf Kirchentagen, in liturgischen Nächten, in charismatischen Gottesdiensten und anderen Veranstaltungen fangen wir langsam wieder an zu begreifen, was es bedeuten kann, daß die Gemeinde sich in Gottesdiensten bewegt. Wieviel schneller verinnerlicht sich eine Frömmigkeitsäußerung, wenn wir sie mit äußeren Gebärden unterstreichen. Jeder Psychologe wird uns bestätigen, daß etwas, was wir mit dem Körper ausdrücken, uns tiefer prägt als das, was wir nur mit dem Kopf nachvollziehen. Darum beginnen Sie behutsam, etwas Gestik und Körpersprache in Ihre Gottesdienste einzuführen: Etwa ein mit Gesten unterlegtes Lied, bestimmte Gebetsgebärden wie das Händeöffnen, -erheben oder auch Mitklatschen, das Wiegen des Körpers oder das Knien (um dessen natürliche Selbstverständlichkeit im Gottesdienst ich die Katholiken beneide), die Prozession aller zum Altar hin und vielleicht sogar den Tanz.

Der Sendungsteil des Gottesdienstes

Teil 3: 111 praktische Tips

„Am liebsten sähe ich es, wenn niemand aus dem Gottesdienst ginge, ohne mindestens einmal umarmt worden zu sein."

91. Richten Sie ein Fürbitt-Team ein. Lassen Sie Fürbitten sukzessive von Gemeindegliedern vortragen (zunächst einmal im Monat, dann alle zwei Wochen, schließlich wöchentlich). Diese Aufgabe könnte entweder der Predigtvorbereitungskreis übernehmen (Seite 151) oder ein Gebetskreis der Gemeinde. Zum einen macht dieser Schritt deutlich, daß der Gottesdienst nicht allein Sache des Pastors ist, zum andern können zwei oder drei Beter allein durch die Abwechslung der Stimmen die Hörbereitschaft der Gottesdienstbesucher erhalten, wo ein einzelner Beter sehr schnell nur noch monoton klingt.

92. Versuchen Sie in Ihrer Fürbitte nicht, allen Nöten dieser Welt gerecht zu werden. Es gibt eine Untersuchung, wonach das durchschnittliche Fürbitten-Gebet in einem Gottesdienst etwa 250 Worte lang ist. Dabei soll – nach klassischem Muster – vor allem dreier Gruppen gedacht werden: (a) der Kirche und ihrer Repräsentanten, (b) der Welt und ihrer Obrigkeit und (c) der Mühseligen und Notleidenden aller Art. So gut es ist, wenn eine Gemeinde nicht nur um sich selbst kreist, so erscheint es mir doch auf der anderen Seite einigermaßen logisch, daß ein Gebet, das alle drei genannten Gruppen „abdecken" will, dies nur in einer Art „schnellschweifender Allgegenwart" kann. Wem wird man damit wirklich gerecht? Bleibt ein solches Gebet nicht allzu unverbindlich und unkonkret? Und ob unsere Gottesdienstbesucher einem solchen Gebet wirklich zu folgen vermögen? Ich finde: *Weniger* wäre hier oft deutlich *mehr.* Darum: Nehmen Sie sich in Ihrer Fürbitte nur *einer* dieser Gruppen an, am besten einer Gruppe, für die durch die Predigt eine besondere Sensibilität geschaffen wurde. Die Angst, eine Gruppe im Gebet vergessen und nicht vor Gott gebracht zu haben und die damit verbundene Sorge, Gott würde sich deswegen dieser Gruppe weniger intensiv annehmen, erscheint mir eher heidnisch als christlich. Und vergessen Sie nicht, Gott zu fragen, was er vielleicht von Ihrer Gemeinde und Ihren Gemeindegliedern möchte, um dieses Gebet zu erhören. Zwar bin ich der Meinung, daß wir Gott auch und gerade dann bitten sollen, wenn wir *nichts* tun können, aber in vielen Fällen möchte Gott vielleicht nicht nur unser Gebet, sondern auch unsere helfende Tat. Es ist oft so, als ob Gott sagen würde: „Fein, daß du dich im Gebet für diese Thematik öffnest. Du selbst bist ein Teil meiner Antwort."

Anliegen der Gemeinde

93. Beten Sie in Ihrer Fürbitte für Anliegen der Gemeinde. Wo in unseren Gottesdiensten ist der Ort, an dem für Gemeindeglieder gebetet wird, die sich in schwierigen Situationen befinden oder für die einzelnen Dienste, Kreise und besonderen Veranstaltungen der Gemeinde? Sie können sicher sein, daß die Konzentration der Gottesdienstbesucher im Gebet nirgends höher ist als an dieser Stelle! Die Gemeinde spürt regelrecht, wie stark das Gemeindeleben vom Gebet und von der tragenden Fürbitte der Geschwister lebt. In unserer Gemeinde befindet sich ein Gebetskasten (früher hatten wir ein Dank- und Fürbittbuch ausgelegt), in den jeder sein

Gebetsanliegen einwerfen kann – zusammen mit einem Hinweis, ob für dieses Anliegen nur im Gebetskreis oder auch im Gottesdienst gebetet werden soll und dabei der Name erwähnt werden soll oder nicht.

Gemeindeblatt

94. Reduzieren Sie Ihre Ansagen auf das absolut notwendige Minimum. Spätestens ab einer Gottesdienstbesucherzahl von etwa 150-200 wird Ihre Gemeinde *lesen* lernen müssen. Davon ausgehend, daß über die Hälfte dieser Leute nicht nur am Sonntag kommen, brauchen Sie wahrscheinlich fünf bis acht Minuten – und die Zuhörer eine Engelsgeduld –, wenn Sie alle interessanten Veranstaltungen der Woche aufzählen wollen. Ein Seniorenkreis oder eine Jungschar, die sich Woche für Woche trifft, gehört nicht in die Ansagen. Daher beschränken Sie sich in den Mitteilungen auf die drei oder vier Highlights, die für die *gesamte* Gemeinde (oder doch einen Großteil) von Belang sind und sagen Sie den Leuten die magischen fünf Worte: „Alles andere steht im Gemeindeblatt."

Kreativität

95. Gestalten Sie Ihre Mitteilungen möglichst bunt. Die Mitteilungen im Gottesdienst sind eine Kunst für sich. Zunächst einmal sollten Sie sie nicht „Abkündigungen" nennen. Nennen Sie sie „Informationen", „Ansagen", „Mitteilungen" oder wie auch immer, aber bitte benutzen Sie nicht dieses furchtbare Amtsdeutsch. Wenn Sie auf Veranstaltungen mit besonderen Handzetteln hinweisen, halten Sie diese Handzettel bei der Ansage hoch! Dann wissen die Leute, wie der Handzettel aussieht, den sie bei Interesse am Ausgang mitnehmen können. Ein persönliches oder humorvolles Wort lockert die oft sehr trocken und geballt daherkommenden Ansagen auf. Insgesamt sollten die Ansagen – ähnlich wie die Begrüßung – zwei Minuten nicht überschreiten.

Ergänzungen aus der Gemeinde

96. Lassen Sie die Mitteilungen aus der Gemeinde heraus gegebenenfalls ergänzen. In vielen Gemeinden macht der Pastor die Ansagen. Das halte ich für schlecht. In unserer Gemeinde ist es schon etwas besser: Da macht es im Wechsel einer unserer Kirchenvorsteher. Der Nachteil dabei ist, daß einige dieser Kirchenvorsteher sich damit schwertun und sich verhaspeln, undeutlich reden oder Dinge auf eine Weise präsentieren, die nicht gerade dazu geeignet ist, Menschen für diese Veranstaltung zu *werben.* In manchen Gemeinden gibt es darum sogar einen eigenen Dienst, der solche Ansagen sehr professionell vorträgt. Wie auch immer es bei Ihnen ist: In vielen Fällen kann ein Mensch, der mit Herzblut hinter einer Veranstaltung steht, besser für diese werben als jemand, der diese nur qua Amt vorträgt, dabei aber keine innere Beziehung zu der Sache hat. Doch sollte man *vorher* absprechen, wer zu welchem Punkt die Ansagen ergänzt.

Händeschütteln

97. Lassen Sie keinen aus Ihrem Gottesdienst gehen, ohne daß ihm nicht mindestens dreimal die Hand gegeben wurde. Gelegenheiten dazu gibt es genug: Am Eingang hat es das Begrüßungsteam und/oder der Pastor getan (und wird es hoffentlich auch beim Ausgang wieder tun). Gleich bei der Eröffnung des Gottesdienstes können Sie die Leute dazu animieren, ihren Nachbarn die Hand zu geben und sich kurz vorzustellen, oder am Schluß, sich von ihren Banknachbarn zu verabschieden. In Buß- und Abendmahlsgottesdiensten können Sie den „Friedensgruß" austauschen und beim Abendmahl sich im (Halb-)Kreis an der Hand fassen. Bedenken Sie: Für manche Menschen ist dies der einzige Körperkontakt, den sie die ganze Woche mit anderen Menschen haben. Am liebsten sähe ich es, wenn keiner aus dem Gottesdienst ginge, ohne mindestens einmal umarmt worden zu sein.

Kollekte

98. Verlagern Sie Ihre Kollekte nach draußen. Vielleicht ist es nur eine Geschmacksfrage, aber ich habe es schon als Kind als peinlich empfunden, wenn im Gottesdienst der Klingelbeutel herumgereicht wurde. Schrecklich, wenn es klimpert und raschelt und die Leute in ihren Taschen wühlen, während eigentlich ein erbauliches Lied gesungen oder der Orgel zugehört werden soll. Und wenn die Kollekte dann gar noch auf den Altar gelegt wurde, fand ich das vollends unpassend. Die theologische Begründung ist mir auch nicht einsichtig: Früher wurde *der Zehnte* zum Tempel gebracht – ein echtes Opfer. Die knapp zwei Mark, die die meisten Gemeindeglieder – in landeskirchlichen Gemeinden ist das der Durchschnitt – in den Klingelbeutel werfen, erscheinen mir peinlich wenig, um sie feierlich als „unsere Gabe" auf den Altar zu legen (natürlich weiß ich, daß es einzelne Gottesdienstbesucher gibt, für die diese zwei Mark sehr viel Geld sind, aber das ist in unserem doch recht wohlsituierten Land doch eher die Ausnahme). Für das Einsammeln des Geldes während des Gottesdienstes kann ich im Grunde nur das pragmatische Argument finden, daß bei dieser Art von Kollekte in der Regel *mehr* Geld hereinkommt, als wenn sie erst draußen erhoben wird. Klar: Die soziale Kontrolle durch die Banknachbarn und den auffordernd blikkenden Küster, den man nicht gerne mit einem bloßen Kopfschütteln weiterschicken möchte, ist einfach größer. (Ich habe das einmal in einer fremden Kirche gemacht, da funkelte mich der Küster an und zischte: „Gott vergelt's!" Das klang so ähnlich wie: „‚Die Rache ist mein', spricht der Herr.") Doch wie nötig Sie das Geld auch brauchen: Die Geber sollten nicht aus schlechtem Gewissen oder sozialem oder frommen Druck geben, sondern aus innerer Überzeugung und Dankbarkeit. Gott liebt *fröhliche* Geber. Dazu gehört die Freiwilligkeit und die Möglichkeit, über die Zweckbindung der eigenen Gaben selbst zu entscheiden und den Kollektenkorb (bzw. den Kollekteneinsammler) auch guten Gewissens immer wieder einmal stehen zu lassen. Das aber ist draußen leichter möglich als drinnen.

Teil 3: 111 praktische Tips

Nach dem Gottesdienst

„Manch einer geht wegen der Zeit nach dem Gottesdienst überhaupt erst in die Kirche."

99. ***Führen Sie die „Drei-Minuten-Regel" ein.*** Diese Regel besagt, daß in den ersten drei Minuten nach dem Gottesdienst kein Gemeindeglied mit jemandem in ein Gespräch eintritt, den er ohnehin gut kennt und mit dem er auch sonst Gemeinschaft hat. Diese drei Minuten sind nämlich exakt die Zeit, die Gäste, Erstbesucher und gemeindliche „Randsiedler" brauchen, um das Gemeindezentrum zu verlassen, wenn sie bis dahin niemand angesprochen hat und mit ihnen ins Gespräch gekommen ist.

100. ***Bieten Sie nach dem Gottesdienst Tee und für die Kinder Saft an.*** Noch besser ist natürlich Kaffee und Kuchen, was aber deutlich teurer ist. Wenn Sie nicht wollen, daß Ihre Gottesdienstbesucher gleich nach der Kirche wieder nach Hause gehen, brauchen Sie Kristallisationspunkte, bei denen die Menschen stehenbleiben und ins Gespräch miteinander kommen können. Salopp gesagt: Wenn sie erst einmal eine Tasse Tee in der Hand halten, werden sie die nächsten Minuten nicht weggehen. Unsere Gottesdienste drücken oft recht wenig davon aus, daß das Christentum eine Gemeinschaft liebevoll miteinander verbundener Menschen ist. Die Zeit *nach* dem Gottesdienst gibt Ihnen Gelegenheit, das Versäumte nachzuholen: Beziehungen (auch zwischen dem Pastor und den Gemeindegliedern) können nur wachsen, indem miteinander gesprochen wird. Dabei ist es keineswegs notwendig, daß diese Gespräche immer besonders tiefsinnig sein müssen. Viel wichtiger ist es, daß es in dieser Zeit fröhlich und herzlich zugeht.

Keine „Kaffeetafel"

101. ***Richten Sie für Tee und Kaffee bloß keine „Tafel" ein.*** Das Wichtige an dem Tee nach dem Gottesdienst ist für die meisten die relative Unverbindlichkeit, mit der man sich seine Gesprächspartner aussuchen und diese auch wieder wechseln kann. Der Tee nach dem Gottesdienst ist nicht dazu da, tiefe Beziehungen zu pflegen, sondern mit einer größeren Zahl von Menschen Gemeinschaft zu pflegen. An eine große Tafel setzt man sich in der Regel zu denen, die man ohnehin schon gut kennt, oder man kommt neben jemandem zu sitzen, der einem nicht unbedingt liegt, und muß dann gerade mit diesem Menschen kommunizieren. Das trägt nicht gerade zur Fröhlichkeit und Herzlichkeit bei. Darum mag man ein paar „Kaffeehaustische" für jene hinstellen, die nicht so lange stehen können oder wirklich in ein tieferes Gespräch einsteigen, im großen und ganzen aber sollte es bei einem „Stehcafé" bleiben.

Büchertisch

102. ***Bieten Sie einen Büchertisch an.*** Damit schlagen Sie zwei Fliegen mit einer Klappe: Zum einen bekommen Ihre Gottesdienstbesucher durch christliche Bücher eine großartige Gelegenheit, ihren Glauben zu vertiefen. In einer normalen Buchhandlung findet man in der Regel kaum ein gutes christliches Buch. Der Aufwand, ein solches zu finden, ist für viele Gemeindeglieder recht hoch, wenn sie nicht gerade in einer Großstadt mit einer christlichen Buchhandlung leben. Zum andern bildet ein Büchertisch einen weiteren Kristallisationspunkt im Umfeld des Gottesdienstes. Haben Sie Geduld mit dem Büchertisch. Die Sache wird vielleicht nicht vom ersten Moment an ein „Renner" sein. Ihre Gottesdienstbesucher werden nicht von heute auf morgen zu Leseratten und eifrigen Buchkäufern, sondern müssen sich erst einmal an das Angebot gewöhnen. Machen Sie nicht den Fehler, einen Büchertisch nur an bestimmten Sonntagen anzubieten. Denn natürlich haben – Murphys Gesetz! – Ihre Leute dann ausgerechnet an diesem speziellen Sonntag kein Geld dabei. An Angebote, die nur von Zeit zu Zeit erfolgen, gewöhnen sich die Leute nicht.

Timing

103. Beginnen Sie mit ihrem Büchertisch zu einem strategisch sinnvollen Zeitpunkt, zum Beispiel sechs Wochen vor Weihnachten. In dieser Zeit herrscht ein großer Bedarf an guten christlichen Büchern, Kalendern, Kassetten oder CDs. (Seien Sie allerdings darauf gefaßt, daß im Januar und Februar das Geschäft fast auf Null zurückgeht, und halten Sie trotzdem durch.) Mit einem einmaligen Startgeld von ca. 300-500 DM/Sfr. läßt sich schon ein kleiner Grundstock von Büchern aufbauen. Da Büchertische größtenteils auf Kommissionsbasis arbeiten und zudem einen kleinen Gewinn von 10 Prozent erwirtschaften, läßt sich dieser Grundstock schon recht bald ausbauen (und gegebenenfalls zurückzahlen). Unser Büchertisch hat sich sehr schnell von seinem Angebot her vergrößert, und mittlerweile finanzieren wir mit dem am Büchertisch erzielten Gewinn sogar schon das eine oder andere kleine Projekt (und hier und dort verschenken wir auch mal ein Buch). Wenn Sie Interesse an der Einrichtung eines Büchertischs haben, nehmen Sie Kontakt mit Ihrer nächsten christlichen Buchhandlung auf.

Kostenlose Bibeln

104. Legen Sie auf Ihrem Büchertisch kostenlose Bibeln aus. Die wenigsten Menschen haben eine anständige Bibel, mit der sie auch arbeiten können. Vielleicht haben sie Interesse, einmal nachzulesen, worüber der Pastor gepredigt hat, oder ein Evangelium zu lesen, wie in der Predigt angeregt. Aber an die alte, staubige Bibel zuhause mit ihrem unverständlichen Deutsch und der Frakturschrift, an der sie sich schon in ihrer Jugend die Zähne ausgebissen haben, trauen sie sich nicht heran. Sie können die Schwelle zum Bibellesen deutlich herabsetzen, indem Sie ihnen eine brauchbare Bibel schenken. „Das können wir uns nicht leisten!" sagen Sie? Doch! Für nur 200.- DM (plus Porto) bekommen Sie bei IBS Deutschland 100 (!) Neue Testamente nach der Übersetzung „Hoffnung für alle" (allerdings nur für Verschenkzwecke; Kontaktadresse: Neßlauerstraße 11, 73434 Aalen).

Plazierung

105. Plazieren Sie Ihren Bücher- und Teetisch an einer Stelle, an der jeder vorbeikommt. Am besten eignet sich dafür ein Foyer, falls Sie so etwas vor Ihrem Gottesdienstraum haben. Die Gottesdienstbesucher sollten nicht erst Umwege machen müssen, um am Bücher- oder Teetisch vorbeizukommen. Als unser Foyer zu eng wurde, haben wir versuchsweise unseren Teedienst in einen nahegelegenen Raum verlegt. Ergebnis: Die Zahl der Teetrinker nach dem Gottesdienst hat sich in kürzester Zeit halbiert! Als wir den Dienst wieder, wie gewohnt, im Foyer anboten, waren – o Wunder! – alle Teetrinker plötzlich wieder da.

Wertschätzung informeller Kommunikation

106. Schaffen Sie ein Bewußtsein dafür, daß die Zeit nach dem Gottesdienst fast so wichtig ist wie die Zeit des Gottesdienstes selber. Bitte, liebe Pastoren und Kirchenvorsteher, legen Sie, auch wenn es noch so „praktisch" erscheint, *keine* Sitzungen in unmittelbaren Anschluß an den Gottesdienst. Die Zeit, Hände zu drücken und Schultern zu klopfen, ist viel zu wichtig, als daß man sie mit Sitzungen verbringen darf. Ich sag's nicht gerne als jemand, der von sich das Bild hat, ganz gut predigen zu können: Aber manch einer, der mit den Predigten und der Liturgie noch nicht so viel anfangen kann, geht bei uns nur wegen dieser Zeit *nach* dem Gottesdienst überhaupt in den Gottesdienst. (Ich habe sogar schon öfter erlebt, daß einige erst *nach* dem Gottesdienst kamen und sich völlig ungeniert unter das Volk mischten!) Darum sollte der Pastor es möglichst vermeiden, direkt im Anschluß an den Gottesdienst einen anderen Termin anzunehmen – weder privat noch dienstlich. Gemeinden, die am Sonntagmorgen mehrere Gottesdienste hintereinander anbieten, sollten überlegen, wie sie bei einer solchen Struktur dem Kommunikationsbedürfnis der Gottesdienstbesucher Rechnung tragen.

Neue ansprechen

107. Lassen Sie Ihren Begrüßungsdienst nach dem Gottesdienst gezielt Menschen ansprechen, die etwas abseits stehen. Gerade Leute, die erst seit kurzem in die Gottesdienste kommen, finden vielleicht nicht so schnell Anschluß. Durch die Annahme einer Tasse Tee signalisieren sie, daß sie Interesse daran haben, mit anderen Menschen ins Gespräch zu kommen. Nichts ist unangenehmer für sie, als wenn sie dann dastehen „wie bestellt und nicht abgeholt". Schulen Sie Ihren Begrüßungsdienst, auf diese Menschen zuzugehen und sie anzusprechen und sie eventuell sogar in der Folgewoche anzurufen oder zu besuchen, ohne sich dabei aufzudrängen. Der Begrüßungsdienst muß unterscheiden können, wer angesprochen werden möchte und wer bewußt noch etwas in der Anonymität verharren will.

Verabschiedung

108. Wenn Sie als Pastor Ihre Gottesdienstbesucher persönlich verabschieden (wozu ich Sie ermutige), dann stellen Sie sich möglichst nicht an den Ausgang. Von jedem guten Restaurantbesitzer kann man lernen, daß ein guter Gastgeber die Leute persönlich verabschiedet. Ich halte es für eine Unsitte, wenn der Pastor nach dem Gottesdienst durch einen Seitenausgang verschwindet. Es ist jedenfalls bis zu einer gewissen Gemeindegröße wichtig, wenn er sich von vielen seiner Gemeindeglieder persönlich verabschiedet. Er kommt dadurch mit einer Vielzahl von Gemeindegliedern zumindest kurz ins Gespräch (das ist hier viel besser möglich als vor dem Gottesdienst), die sonst unter der Woche nicht viel von ihm mitbekommen. Die Gemeinde hat so außerdem die Möglichkeit, ihm eine direkte Rückmeldung zu seiner Predigt zu geben (wer tut das schon nach einigen Tagen Abstand oder gar in Form eines Briefes?). Wichtig ist es, daß die Leute sich von ihrem Pastor verabschieden können, ohne daraufhin gleich *draußen* zu sein. Sie sollten eine Stelle finden, an der Ihre Gemeindeglieder dem Pastor die Hand geben können und danach auch weiterhin mittendrin im Geschehen sind.

Gemeinsames Essen

109. Veranstalten Sie von Zeit zu Zeit ein gemeinsames Mittagessen. Kaum irgendwann wächst eine Gemeinschaft so zusammen wie beim gemeinsamen Essen. Gründe zum gemeinsamen Essen gibt es genug: ein Gemeindefest, ein Familiengottesdienst, eine Taufe, ein Geburtstag oder einfach nur so. Die Organisation für das gemeinsame Essen könnte ein Hauskreis übernehmen. Am einfachsten ist es, wenn jeder etwas für das Buffet mitbringt und zentral dazu ein zusätzlicher großer Topf Chili oder Suppe vorbereitet wird. Ein gemeinsames Grillfest ist natürlich auch etwas Feines und organisatorisch gar nicht aufwendig. Selbst, wenn nur ein Teil Ihrer Gottesdienstbesucher an einem solchen Essen teilnimmt, fördert es die Gemeinschaft dieser Gemeindeglieder untereinander und macht den Sonntag zum Fest.

Die 51-Prozent-Regel

110. Beachten Sie die 51-Prozent-Regel. Ein gutbesuchter Gottesdienst ist noch keine lebendige Gemeinde. Bedenken Sie, daß ein „volles Haus" am Sonntag noch kein Qualitätsmerkmal ist. Hierzu genügt im Zweifelsfall ein einigermaßen guter Prediger oder eine ordentliche Band. Wenn wachsende Quantität in Ihrer Gemeinde in Qualität umschlagen soll, müssen Sie die 51-Prozent-Regel beachten. Diese gibt es in zwei Varianten. Variante A besagt: Eine Gemeinde wird nur dann qualitativ weiter wachsen, wenn mehr als die Hälfte der Gottesdienstbesucher sich aktiv bei einem der gemeindlichen Dienste beteiligen. Variante B besagt: Eine Gemeinde wird nur dann qualitativ weiter wachsen, wenn mehr als die Hälfte der Gottesdienstbesucher Mitglied einer Kleingruppe (wie etwa eines Hauskreises) sind. Beide Varianten werden durch Statistiken eindrucksvoll belegt. Wenn Sie unter einer der beiden 51-Prozent-Marken liegen, dann heißt das nicht, daß Sie nicht weiter an Ihrem Gottesdienst zu arbeiten brauchen und dieses Buch vergessen können. Es zeigt Ihnen aber die Richtung an, wohin sich Ihre Gemeinde bewegen sollte. Und wo könnten Sie das besser kommunizieren als in einem inspirierenden Gottesdienst?

Teil 3: 111 praktische Tips

Ausblick

„Wenn Sie die Vorschläge dieses Buches in die Praxis umsetzen, werden Sie bald vor der Frage stehen, ob Sie nicht ein ‚zweites Programm' anbieten sollten."

111. Bieten Sie auf Dauer verschieden „gefärbte" Gottesdienste an. Mein Buch hat Ihnen viele Wege gezeigt, wie Sie die traditionelle Liturgie auflockern und unserer Zeit ein bißchen näher bringen können. Auf Dauer aber wird das zu einem Spagat führen. Es wird der Tag kommen, an dem Ihre Gottesdienste zwar voll sind, aber den einen wird die Entwicklung zu einem wirklich modernen Gottesdienst viel zu langsam und zögerlich ablaufen, während sie für den Geschmack der anderen bereits viel zu radikal betrieben wurde. Keine der beiden Gruppen hat „recht" und keine hat „unrecht". Es sind einfach zwei Lebensgefühle, die aufeinanderprallen.

Der klassische, liturgische Gottesdienst hat eine wunderbare innere Struktur. Das Problem aber ist, daß diese wunderschöne Struktur von immer weniger Leuten verstanden wird und nachvollzogen werden kann. Und ich sehe am Horizont auch keinerlei Anzeichen, daß sich diese Tendenz noch einmal umkehren wird. Auf der anderen Seite gibt es viele Menschen, die in diesem Rahmen groß geworden sind und denen die traditionelle Liturgie lieb und teuer ist. Wir können sie nicht dadurch vor den Kopf stoßen, daß wir die traditionelle Liturgie einfach abschaffen. Wie aber lassen sich diese beiden Bedürfnisse unter einen Hut bringen?

Damit komme ich auf das zurück, was ich Ihnen bereits auf Seite 25 vorgeschlagen hatte. Die Lösung kann auf mittlere Frist nur heißen: Bieten Sie zwei verschiedene Gottesdienste für Ihre Gemeinde an: einen, der sich im wesentlichen am Gerüst der traditionellen Liturgie orientiert, auch wenn er viele Auflockerungen erfährt, und einen modernen Gottesdienst, der sicherlich auch so etwas wie eine Liturgie haben wird, diese aber nicht so sehr aus dem Schatz der Tradition, sondern vor allem von den Bedürfnissen der Gottesdienstbesucher herleitet. Eine Umfrage in den USA hat ergeben, daß 80 Prozent der Gemeinden, die diesen Schritt zu einem zweiten, anders gefärbten Gottesdienst getan haben, fast auf Anhieb ein Ansteigen der Gottesdienstbesucherzahl von rund 20-30 Prozent zu verzeichnen hatten. In unserer Gemeinde haben sich diese Zahlen eindrucksvoll bestätigt. Genau gesagt, sie wurden sogar übertroffen.

Wie kann ein solcher Gottesdienst aussehen? Das wird je nach Frömmigkeitsstruktur von Gemeinde zu Gemeinde anders aussehen. Und das ist gut so. Denn was in einer landeskirchlichen Gemeinde wunderbar funktioniert, kann in einer Freikirche zum absoluten „Flop" werden (und umgekehrt). Und was gut für eine ländliche Gemeinde in Bayern ist, muß nicht gleichzeitig auch gut für eine norddeutsche Großstadt sein. Dennoch, sozusagen als Steinbruch für eigene Ideen und Modelle, nenne ich Ihnen im folgenden das Grundgerüst, nach dem unser moderner Abendgottesdienst in Niederhöchstadt aufgebaut ist. Die Gesamtlänge ist dabei auf etwa 80-90 Minuten konzipiert:

- ***Eröffnungsstück,*** *evtl. auch Aufruf zum Lobpreis, auf jeden Fall ein schnelles, mitreißendes Lied, welches das Klima des ganzen Gottesdienstes prägt (ca. 5 Minuten)*
- *Ein herzlicher* ***Willkommensgruß,*** *dabei Begrüßung der Gottesdienstbesucher untereinander*
- ***Öffnung*** *für Gottes Gegenwart (ca. 20 Minuten)*
A: Eröffnungsformel: „Laßt uns Gottes Liebe feiern: weil er uns das Leben schenkt, weil er uns in Jesus ganz nahekommt und weil er mit seinem Heiligen Geist heute unter uns wirkt."
B: Eingangslied, ebenfalls „upbeat" (mitreißend flott) gehalten
C: Psalm/Eingangsbesinnung o. ä.
D: „Schutt abladen" vor Gott (Entlastung von Schuld und Not)
E: Lobpreis/Gebet; evtl. Text des Tages (Schriftlesung)
- *Eine* ***Besonderheit:*** *Dies kann ein kleines Theaterstück sein, ein Interview, eine Multimediavorführung, ein Erlebnisbericht etc. (ca. 5-8 Minuten)*
- *Ein* ***Musikvortrag*** *zum Thema (ca. 3-4 Minuten)*
- ***Predigt*** *(ca. 20-25 Minuten)*
- *Ein gemeinsames* ***Lied,*** *das auf die Predigt antwortet (ca. 3 Minuten)*
- *(Alternierend:)* ***Abendmahlsfeier, Fragen an den Prediger, Taufen, Segnungen*** *etc. (ca. 10-15 Minuten)*
- ***Fürbitten*** *(Anliegen können vor dem Gottesdienst schriftlich abgegeben werden),* ***Stille, Vaterunser*** *(ca. 4 Minuten)*
- ***Mitteilungen*** *(ca. 2-3 Minuten)*
- ***Segenslied, Segen*** *(ca. 3 Minuten)*
- ***Ausklang:*** *Instrumentalstück oder Liedvortrag (ca. 2-3 Minuten)*

Wird Ihnen bei diesem Gedanken etwas schwindlig? Bitte bedenken Sie: Dieser Abschnitt steht unter der Überschrift *„Ausblick"*. Alles hat seine Zeit. Wenn Sie in Ihrem Gottesdienst im Moment vielleicht gerade einmal 30 Leute haben, dann ist ein zweiter Gottesdienst für Sie noch nicht dran. Aber wenn Sie die Vorschläge dieses Buches in Ihrer Gemeinde in die Praxis umsetzen, werden Sie früher oder später vor der Frage stehen, ob Sie nicht ein „zweites Programm" anbieten sollten. Und dann können Sie anfangen, „Tip 111" in die Tat umsetzen.
Und das wird vielleicht noch nicht alles sein. In unserer Gemeinde haben wir noch zwei weitere Gottesdienstmodelle: einen *„klassischen Gottesdienst"*, der einmal im Monat durchgeführt wird. Dies ist ein Gottesdienst so richtig „wie in der guten alten Zeit", der für unsere Gemeinde wiederum so ungewöhnlich ist, daß er sein ganz eigenes Publikum anzieht. Und schließlich haben wir – noch *vor* der Teilung unseres normalen Gottesdienstes in eine aufgelockert traditionelle und eine moderne

Variante – eine ausgesprochen radikale Gottesdienstform entwickelt, die nicht Christen, sondern vor allem Kirchendistanzierte, Kirchenfrustrierte und Suchende ansprechen will: Wir nennen diesen Gottesdienst *GoSpecial*. Rund zwei Jahre, nachdem wir diesen Gottesdienst ins Leben gerufen haben, liegt der durchschnittliche Besuch bei knapp 500 Leuten, und die Tendenz ist steigend. Alles über die Geschichte, Strategie und die Hintergründe von *GoSpecial* können Sie nachlesen in dem Buch „Ein Traum von Kirche" (genaue Angaben siehe unten). Nähere Informationen zu *GoSpecial* (inklusive Predigten zum Herunterladen) finden Sie auch im Internet unter „http://members.aol.com/GoSpecial".

„Aufbruch zum neuen Gottesdienst"

Sie haben sich eine Menge Mühe gemacht, dieses Buch durchzulesen. Das zeigt, daß Ihnen an Ihrer Kirche bzw. Ihrer Gemeinde wirklich etwas liegt. Und das ist gut so. Es wird Zeit, daß unsere Gemeinden aufbrechen und den Gottesdienst wieder zu ihrer ureigensten Sache machen. Dies erfordert einen radikalen Umdenkungsprozeß nicht nur seitens der Pastoren. Bei alledem geht es aber nicht um einige modische Neuerungen, sondern darum, daß wir uns wieder dem neutestamentlichen Standard für Gottesdienste annähern. Gott schenke Ihnen den langen Atem, die Anregungen, die Sie aus diesem Buch gewonnen haben, Schritt für Schritt in die Praxis umzusetzen, und er gebe Ihnen die Weisheit, den richtigen Anfang zu finden.

Weitere Veröffentlichungen des Autors:

- *Glaube hat Gründe. Wie ich eine lebendige Beziehung zu Gott finde. 1994 erschienen im Kreuz-Verlag, Stuttgart, Kt. Sonderausgabe 1998, ISBN 3-7831-1649-X, 320 Seiten*
- *Was würde Jesus zu Claudia Schiffer sagen? (Give-away), 1997 erschienen im Projektion J Verlag, Wiesbaden, ISBN 3-89490-232-9, 32 Seiten*
- *Was würde Jesus zu Henry Maske sagen? (Give-away), 1997 erschienen im Projektion J Verlag, Wiesbaden, ISBN 3-89490-231-0, 32 Seiten*
- *Klaus Douglass / Kai Scheunemann / Fabian Vogt:*
Ein Traum von Kirche. Wie ein Gottesdienst für Kirchendistanzierte eine Gemeinde verändert. 1998 erschienen im Projektion J Verlag, Asslar, ISBN 3-89490-206-X, 160 Seiten

Anhang

Vom lebendigen Gottesdienst zur lebendigen Gemeinde

Ein menschenfreundlicher und inspirierender Gottesdienst ist noch nicht gleichbedeutend mit einer lebendigen Gemeinde – aber er ist eines von acht unverzichtbaren Qualitätsmerkmalen lebendiger Gemeinden. Auf den folgenden Seiten finden Sie u. a. einige Hinweise zu Hilfsmitteln, die auf dem gleichen Arbeitsansatz wie „Gottes Liebe feiern" beruhen und ihn auch in andere Bereiche des gemeindlichen Lebens zu transportieren versuchen.

Anhang: Wie geht's weiter?

Checkliste: Wo steht Ihre Gemeinde?

„Kreuzen Sie an, welche der folgenden Aussagen bereits heute auf Ihre Gemeinde zutreffen."

Gehen Sie einmal die folgende Liste durch und kreuzen Sie dabei alle Punkte an, die derzeit schon auf Ihre Gemeinde zutreffen. Seien Sie nicht enttäuscht, wenn dies am Anfang nur relativ wenige sein sollten. Je weiter Sie im Prozeß der Gemeindeentwicklung fortschreiten, desto mehr Kreuze werden auf Ihrer Checkliste erscheinen.

❏ Wir haben den Gottesdienstbesuch analysiert, indem wir vier Wochen lang Zahl der Besucher, Geschlecht, Alter etc. erfaßt haben.

✏ *Wann?*

❏ Wir haben anhand eines für diesen Zweck entwickelten Fragebogens die Besucher den Gottesdienst bewerten lassen (Beispiel S. 150).

✏ *Ergebnis?*

❏ Wir haben ein Gemeindeprofil erhoben, aus dem hervorgeht, wo die Problembereiche unserer Gemeinde liegen.

✏ *Ihr derzeitiger „Minimumfaktor"?*

❏ Wir haben unser Gottesdienstkonzept auf die angestrebte Zielgruppe hin überprüft und entsprechende Veränderungen vorgenommen.

✏ *Welche Veränderungen?*

❏ Wir haben auf verschiedenen Ebenen Seminare durchgeführt, die den Gottesdienstablauf und dessen Bedeutung erklären.

✏ *Wo zum Beispiel?*

❏ Wir haben ein Gottesdienstteam aufgebaut, das die Gottesdienste regelmäßig vorbereitet und auswertet.

✏ *Wer gehört dazu?*

❏ Wir haben die gottesdienstliche Musik daraufhin überprüft, inwieweit sie dem Lebensgefühl der (erwarteten) Besucher entspricht.

✏ *Konsequenzen?*

❏ Wir haben überprüft, ob die Gottesdienstbesucher durch das Sündenbekenntnis Entlastung von Schuld und Not tatsächlich erfahren.

✏ *Art der Überprüfung?*

❏ Wir haben in unserer Gemeinde mit neuen Gebetsformen experimentiert.

✏ *Beispiele?*

❏ Wir haben in den verschiedensten Bereichen des Gemeindelebens eine intensive Lobpreiskultur geschaffen.

✏ *Wo zum Beispiel?*

❐ Die Predigten in unserem Gottesdienst werden regelmäßig anhand einer dafür entwickelten Checkliste ausgewertet (Beispiel S. 150).

✏ *Wann zum letzten Mal?*

❐ Wir haben diejenigen Gemeindeglieder ausfindig gemacht, die eine prophetische Begabung haben, und unterstützen sie dabei, ihre Gabe zu entwickeln und einzubringen.

✏ *Namen?*

❐ Wir haben im Gottesdienst Raum für Erfahrungsberichte geschaffen, die deutlich machen, wie christlicher Glaube den Alltag verändert.

✏ *Inhalt des letzten Erfahrungsberichts?*

❐ Wir haben geeignete Maßnahmen ergriffen, damit das Abendmahl von den Besuchern als ein wirkliches Fest erlebt wird.

✏ *Welche Maßnahmen?*

❐ Im Umfeld unserer Gottesdienste haben wir das Angebot von Einzelsegnungen geschaffen.

✏ *Wo konkret?*

❐ Wir haben Maßnahmen ergriffen, daß unsere Gemeindeglieder gern und großzügig für das Reich Gottes geben.

✏ *Ergebnis der Maßnahmen?*

❐ Wir haben Christen mit der Gabe der Gastfreundschaft ausfindig gemacht, die dafür sorgen, daß die Gottesdienstbesucher sich wohl fühlen.

✏ *Namen?*

❐ Im Umfeld des Gottesdienstes haben wir für Gelegenheiten zum geselligen Beisammensein gesorgt.

✏ *Welcher Art?*

❐ Wir haben Mitarbeiter, die in jedem Gottesdienst auf neue Besucher achten und auf sie zugehen.

✏ *Wer?*

❐ Für alle regelmäßigen Mitarbeiter im Gottesdienst (Lesungen, Musik, Predigt, Moderation etc.) vermitteln wir Fortbildungen.

✏ *Beispiele?*

❐ Während der Gottesdienste wird eine qualitativ hochwertige Kinderbetreuung angeboten.

✏ *Namen der Leiter?*

Anhang: Wie geht's weiter?

Die natürliche Gemeindeentwicklung

„Bei der natürlichen Gemeindeentwicklung geht es darum, die Wachstumsmechanismen, die Gott bereits in seine Gemeinde gelegt hat, zum Zuge kommen zu lassen."

Was sind die Prinzipien, die Gott rund um den Globus benutzt, um seine Gemeinde zu bauen? Um eine Antwort auf diese Frage zu bekommen, hat das Institut für natürliche Gemeindeentwicklung in den letzten Jahren ein umfangreiches Forschungsprojekt durchgeführt: Mehr als 1000 Gemeinden in 32 Ländern auf allen fünf Kontinenten beteiligten sich an der Studie; mehr als vier Millionen Antworten wurden gesammelt und anhand strenger wissenschaftlicher Kriterien ausgewertet. Das umfassendste Forschungsprojekt über die Ursachen des Gemeindewachstums, das jemals in der Christenheit durchgeführt wurde!
Warum dieser Aufwand? Weil sonst keine Chance bestünde, jemals zu erfahren, was wirkliche (also universell gültige) Prinzipien des Gemeindeaufbaus sind – und was vielleicht nur die Lieblingsidee eines erfolgreichen Pastors ist. Deshalb durften nicht nur einige wenige „Megakirchen" untersucht werden. Die unterschiedlichsten Arten von Gemeinde wurden unter die Lupe genommen: große und kleine, charismatische und nichtcharismatische, vom Staat verfolgte und staatlich subventionierte, bekannte Modellgemeinden und gänzlich unbekannte. Und das nicht nur in einem einzigen Land, sondern buchstäblich von Alaska bis Wladiwostok, von Grönland bis Feuerland, vom Nordkap bis zum Kap der Guten Hoffnung.

Prinzipien, die rund um den Globus gelten

Eines der wichtigsten Ziele des Projektes war es, ein Unterscheidungsvermögen zwischen erfolgreichen „Gemeindemodellen" und allgemeingültigen „Gemeindeaufbau-Prinzipien" zu gewinnen. Ergebnis: Vieles von dem, was wachsende Gemeinden in ihrer Selbstdarstellung als „Geheimnis des Erfolgs" lehren, ist lediglich eine unter tausenden guten Möglichkeiten, Gemeinde Jesu Christi zu bauen, aber keineswegs ein allgemeingültiges Prinzip. Das Institut versucht seine Arbeit auf die Prinzipien zu konzentrieren, von denen sich zeigen läßt, daß sie rund um den Globus für jede Art von Gemeinde gelten. Die vielleicht wichtigste Entdeckung der Studie ist das, was sich im Anschluß an die biblische Begrifflichkeit als „Von-selbst-Prinzip" bezeichnen läßt: Anstatt Gemeinde Jesu Christi aus eigener Kraft zum Wachstum führen zu wollen, geht es darum, Gottes Wachstumsmechanismen zunehmend besser zur Entfaltung zu bringen. Dann tut Gott das, was er verheißen hat: *Er* schenkt das Wachstum (1. Kor. 3,6). Um diesen Arbeitsansatz von technokratischen Gemeindewachstumsmodellen abzugrenzen, wurde der Begriff „natürliche Gemeindeentwicklung" gewählt.

Christian A. Schwarz
Die natürliche Gemeindeentwicklung
Hardcover, 128 Seiten
durchgehend vierfarbig illustriert

Die 8 Qualitätsmerkmale wachsender Gemeinden

Alle Bücher und Arbeitsmaterialien, die in der Edition „Kirche für morgen" erscheinen, beruhen auf diesem Arbeitsansatz. Die Studie zeigt, daß es acht Qualitätsfaktoren sind, die in wachsenden Gemeinden rund um den Globus anzutreffen sind:

1. Bevollmächtigende Leitung
2. Gabenorientierte Mitarbeiterschaft
3. Leidenschaftliche Spiritualität
4. Zweckmäßige Strukturen
5. Inspirierender Gottesdienst
6. Ganzheitliche Kleingruppen
7. Bedürfnisorientierte Evangelisation
8. Liebevolle Beziehungen.

Es läßt sich zeigen: Je stärker eine Gemeinde in diesen acht Bereichen qualitativ wächst, desto eher kann sie auch erwarten, quantitatives Wachstum zu erleben – also mehr Gottesdienstbesucher und Gemeindeglieder.

Praktische Arbeitshilfen

Deshalb ist das Institut dabei, für jedes der acht Qualitätsmerkmale praktische Arbeitsmaterialien herauszugeben, die interessierten Christen und Gemeinden dabei helfen, das jeweilige Prinzip praktisch umzusetzen. „Gottes Liebe feiern" ist z. B. das grundlegende Arbeitsbuch zum Qualitätsmerkmal „Inspirierender Gottesdienst".
Alle „Kirche für morgen"-Bücher sind aufeinander bezogen. So soll verhindert werden, daß Christen, die an einem bestimmten Segment des Gemeindeaufbaus zu arbeiten begonnen haben, anschließend „im Regen stehen gelassen" werden. Im Unterschied zu zahlreichen Angeboten, die ein bestimmtes Element des Gemeindeaufbaus isolieren und manchmal sogar als „Allheilmittel" anpreisen, geht es in der natürlichen Gemeindeentwicklung darum, immer wieder das Ganze in den Blick zu bekommen. Kein einziges Segment – auch nicht der Gottesdienst – ist *der* Schlüssel zum Gemeindeaufbau. *Der* Schlüssel liegt erwiesenermaßen im harmonischen Zusammenspiel aller acht Qualitätsmerkmale.
Die „Kirche für morgen"-Bücher sind so konzipiert, daß sie sich von einzelnen Christen, christlichen Gruppen und ganzen Gemeinden einsetzen lassen. Je mehr Christen sich an diesen Prozessen beteiligen, desto nachhaltiger ist natürlich die Wirkung.
Auf den nächsten Seiten finden Sie eine Übersicht über diejenigen Materialien, die zur Zeit des Erscheinens dieses Buches (Frühjahr 1998) bereits vorliegen. Das kann Ihnen dabei helfen, zu entscheiden, welchem Bereich Sie sich in Ihrer eigenen Gemeinde als nächstes zuwenden sollten.

Anhang: Wie geht's weiter?

Die Edition „Kirche für morgen"

„Das Ziel: Statt Standardprogramme Hilfen zu Originalität, Kreativität, Individualität."

Christian A. Schwarz
Der neue Gabentest
160 Seiten

Geradezu ein Grundbaustein der natürlichen Gemeindeentwicklung ist die Freisetzung der geistlichen Gaben, mit denen Gott seine Gemeinde beschenkt hat. Die „Kirche für morgen"-Materialien helfen, diesen Ansatz praktisch werden zu lassen: Das Buch *Der neue Gabentest* zeigt jedem Christen, wie er seine geistlichen Gaben ausfindig machen kann. Das Leiterhandbuch zum Gabentest beschreibt, wie das Thema innerhalb einer Kleingruppe praktisch werden kann. Das Materialpaket „Das Gaben-Netzwerk" gibt Anleitung, wie geistliche Gaben in der Gesamtgemeinde zum Einsatz kommen können.

Christian A. Schwarz
Der Liebe-Lern-Prozess
128 Seiten

Während es im Gabentest um das Entdekken und Einsetzen von geistlichen Gaben geht, konzentriert sich der *Liebe-Lern-Prozess* auf die „Frucht des Geistes", von der in Galater 5,22 die Rede ist. Er enthält u. a. den mittlerweile recht populär gewordenen „Galater-5-Test", mit dessen Hilfe jeder Christ ausfindig machen kann, auf welche Bereiche er sich besonders konzentrieren sollte, um in der Liebe zu wachsen. Das Buch ist eine Einladung zu neuen Schritten im Glauben, bei denen Sie sich selbst, Ihre Mitmenschen und Gott besser kennen lernen werden!

Christian A. Schwarz
Der Beta-Kurs
ca. 120 Seiten

Der *Beta-Kurs* (alter Titel: Grundkurs Evangelisation) bezieht den gabenorientierten Ansatz auf den Dienst der Gemeinde nach außen: Wie können Menschen, die Gottes Liebe noch nicht begegnet sind, einen Zugang zum Glauben finden? Das Buch bietet praktische Schritte für Christen, die den marktschreierischen Ansatz nicht mögen, aber ihre Gaben Gott zur Verfügung stellen möchten. Im Unterschied zu anderen Evangelisationstrainings wird hier sorgfältig unterschieden zwischen Christen, die die Gabe der Evangelisation haben – und denjenigen, denen Gott andere Gaben gegeben hat!

Unter dem Titel *Leidenschaft einüben* hat Manfred Beutel ein „geistliches Energieprogramm" zusammengestellt, das einzelnen Christen, christlichen Gruppen und ganzen Gemeinden zu neuer Leidenschaft im Glauben verhilft. Das Wohltuende: Er appelliert nicht an das schlechte Gewissen, sondern zeigt umsetzbare Schritte, wie Hingabe an Christus praktisch wird – und Freude macht. Das Buch enthält u. a. ein „Gebetstraining" in zwölf Einheiten, das schon vielen Christen zu einer vertieften Kommunikation mit Gott und neuem geistlichen Schwung verholfen hat.

Manfred Beutel
Leidenschaft einüben
DIN A 4, 110 Seiten

An alle Christen, die in der Gemeinde leitende Verantwortung tragen, wendet sich *Das Geheimnis der Gemeindeleitung.* Das Buch wurde von zwei der renommiertesten Vertreter der internationalen Gemeindewachstums-Bewegung verfaßt: Carl George und Bob Logan. Es bietet genau das Handwerkszeug, das jeder Leiter fast täglich benötigt, aber so gut wie nirgendwo finden kann. Darüberhinaus enthält es eine Fülle von Formularen, Arbeitsblättern und Aktionsvorschlägen, die dabei helfen, die Prinzipien auf die eigene gemeindliche Situation zu beziehen.

Robert Logan /
Carl George
Das Geheimnis der Gemeindeleitung
DIN A 4, 164 Seiten

In den praktischen Arbeitsbüchern werden theologische Grundsatzfragen der Gemeindeentwicklung in aller Regel nicht ausführlich thematisiert. Nicht deshalb, weil sie etwa unwichtig wären, im Gegenteil: Sie sind für die praktische Arbeit derart entscheidend, daß es nicht möglich ist, sie auf den wenigen Seiten eines Praxisbuches auch nur einigermaßen verantwortlich zu behandeln. *Paradigmenwechsel in der Kirche* ist ein Grundsatzbuch, das ausführlich der Frage nachgeht, welche theologischen Prämissen hinter der natürlichen Gemeindeentwicklung stehen.

Christian A. Schwarz
Paradigmenwechsel
in der Kirche
Hardcover, 327 Seiten

Anhang: Wie geht's weiter?

Gemeindeprofile, Seminare und Beratung

„Manche starren nur auf die Frucht, sind aber blind für die Wurzeln, die diese Frucht produzieren."

Mittlerweile gibt es in unterschiedlichen Ländern Netzwerke von „Kirche für morgen"-Trainern, die dabei helfen, die Prinzipien der natürlichen Gemeindeentwicklung in den gemeindlichen Alltag zu integrieren. Zum Beispiel bieten sie zu jedem der acht Qualitätsmerkmale wachsender Gemeinden Wochenendseminare an, bei denen nicht nur über diese Prinzipien geredet, sondern vor allem daran gearbeitet wird, sie in der Gemeinde praktisch werden zu lassen.
Wenn Sie sich für derartige Seminare oder einen umfassenderen Beratungsprozess interessieren, können sie sich an eine der folgenden Adressen wenden:

Deutschland:

Institut für Gemeindeaufbau
Postfach 100262
D-35332 Gießen
Tel. 06 41 - 975 18 10
Fax 06 41 - 975 18 40
E-mail:
IFGGiessen@aol.com

Institut für natürliche Gemeindeentwicklung
Diedersbüller Straße 6
D-25924 Emmelsbüll
Tel. 0 46 65 - 8 36
Fax 0 46 65 - 2 52
E-mail:
Institut@CundP.de

Schweiz:

Institut Koinonia
Hüeblistrasse 34
CH-8165 Oberweningen
Tel. 01 - 856 20 23
Fax 01 - 885 72 11
E-mail: 101623.177
@compuserve.com

Wie ein Gemeindeprofil erhoben werden kann

Über die genannten Institute oder von ihnen beauftragte „Kirche für morgen"-Trainer kann jede Gemeinde ein „Gemeindeprofil" erheben lassen, aus dem ihre Stärken und Schwächen hervorgehen. Aus dem Gemeindeprofil ist u. a. ersichtlich, wie stark jedes einzelne Qualitätsmerkmal in Ihrer Gemeinde entwickelt – und was ihr derzeitiger „Minimumfaktor" ist. Um zu so einem Gemeindeprofil zu gelangen, füllen 30 Gemeindeglieder (plus der Pastor) je einen Fragebogen aus. Bei der Erstellung des Profils vergleicht der Computer die Antworten der Gemeindeglieder mit den bisher gesammelten 4,2 Millionen Antworten – und berechnet mit Hilfe der im Programm enthaltenen „Weltformel" ein exakt normiertes Ergebnis. Alle technischen und inhaltlichen Informationen, die Sie für die Erhebung eines Gemeindeprofils benötigen, finden Sie im Arbeitsbuch *Die Praxis der natürlichen Gemeindeentwicklung*. Im Zusammenhang mit diesem Buch erhalten Sie auch die Fragebögen und Disketten zur Dateneingabe. Weitere Informationen zur natürlichen Gemeindeentwicklung können Sie im Internet abrufen unter: http://www.CundP.de/backgrounds

*Christian A. Schwarz / Christoph Schalk
Die Praxis der natürlichen Gemeindeentwicklung
Pb., 240 Seiten inkl. Fragebögen und Computerdisketten zur Dateneingabe*

„Kirche für morgen"-Bücher im C & P Verlag

Anhang: Anforderungskarte

Klaus Douglass
Gottes Liebe feiern
Aufbruch zum neuen Gottesdienst,
288 Seiten
ISBN 3-928093-06-1
DM 29,80

Staffelpreise für Gruppen:
ab 10 Arbeitsbücher je Stück 27,80
ab 20 Arbeitsbücher je Stück 26,80
ab 50 Arbeitsbücher je Stück 24,80

Außerdem erhalten Besteller von 10 oder mehr Arbeitsbüchern das entsprechende Leiterhandbuch nach Erscheinen kostenlos dazu.

Christian A. Schwarz / Brigitte Berief-Schwarz
Leiterhandbuch zu „Gottes Liebe feiern"
ca. 60 Seiten
ISBN 3-928093-18-5
DM 34,80

Christian A. Schwarz
Der neue Gabentest
So entdecken Sie Ihre Gaben
160 Seiten
ISBN 3-928093-56-8
DM 24,80

Staffelpreise für Gruppen:
ab 10 Arbeitsbücher je Stück 22,80
ab 20 Arbeitsbücher je Stück 21,80
ab 50 Arbeitsbücher je Stück 19,80

Außerdem erhalten Besteller von 10 oder mehr Arbeitsbüchern das entsprechende Leiterhandbuch kostenlos dazu.

Christian A. Schwarz / Brigitte Berief-Schwarz
Leiterhandbuch zum Gabentest
ca. 80 Seiten
ISBN 3-928093-21-5
DM 34,80

Christian A. Schwarz
Der Liebe-Lern-Prozess
Die Revolution der Herzen
130 Seiten
ISBN 3-928093-03-7
DM 24,80

Staffelpreise für Gruppen:
ab 10 Arbeitsbücher je Stück 22,80
ab 20 Arbeitsbücher je Stück 21,80
ab 50 Arbeitsbücher je Stück 19,80

Außerdem erhalten Besteller von 10 oder mehr Arbeitsbüchern das entsprechende Leiterhandbuch kostenlos dazu.

Christian A. Schwarz / Brigitte Berief-Schwarz
Leiterhandbuch zum Liebe-Lern-Prozess
ca. 60 Seiten
ISBN 3-928093-22-3
DM 34,80

Alle auf dieser Seite genannten Bücher sind über den Buchhandel erhältlich. Sie können aber auch mit der Anforderungskarte direkt beim Verlag geordert werden. Wenn Sie mögen, können Sie die Titel zur Probe anfordern.

Behalten Sie, was Ihnen gefällt – den Rest schicken Sie einfach innerhalb von 7 Tagen wieder zurück. Sie brauchen nur das zu bezahlen, was Sie auch tatsächlich behalten.

Anforderungskarte

Titel	Stück	Preis
Gottes Liebe feiern		DM 29,80
Leiterhandbuch „Gottes Liebe feiern" (voraussichtlich Frühjahr 1999)		DM 34,80
Gruppenpaket „Gottes Liebe feiern" (Bücher und Leiterhandbuch) für 10 Teilnehmer		DM 278,00
Gruppenpaket „Gottes Liebe feiern" (wie oben) für 20 Teilnehmer		DM 536,00
Gruppenpaket „Gottes Liebe feiern" (wie oben) für 50 Teilnehmer		DM 1240,00
Gruppenpaket „Gottes Liebe feiern" (wie oben) für .... Teilnehmer (Preisstaffelung siehe oben, ab 10 Teilnehmer möglich)		
Der neue Gabentest		DM 24,80
Der Liebe-Lern-Prozess		DM 24,80
Der Beta-Kurs		DM 24,80
Leidenschaft einüben		DM 24,80
Das Geheimnis der Gemeindeleitung		DM 29,80
Paradigmenwechsel in der Kirche		DM 19,80
Die natürliche Gemeindeentwicklung		DM 29,80
Die Praxis der natürlichen Gemeindeentwicklung		DM 68,00
Das Gaben-Netzwerk		DM 198,00

Preise aller Bücher inkl. MwSt. und zzgl. Versandkosten

Anhang: Anforderungskarte

„Kirche für morgen"-Bücher im C & P Verlag

Christian A. Schwarz
Der Beta-Kurs
(alter Titel: Grundkurs Evangelisation), ca. 120 Seiten
ISBN 3-928093-29-0
DM 24,80

Staffelpreise für Gruppen:
ab 10 Arbeitsbücher je Stück 22,80
ab 20 Arbeitsbücher je Stück 21,80
ab 50 Arbeitsbücher je Stück 19,80

Außerdem erhalten Besteller von 10 oder mehr Arbeitsbüchern das entsprechende Leiterhandbuch kostenlos dazu.

Christian A. Schwarz / Brigitte Berief-Schwarz
Leiterhandbuch Evangelisation
70 Seiten
ISBN 3-928093-30-4
DM 34,80

Manfred Beutel
Leidenschaft einüben
Ein geistliches Energieprogramm
DIN A 4, 108 Seiten
ISBN 3-928093-42-8
DM 24,80

Staffelpreise für Gruppen:
ab 10 Arbeitsbücher je Stück 22,80
ab 20 Arbeitsbücher je Stück 21,80
ab 50 Arbeitsbücher je Stück 19,80

Außerdem erhalten Besteller von 10 oder mehr Arbeitsbüchern das entsprechende Leiterhandbuch kostenlos dazu.

Manfred Beutel / Brigitte Berief-Schwarz
Leiterhandbuch zu „Leidenschaft einüben"
ca. 70 Seiten
ISBN 3-928093-47-9
DM 34,80

Robert Logan / Carl George
Geheimnis der Gemeindeleitung
164 Seiten, ISBN 3-928093-23-1
DM 29,80

Christian A. Schwarz
Die natürliche Gemeindeentwicklung
Hardcover, 128 Seiten
ISBN 3-928093-48-7, DM 29,80

Christian A. Schwarz / Christoph Schalk
Die Praxis der natürlichen Gemeindeentwicklung
240 Seiten
ISBN 3-928093-62-2, DM 68,00

Christian A. Schwarz
Paradigmenwechsel in der Kirche
Hardcover, 327 Seiten
ISBN 3-928093-26-6, DM 19,80

Christoph Schalk
Das Gaben-Netzwerk
Aktionspaket aus 6 Bausteinen
ISBN 3-928093-43-6, DM 198,00

Sollte hier die Postkarte bereits fehlen, schreiben Sie an:
C & P Verlag • Diedersbüller Str. 6 • D-25924 Emmelsbüll
Tel. 0 46 65 - 8 35 • Fax 0 46 65 - 2 52 • eMail Verlag@CundP.de • Internet: http://www.CundP.de

---

Absender:

Name

Vorname

Straße/Nr.

PLZ/Ort

Datum/Unterschrift

Tel.-Bestellung: 0 46 65 - 8 35
Fax-Bestellung: 0 46 65 - 2 52
eMail-Bestellung: Verlag@CundP.de

Bitte frankieren, falls Marke zur Hand. Danke!

Antwortkarte

C & P Verlag
Diedersbüller Str. 6

25924 Emmelsbüll